2025年版

共通テスト

過去問研究

歴史総合、世界史探究

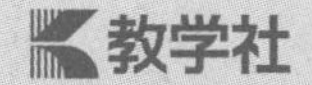

受験勉強の５か条

受験勉強は過去問に始まり，過去問に終わる。

入試において，過去問は最大の手がかりであり，情報の宝庫です。

次の５か条を参考に，過去問をしっかり活用しましょう。

✦**出題傾向を把握**

まずは「共通テスト対策講座」を読んでみましょう。

✦**いったん試験１セット分を解いてみる**

最初は時間切れになっても，またすべて解けなくても構いません。

✦**自分の実力を知り，目標を立てる**

答え合わせをして，得意・不得意を分析しておきましょう。

✦**苦手も克服！**

分野や形式ごとに重点学習してみましょう。

✦**とことん演習**

一度解いて終わりにせず，繰り返し取り組んでおくと効果アップ！

直前期には時間を計って本番形式のシミュレーションをしておくと万全です。

共通テストってどんな試験？

大学入学共通テスト（以下，共通テスト）は，大学への入学志願者を対象に，高校の段階における基礎的な学習の達成の程度を判定し，大学教育を受けるために必要な能力について把握することを目的とする試験です。一般選抜で国公立大学を目指す場合は，原則的に，一次試験として共通テストを受験し，二次試験として各大学の個別試験を受験することになります。また，私立大学も 9 割近くが共通テストを利用します。そのことから，共通テストは 50 万人近くが受験する，大学入試最大の試験になっています。

新課程の共通テストの特徴は？

2025 年度から新課程入試が始まり，共通テストにおいては教科・科目が再編成され，新教科「情報」が導入されます。2022 年に高校に進学した人が学んできた内容に即して出題されますが，重視されるのは，従来の共通テストと同様，「思考力」です。単に知識があるかどうかではなく，知識を使って考えることができるかどうかが問われます。新課程の問題作成方針を見ると，問題の構成や場面設定など，これまでの共通テストの出題傾向を引き継いでおり，作問の方向性は変わりません。

どうやって対策すればいいの？

共通テストで問われるのは，高校で学ぶべき内容をきちんと理解しているかどうかですから，まずは普段の授業を大切にし，教科書に載っている基本事項をしっかりと身につけておくことが重要です。そのうえで過去問を解いて共通テストで特徴的な出題に慣れておきましょう。共通テストは問題文の分量が多いので，必要とされるスピード感や難易度の振れ幅を事前に知っておくと安心です。過去問を解いて間違えた問題をチェックし，苦手分野の克服に役立てましょう。問題作成方針では「これまで良質な問題作成を行う中で蓄積した知見や，問題の評価・分析の結果を問題作成に生かす」とされており，過去問の研究は有用です。本書は，大学入試センターから公表された資料等を詳細に分析し，課程をまたいでも過去問を最大限に活用できるよう編集しています。

本書が十分に活用され，志望校合格の一助になることを願ってやみません。

はじめに

Contents

＊ 著作権の都合上，一部の図版・画像および文献史料を省略しています。
＊ 下記の問題に使用されている著作物は，2024年3月22日に著作権法第67条第1項の裁定を受けて掲載しているものです。
2022年度　世界史Ｂ　追試験　第3問　問2　資料Ｘ・Ｚ

※1 新課程試作問題は，2025年度からの試験の問題作成の方向性を示すものとして，2022年11月9日に大学入試センターから公表された問題です。
※2 2021年度の共通テストは，新型コロナウイルス感染症の影響に伴う学業の遅れに対応する選択肢を確保するため，本試験が2日程で実施されました。
※3 試行調査は，センター試験から共通テストに移行するに先立って実施されました。

共通テストの基礎知識

本書編集段階において，2025 年度共通テストの詳細については正式に発表されていませんので，ここで紹介する内容は，2024 年 3 月時点で文部科学省や大学入試センターから公表されている情報，および 2024 年度共通テストの「受験案内」に基づいて作成しています。変更等も考えられますので，各人で入手した 2025 年度共通テストの「受験案内」や，大学入試センターのウェブサイト（https://www.dnc.ac.jp/）で必ず確認してください。

共通テストのスケジュールは？

A 2025 年度共通テストの本試験は，1 月 18 日（土）・19 日（日）に実施される予定です。

「受験案内」の配布開始時期や出願期間は未定ですが，共通テストのスケジュールは，例年，次のようになっています。1 月なかばの試験実施日に対して出願が 10 月上旬とかなり早いので，十分注意しましょう。

- 9 月初旬　「受験案内」配布開始
  - 志願票や検定料等の払込書等が添付されています。
- 10 月上旬　出願（現役生は在籍する高校経由で行います。）
- 1 月なかば　共通テスト
  - 2025 年度本試験は 1 月 18 日（土）・19 日（日）に実施される予定です。
  - 自己採点
- 1 月下旬　国公立大学一般選抜の個別試験出願
  - 私立大学の出願時期は大学によってまちまちです。各人で必ず確認してください。

共通テストの出願書類はどうやって入手するの？

A 「受験案内」という試験の案内冊子を入手しましょう。

「受験案内」には，志願票，検定料等の払込書，個人直接出願用封筒等が添付されており，出願の方法等も記載されています。主な入手経路は次のとおりです。

現役生	高校で一括入手するケースがほとんどです。出願も学校経由で行います。
過年度生	共通テストを利用する全国の各大学の入試担当窓口で入手できます。 予備校に通っている場合は，そこで入手できる場合もあります。

個別試験への出願はいつすればいいの？

A 国公立大学一般選抜は「共通テスト後」の出願です。

国公立大学一般選抜の個別試験（二次試験）の出願は共通テストの後になります。受験生は，共通テストの受験中に自分の解答を問題冊子に書きとめておいて持ち帰ることができますので，翌日，新聞や大学入試センターのウェブサイトで発表される正解と照らし合わせて**自己採点**し，その結果に基づいて，予備校などの合格判定資料を参考にしながら，出願大学を決定することができます。

私立大学の共通テスト利用入試の場合は，出願時期が大学によってまちまちです。大学や試験の日程によっては**出願の締め切りが共通テストより前**ということもあります。志望大学の入試日程は早めに調べておくようにしましょう。

受験する科目の決め方は？『情報Ⅰ』の受験も必要？

A 志望大学の入試に必要な教科・科目を受験します。

次ページに掲載の7教科21科目のうちから，受験生は最大9科目を受験することができます。どの科目が課されるかは大学・学部・日程によって異なりますので，受験生は志望大学の入試に必要な科目を選択して受験することになります。

すべての国立大学では，原則として『情報Ⅰ』を加えた6教科8科目が課されます。公立大学でも『情報Ⅰ』を課す大学が多くあります。

共通テストの受験科目が足りないと，大学の個別試験に出願できなくなります。第一志望に限らず，**出願する可能性のある大学の入試に必要な教科・科目は早めに調べ**ておきましょう。

● 2025年度の共通テストの出題教科・科目

教　科	出題科目	出題方法（出題範囲・選択方法）	試験時間 （配点）
国　語	『国語』	「現代の国語」及び「言語文化」を出題範囲とし，近代以降の文章及び古典（古文，漢文）を出題する。	90分 （200点）＊1
地理歴史 公　民	(b) 『地理総合，地理探究』 『歴史総合，日本史探究』 『歴史総合，世界史探究』 『公共，倫理』 『公共，政治・経済』 (a) 『地理総合／歴史総合／公共』 (a)：必履修科目を組み合わせた出題科目 (b)：必履修科目と選択科目を組み合わせた出題科目	6科目から最大2科目を選択解答（受験科目数は出願時に申請）。 2科目を選択する場合，以下の組合せを選択することはできない。 **(b)のうちから2科目を選択する場合** 『公共，倫理』と『公共，政治・経済』の組合せを選択することはできない。 **(b)のうちから1科目及び(a)を選択する場合** (b)については，(a)で選択解答するものと同一名称を含む科目を選択することはできない。＊2 (a)の『地理総合／歴史総合／公共』は，「地理総合」，「歴史総合」及び「公共」の3つを出題範囲とし，そのうち2つを選択解答する（配点は各50点）。	1科目選択 60分（100点） 2科目選択＊3 解答時間120分 （200点）
数学 ①	『数学Ⅰ，数学A』 『数学Ⅰ』	2科目から1科目を選択解答。 「数学A」は2項目（図形の性質，場合の数と確率）に対応した出題とし，全てを解答する。	70分 （100点）
数学 ②	『数学Ⅱ，数学B，数学C』	「数学B」「数学C」は4項目（数列，統計的な推測，ベクトル，平面上の曲線と複素数平面）に対応した出題とし，そのうち3項目を選択解答する。	70分 （100点）
理　科	『物理基礎／化学基礎／生物基礎／地学基礎』 『物理』 『化学』 『生物』 『地学』	5科目から最大2科目を選択解答（受験科目数は出願時に申請）。 『物理基礎／化学基礎／生物基礎／地学基礎』は，「物理基礎」，「化学基礎」，「生物基礎」及び「地学基礎」の4つを出題範囲とし，そのうち2つを選択解答する（配点は各50点）。	1科目選択 60分（100点） 2科目選択＊3 解答時間120分 （200点）
外国語	『英語』 『ドイツ語』 『フランス語』 『中国語』 『韓国語』	5科目から1科目を選択解答。 『英語』は，「英語コミュニケーションⅠ」，「英語コミュニケーションⅡ」及び「論理・表現Ⅰ」を出題範囲とし，【リーディング】及び【リスニング】を出題する。 受験者は，原則としてその両方を受験する。	『英語』 【リーディング】 80分（100点） 【リスニング】 解答時間30分＊4 （100点） 『英語』以外 【筆記】 80分（200点）
情　報	『情報Ⅰ』		60分（100点）

＊1　『国語』の分野別の大問数及び配点は，近代以降の文章が3問110点，古典が2問90点（古文・漢文各45点）とする。

＊2　地理歴史及び公民で2科目を選択する受験者が，(b)のうちから1科目及び(a)を選択する場合において，選択可能な組合せは以下のとおり。　○：選択可能　×：選択不可

		(a)		
		「地理総合」「歴史総合」	「地理総合」「公共」	「歴史総合」「公共」
(b)	『地理総合，地理探究』	×	×	○
	『歴史総合，日本史探究』	×	○	×
	『歴史総合，世界史探究』	×	○	×
	『公共，倫理』	○	×	×
	『公共，政治・経済』	○	×	×

＊3　「地理歴史及び公民」と「理科」で2科目を選択する場合は，解答順に「第1解答科目」及び「第2解答科目」に区分し各60分間で解答を行うが，第1解答科目と第2解答科目の間に答案回収等を行うために必要な時間を加えた時間を試験時間（130分）とする。

＊4　リスニングは，音声問題を用い30分間で解答を行うが，解答開始前に受験者に配付したICプレーヤーの作動確認・音量調節を受験者本人が行うために必要な時間を加えた時間を試験時間（60分）とする。

科目選択によって有利不利はあるの？

A　得点調整の対象となった各科目間で，次のいずれかが生じ，これが試験問題の難易差に基づくものと認められる場合には，得点調整が行われます。

・20点以上の平均点差が生じた場合
・15点以上の平均点差が生じ，かつ，段階表示の区分点差が20点以上生じた場合

旧課程で学んだ過年度生のための経過措置はあるの？

A　あります。

2025年1月の共通テストは新教育課程での実施となるため，旧教育課程を履修した入学志願者など，新教育課程を履修していない入学志願者に対しては，出題する教科・科目の内容に応じて経過措置を講じることとされ，「地理歴史・公民」「数学」「情報」の3教科については旧課程科目で受験することもできます。

「受験案内」の配布時期や入手方法，出願期間，経過措置科目などの情報は，大学入試センターから公表される最新情報を，各人で必ず確認するようにしてください。

試験データ

2021～2024 年度の共通テストについて，志願者数や平均点の推移，科目別の受験状況などを掲載しています。

志願者数・受験者数等の推移

	2024 年度	2023 年度	2022 年度	2021 年度
志願者数	491,914 人	512,581 人	530,367 人	535,245 人
内，高等学校等卒業見込者	419,534 人	436,873 人	449,369 人	449,795 人
現役志願率	45.2%	45.1%	45.1%	44.3%
受験者数	457,608 人	474,051 人	488,384 人	484,114 人
本試験のみ	456,173 人	470,580 人	486,848 人	482,624 人
追試験のみ	1,085 人	2,737 人	915 人	1,021 人
再試験のみ	—	—	—	10 人
本試験＋追試験	344 人	707 人	438 人	407 人
本試験＋再試験	6 人	26 人	182 人	51 人
追試験＋再試験	—	1 人	—	—
本試験＋追試験＋再試験	—	—	1 人	—
受験率	93.03%	92.48%	92.08%	90.45%

・2021 年度の受験者数は特例追試験（1 人）を含む。
・やむを得ない事情で受験できなかった人を対象に追試験が実施される。また，災害，試験上の事故などにより本試験が実施・完了できなかった場合に再試験が実施される。

志願者数の推移

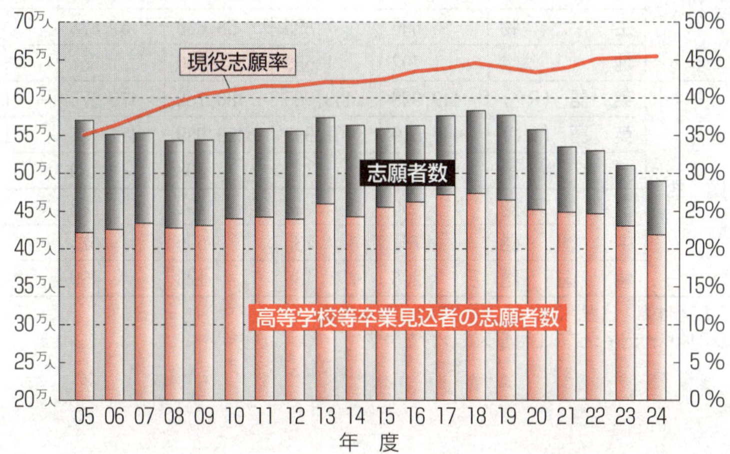

科目ごとの受験者数の推移（2021～2024 年度本試験）

（人）

教科		科目	2024 年度	2023 年度	2022 年度	2021 年度①	2021 年度②
国語		国語	433,173	445,358	460,967	457,304	1,587
地理歴史		世界史Ａ	1,214	1,271	1,408	1,544	14
		世界史Ｂ	75,866	78,185	82,986	85,690	305
		日本史Ａ	2,452	2,411	2,173	2,363	16
		日本史Ｂ	131,309	137,017	147,300	143,363	410
		地理Ａ	2,070	2,062	2,187	1,952	16
		地理Ｂ	136,948	139,012	141,375	138,615	395
公民		現代社会	71,988	64,676	63,604	68,983	215
		倫理	18,199	19,878	21,843	19,954	88
		政治・経済	39,482	44,707	45,722	45,324	118
		倫理，政治・経済	43,839	45,578	43,831	42,948	221
数学	数学①	数学Ⅰ	5,346	5,153	5,258	5,750	44
		数学Ⅰ・Ａ	339,152	346,628	357,357	356,492	1,354
	数学②	数学Ⅱ	4,499	4,845	4,960	5,198	35
		数学Ⅱ・Ｂ	312,255	316,728	321,691	319,697	1,238
		簿記・会計	1,323	1,408	1,434	1,298	4
		情報関係基礎	381	410	362	344	4
理科	理科①	物理基礎	17,949	17,978	19,395	19,094	120
		化学基礎	92,894	95,515	100,461	103,073	301
		生物基礎	115,318	119,730	125,498	127,924	353
		地学基礎	43,372	43,070	43,943	44,319	141
	理科②	物理	142,525	144,914	148,585	146,041	656
		化学	180,779	182,224	184,028	182,359	800
		生物	56,596	57,895	58,676	57,878	283
		地学	1,792	1,659	1,350	1,356	30
外国語		英語（R※）	449,328	463,985	480,762	476,173	1,693
		英語（L※）	447,519	461,993	479,039	474,483	1,682
		ドイツ語	101	82	108	109	4
		フランス語	90	93	102	88	3
		中国語	781	735	599	625	14
		韓国語	206	185	123	109	3

・2021 年度①は第 1 日程，2021 年度②は第 2 日程を表す。
※英語の R はリーディング，L はリスニングを表す。

科目ごとの平均点の推移（2021～2024年度本試験）

（点）

教科		科目	2024年度	2023年度	2022年度	2021年度①	2021年度②
国語		国語	58.25	52.87	55.13	58.75	55.74
地理歴史		世界史A	42.16	36.32	48.10	46.14	43.07
		世界史B	60.28	58.43	65.83	63.49	54.72
		日本史A	42.04	45.38	40.97	49.57	45.56
		日本史B	56.27	59.75	52.81	64.26	62.29
		地理A	55.75	55.19	51.62	59.98	61.75
		地理B	65.74	60.46	58.99	60.06	62.72
公民		現代社会	55.94	59.46	60.84	58.40	58.81
		倫理	56.44	59.02	63.29	71.96	63.57
		政治・経済	44.35	50.96	56.77	57.03	52.80
		倫理,政治・経済	61.26	60.59	69.73	69.26	61.02
数学	数学①	数学Ⅰ	34.62	37.84	21.89	39.11	26.11
		数学Ⅰ・A	51.38	55.65	37.96	57.68	39.62
	数学②	数学Ⅱ	35.43	37.65	34.41	39.51	24.63
		数学Ⅱ・B	57.74	61.48	43.06	59.93	37.40
		簿記・会計	51.84	50.80	51.83	49.90	—
		情報関係基礎	59.11	60.68	57.61	61.19	—
理科	理科①	物理基礎	57.44	56.38	60.80	75.10	49.82
		化学基礎	54.62	58.84	55.46	49.30	47.24
		生物基礎	63.14	49.32	47.80	58.34	45.94
		地学基礎	71.12	70.06	70.94	67.04	60.78
	理科②	物理	62.97	63.39	60.72	62.36	53.51
		化学	54.77	54.01	47.63	57.59	39.28
		生物	54.82	48.46	48.81	72.64	48.66
		地学	56.62	49.85	52.72	46.65	43.53
外国語		英語（R※）	51.54	53.81	61.80	58.80	56.68
		英語（L※）	67.24	62.35	59.45	56.16	55.01
		ドイツ語	65.47	61.90	62.13	59.62	—
		フランス語	62.68	65.86	56.87	64.84	—
		中国語	86.04	81.38	82.39	80.17	80.57
		韓国語	72.83	79.25	72.33	72.43	—

・各科目の平均点は100点満点に換算した点数。
・2023年度の「理科②」，2021年度①の「公民」および「理科②」の科目の数値は，得点調整後のものである。
得点調整の詳細については大学入試センターのウェブサイトで確認のこと。
・2021年度②の「－」は，受験者数が少ないため非公表。

● 地理歴史と公民の受験状況（2024年度）

（人）

受験科目数	地理歴史						公民				実受験者
	世界史A	世界史B	日本史A	日本史B	地理A	地理B	現代社会	倫理	政治・経済	倫理，政経	
1科目	646	31,853	1,431	64,361	1,297	111,097	23,752	5,983	15,095	15,651	271,166
2科目	576	44,193	1,023	67,240	775	26,168	48,398	12,259	24,479	28,349	126,730
計	1,222	76,046	2,454	131,601	2,072	137,265	72,150	18,242	39,574	44,000	397,896

● 数学①と数学②の受験状況（2024年度）

（人）

受験科目数	数学①		数学②				実受験者
	数学Ⅰ	数学Ⅰ・数学A	数学Ⅱ	数学Ⅱ・数学B	簿記・会計	情報関係基礎	
1科目	2,778	24,392	85	401	547	69	28,272
2科目	2,583	315,744	4,430	312,807	777	313	318,327
計	5,361	340,136	4,515	313,208	1,324	382	346,599

● 理科①の受験状況（2024年度）

区分	物理基礎	化学基礎	生物基礎	地学基礎	延受験者計
受験者数	18,019人	93,102人	115,563人	43,481人	270,165人
科目選択率*	6.7%	34.5%	42.8%	16.1%	—

・2科目のうち一方の解答科目が特定できなかった場合も含む。
・科目選択率＝各科目受験者数／理科①延受験者計×100（＊端数切り上げ）

● 理科②の受験状況（2024年度）

（人）

受験科目数	物理	化学	生物	地学	実受験者
1科目	13,866	11,195	13,460	523	39,044
2科目	129,169	170,187	43,284	1,292	171,966
計	143,035	181,382	56,744	1,815	211,010

● 平均受験科目数（2024年度）

（人）

受験科目数	8科目	7科目	6科目	5科目	4科目	3科目	2科目	1科目
受験者数	6,008	266,837	19,804	20,781	38,789	91,129	12,312	1,948

平均受験科目数
5.67

・理科①（基礎の付された科目）は，2科目で1科目と数えている。

・上記の数値は本試験・追試験・再試験の総計。

共通テスト
対策講座

ここでは，大学入試センターから公表されている資料と，これまでに実施された試験をもとに，共通テストについてわかりやすく解説し，具体的にどのような対策をすればよいか考えます。

山内 憲一 Yamauchi, Kenichi

愛媛県宇和島市出身。大学ではアジア的生産様式論争を中心とする社会構成体論に熱中する一方，映画文化研究会に所属した。大学院では従属理論を学び，19世紀の英印関係史を研究テーマとした。その後，私立の中学・高校で社会科を教え，受験指導の世界に入り世界史を担当。また，大学赤本シリーズの執筆に加わっている。

どんな問題が出るの？

大学入試センターから発表されている資料から，共通テスト「歴史総合，世界史探究」の作問の方向性を確認しておきましょう。

共通テスト「歴史総合，世界史探究」の問題作成の方針を見てみると，次の点が示されています。

> 歴史に関わる事象を多面的・多角的に考察，構想する過程を重視する。
> 用語などを含めた個別の事実等に関する知識のみならず，歴史に関わる事象の意味や意義，特色や相互の関連等について，歴史的な見方・考え方を働かせながら，概念などを活用して多面的・多角的に考察したり，課題の解決を視野に入れて構想したりする力を求める。（中略）
> 問題の作成に当たっては，事象に関する深い理解を伴った知識を活用して，例えば，教科書等で扱われていない資料であっても，そこから得られる情報と授業で学んだ知識を関連付ける問題や，仮説を立てて資料に基づき根拠を示したり検証したりする問題，時代や地域を超えて特定のテーマについて考察する問題などを含めて検討する。

この作成方針を踏まえれば，資料から必要な「情報」，つまり設問が要求する「情報」を**把握**する**読解力**と，「授業で学んだ知識」を土台に**考察**する**思考力**の２点が共通テスト攻略には欠かせません。つまり，文献史料の引用文や文献史料・絵の説明文，会話文を読み，また地図やグラフを見て，そこから設問に対応する部分を抽出し把握する読解力と，把握した部分と設問の各選択肢が適合しているか否かを考察し，正誤を判定する思考力が求められています。

読解力・思考力が求められると聞くと，不安に思う人もいるかもしれませんが，これまでの共通テストやその前身のセンター試験「世界史B」で，リード文や資料を通じて問われてきたことと共通する部分はあります。

では，どのような対策を講じればよいのでしょうか。この点を明らかにすることこそ，本講座のねらいとなります。そこで，共通テストの特徴を明確にしながら，必要とされる知識や読解力・思考力について解説していきます。

共通テスト徹底分析

ここでは，2022年に公表された「歴史総合，世界史探究」の新課程試作問題（以下，試作問題）や，これまで共通テスト「世界史Ｂ」本試験で出題された内容を分析し，その特徴を詳しく確認していきます。

試験時間・配点

共通テスト「世界史Ｂ」の試験時間は60分，配点は100点でした。これらは「歴史総合，世界史探究」でも同じです。試作問題では配点のうち，25点分は「歴史総合」からの出題となっており，設問の約4分の1は「歴史総合」が占めています。

大問構成・問題の分量

共通テスト「世界史Ｂ」は，2021～2024年度では，大問4～5題，設問数33～34問でした。また試作問題は，大問5題で，設問数は33問でした。そして大問のうち，第1問が「歴史総合」，第2～5問が「世界史探究」からの出題となっていました。

難易度

歴史事項の理解はもちろん，それに加えて，問題文や資料を**読み解く力**，資料の情報と歴史事項の関わりを**把握する力**，時代・地域を超えて歴史的事象を**比較し考察する力**などが求められます。

時間配分という点では，やや難度の高いものとなっています。共通テストでは文献史料やグラフをきちんと読み込まねばならず，さらに空欄に入る語を想起した上で設問に答える問題など複雑な形式の出題も多いため，解答するのに手間がかかります。

このような出題形式に慣れていないと，時間配分が厳しくなり，予想以上に難しく感じられるかもしれません。ただ，逆を言えば，**形式に慣れてしまえば**時間配分で苦戦することは少なくなるでしょう。

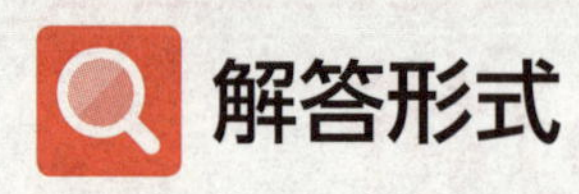

解答形式

全問マーク式です。マーク式問題の新たな出題形式として，**連動型の問題**（連続する複数の問いにおいて，前問の答えとその後の問いの答えを組み合わせて解答させ，正答となる組合せが複数ある形式）にも注意が必要です。試行調査（第１回 第５問 問４⑴・⑵，第２回 第４問 問２⑴・⑵）や 2022 年度追試験（第５問 問１・問２），2024 年度本試験（第２問 問４・問５）で出題されているので，確認しておくとよいでしょう。

出題形式の分析

共通テストでは，１つの設問が２つの問いから構成され，各問いの正解の組合せを選択させる**組合せ問題**が多く出題されています。また，**空欄に入る適切な語句や文を選択させる問題**，**空欄に入る語句を設問の前提とした問題**，**正文と正文の組合せ問題**，**語句と正文の組合せ問題**など，様々な形式の出題が見られます。他に，**年代配列問題**など年代を確定しないと正誤判定の難しい問題も見られるため，年代対策が欠かせません。以上から，共通テスト特有の出題形式を踏まえた対策が重要であるとわかります。

● 出題形式の比較

出題形式	試作問題	2024 年度 本試験	2023 年度 本試験	2022 年度 本試験	2021 年度 第１日程	2021 年度 第２日程
正文選択問題	12	13	18	22	10	20
誤文選択問題	0	1	0	0	3	2
組合せ問題	18	17	11	12	16	10
空所補充問題	1	0	4	0	2	0
年代配列問題	2	2	1	0	3	1

出題地域・時代の分析

ここでは，共通テストで出題された地域や時代について分析します。

● 地域から見た出題内容

地　域	試作問題	2024年度本試験	2023年度本試験	2022年度本試験	2021年度第1日程	2021年度第2日程
中国・東アジア	8	6	9	9	11	7
東南・南アジア	2	3	2	1	3	3
西アジア・アフリカ	2	0	2	4	2	5
ロシア・東欧	0	2	1	3	2	1
西欧・北米	10	16	14	5	11	11
中南米・オセアニア	0	0	0	3	0	2
地域横断※	11	6	6	9	5	4

※「地域横断」は複数の地域にまたがるもの

上の表は試作問題や共通テスト本試験で，どの地域が問われているのかを設問ごとにカウントしたものです。共通テストでは西欧・北米と中国・東アジアからの出題を中心として，あらゆる地域から満遍なく出題され，そこに「歴史総合，世界史探究」では必ず日本からの出題が加わります。その際，**複数の地域をまたぐ出題**（「地域横断」）がある一方，2022年度本試験でロシア・ソ連が扱われたように，**特定の地域に対象を絞った出題**もかなり見られるため，学習の手薄な地域があると，複数問のミスにつながる可能性があります。

また，共通テストでは資料をリード文の代わりに使用する場合が多いため，利用できる資料の関係から，欧米・アジアの主要地域（西欧・北米・中国など）からの出題が多く，その上に「歴史総合，世界史探究」では日本史関連の資料を使った出題も見られると予想されます。ただし，2021年度第2日程で中南米が，2022年度本試験でオセアニアが，2023年度本試験で東南アジアが扱われたように，周辺地域からの出題も軽視できません。

● 時代から見た出題内容

時　代	試作問題	2024 年度 本試験	2023 年度 本試験	2022 年度 本試験	2021 年度 第 1 日程	2021 年度 第 2 日程
紀元前～ 5C	2	5	4	0	2	4
6C～14C	7	4	7	7	3	2
15C～18C	4	1	7	3	5	4
19C～WW Ⅱ	10	8	8	10	10	11
WW Ⅱ以降	6	3	0	1	4	3
通史	4	12	8	13	10	9

上の表は試作問題と共通テスト本試験で，どの時代が問われているのかを設問ごとにカウントしたものです。共通テストを全体的に見ると，近世～近現代重視の傾向があるような印象を受けます。特に，「歴史総合，世界史探究」では「歴史総合」で日本を含む近現代の世界を扱うため，近現代からの出題割合がやや多くなる可能性はあります。しかし，正解ではない選択肢を含めて一つ一つ検討すると，あらゆる時代から出題されていますので，**特定の時代が出題されないということではありません。**

なお，資料の点から見ると，前近代では歴史書・碑文などの文献史料を，近現代では条約・宣言などの文献史料やグラフ・表を利用した問題が多くなっています。また，手紙や絵を利用する場合は，前近代・近現代のどちらでも出題が考えられます。**未学習の時代や対策が手薄な時代を作らない**ように心がけ，そこに日本の近現代についての学習を加えていくとよいでしょう。

ねらいめはココ！

共通テスト攻略のための力

共通テストでは問題文のタイプが多様化しています。下の資料問題出題数の比較表が示すとおり，資料をリード文の代わりとした出題が多く，特に文献史料問題では文章をきちんと読み込まないと解答できないことが特徴です。

● **各試験の資料問題出題数の比較**

資　料	試作問題	2024 年度 本試験	2023 年度 本試験	2022 年度 本試験	2021 年度 第 1 日程	2021 年度 第 2 日程
文献史料	9	10	10	6	14	8
地図	7	1	1	3	1	4
グラフ・表	3	4	4	1	2	3
写真・絵・図版	5	2	4	2	1	3
年表	1	1	0	0	0	0

最初に「どんな問題が出るの？」で述べたように，共通テストでは，知識はもちろんのこと，資料から必要な情報を**把握**する**読解力**と，授業で学んだ知識を土台に**考察**する**思考力**が特に求められます。

この読解力・思考力を共通テスト作問の方針に照らして整理すると，①**「歴史的事象のつながりを因果関係や背景にもとづいて総合的に考察する力」**，②**「資料から読み取った情報を知識と関連付けて考察する力」**，③**「特定の視点から異なる地域や時代を比較し共通性や差異を考察する力」**，と3つに分けることができそうです。

そこで，以下では例題として「世界史Ｂ」の問題をあげて，前半**1**～**3**では読解力・思考力に関わる面を，後半**4**～**6**ではその土台となる知識に関わる面をそれぞれ見ていきます。

1 因果関係にもとづく思考力

これは具体的に言うと，①**「歴史的事象のつながりを因果関係や背景にもとづいて総合的に考察する力」**にあたります。

例題 世界史の授業で，イギリス人作家ジョージ＝オーウェル（1903～1950年）の小説『1984年』を紹介し，討論をした。配付された資料と，生徒からの質問票とを次に示す。

作品の概要

世界大戦中に実用化された核兵器は，再び核戦争を引き起こすこととなり，その結果，世界は「オセアニア」,「ユーラシア」及び「イースタシア」の3大国に再編された。「オセアニア」では，社会が国家によって統制され，双方向のテレビ装置や隠しマイクによって，市民は常に監視されている。

「オセアニア」の真理省に勤める主人公は，歴史記録を改ざんする仕事をしていた。文書や記録が改ざんされた結果，過去の歴史や「オセアニア」成立の過程についての自分の記憶と，公式の歴史とが一致しないことを，主人公は意識しながらも，何が正しい歴史であるのか分からない状態だった。

主人公は古い新聞記事や禁書とされた著述を読むことによって，「オセアニア」の体制に疑問を抱くようになり，同じ考えを持つ同志とつながりを持つようになった。ところが，主人公は密告によって逮捕され，愛情省で拷問を受けることになる。その結果，主人公は信念を打ち砕かれ，「オセアニア」を支配する「党」の思想を心から愛するようになる。

作家の経歴

オーウェルは，1937年，トロツキーの影響を受けた組織の一員としてスペイン内戦に従軍した。この組織は，ソ連からの援助を受けた共産党と対立し，弾圧された。作者晩年の作品である『1984年』には，オーウェル自身の生きた時代についての政治的アイロニー（皮肉）や歴史観が反映されている。

柿田さん質問票：社会主義のために戦った作者が，抑圧体制に対する批判を込めた作品を書いたのですね。その背景は何でしょうか。

上の**柿田さん質問票**に対する答えとして最も適当なものを，次の①～④のうちから一つ選べ。

① ソ連で，スターリンによる粛清が行われた。
② 中華人民共和国で，文化大革命が起こった。
③ 資本主義陣営の中に，「開発独裁」の国が出現した。
④ 朝鮮民主主義人民共和国で，最高指導者の地位が世襲された。

（2021年度 本試験 第1日程 第3問 問7 改）

まずは設問の意図を押さえましょう。ここでは「抑圧体制に対する批判を込めた作品を書いた」「背景」が問われています。問題文から，オーウェルの生きた時代が1903～1950年とわかり，この間に起きた，抑圧体制を想起させる出来事について述べた選択肢を選べばよいことがわかります。

ソ連では1920年代にスターリンの指導体制が成立しました。しかしその後，スターリン体制を批判する動きも生じたため，1930年代にスターリンは反対派などへの「粛清」を行い，独裁体制を確立しました。この史実を想起すれば，「粛清」は当時のソ連社会主義の「抑圧体制」の事例と考えることができ，オーウェルが「抑圧体制を批判」した背景と考えられます。よって，柿田さん質問票に対する答えとして，①が適切と判断できます。

ポイント

演習問題として取り組むならコレ！

・ソ連が映画の上映を禁止した要因　（2022年度　本試験　第4問　問6）
・キリスト教が社会に与えた影響　（2023年度　本試験　第4問　問8）
・19世紀アメリカ合衆国の領土関連法制定の理由・背景と施行が引き起こした事態　（2024年度　本試験　第2問　問4・問5）

攻略ポイント

共通テストでは，設問文を正しく読んで，その意図をつかみ，その上で各選択肢の内容を検討していく作業が必要となります。上の例題では，問題文からオーウェルが「批判」した「抑圧体制」とはどのような事態をさしているのかをつかんだ上で，設問が求める「抑圧体制」批判の「背景」としてふさわしいかどうか，各選択肢の内容を検討しなければなりません。この点で共通テストでは歴史的事象を**総合的に考察**する**思考力**が求められています。

普段から歴史的な出来事（戦争・反乱・条約締結など）や状況（移民増加や生活状態の改善ないし悪化など）について，そうした事象が起こった**背景・原因・結果・影響**を意識しながら教科書を読むことで，このような問題に対応する力が身につきます。

2 資料理解にもとづく思考力・判断力

資料には地図，文献史料，グラフ・表，写真・絵などがありますが，ここでは共通テストで出題された特徴的な問題を取り上げます。これらの問題では，①**「歴史的事象のつながりを因果関係や背景にもとづいて総合的に考察する力」**，②**「資料から読み取った情報を知識と関連付けて考察する力」**が求められます。

A　地図が使用された問題

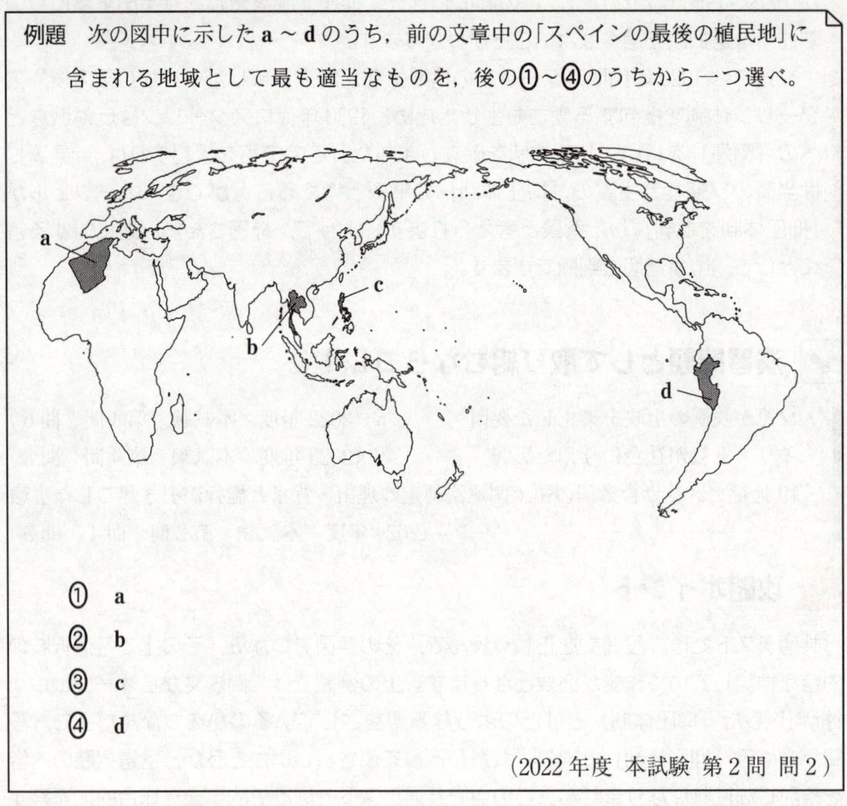

例題　次の図中に示した**a**～**d**のうち，前の文章中の「スペインの最後の植民地」に含まれる地域として最も適当なものを，後の①～④のうちから一つ選べ。

① **a**
② **b**
③ **c**
④ **d**

（2022年度 本試験 第2問 問2）

「スペインの最後の植民地」と問われると戸惑いますが，まずは各選択肢の地域名と，それぞれの地域の植民地としての歴史を想起することが解答に至る道となります。**a**はアルジェリアでフランスの植民地，**b**はタイで東南アジアにおいて唯一独立を維持した国です。よって，解答は c のフィリピンか，d のペルーのどちらかです。南米のスペイン植民地では，ウィーン体制期の 19 世紀前半にラテンアメリカ独立運動が展開し諸国が独立するので，ペルーの正確な独立年がわからなくても，19 世紀前半と判断できます。一方，植民地フィリピンからは 19 世紀末の米西戦争が想起できます。この戦争を経てアメリカ合衆国がフィリピンを獲得，すなわちスペインは 19 世紀末にフィリピンを失います。よって，正解は③ c とわかります。

　このように地図上での位置を正しくつかんだ上で，それぞれの地域の歴史を「総合的に考察」すれば地図を使った問題にも対応できます。

演習問題として取り組むならコレ！

- ある条約が示す地域の位置　（2021 年度　本試験　第 1 日程　第 4 問　問 2）
- アフリカのある国の位置　（2021 年度　本試験　第 2 日程　第 1 問　問 1）
- 独立運動が起きた地域と流刑地の位置　（2023 年度　本試験　第 3 問　問 2）
- アメリカ合衆国が関わった戦争地域の位置　（試作問題　第 5 問　問 5）

攻略ポイント

共通テストの地図問題はほかの資料と組み合わされた，かなり工夫した出題形式となっています。そのため，設問の意図，資料から読み取れること，学習した知識を総合的に組み合わせて考察する力が必要です。

　複雑な問題ですが，地図の読み取りそのものに限定すると，正しい位置を判断する問題にすぎません。歴史的事象の総合的な考察には**地図上での位置把握**も必要となるため，普段から**教科書・資料集の地図を確認する努力**が欠かせないでしょう。

B　文献史料問題

例題　18 世紀の中国の朝廷は，大規模な図書編纂（へんさん）事業を行った。その際に，改ざんが組織的に行われた。対象となった書籍の一つに，遼（契丹）から宋への亡命者の手紙が載っていた。この手紙の一節について，改ざん前後の文章を下に示す。（引用文には，省略したり，改めたりしたところがある。）

　この編纂された図書の名称と，この手紙の波線部を改ざんした意図について述べた文との組合せとして正しいものを，下の①～⑥のうちから一つ選べ。

改ざん前の文章

　私の一族はもともと漢人で，祖先より以来，皆仕官して，皮衣（かわごろも）を着て禄（ろく）を食み，家系をつないでおりますが，中国古代の堯王の遺風をいささかも忘れておりません。左前の服を脱ぎたいと思うものの，その志を遂げずにいます。聖人たる皇帝の境域に帰順すれば，漢人の衣裳を着て，平素からの志を遂げることができましょう。

改ざん後の文章

私の一族はもともと漢人で，祖先より以来，皆仕官して，遼朝の禄を食み，家系をつないでおりますが，中国古代の堯王の遺風をいささかも忘れておりません。中国に身を投じたいと思うものの，その志を遂げずにいます。聖人たる皇帝の境域に帰順すれば，先祖の墳墓に参り，平素からの志を遂げることができましょう。

① 四庫全書 ― 中国が外国と盟約を結んでいたことを隠蔽するため
② 四庫全書 ― 漢人が異なる風俗を強制された事実を想起するのを避けるため
③ 永楽大典 ― 宋と遼との間で，習俗が違っていたことを隠蔽するため
④ 永楽大典 ― 漢人が異なる風俗を強制された事実を想起するのを避けるため
⑤ 資治通鑑 ― 中国が外国と盟約を結んでいたことを隠蔽するため
⑥ 資治通鑑 ― 宋と遼との間で，習俗が違っていたことを隠蔽するため

（2021 年度 本試験 第 1 日程 第 3 問 問 8 改）

「18 世紀の中国」は清代なので，「編纂された図書」は『四庫全書』と判断できます。次に改ざん前と後の文章を見比べて，衣服に関わる箇所が消されている点に注意しましょう。『四庫全書』にこの手紙を採録するにあたって，衣服に関する言及を改ざんし，清が行った，漢人に対する風俗の強制を隠したいという意図が読み取れます。この意図は，清で漢人に対する威圧策として辮髪の強制が行われたことも想起すれば，十分妥当です。したがって，正解は②と判断できます。

演習問題として取り組むならコレ！

- 古代ローマのある人物の業績（2021 年度　本試験　第 2 日程　第 4 問　問 2）
- アメリカ合衆国大統領の演説（2022 年度　本試験　第 2 問　問 4）
- ファーティマ朝のカリフの正統性（2023 年度　本試験　第 2 問　問 6）
- 中国制度史上の王・皇帝一族の位置づけ（2024 年度　本試験　第 1 問　問 1）

攻略ポイント

文献史料問題では本文中のどこかに問題を解くヒント（キーワードや内容）が含まれているため，この**読み取り**と，読み取った内容を**学習済みの知識と組み合わせる**ことが解答の決め手となります。例えば，本文中に「王の道」というキーワードが記された箇所があれば，これがアケメネス朝に関する文献史料であると読み取れます。

共通テストでは，複数の文献史料をふまえて，内容が一致する選択肢を選ぶ，という設問が見られます。この場合，資料を読み取る手間がかかり，その点で難度が高く感じられるでしょう。文献史料問題は特徴的な出題ですので，まずは資料を読解できるだけの「**知識**」を蓄え，問題演習を重ね，**読解の勘所**を押さえる訓練をしましょう。

C　グラフ問題

例題　次の**グラフ1**は，1750 年から 1821 年にかけてのイギリスにおける金貨鋳造量の推移を示したものである。

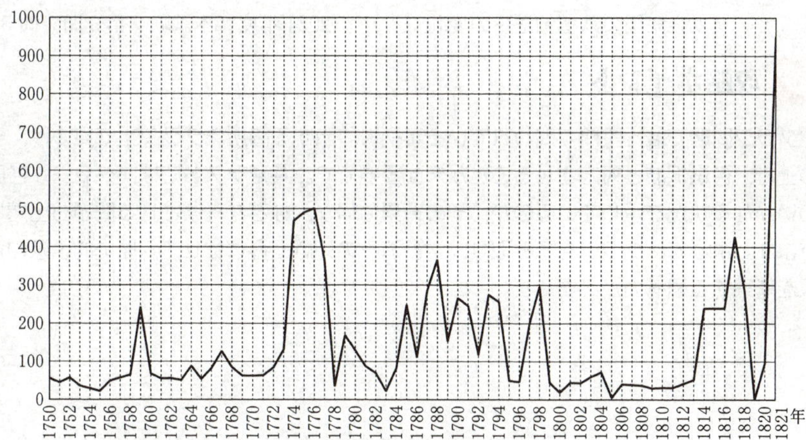

（B. R. ミッチェル編『イギリス歴史統計』より，欠損値を適宜補って作成）

上の**グラフ1**を見て，金貨鋳造量が急増し，初めて 500 万ポンドに達する前に起こった出来事について述べた文として正しいものを，次の①～④のうちから一つ選べ。

① イダルゴの蜂起を経て，メキシコがスペインから独立した。

② 茶法制定への抗議として，ボストン茶会事件が起こった。

③ ロシアとカージャール朝との間で，トルコマンチャーイ条約が結ばれた。

④ アレクサンドル１世の提唱によって，神聖同盟が結成された。

（2021 年度 本試験 第１日程 第２問 問１ 改）

この問題はグラフを利用した年代把握問題と言えます。まずグラフから「初めて 500 万ポンドに達する」年（1776 年）を確定し，その上で各選択肢の年代を想起すればよいでしょう。選択肢を吟味すると，ボストン茶会事件は 1773 年に起きた出来事のため，「1776 年」より前となり，正解は②と確定できます。

演習問題として取り組むならコレ！

・世界の工業生産における各地域のシェア
（2021 年度　本試験　第２日程　第２問　問１）

・イギリスとアイルランドからアメリカ合衆国への移民数
（2023 年度　本試験　第５問　問５）

・アメリカ合衆国の鉄道輸送量の変化　（2024 年度　本試験　第３問　問５）

攻略ポイント

グラフ問題では，設問で問われている事柄に該当する箇所をグラフ上で見つけ，その上で，各選択肢と対応させることがまず重要です。共通テストでは，グラフが各国のいかなる状況を示しているのか，その背景は何か，などを考察させる問題も出題されます。よって，グラフを読み取り，学習済みの知識と合体させて，歴史的事象の背景を考察する思考力が必要です。

3 異なる時代や地域を比較する力

これは③「特定の視点から異なる地域や時代を比較し共通性や差異を考察する力」にあたります。

例題 世界史における宗教と教育・政治との関係について述べた文として**誤っているもの**を，次の①～④のうちから一つ選べ。

① フランスでは，20世紀初めに政教分離法が成立した。
② 中世ヨーロッパの学問では，神学が重視された。
③ イスラーム世界では，マドラサが重要な教育機関となった。
④ 隋や唐では，主に仏教の理解を問う科挙が整備された。

(2021年度 本試験 第1日程 第3問 問4 改)

ポイント

幅広い地域・時代を対象に，宗教と教育・政治との関係を扱った出題です。唐で『五経正義』が科挙のテキストになったことを想起すれば，科挙では「仏教の理解」ではなく「儒教の理解」が問われたことがわかります。したがって，④が誤文です。

演習問題として取り組むならコレ！

・南アフリカ共和国の歴史との共通性
(2021年度　本試験　第2日程　第1問　問2)
・中国人の移民の歴史　(2022年度　本試験　第5問　問4)
・イングランドとヨーロッパの他地域との関係
(2024年度　本試験　第1問　問6)

攻略ポイント

共通テストでは資料読解をからめて，複数の時代・地域を特定の視点から比較する問題が出題されています。こういった問題は幅広い時代・地域のことが問われているため一見難しそうですが，実際のところは各選択肢の正誤を落ち着いて判断することが求められています。

よって，まずは各時代・各地域の歴史的事象に対する正しい知識を身につけましょう。それを土台にして共通性や差異を意識しておくと，より深く特定の時代・地域の特徴を把握することができるようになるでしょう。

4　歴史的事象への正しい理解力

共通テストでは，**用語の知識のみを問う問題が減少**するとともに，設問文や選択肢で用語を明示せず，文章から用語を連想させ，それを手がかりに解答させる問題が見られます。共通テストならではの特徴と言えるため，十分に対策しておきましょう。

例題　春休みにヨーロッパ旅行をした秋山さんは，帰国後，訪れた地域の歴史を調べて，旅行記を書いてみた。以下は，秋山さんが訪れた**地域**についての，旅行記からの抜き書きである。

地域

この都市は，ヨーロッパ大陸の近くにある島国の首都だ。この国は，いろいろな勢力に支配された歴史を持つとともに，大陸の王家とも関係が深く，なかでも［　ア　］の王位をめぐる戦争が有名である。14 世紀に始まり 15 世紀まで続いたこの戦争では［　　イ　　］。

1851 年に万国博覧会が開催され，世界的にも高名な博物館があるこの都市は，文化都市としても機能してきた。お土産として買った紅茶もおいしかった。

上の文章中の空欄［　ア　］の国の歴史について述べた文**あ**・**い**と空欄［　　イ　　］に入れる文**X**・**Y**との組合せとして正しいものを，下の①～④のうちから一つ選べ。

［　ア　］の国の歴史について述べた文

あ　第一次世界大戦後に，ベルギーと共同でルール工業地帯を占領した。

い　カルマル同盟(カルマル連合)により，デンマークと合併した。

イ に入れる文

X　毛織物生産の盛んなフランドル地方をめぐる対立も，背景となっていた
Y　戦時中に，**地域**を含む国でノルマン朝が成立した

①　あ ― X　　②　あ ― Y　　③　い ― X　　④　い ― Y

(2021 年度　本試験　第 1 日程　第 5 問　問 2　改)

空欄に入る語句の理解を前提とした点や，空欄に適切な文を選択させる点で共通テストに特有の出題形式ですが，実際のところは正しい正誤の組合せが求められている問題です。

まず「地域」の文章から，「戦争」は「14 世紀に始まり 15 世紀まで続いた」とあるので，この「戦争」は百年戦争となります。そして空欄**ア**は百年戦争の政治的原因に関わるからフランスとわかります。フランスは第一次世界大戦後の 1923 年にベルギーとともにルール占領を行ったから，**あ**が正文。空欄**イ**は百年戦争の経済的原因を想起すれば，**X**が正文とわかります。よって，正解は①です。

演習問題として取り組むならコレ！

- 宗教の迫害や保護の歴史　(2021 年度　本試験　第 2 日程　第 4 問　問 5)
- 明の建国者の徴税政策と世界史上の税制　(2022 年度　本試験　第 4 問　問 5)
- ヨーロッパ各地のプロテスタント　(2023 年度　本試験　第 2 問　問 2)
- 韓愈の主張と唐代後半から宋代の文化の流れ　(2024 年度　本試験　第 4 問　問 8)

攻略ポイント

共通テストでは確かに読解力や思考力が求められます。しかしその力の土台（核）は歴史的事象に対する正しい知識であり，それが多様な出題形式を使って問われています。

出題形式に惑わされないためにも，まず大事なのは基礎知識の定着の徹底です。過去問を最大限活用して，基礎知識があいまいになっていないかどうか確認し，**共通テスト対策の土台作り**に努めましょう。なお，「効果的な過去問の使い方」については 035 ページからを参照してください。

5 年代に対する把握力

共通テストでは，年代の知識・理解をもとに歴史的事象の配列を問う問題も出題されています。

例題　次の文う～おが，年代の古いものから順に正しく配列されているものを，下の①～⑥のうちから一つ選べ。

う　壬午の年に，軍隊による反乱が起こった。

え　甲申の年に，急進改革派がクーデタを起こした。

お　甲午の年に，東学による農民戦争が起こった。

① う→え→お　② う→お→え　③ え→う→お
④ え→お→う　⑤ お→う→え　⑥ お→え→う

(2021 年度 本試験 第 1 日程 第 5 問 問 6 改)

選択肢はすべて基本事項です。うは壬午軍乱で，1882 年。えは甲申政変で，1884 年。おは甲午農民戦争（東学の乱）で，1894 年。よって，正解は①です。

演習問題として取り組むならコレ！

- 中東地域の戦争 (2021 年度　本試験　第 2 日程　第 5 問　問 1)
- ブリテン島の「アングル人」 (2023 年度　本試験　第 4 問　問 7)
- 20 世紀のアメリカ合衆国で起こった出来事 (2024 年度　本試験　第 3 問　問 4)

攻略ポイント

年代配列問題は 2021 年度の両日程や 2023・2024 年度で出題されました。また，**年代を基準に選択肢の正誤を判定させる問題**（2022 年度 本試験 第 3 問 問 1 など）や**年代が解答へのヒントとなる問題**（2023 年度 本試験 第 1 問 問 3 など）は常に出題されているため，共通テスト攻略において，**年代把握力は決して軽視できません**。

6 消去法を駆使する技術力

解答を導き，また自分の選んだ答えが正しいかどうか確認するのに役立つ力です。

例題　オセアニアの歴史について述べた文として最も適当なものを，次の①～④のうちから一つ選べ。

① オーストラリアは，第二次世界大戦以前に白豪主義を廃止した。

② カメハメハが王国を建てたハワイは，フランスに併合された。

③ 現在のオセアニアにあたる地域が，クックによって探検された。

④ ニュージーランドは，カナダよりも前に自治領となった。

（2022年度 本試験 第3問 問8）

ポイント

①白豪主義の廃止は1970年代，つまり第二次世界大戦後，②ハワイはアメリカ合衆国が併合，④イギリス最初の自治領はカナダ。よって，消去法から正解は③。

もちろん，クックが太平洋のほぼ全域を探検したことが想起できれば，③が正解とすぐにわかります。しかし③が正解かどうか迷ったときは，消去法が役立ちます。

演習問題として取り組むならコレ！

・古代のエチオピアとアラビア半島南部の状況
（2021年度　本試験　第2日程　第4問　問3）
・都市デリーについて述べた文の正誤判定　（2024年度　本試験　第3問　問2）

攻略ポイント

このように，消去法は一見難しそうな問題や，難度の高い選択肢を含む問題を処理する際に役立ちます。特に共通テストでは初見の資料が用いられることが多いため，資料の読解に苦戦することも考えられます。そのような場合は選択肢を確認し，**消去法で正解を導くという戦略**を立てる必要も出てくるでしょう。また，自分が選んだ解答が正解かどうか確定するのにも役立ちます。このように**消去法は有効なテクニック**ですので，共通テスト攻略の強力な武器になります。ただし，消去法では対処しきれない問題（2021年度 本試験 第2日程 第2問 問4，2023年度 本試験 第1問 問5，2024年度 本試験 第3問 問3や第4問 問9など）もあるので，まずは1～5の力を身につけましょう。

「歴史総合」はこう解く！

試作問題では，第 1 問が「歴史総合」から出題されました。100 点満点中 25 点の配点で，決してあなどれません。実際にどのような問題が出題され，どれくらい日本史の知識が問われるのでしょうか。また，解き方のコツはあるのでしょうか。試作問題と，2021 年 3 月公表の「歴史総合」サンプル問題の分析をもとに解説します。

問題の特徴

「歴史総合」は，従来の日本史と世界史という枠組みを取りはらい，近現代における世界と日本の歴史，およびその相互の関わり合いを学ぶ新科目です。

試作問題では，「人々の接触と他者認識」をテーマに，19 世紀のアジアと欧米との接触，第一次世界大戦などの戦争時における他者イメージ，1970 年に開催された大阪万博について取り上げられました。また，サンプル問題は，20 世紀後半の東西冷戦と，19 世紀～20 世紀前半の世界の諸地域における近代化の過程をテーマとした出題でした。いずれも**主題学習の設定で，資料が多用されています**。大問を通じて，**必要な情報を的確かつ迅速に読み解く力**が試されており，資料の読み取りや判断につまずくと，時間不足になりかねません。

一方で，必要な歴史用語は，探究科目ほど多くはありません。むしろ，近代以降の世界と日本との結びつきについて，**時代ごとの特色や変化をつかめているか，様々な立場から多面的に解釈・評価できるか**が問われています。

解き方のコツ

「歴史総合」だからと言って，特別な解き方は不要です。どういうテーマであろうと，設問レベルでは**各時代の基本的な動向・推移や 21 世紀の現在との関連・つながり**が，**地域間の交流・対立や比較**も組み込みながら問われるはずです。時代ごとに教科書に記された重要事項の内容や相互関連を，年代にも注意しつつ，理解していけば「知識」としては十分です。その上で，資料を「読み取り」,「知識」と融合させる**思考力**，設問要求に沿った選択肢を選ぶ**判断力・類推力**を習得しましょう。そのためには**教科書の精読**と，出題傾向に合わせた**問題演習**が必要となります。

✔ 世界と日本の動きを多角的に問う

試作問題やサンプル問題では，文献史料や写真・絵・図版，地図，グラフ・表などを用い，近現代における世界と日本の動きを様々な角度から問う出題が見られました。

例題　2021年サンプル問題・改

生徒の豊田さんは，先生が示した資料を基に追究し，分かったことを次のメモにまとめた。メモ中の空欄 ア に入れる語句あ～うと，空欄 イ に入れる文X・Yとの組合せとして正しいものを，後の①～⑥のうちから一つ選べ。

資料　第二次世界大戦以後に国家が関与した武力紛争による地域別の死者数

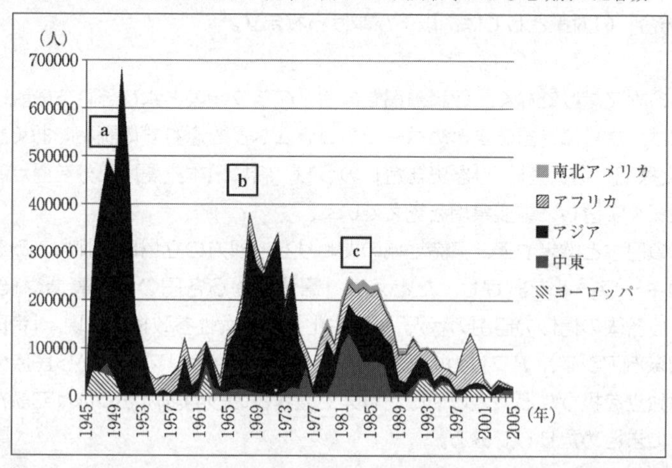

(Peace Research Institute Oslo，The Battle Deaths Dataset version 2.0，Yearly Total Battle Deaths より作成)

メ　モ

> 資料中，ア における死者数の多くは，ある地域の紛争に対し，アメリカ合衆国が北爆によって本格的な軍事介入を始めた戦争によるものと思われる。この戦争で，米ソは直接衝突していない。また，この戦争は日本にも影響を及ぼし，イ 。

ア に入れる語句

あ　aの時期のアジア　　い　bの時期のアジア　　う　cの時期の中東

イ に入れる文

X　国内でこの戦争に反対する運動が広がる一方，米軍基地の継続使用を条件として，沖縄の施政権がアメリカ合衆国から返還された

Y　国際貢献に対する国内外の議論の高まりを受けて，国連平和維持活動等協力法（PKO協力法）が成立した

① アーあ　イーX　　② アーあ　イーY
③ アーい　イーX　　④ アーい　イーY
⑤ アーう　イーX　　⑥ アーう　イーY

メモ中の「北爆」から，「戦争」とは**ベトナム戦争**とわかり，1965年に北爆を開始し，1973年に撤退しますから，空欄**ア**は**い**が該当します。また，空欄**イ**は，沖縄返還が1972年，国連平和維持活動等協力法（PKO協力法）の成立が1992年なので，**X**が適切と判断できます。よって，正解は③です。このように年代把握も含めた**「知識」**こそが共通テスト攻略の基礎・土台となります。

「歴史総合」の対策としては，以下が挙げられます。

- 教科書の本文だけでなく，**教科書掲載の絵・グラフ・表およびそれらの説明文**にも目を向け，さらに**巻頭のまとめページやコラム**なども忘れずに読んでおく。
- 「世界史探究」選択者は，「歴史総合」のうち，**特に日本史関連部分を重点的に**，かつ注意深く学習し，重要事項を覚えていく。
- 近現代の日本と欧米やアジア諸地域の関わりを，双方の立場から眺めてみる。
- **共通のキーワード**を設定し，たとえば「**憲法**」から各国の制定事情や経緯，「**自由**」から各国の信仰の自由の状況，「**民主化**」から女性参政権の実現，「**帝国主義**」から欧米とアジア，アフリカの人々の対応，「**ナショナリズム**」から民族の統一や国家の独立を扱うなど，地域や国を越えて教科書の該当箇所をつなげて読んだり，ノートにまとめたりしてみる。

効果的な過去問の使い方

共通テストは，主題学習や特定のテーマの形で提示した資料や会話文などを「読解」させ，そこから設問の各選択肢の正誤を考察する「思考力」，また場合によっては推察する「類推力」を重視するスタイルが多用されています。

しかし，思考力や類推力を働かせるといっても，その原動力となるのはやはり「知識」です。「知識」と「知識」が結合し，それが連鎖することによって，思考力や類推力の基盤が形成されます。したがって思考力重視といっても，それは歴史用語の暗記学習を否定しているものではありません。

こうした学習に対する基本姿勢をふまえた上で，共通テストの過去問をどのように活用すればよいのかをまとめました。ぜひ参考にしてください。

1 苦手な時代・地域を徹底的に克服する

世界史上の思想統制について述べた文として最も適当なものを，次の①～④のうちから一つ選べ。

① 始皇帝は，民間の書物を医薬・占い・農業関係のものも含めて焼き捨てるように命じた。
② エフェソス公会議で教皇の至上権が再確認され，禁書目録を定めて異端弾圧が強化された。
③ ナチス体制下では，ゲシュタポにより国民生活が厳しく統制され，言論の自由が奪われた。
④ 冷戦下のイギリスで，共産主義者を排除する運動が，マッカーシーによって盛んになった。

（2021年度 本試験 第1日程 第1問 問2）

①は前3C中国，②は5C東ローマ帝国，③は20Cドイツ，④は20Cイギリス・アメリカと幅広い時代・地域を扱っています（正解は③）。

共通テストでは，知識・理解こそが確かな思考の土台となります。**一通り教科書学習が終了したら，共通テストの過去問を解いてみてください**。そして，正解できなかった部分や，判断に迷った部分は，必ず解説を読んで教科書で確認するようにしましょう。

2 正文・誤文を見極める力をつける

ガザン=ハンが，黄帽派（ゲルク派）に改宗した。

（2022 年度 本試験 第 1 問 問 8 より抜粋）

誤文。ガザン=ハンはイル=ハン国の君主で，イスラーム教に改宗した。

歴史的事象について「**正しい理解がなされているか**」を問う上で，**正文・誤文を見極める力**を見る問題は，共通テストではとても重要になってきます。事項と事項・年代・場所・人物などの組合せに注意しながら学習しましょう。そして，過去問で実際の正誤判定問題を解くことで，誤文がどのように作成されるのか，また正誤判定のポイントはどこに置かれるのかを感覚的につかむことができるはずです。

3 時間配分の感覚をつかむ

共通テストでは，問題文や資料の読解量が増えるとともに，考察が必要な問題が多く出題されています。本番で時間が足りなくなってしまわないよう，共通テストの過去問を利用して，**制限時間を意識した演習**を行っておきましょう。

まずは，過去問を 60 分かけて実際に解き，1 問にどれくらいの時間をかければよいのか，時間配分の感覚をつかんでおきましょう。

難問にぶつかったときには，簡単に解けそうな問題から片づけるといった対処法も覚えておくとよいです。慣れてきたら，さらに短い時間で解き終える練習を積んでおくと，より安心でしょう。

共通テスト
攻略アドバイス

ここでは共通テストで高得点をマークした先輩方にその秘訣を伺いました。実体験に基づく貴重なアドバイスの数々。これをヒントに，あなたも攻略ポイントを見つけ出してください！

✔ 共通テストではここが大事！

共通テスト攻略にはどのような対策をすればよいのでしょうか。先輩受験生によると，世界史は扱う内容が広範囲なため，偏りのない学習を意識する一方，ただ知識を詰め込むのではなく，出来事同士のつながりを意識するのが大切なようです。

幅広い地域・年代から出題されるので，通史を終わらせた後に，横のつながりを意識して地域ごとやテーマ史の観点から勉強して理解を深めることをおすすめします。　Y. T. さん・国際基督教大学（教養学部）

共通テストは読解のための国語力が必要です。解答に時間がかかると思いますが，冷静に分析していけば大丈夫です。また，出来事の因果関係や，その出来事が文化などに及ぼした影響などを様々な視点から正確に捉えることも必要です。都市や国の位置関係もとても重要なので，これも確実に押さえておきたいです。　T. H. さん・京都府立大学（文学部）

資料問題に対応しよう

文献史料や地図，図版など多様な資料を用いた問題に対応するために，手元から資料集を離すべからずという先輩は多いようです。

地図からの出題や，歴史的な出来事が起こった原因を問う問題もあります。そのため，一問一答などで用語の知識を詰めるだけで終わるのではなく，教科書などで地図を確認したり，出来事が起きた理由を理解したりしておくといいと思います。　R. T. さん・大阪大学（外国語学部）

資料問題は読めば解ける問題もあるため，わからないと思っても資料をしっかり読みましょう。また年号はすべて覚える必要はありませんが，関連する出来事の順序は覚えることをすすめます。Y. S. さん・上智大学（法学部）

共通テストでは資料問題が多く出題されるので，資料集などに記載されている条約や法律の文章を読んでおくことをおすすめします。
H. T. さん・青山学院大学（地球社会共生学部）

過去問もしっかり活用しよう

知識の抜けがないかどうか確認する，弱点をなくす，幅広い時代・地域の出題に慣れるなど，自分なりの目標をもって取り組んでみてください。

問題文が長く，資料の読解問題も沢山あるので，類似の問題を繰り返し解く中で形式に慣れることは大切だと思います。教科書の基本事項を押さえていれば解ける問題が大半なので，焦らず落ち着いて取り組むことが肝要です。
R. T. さん・早稲田大学（人間科学部）

過去問を多く解いて，選択肢や問題文の中にある，どんな内容かわからない用語は毎回用語集を引いて意味を確認していました。それをまとめて直前期に見直すことで同じ間違いをせずに済みました。
H. Y. さん・京都大学（工学部）

解答・解説編

Keys & Answers

解答・解説編

歴史総合，世界史探究（1回分）

- 新課程試作問題

世界史 B（9回分）

- 2024年度　本試験
- 2023年度　本試験
- 2023年度　追試験
- 2022年度　本試験
- 2022年度　追試験
- 2021年度　本試験（第1日程）
- 2021年度　本試験（第2日程）
- 第2回試行調査
- 第1回試行調査

凡　例

CHECK：設問に関連する内容で，よく狙われる事項をチェックとして示しています。
NOTE：関連づけたり整理したりして覚えるべき事柄を，図や表でまとめています。

解答・配点に関する注意

本書に掲載している正解および配点は，大学入試センターから公表されたものをそのまま掲載しています。

新課程試作問題：
歴史総合，世界史探究

問題番号(配点)	設問		解答番号	正解	配点	チェック
第1問(25)	A	問1	1	⑤	3	
		問2	2	②	3	
		問3	3	③	3	
	B	問4	4	② ⑥	2	
			5	⑤ ①	2*	
		問5	6	④	3	
	C	問6	7	③	3	
		問7	8	①	3	
		問8	9	②	3	
第2問(13)		問1	10	①	3	
		問2	11	⑤	3	
		問3	12	④	3	
		問4	13	②	4	
第3問(15)	A	問1	14	④	3	
		問2	15	③	3	
		問3	16	④	3	
	B	問4	17	⑤	3	
		問5	18	②	3	

問題番号(配点)	設問		解答番号	正解	配点	チェック
第4問(25)	A	問1	19	③	3	
		問2	20	①	3	
		問3	21	③	4	
	B	問4	22	⑥	3	
		問5	23	④	3	
		問6	24	②	3	
	C	問7	25	③	3	
		問8	26	②	3	
第5問(22)	A	問1	27	①	3	
		問2	28	②	3	
	B	問3	29	④	3	
		問4	30	①	3	
	C	問5	31	④	3	
		問6	32	③	3	
		問7	33	③	4	

（注）　＊は，解答番号4で②を解答した場合は⑤を，⑥を解答した場合は①を正解とし，点を与える。

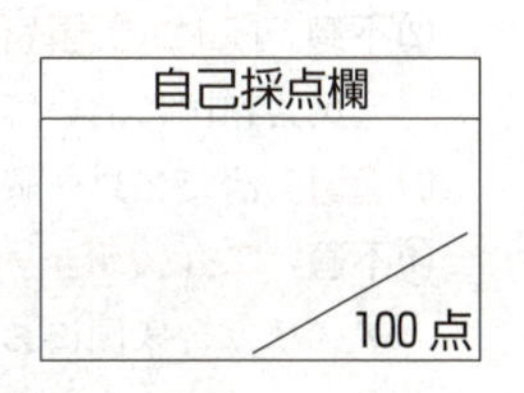
自己採点欄

/100点

第1問 ── 世界各地の人々の接触と他者認識（絵・年表・資料・グラフ利用）

A やや難 《19世紀のアジア諸国と欧米諸国の接触》

問1　1　正解は⑤

図として適当なもの

「薩摩藩の行列と馬に乗ったイギリス人の一行」とあるので，「馬に乗った」人物が描かれているいが正解となる。なお，あは**桜田門外の変**（1860年）の図。

日本の対外関係に関する年表

イギリス人が殺傷された**生麦事件**（1862年）を機に，その報復として「イギリス艦隊が鹿児島湾に来て，薩摩藩と交戦した」**薩英戦争**（1863年）が起こっているので，生麦事件の位置は薩英戦争の説明の直前であるbとなる。なお，1825年に制定された**異国船打払令**は**1842年**に緩和されている。

問2　2　正解は②

生麦事件において「現地の慣習や法律に従わなかったイギリス人の行動」とは，**身分の高い武士に対して平伏しなかった行動**で，これを「正当化しているように見えます」という会話文の言葉に合致する選択肢を選べばよい。

①**誤文**。「平伏」という日本の慣習に従うことが述べられているので該当しない。

②**正文**。生麦事件（1862年）当時，**安政の五カ国条約**（1858年）によってイギリスにも**領事裁判権**が認められていた。このため記事は「イギリス人は，日本においてもイギリスの法により保護されるべき」としてイギリス人の行動を正当化していると考えられる。

③**誤文**。「居留地の外に出るべきではない」とするのは，生麦事件で「正当化」される「イギリス人の行動」とは合致しない。

④**誤文**。1858年の**安政の五カ国条約**で日本はすでに**関税自主権を喪失**しているため，関税率については「イギリス人の行動を正当化」する記事とは合致しない。

問3　3　正解は③

①**不適**。**ペレストロイカ**の説明で，**ゴルバチョフ**政権下のソ連において1986年から進められた。

②**不適**。「**四つの現代化**」を目標とした改革・開放政策は，**鄧小平**の指導下，中華人民共和国において1978年から行われた。

③**適切**。清でアロー戦争終結期の1860年頃から進められた**洋務運動**の説明。

④**不適**。**ニューディール政策**の説明で，**フランクリン=ローズヴェルト大統領**下のアメリカ合衆国において恐慌対策として1933年から行われた。

B 標準 《戦争時のナショナリズムや他者のイメージ》

問4 (1) 4 正解は②又は⑥

三国協商は露仏同盟（1894年），英仏協商（1904年），英露協商（1907年）によって成立した英仏露3国の協力関係。空欄アは②のイギリス，⑥のロシアとなる。

(2) 5 正解は⑤又は①

(1)で②のイギリスを選択した場合

正解は⑤。チャーティスト運動は男性普通選挙などを求めた労働者の政治運動で，19世紀前半のイギリスにおいて起こった。

(1)で⑥のロシアを選択した場合

正解は①。血の日曜日事件はデモ行進中の民衆に対する軍の発砲事件で，日露戦争中の1905年にロシア（ロマノフ朝）の都ペテルブルクにおいて起こった。

②のサルデーニャ王国による統一は19世紀半ばのイタリア，③奴隷解放宣言は19世紀半ばのアメリカ合衆国，④ズデーテン地方割譲は20世紀前半のチェコスロヴァキア，⑥二十一か条の要求は20世紀初めの日本に関連する出来事。

問5 6 正解は④

ナショナリズムの現れ方として考えられること

あ．ナショナリズムのうち，国民主義と訳される動きで，同一民族から構成される国民国家を形成する際に現れる。

い．ナショナリズムのうち，民族主義と訳される動きで，列強による植民地支配に対抗し，そこからの解放を目指す際に現れる。

歴史的出来事

X．幸徳秋水は社会主義者で，インターナショナルな社会主義の立場から非戦論を唱えており，ナショナリズムとは関係しない。

Y．明治政府は日本を国民国家とするため，北海道のアイヌ人を本土の日本人に同化させようと北海道旧土人保護法を制定した。これは国民主義のあに該当する。

Z．ガンディーはインド民族運動の指導者で，非暴力・不服従運動によってイギリスによる植民地支配からの脱却を目指した。これは民族主義のいに該当する。

C 標準 《1970年に開催された日本万国博覧会》

問6 7 正解は③

いずれも，「1970年」当時の状況であるか否かを判断すればよい。

社説が踏まえている当時の日本の状況

あ．不適。第1次石油危機（オイル=ショック）の発生は1973年。

い．適切。「環境汚染による健康被害」「対策のための基本的な法律」は1967年に制定された**公害対策基本法**。

当時の世界情勢で社説が触れていないこと

X．適切。**開発独裁**はインドネシアのスハルト政権や大韓民国の朴正熙政権など，工業化（経済発展）に重点を置いた強権政治を指し，1960年代から登場し，70年代には急速な経済成長を実現した。

Y．不適。「**アラブの春**」と呼ばれた，チュニジアから発生し，中東のアラブ諸国に広まった民主化運動の説明で，2010年末～11年に起こった。

問7　8　正解は①

イ．「1960年」は「**アフリカの年**」と呼ばれ，アフリカで17カ国が独立した。

ウ．アフリカの独立国の多くは冷戦期，東西両陣営に属さず，非同盟諸国首脳会議に参加するなど，第三勢力の一員として存在感を国際社会に示した。

問8　9　正解は②

ユメさんのメモ…誤り。日本が中華人民共和国への「援助」を開始するのは，1972年の田中角栄の訪中で中華人民共和国を承認し，国交を正常化して以降である。

テルさんのメモ…正しい。グラフを見ると，日本の東南アジアへのODA配分割合は「2010年」まで最大である。日本はインドネシアなど，太平洋戦争中に日本軍が占領した東南アジアの国々に対し賠償を行っている。

アインさんのメモ…誤り。グラフを見ると，南アジアへの援助は1990年まで減少したのち，それ以後は増大しているから，「一貫して減少」と記すメモは誤り。また，2019年には31％と最大の割合となっていることから，「日本の援助先としての重要性が，他地域と比べて低下している」も誤りとなる。

第2問　やや難　世界史上の都市の探究（地図・図・資料・表利用）

問1　10　正解は①

空欄アに入る文

あ．正文。イスラーム社会は**人頭税（ジズヤ）**の支払いと引き換えに，非ムスリムを**庇護民（ズィンミー，ジンミー）**として信仰の維持や一定の自治などを認めた。この非ムスリムへの寛容な扱いはオスマン帝国でも採用された。

空欄イに入る文

X．正文。メモ1に「住民は，それぞれの宗教施設の近隣に居住していたと考えられる」とあり，図1でギリシア正教の教会やユダヤ教の礼拝所が各地に分散していると読み取れる。

問2 11 正解は⑤

空欄ウ・エに当てはまる語句の組合せ

メモ2に「『紫禁城』は，皇帝の宮殿区画」「『韃靼人』は，清を建てた民族」とある。清は満州族（＝韃靼人）の王朝で，「紫禁城」には満州族の皇帝や皇族が居住していた。また，資料で「漢人の区域は，漢人だけが住んでいた」とあるので，紫禁城を含む区域の空欄ウは韃靼人，含まない地域の空欄エは漢人と判断できる。

そのように考える理由

X．誤文。清は漢人統治にあたって「漢化政策」ではなく，満州族の風習の強制など威圧策を採った。そのため漢人の反発を警戒し，漢人の居住区を満州族の皇帝が住む紫禁城から遠ざけたと考えられる。

Y．正文。清は資料が記す「韃靼人の軍隊を構成する八つの部隊」である満州八旗という軍事組織を正規軍の中心として重用した。このため，満州八旗を担う韃靼人を皇帝の住む紫禁城の近くに置いたと考えられる。

Z．誤文。「奴隷軍人」とはマムルークで，イスラーム諸王朝の「軍隊の主力」となり，王朝によっては支配階層となる場合もあった。

問3 12 正解は④

あ．誤文。「英語話者が最も多い地域」が図3に見られる範囲に広がるのは，イギリスが 19 世紀初めのウィーン会議でオランダからケープ植民地を獲得して以降と考えられる。

い．正文。アパルトヘイトとは非白人に対する人種隔離政策で，表を見ると，対象となる黒人の 0.5％が英語話者であるなど非白人の中にも英語話者が存在する。

う．誤文。表では「アフリカーンス語話者のほとんど」は「白人」ではなく「カラード」で，79.6％を占めている。

え．正文。図3では「英語話者及びアフリカーンス語話者が最も多い地域」と「コーサ語話者が最も多い地域」の分布範囲を比較すると，後者の方が狭い。

問4 13 正解は②

渡辺さんによる分類

イスタンブルは居住区が宗教・宗派別に分かれていない。北京，ケープタウンは，居住区が前者では民族別に，後者では言語話者別に分けられている。

①誤文。②正文。大連は欧米人と中国人で居住区が分かれているので，大連はいの北京，ケープタウンに分類される。

菊池さんによる分類

イスタンブルはオスマン帝国の，北京は清の首都。ケープタウンはケープ植民地時代にオランダ，ついでイギリスの国外拠点となった。

③④誤文。大連はロシア，ついで日露戦争後は日本の国外拠点となったので，大連はえのケープタウンに分類される。

第3問 ― 外交や貿易による人の移動と移動ルート（地図・資料利用）

A 標準 《宋の使節がたどった海上航路》

問1 14 正解は④

空欄アに入る都市の名

高麗の都はいの開城。なお，あの漢城は朝鮮王朝（李朝）の，うの開封は宋（北宋）の都。

空欄イに入る王朝について述べた文

大運河が完成した隋の説明を選択すればよい。

X．不適。一条鞭法という税制の説明で，明代の16世紀に導入された。

Y．適切。「試験による人材選抜方式」とは科挙で，隋代に「地方に置かれた推薦担当官が人材を推薦する制度」である九品中正に代えて新たに導入された。

問2 15 正解は③

宋は960～1276年，高麗は918～1392年の存続である。「宋と高麗の間の地域」は中国北方から中国東北部に至る地域を指す。

①誤文。スキタイは南ロシアの草原地帯で活動した（前7～前3世紀）。

②誤文。フラグの率いる遠征軍は西アジアへ侵入した（13世紀半ば）。

③正文。「宋と高麗」の並存期，契丹（キタイ）が中国北方から中国東北部にかけて勢力を広げた。

④誤文。「宋と高麗」の並存期，西夏は中国西北部に所在し，その支配は「宋と高麗の間の地域」に及んでいない。

問3 16 正解は④

①②誤文。資料1に「使者を送る際」「現地の商人の商船を募集」とあるから，使節派遣に①の倭寇（海賊）の船や②の軍船は使っていない。

③誤文。資料1から「福建・両浙」の地域から商人の商船を使節の船として募集したことが読み取れるが，「福建・両浙」は地域であって「都市国家」ではない。なお，都市国家（ポリス）であるアテネの「下層市民」が，ペルシア戦争におけるサラミスの海戦で「軍艦の漕ぎ手」として活躍している。

④正文。宋では民間の海上貿易が奨励された。そのため資料1が示すように朝廷から委託された「福建・両浙の長官」が，海上貿易に従事した商人を資料2が示す

「船主・船頭」として雇い，彼らの商船を使節派遣に利用したと推測できる。

B 易 《イングランド商人によるアジア航路の開拓》

問4 17 正解は⑤

Ⅰ…イタリア出身のイエズス会宣教師**マテオ=リッチ**が16世紀末に明代の中国へ来訪し，17世紀初めに中国最初の世界地図「**坤輿万国全図**」を作成した。

Ⅱ…アメリカの探検家**ピアリ**が20世紀初め，北極点の初到達に成功した。

Ⅲ…フィレンツェ出身の天文・地理学者**トスカネリ**が15世紀後半，地球球体説を基に大西洋の西航を主張した。彼の説が**コロンブス**の航海に影響を与えた。

以上から，正解は⑤Ⅲ→Ⅰ→Ⅱとなる。

問5 18 正解は②

阻んだ国

会話文から，イングランドがアジアを目指し始める「15世紀の末」より前，既にあったアジアへのルートは**地中海東岸経由**と**喜望峰経由**の2つ。前者は**イタリア諸都市**や**オスマン帝国**が担い，後者は**ポルトガル**が開拓した。この2つのルートをイングランドが利用しようとする際，それを阻む「既存の諸勢力」は**あ**のポルトガルが該当する。**い**のセルジューク朝は**滅亡が12世紀末**で，時代が対応しない。

地中海東岸を経由するZルートと喜望峰へ至るXルートの利用が阻止されたのだから，イングランド商人が開拓を試みる新ルートは残りのYルートとなる。

第4問 ── 世界の諸地域における国家と宗教（資料・写真・絵利用）

A 標準 《ローマ帝国におけるキリスト教徒への対応》

問1 19 正解は③

皇帝の名

「ローマ帝国の最大版図を達成した」のは**い**の**トラヤヌス帝**（五賢帝の2番目）の時代。なお，**あ**の**アウグストゥス**は初代ローマ皇帝。

資料1から読み取れる皇帝の姿勢

資料1の最後でキリスト教徒の処罰につながる告発状について，皇帝は「署名なしに提出された告発状は…受理されるべきではない」と回答しているから，Xの「キリスト教徒に対する告発を抑制しようとしている」が皇帝の姿勢とわかる。なお，Yはキリスト教徒の大迫害を行った**ディオクレティアヌス帝**の姿勢。

問2　20　正解は①

①正文。「ゾロアスター教・仏教・キリスト教の要素を融合した」のはマニ教で,「4世紀末」「当時ローマ帝国内」の北アフリカなどに広まっていた。アウグスティヌスがキリスト教への改宗前, マニ教を信奉していた点を想起したい。

②誤文。16世紀初頭にナーナクが創始したシク教はインド北西部に広まった。

③誤文。ボロブドゥール寺院は, 8世紀後半から9世紀初頭にシャイレンドラ朝によって造営されたジャワ島中部の大乗仏教の寺院。

④誤文。六信五行は7世紀に成立したイスラーム教徒の義務。

問3　21　正解は③

「異なる見方」とは,「ローマ帝国による地中海地域の統一」の「終焉」が, あの「ゲルマン人の大移動」にあるのか, いの「イスラームの勢力拡大」にあるのかという見方である。ローマ帝国は395年に東西に分裂しているので, あは東西分裂前と後の, いは東ローマ帝国の状況を判断することになる。

あの根拠となり得る出来事

W. 不適。タキトゥスの『ゲルマニア』は, ゲルマン人の大移動開始（4世紀後半）以前の1世紀末, ローマ帝国による地中海地域支配（統一）の安定期に著された。

X. 適切。ゲルマン人の大移動の中, オドアケルが476年に西ローマ皇帝を廃位して西ローマ帝国を滅亡させたことから, 東西のローマ帝国による地中海地域支配が崩れ, 統一は終焉を迎えた。

いの根拠となり得る出来事

Y. 適切。イスラーム勢力は, 7世紀にシリア・エジプトを東ローマ帝国から奪い, 711年にイベリア半島の西ゴート王国を滅ぼすなど地中海地域に勢力を拡大したことから, 東ローマ帝国の地中海地域支配（統一）は終焉を迎えた。

Z. 不適。イスラーム勢力がニハーヴァンドの戦い（642年）で破った相手はイラン高原のササン朝。

B　標準　《中国にある仏教石窟》

問4　22　正解は⑥

空欄イに入る文

い. 適切。文成帝が「皇帝を崇拝の対象とするため」「石仏群を造らせた」とあるので宗教（仏教）を利用して君主権力を強化したと判断できる。

世界史上の事例

X. 不適。ホメイニ（ホメイニー）は「君主」ではなく, イスラーム教シーア派の指導者。イラン革命で成立したイラン=イスラーム共和国の最高指導者となった。

Y．不適。ウィリアム3世とメアリ2世は，王権に対する議会の優位を定めた権利の章典を発布しているので「君主権力」の「強化」の事例とはならない。

Z．適切。インカ帝国では太陽神崇拝が行われ，「君主権力」の「強化」に利用するため，インカ皇帝を太陽の化身とした。

問5　23　正解は④

①不適。古代ギリシアで発展した自然哲学の説明。

②不適。1910年代の中華民国で，胡適や魯迅らが進めた文学革命の説明。

③不適。古代インドのグプタ朝期に発達した自然科学の説明。

④適切。南朝では「対句を駆使する華麗な文体」として四六駢儷体が普及し，また梁（南朝3番目の王朝）の昭明太子により詩文集『文選』が編纂された。

C　標準　《フランス第三共和政期の国家と宗教》

問6　24　正解は②

ナポレオンとローマ教皇が和解した宗教協約は1801年に結ばれた。

資料4…「旧教とルター派が以前から行われているので，今後もそのことはこれらの都市（自由都市と帝国都市）において維持されるべき」とは，ルター派を信仰してもよいことを指しており，資料はルター派を公認したアウクスブルクの宗教和議（1555年）である。なお，「アウクスブルク信仰告白」とは，ルター派が根拠とする信仰告白で，1530年に起草された。

資料5…「ヴァチカン市国が創出される」から，1929年にイタリア（ムッソリーニ政府）と教皇庁の間で結ばれたラテラノ（ラテラン）条約である。

以上から年代順は②資料4→宗教協約→資料5となる。

問7　25　正解は③

①不適。スコラ学を大成し『神学大全』を著したトマス=アクィナスの説明。

②不適。スーフィズム（イスラーム神秘主義）を理論化したガザーリーの説明。

③適切。『哲学書簡』を著したのはフランスのヴォルテールで，「理性を重んじて古い偏見や権威を打破しようとした」啓蒙思想の代表的思想家の一人である。

④不適。精神分析学を確立したフロイトの説明。

問8　26　正解は②

「1905年に定められたフランスの法律」とは政教分離法。

①不適。国王至上法（1534年）は，イングランド国王（政治）を首長とするイギ

リス国教会を確立した**政教一致**の法律。

②適切。トルコ共和国初代大統領ムスタファ=ケマルは近代化の一環として**カリフ制を廃止**し（1924年），**政教分離を実現した**。

③不適。**ベンガル分割令**（1905年）は，イギリスが植民地インド統治のために発布した法律で，**宗教対立による民族運動の分断**を目指した。

④不適。**アルタン=ハン**は帰依したチベット仏教をモンゴル人に広げる一方，教主にダライ=ラマの称号を贈るなど関係を強化し，**宗教を政治的統合に利用した**。

第5問 ── 主題学習とその資料探究（資料・表・グラフ・地図利用）

A  《中世ヨーロッパの農民反乱》

問1 27 正解は①

「隷農」とはレポートを読むと，「領主」への「隷属状態」に置かれた農民を指すから，中世ヨーロッパの主な農民である**農奴**と判断できる。

①正文。**農奴**は荘園（領主の所有地）内の領主直営地で，週3日程度の労働に従事する賦役（労働地代）を課された。

②誤文。**サトウキビ栽培のプランテーション**は16～18世紀の中南米で発達し，主に**黒人奴隷**が労働力となった。

③誤文。租・調・庸は**均田制**と結びついた税で，**隋・唐代の中国農民**に課された。

④誤文。**シェアクロッパー**は主に**解放奴隷の黒人**からなる分益小作人で，南北戦争後のアメリカ合衆国南部に出現した。

問2 28 正解は②

農民反乱の名

レポート中の「**アダムが耕し，イヴが紡いだ時，誰が領主であったか**」は**ジョン=ボール**の言葉。イギリスの農民反乱であるあの**ワット=タイラーの乱**を思想的に指導した。なお，いの**プガチョフの乱**は18世紀後半に起きたロシアの農民反乱。

空欄ウに入る文

X．不適。ワット=タイラーの乱は**封建的支配**（**人頭税賦課など**）**に抵抗した**農民反乱で，体制変革の革命ではなく，「君主政の廃止」は要求していない。

Y．適切。レポートが「彼（国王）に我々の隷属状態を示し，事態が変更されることを望んでいると伝えよう」と記すように，ワット=タイラーの乱では**農奴制などの「身分制度の改変」**や人頭税の廃止が要求された。

B 標準 《近代アジアの女性》

問3 29 正解は④

①②不適。①「多くの中国系労働者が，…流入」したなら，言語は中国語に，②「イスラーム教徒が最大多数だった」なら，言語はアラビア語になるはずであるが，カルティニは手紙の中で「ヨーロッパ語の一つで書かれてある」と記している。

③不適。フランス語が「ヨーロッパの宮廷」で「広く用いられていた」のは，絶対主義時代の近世。レポートの当時の近代ヨーロッパは国民国家の時代で，宗主国では自国語を使用しているので「根拠」とはならない。

④適切。ジャワ島はオランダを宗主国とする植民地だったからこそ，カルティニは宗主国オランダの言語で女性の地位向上などを目指す言論活動を行った。

問4 30 正解は①

植民地支配の変化

あ．正文。レポートは「植民地支配の変化によって，彼女の言論活動が可能になった」と記す。これは宗主国がそれまでの抑圧策を改め，植民地住民の福祉や教育に配慮した政策（倫理政策）へ転換したことの現れと考えられる。

い．誤文。宗主国は植民地を本国の原料供給地や製品市場と位置づけるから，植民地で重化学工業を発展させるような政策は実施しない。

カルティニが嫌悪感を抱いた背景

X．正文。カルティニは東洋人が「ヨーロッパ文明になじみつつ」あることを宗主国の人々が「魅力的」と感じていると皮肉に満ちた一節を手紙で書いている。彼女は宗主国の人々が，支配地域の人々にヨーロッパ文明を身につけさせることが文明化であり，責務であると考えている点に嫌悪感を抱いた。

Y．誤文。宗主国のオランダは資本主義国だから，宗主国の人々が植民地での「社会主義の実現」を認めることも，支持することもありえない。

C 標準 《1960年代のアメリカ合衆国での反戦運動》

問5 31 正解は④

レポートの【まとめ】に「アメリカ合衆国はパリで和平協定を結び…撤退することとなった」とあるので，④ d で戦われたベトナム戦争と判断できる。

問 6　32　正解は③

レポートを基に判断できる内容

あ．**誤文**。グラフで「米軍の年間死傷者数が 10000 人」を超えたのは 1967 年で，北爆が開始された 1965 年よりも後のことである。

い．**正文**。表で「世論調査で反対が賛成を初めて上回った」のは 1967 年 10 月。その後，グラフの 1968 年に「米軍の年間死傷者数がピークに達している」。

下線部ⓐの事例

X．**適切**。ベトナム反戦運動と連動・呼応する形で，**キング牧師**を指導者として黒人差別に反対する**公民権運動**が起こった。

Y．**不適**。アメリカ合衆国では，1920 年にすでに女性参政権が実現している。

問 7　33　正解は③

空欄アに入る主題

あ．**適切**。レポートのＡは反乱を起こした農民の要求，Ｂは植民地支配下での女性の地位向上を目指した言論活動，Ｃは反戦運動に参加した人々の意見の，政治への影響を取り上げている。これらは**人々が望む新たな社会の姿**と関わる。

い．**不適**。各レポートでは「君主や統治者」の改革への意図は扱われていない。

主題をさらに追究するための世界史上の出来事

X・Y．**不適**。外交革命はフランスとオーストリアの同盟で**国際関係上の動向**，秦の始皇帝による度量衡の統一は**中央集権体制の確立**という政治的目的のために実施されており，いずれも人々が望む社会という主題には一致しない。

Z．**適切**。朝鮮の人々が日本の植民地支配からの独立を求めた**三・一運動**（1919 年）の説明で，人々が望む社会という主題の追究に合致する。

世界史Ｂ　本試験

問題番号（配点）	設問		解答番号	正解	配点	チェック
第１問（27）	A	問１	1	①	3	
		問２	2	④	3	
		問３	3	⑥	3	
	B	問４	4	④	3	
		問５	5	②	3	
		問６	6	②	3	
	C	問７	7	③	3	
		問８	8	①	3	
		問９	9	⑥	3	
第２問（23）	A	問１	10	②	3	
		問２	11	③	3	
	B	問３	12	④	3	
		問４	13	②　④	2	
		問５	14	①　⑤	3*	
	C	問６	15	②	3	
		問７	16	④	3	
		問８	17	⑤	3	

問題番号（配点）	設問		解答番号	正解	配点	チェック
第３問（22）	A	問１	18	③	3	
		問２	19	④	3	
		問３	20	②	3	
	B	問４	21	②	3	
		問５	22	③	3	
	C	問６	23	①	3	
		問７	24	②	4	
第４問（28）	A	問１	25	⑤	3	
		問２	26	③	3	
		問３	27	③	3	
	B	問４	28	①	3	
		問５	29	④	3	
		問６	30	①	4	
	C	問７	31	④	3	
		問８	32	③	3	
		問９	33	④	3	

（注）　＊は，解答番号 13 で②を解答した場合は①を，④を解答した場合は⑤を正解とし，点を与える。

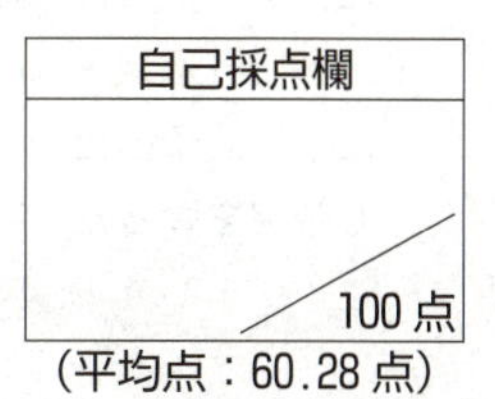
自己採点欄

100点

（平均点：60.28 点）

第1問 ―― 世界史上に見られた体制と制度（資料・年表利用）

A 標準 《中国制度史上の王や皇帝一族の位置づけ》

問1 ［1］ 正解は①

①適切。資料１で李斯は，「一族や功臣の多くに，封土を分け与えて諸侯とし」た（封建制）が，彼らが「その後疎遠となって攻撃し合い，周王は制御できませんでした」と述べ，戦乱の原因として挙げている。

②不適。資料１で李斯は「中央から官僚を派遣する」**郡県制**の下で，一族や功臣を「租税によって厚く手当て」すれば天下に「太平をもたらす」と言っている。

③不適。資料２で博士の一人は「一族や功臣に封土を分け与えて諸侯とし」，彼らに「王室を補佐する」という「政治上の権力」を持たせたことが「周王朝が長く続いた」理由とし，**封建制**の利点とした。

④不適。資料２で博士の一人は諸侯とした一族が「帝室を補佐する者」になれば，「反逆を企てる臣下が現れた場合」対処できるとし，**封建制**の利点とした。

問2 ［2］ 正解は④

魏の臣下で，魏から帝位を奪った人物だから，空欄アは晋（西晋）の建国者・司馬炎。その晋（西晋）では諸王となった一族の反乱である八王の乱が起こった（290年）。なお，**呉三桂**は明末の武将で，清に帰順して藩王となったが，清が藩王の撤廃を図ると，**三藩の乱**を起こした（1673年）。

問3 ［3］ 正解は⑥

争乱

「一族の諸王」の争乱として，前漢では**う**の呉楚七国の乱（前154年），晋（西晋）では**八王の乱**（問２）が起こった。**あ**の**黄巾の乱**（184年），**い**の**赤眉の乱**（18～27年）はともに農民反乱で，前者は後漢末に，後者は新で起こった。

出来事

X．不適。貧農出身の**朱元璋**は元末の農民反乱（**紅巾の乱**）の中から頭角を現し，同じく反乱の中から台頭した群雄を破って皇帝に即位し（**洪武帝**），明を建国した。よって，彼の即位は「一族に対する分権の弊害」と関係しない。

Y．適切。永楽帝は明の洪武帝の子で，諸王の一人（燕王）として北方に配置された。洪武帝の死後，孫の建文帝が即位し，諸王勢力の削減を図ると，燕王は挙兵し帝位を奪った（靖難の役）。皇帝一族の「争乱」だから「分権の弊害」となる。

B 標準 《中世初期のイングランドにおける王位継承》

問4 [4] 正解は④

空欄イは「神聖ローマ帝国の起源」となる「ローマ教皇から戴冠」された人物だから，東フランク王国（ザクセン朝）の**オットー１世**。

①誤文。ピピンが751年，メロヴィング朝の王を廃位し，**カロリング朝**を開いた。

②誤文。**カール大帝**（カロリング朝）が800年，**教皇レオ３世**から戴冠された。

③誤文。アッティラ（フン人の王）が451年，西ローマ帝国・ゲルマン人の連合軍と**カタラウヌムの戦い**を行い，敗北した。

④正文。オットー１世は神聖ローマ皇帝戴冠（962年）直前の955年，侵入した**マジャール人**を**レヒフェルトの戦い**で撃退した。

問5 [5] 正解は②

下線部ⓑの人物の名

「1066年のイングランド征服」を行った「ノルマンディー公」だからあの**ウィリアム**で，**ノルマン朝**を創始した。なお，**いのクヌート（カヌート）**はリード文中の「デンマーク出身の人物」で，1016年イングランドを征服し，**デーン朝**を開いた。

資料１・２から読み取れる内容

X．不適。資料１はハロルド（ハロルド２世）が「イングランド中の最有力の貴族たちによって国王に選ばれた」と記している。

Y．適切。資料２はエドワード（証聖王）がノルマンディー公に王国を与え，それをハロルドも「認めて宣誓」したが，その「宣誓を破って即位した」から，彼の即位は認められなかったという，ノルマンディー公のイングランド征服に至った事情を記している。

Z．不適。ハロルドの即位を資料１はイングランドの貴族たちや大司教が正当（認める）とし，資料２はノルマンディー公が不当（認められない）とするから，資料１はイングランド側の，資料２はノルマンディー側の認識を示している。

問6 [6] 正解は②

①誤文。**エリザベス１世**は未婚。なお，**フェリペ２世**はスペイン王で，皇太子時代にイングランド女王**メアリ１世**と結婚した。

②正文。中世のイングランドは**羊毛（原羊毛）の産出地**で，毛織物工業の盛んなフランドル地方に原料として羊毛を輸出した。

③誤文。**ジョン王**は**フィリップ２世**に敗れ，フランス内の領地の大半を失った。

④誤文。共和政期のイングランドは**航海法**を発布し（1651年），**第１次英蘭戦争**を勃発させた。なお，**大陸封鎖令**は第一帝政期のフランスが発布した（1806年）。

C　標準　《近現代イギリスの福祉制度改革の歴史》

問7　7　正解は③

リード文からドイツの老齢年金制度は，「世界政策」により「海軍を増強した」皇帝ヴィルヘルム2世（1890年に親政開始）下で導入されたと判断できる。また，「ドイツの先例を踏まえて，イギリスでは1908年に老齢年金法が成立」とあり，ドイツの老齢年金制度の導入は1890～1908年の間と推測できるので，正解は③のc。

問8　8　正解は①

「イギリスで公的な年金制度の導入を主導した政党」はリード文中の「かつて首相グラッドストンが率いた政党」から，自由党となる。

①正文。グラッドストン自由党内閣は1886年と1893年にアイルランド自治法案を議会に提出した（ただし法案は未成立）。

②誤文。マクドナルドは労働党の政治家で，党首として1924年に自由党との連立内閣を成立させた（第1次マクドナルド労働党内閣）。

③誤文。スエズ運河会社の株は，保守党のディズレーリ内閣が1875年にエジプト（ムハンマド＝アリー朝）から買収した。

④誤文。フェビアン協会は社会主義団体で，1900年の労働代表委員会成立に加わった。この労働代表委員会は1906年に労働党となる。

問9　9　正解は⑥

首相の名…「国営企業の民営化」はいのサッチャー（保守党）首相が実施した。

改革の内容

X．不適。アトリー首相が「ゆりかごから墓場まで」という労働党の掲げたスローガンの下，福祉制度の充実を進めた。

Y．不適。救貧法はテューダー朝のエリザベス1世時代に制定され（1601年），貧民の救済のほか，浮浪者の取り締りを行った。

Z．適切。サッチャー首相は「小さな政府」を目指す新自由主義政策（改革）として国営企業の民営化のほか，削減という方向での社会保障費の見直しを行った。

第2問　── 世界史における諸勢力の支配や拡大（資料・グラフ利用）

A　標準　《アレクサンドロス大王のアジアへの態度》

問1　10　正解は②

①不適。アレクサンドロス大王が「滅ぼした王朝」はアケメネス朝。アケメネス朝

は，ユダ王国を滅ぼして**バビロン捕囚**を行った**新バビロニア**を倒し，捕囚中のユダヤ人を解放した。

②適切。ソフォクレスやエウリピデスは古代アテネの悲劇作家。彼らの劇作品を，資料２は「アレクサンドロスによる征服の後，ペルシアの諸地域の子どもたち」が「歌うことを学んだ」と記している。

③不適。資料３で記されている「ペルシア人がギリシアを攻撃」とは**ペルシア戦争**を指し，その報復としてアケメネス朝の都「ペルセポリスの宮殿」を破壊した。なお，**ペロポネソス戦争**は古代ギリシア世界の内戦で，宮殿破壊と関係しない。

④不適。**フィリッポス２世**が率いたのは**コリントス同盟（ヘラス同盟）**。**デロス同盟**はアテネを盟主とするギリシアの軍事同盟で，フィリッポス２世と関係しない。

問２ 11 正解は③

あ．**誤文**。**マニ教**はササン朝下のイランで**３世紀前半**に成立した。評価Ⅰの時代である「共和政末期のローマ」とは前１世紀を指すから，時代が対応しない。

い．正文。評価Ⅱの時代である「19 世紀後半のヨーロッパ」では西欧列強が植民地を求めてアジア・アフリカに進出した。これが帝国主義で，西欧列強は植民地の獲得・支配を，進んだヨーロッパ文明を遅れた現地にもたらし，現地の人々を野蛮から救う「文明化の使命（文明的使命）」として正当化した。

B 標準 《19 世紀のアメリカ合衆国の領土関連法》

問３ 12 正解は④

ミシシッピ川以西のルイジアナは 1763 年のパリ条約でフランスからスペインに割譲されたが，1800 年再びフランス領となり，1803 年フランスからアメリカ合衆国に譲渡（売却）された。資料１は「北緯 36 度 30 分以北」での奴隷制度を禁止しているので 1820 年のミズーリ協定。この協定では「北緯 36 度 30 分以北」に位置するアのミズーリ州は例外として奴隷州とされている。なお，**テキサス**はミズーリ協定後の 1845 年，アメリカ合衆国の領土（州）になる。

問４ 13 正解は②又は④

あ．**先住民の強制移住法（インディアン強制移住法）**は「インディアンの部族が現在居住している土地の代替地」を保留地として設定し，そこに強制的に移住させる法で，西部出身のジャクソン大統領が 1830 年に制定した。よって，Ｙが該当。

い．**カンザス=ネブラスカ法**はカンザスとネブラスカの両準州を自由州とするか，奴隷州とするかは「住民が，…自らの意志に基づいて統制する」手続き，すなわち住民投票で決めるとした法で，1854 年に制定された。両準州は「北緯 36 度 30

分以北」に位置したから，ここに「奴隷州を作らないという規制」を定めた**ミズーリ協定に反し，協定を破棄することになった**。よって，Xが該当する。

なお，Zは1862年の**ホームステッド法（自営農地法）**制定の理由となる。

問5 14 正解は問4で②を解答した場合は①，④を解答した場合は⑤

問4を②とした場合…先住民の強制移住法でチェロキー族は移住を強制され，その途上で多くの犠牲者を出した。これを「**涙の旅路（涙の踏みわけ道）**」と呼ぶから，①が該当する。

問4を④とした場合…カンザス=ネブラスカ法はミズーリ協定で妥協していた南部と北部を再び対立させた。そのためこの法の制定を契機に，同年，奴隷制に反対する人々（旧ホイッグ党員など）は**共和党を結成**したから，⑤が該当する。

C 標準 《朝鮮戦争に関わる米中ソの動向》

問6 15 正解は②

イ．北朝鮮（朝鮮民主主義人民共和国）を支援する中国・ソ連が「休戦交渉を行うため」に会い，「譲歩するように仕向ける」相手だから，北朝鮮軍が戦っている相手，すなわち南朝鮮（大韓民国）側に立つ**国連軍**（中心はアメリカ軍）となる。

ウ．リード文の「中国とアメリカ合衆国との間の『熱い戦争』へとその性格が変わっていった」は，中国が北朝鮮支援のため**人民義勇軍**を派遣したことを指す。資料でも，「休戦交渉を行うため」相手側（イの国連軍）の「代表らと会う」には自分たちの軍の司令官の同意が必要とあり，北朝鮮軍と結んだ人民義勇軍が入る。

国際組織…アメリカ合衆国が構築させた反共の国際組織となるから，1954年結成の**東南アジア条約機構（SEATO）**。**東南アジア諸国連合（ASEAN）**は1967年に結成された地域協力機構で，アメリカ合衆国は参加していない。

問7 16 正解は④

空欄エは1948年2月のクーデタで共産党政権を成立させた**チェコスロヴァキア**。

①**誤文**。**ポズナニ暴動**は1956年，反政府反ソ暴動として**ポーランド**で発生した。

②**誤文**。**チャウシェスク**は**ルーマニア**の大統領で，1989年の革命で処刑された。

③**誤文**。社会党の**ブルム**を首相とする人民戦線内閣は1936年**フランス**で成立した。

④**正文**。**ドプチェク**はチェコスロヴァキアの共産党第一書記で，1968年の自由化（民主化）運動である**「プラハの春」**を指導した。

問8 17 正解は⑤

グラフから読み取れる内容

あ．不適。「農林・水利と運輸への投資額を合わせると」，グラフでは円の４分の１程度になっているから，「全体の５割を超えている」とは言えない。

い．適切。「農林・水利と工業への投資額を合わせると」，グラフでは円の２分の１以上になっているから，「全体の５割を超えている」と言える。

ソ連の第１次五か年計画について述べた文

X．不適。**戦時共産主義**はソ連成立（1922年）前の1918年，ソヴィエト・ロシアが対ソ干渉戦争に対抗する経済政策として採用した。1921年まで実施され，**ネップ（新経済政策）**に代わる。

Y．適切。**第１次五か年計画**はソ連が社会主義建設のため1928年に開始した経済政策で，**重工業を重視し**，その発展を目指すとともに，**農業の集団化**も進めた。

Z．不適。**農業調整法（AAA）**はアメリカ合衆国で，恐慌克服のためフランクリン=ローズヴェルト大統領が開始した**ニューディール政策**の一環として1933年に制定された。

第３問 ── 交通の発達と社会のあり方への影響（地図・グラフ・資料利用）

A 易 《インド亜大陸における交通の歴史》

問１　18　正解は③

空欄アはマウリヤ朝の人物だから，**アショーカ王**。

①誤文。**サータヴァーハナ朝**成立（前１世紀）はマウリヤ朝滅亡（前２世紀前半）後。

②誤文。遊牧民**エフタル**のインド侵入（５世紀後半）は**グプタ朝**期だから，アショーカ王の治世との関係はない。

③正文。アショーカ王はインドをほぼ統一した後，仏教に帰依して布教に尽力し，また第３回の**仏典結集**を行った。

④誤文。東晋の僧**法顕**のインド訪問は５世紀初頭の**グプタ朝**期。

問２　19　正解は④

①誤文。**第１回インド国民会議**は1885年，**ボンベイ**（現ムンバイ）で開かれた。

②誤文。**４綱領**は1906年，**カルカッタ**（現コルカタ）で開かれたインド国民会議派の大会（カルカッタ大会）で決議された。

③誤文。**タージ=マハル**はムガル帝国第５代皇帝シャー=ジャハーンが愛妃の墓廟として，都の**アグラ**に造営した。なお，この直後，都はデリーに移る。

④正文。**奴隷王朝**はインド最初のイスラーム王朝で，**デリー**を都とした。デリーには以降４つのイスラーム王朝の都が置かれ，これら５つの王朝は総称して**デリー=スルタン朝**と呼ばれる。

問３　20　正解は②

メモ１…誤り。アショーカ王は南端部を除くインドを統一した。これがマウリヤ朝の最大版図になるから，マウリヤ朝の支配領域は南端に及んでいない。

メモ２…正しい。「黄金の四角形」のうち，３つの角に位置するコルカタ・ムンバイ・チェンナイは沿岸都市で，かつてインドに進出したイギリス東インド会社が交易活動の基地とした。さらにイギリスによるインドの植民地化や植民地経営の拠点となり，インド独立後の現在は図２のように，高速道路で結ばれている。

B　標準　《20世紀のアメリカ合衆国における鉄道輸送》

問４　21　正解は②

あ．アメリカ合衆国は，第一次世界大戦後に債務国から債権国に転じた。

い．武器貸与法は第二次世界大戦中の1941年に成立した。

う．テネシー川流域開発公社（TVA）は，フランクリン=ローズヴェルト大統領のニューディール政策として1933年に設立された。

以上を年代順に配列すると，②あ→う→いとなる。

問５　22　正解は③

空欄イに入れる語句

1920年代前半のアメリカ合衆国では大量生産方式の導入で自動車は低価格となり，各家庭に自動車が普及した（お）。人々は移動手段に自動車を利用するようになり，鉄道旅客輸送量は減少傾向になったと推測できる。なお，1920年代は第一次世界大戦後の平和・国際協調の時代だから，えの戦時経済への移行は不適。

空欄ウに入れる文

グラフを見ると，旅客輸送量は1944年から1970年まで一貫して右肩下がりだから減少傾向にあり，貨物輸送量は1944年以降増減を繰り返し，1961年から1970年は緩やかな右肩上がりで増加傾向になっている。よって，両者の傾向は異なり，「減少傾向が続いている」のは旅客輸送量だけだから，Xが適切で，Yが不適。

C　標準　《19世紀ロシアの鉄道建設と対外関係》

問６　23　正解は①

空欄エに入れる国の名

資料１に「友好は，ヴィルヘルム帝が存命の間しか続かない」とある。ヴィルヘルムはドイツ皇帝だから，空欄エはあのドイツと思われる。会話文を見ると，その最初で藤井さんは「1873年に締結された」「同盟」に触れている。これはロシアがオーストリア・ドイツと結んだ**三帝同盟**を指すから，空欄エは**ドイツ**と確定される。
下線部ⓑの理由
フォン=メックは資料１でロシアは「フランスと仲良くした方が良い」と記し，資料２でフランスが「助かるためにはロシアと同盟するしかない」とし，**両国の友好・同盟を期待している**。それなのにフランスのメディアが「ロシアの政策に反対する記事」を書き，それは両国の友好・同盟への動きに水をさすと思われたから，「いら立って」いたと判断できる。よって，Ｘが**適切**で，Ｙはフォン=メックがフランスとロシアの同盟を「やめた方が良い」とは考えていないため，**不適**となる。

問７ 24 正解は②
藤井さんのメモ…誤り。ロシアが黒海北岸地域を得たのは**エカチェリーナ２世**時代の18世紀後半で，オスマン帝国を破って実現した。なお，19世紀半ばの**クリミア戦争**ではロシアがオスマン帝国側に敗北したため，ロシアの領土獲得はない。
西原さんのメモ…正しい。ロシアは1867年**アラスカをアメリカ合衆国に売却**し，それによって得た資金で，1860年代から70年代にモスクワから黒海北岸にかけての鉄道の建設を進めた。ついで1894年に**露仏同盟**が成立すると，**フランス資本を導入し**，1890年代にロシアと極東を結ぶ**シベリア鉄道**の建設を進めた。

第４問 ── 世界史上の様々な言語や文字と文化やアイデンティティ（写真利用）

A 標準 《シリア語・シリア文字と文化》

問１ 25 正解は⑤
空欄アはキリスト教を「公認」したローマ皇帝だから**コンスタンティヌス**。そして彼が「開催した公会議」は**ニケーア公会議**。
事績
あ．**誤文**。**軍管区制（テマ制）**は７世紀以降の東ローマ帝国（ビザンツ帝国）において導入された軍事行政制度だから，コンスタンティヌスと関係しない。
い．**正文**。コンスタンティヌスは332年，**コロヌスの移動禁止令**を出した。
公会議について述べた文
Ｘ．**誤文**。**単性論**は**カルケドン公会議**（451年）で異端とされた。
Ｙ．**正文**。**アリウス派**は**ニケーア公会議**（325年）で異端とされた。
Ｚ．**誤文**。**ネストリウス派**は**エフェソス公会議**（431年）で異端とされた。

問2　26　正解は③

①誤文。ゼロの概念はインドで生まれ，イスラーム世界に伝わった。

②誤文。細密画（ミニアチュール）は中国絵画の影響を受け，主に写本の挿絵としてイスラーム世界で発展した。なお，アマルナ美術は古代エジプト・新王国時代のファラオ・アメンホテプ4世の改革の影響を受け，エジプトで発展した。

③正文。マドラサはイスラーム法学の研究を中心とした高等教育機関で，イスラーム世界各地の主要都市に設立され，多くのウラマー（知識人・学者）を輩出した。

④誤文。イクター制はブワイフ朝で開始され，セルジューク朝に継承されたのち，エジプトのマムルーク朝など各地のイスラーム王朝でも採用・施行された。

問3　27　正解は③

①誤文。会話文で先生はシリア語が「西暦1世紀頃から用いられ始め，その後メソポタミア地方一帯において…広がりました」と述べている。シュメール時代は前3千年紀だから，時代が対応していない。

②誤文。ジズヤとはイスラーム国家が国内の異教徒に課した人頭税だから，イスラーム国家でないパルティアで「ジズヤが徴収」されることはない。

③正文。会話文で先生は「8世紀後半のイラク」でキリスト教徒が「論理学の書物をシリア語に」，「さらにアラビア語へと翻訳し」，これが「9世紀には…学術的基盤」となった事例を紹介している。8世紀後半から9世紀のイラクはアッバース朝下にあり，「アッバース朝における学術の発展に寄与した」と言える。

④誤文。会話文で先生は「モンゴル支配下の西アジアにおいて…著作がシリア語で書き残されました」と説明している。西アジアがモンゴルの支配下に入ったのは13世紀だから，11世紀末の「第1回十字軍の到来までに…シリア語の学術言語としての地位は失われていた」は先生の説明と異なっている。

B　やや難　《コロンブスがスペイン語を用いた経緯》

問4　28　正解は①

①誤文。ドイツの宗教改革者ルターは『新約聖書』をドイツ語に翻訳した。

②正文。イタリアの詩人ダンテがトスカナ語（トスカナ地方の口語）で著した『神曲』はイタリア国民文学の先駆とされる。

③正文。古代ローマの著述家・哲学者プルタルコスがギリシア語で著した『対比列伝』（『英雄伝』）は失われた書物からの引用も多く，貴重な史料となっている。

④正文。古代ローマの政治家カエサルがラテン語で著した『ガリア戦記』は簡潔な文体で書かれ，ラテン文学（ラテン散文）の傑作とされる。

問5 29 正解は④

①不適。ポルトガルは13世紀半ばまでに国内のレコンキスタを完了した。コロンブスがポルトガル王室に支援を求めたのは15世紀末だから，レコンキスタは王室がコロンブスを「支援しなかった」理由にならない。

②不適。トルデシリャス条約はコロンブスの西廻り航海によるサンサルバドル島到達（1492年）を受けて結ばれた（1494年）。この条約はコロンブスの航海後のことだから，ポルトガル王室がコロンブスを「支援しなかった」理由にならない。

③不適。スペイン王（フェリペ2世）がポルトガル王位を継承するのは1580年で，コロンブスのアメリカ大陸到達後のことだから，王位継承はポルトガル王室がコロンブスを「支援しなかった」理由にならない。

④適切。バルトロメウ=ディアスの喜望峰到達は1488年で，この航海・探検が東廻りでのインド航路開拓（1498年）へとつながる。そのためポルトガル王室にとってコロンブスが主張する西廻りでの航路開拓は差し当たり必要ないから，王室はコロンブスを「支援しなかった」と推測できる。

問6 30 正解は①

前の文章から読み取れる思い込みの内容

あ．適切。リード文は「コロンブスが生きていた時代」，「スペインでは，他のヨーロッパ諸国に先駆けて『国語』が成立し」，スペイン語が「書き言葉として確立しつつあった」と記す。そのため，スペイン語で書く者はスペイン人と考えられた。

い．不適。当時のジェノヴァが「国語」の成立している「スペインの支配下」にあれば，スペイン語が使われたはずである。しかしリード文には「ジェノヴァの言語は書き言葉を持たなかった」とあり，「スペインの支配下」になかったとわかる。

価値観

X．適切。リード文は「19世紀には，彼は『スペイン人』であるという説があった」と述べる。この頃のヨーロッパでは国民国家の価値観が広まり，国民国家では同一言語の使用に国民としての一体性・アイデンティティが求められた。そのため，国家で確立される「国語」・「書き言葉」の使用は国民か否かを判断する基準にもなり，「コロンブスはスペイン人である」という「思い込み」も生まれた。

Y．不適。帝国主義では英領インドでの英語使用のように，宗主国の言語が植民地に強制される場合もあるが，植民地の住民が宗主国の言語を使用したとしても，英語を使う植民地インドの住民（インド人）がイギリス国民として扱われないように，植民地の住民を宗主国の国民とする「思い込み」は生まれない。

C　易　《書道史における顔真卿の書体と評価》

問７　31　正解は④

空欄イは会話文で神本さんが「逆賊」を「安禄山」と述べているから，安史の乱。

①誤文。塩の密売人が起こした反乱は**黄巣の乱**で，唐の体制を実質上崩壊させた。

②誤文。安史の乱後，節度使は地方の権力を握って勢力を強め，自立化して**藩鎮**とも呼ばれる存在となり，各地に割拠した。

③誤文。安史の乱は唐の中央政府（宰相の**楊国忠**）と対立した節度使の**安禄山**が起こした。なお，**黄巣の乱**を鎮圧して節度使となった**朱全忠**が唐を滅ぼし，「新たな王朝」として**後梁**を創設した（907年）。

④正文。ウイグルは安史の乱の際，唐の要請を受けて援軍を送り，鎮圧に協力した。その結果，ウイグルは唐に対して優位に立ち，唐は権威を失墜させた。

問８　32　正解は③

空欄ウに入れる語

韓愈は柳宗元とともに，あの**四六駢儷体**（魏晋南北朝時代，南朝で流行した華麗な形式の文体）を廃し，いの古文（漢代以前の文体）の復興を主張した。

空欄エに入れる文

会話文で先生が杉田さんの質問に対して，「表面的な美しさを追い求めた」王羲之（東晋の書家）の書を韓愈が「批判しています」と説明している。この「表面的な美しさ」とは「形式美」を指す。「形式美」は貴族の趣味に沿うが，貴族勢力は唐の後半になると没落に向かい，宋代には士大夫や庶民を担い手とした「形式美」にとらわれない文化が発達し，内面的な「力強さや個性」が尊ばれた。よって，Ｘが適切で，Ｙが不適。

問９　33　正解は④

メモ１…誤り。会話文の最後で先生が「乾隆帝は…数多くの名品を集め」，「それらを書道全集にして出版し」，これが「中国の伝統的な書道文化が長く保持された一因」と説明するように，乾隆帝は書道文化に関与し，「中国の伝統文化を保護」している。しかし，その一方で**文字の獄**や**禁書**という言論統制も行っているので，「自由な言論活動」を認めていたわけではない。

メモ２…誤り。**北魏**の**孝文帝**が進めた**漢化政策**とは自民族（鮮卑族）の文化・伝統を禁止し，漢人風に改める**同化政策**だから，自文化の「維持」ではなく，自文化の放棄・否定である。さらに乾隆帝による「中国の伝統文化に対する政策」は「保護」であって，同化ではないから，漢化政策とは異なる。

世界史Ｂ　本試験

問題番号(配点)	設問		解答番号	正解	配点	チェック
第1問 (16)	A	問1	1	④	3	
		問2	2	③	2	
		問3	3	②	3	
	B	問4	4	②	3	
		問5	5	①	3	
		問6	6	④	2	
第2問 (18)	A	問1	7	②	3	
		問2	8	①	3	
		問3	9	②	3	
	B	問4	10	③	3	
		問5	11	①	3	
		問6	12	④	3	
第3問 (24)	A	問1	13	④	3	
		問2	14	②	3	
	B	問3	15	③	3	
		問4	16	④	3	
		問5	17	①	3	
	C	問6	18	④	3	
		問7	19	①	3	
		問8	20	③	3	

問題番号(配点)	設問		解答番号	正解	配点	チェック
第4問 (24)	A	問1	21	③	3	
		問2	22	②	3	
	B	問3	23	⑤	3	
		問4	24	①	3	
		問5	25	③	3	
		問6	26	③	3	
	C	問7	27	②	3	
		問8	28	②	3	
第5問 (18)	A	問1	29	①	3	
		問2	30	③	3	
		問3	31	②	3	
	B	問4	32	①	3	
		問5	33	①	3	
		問6	34	②	3	

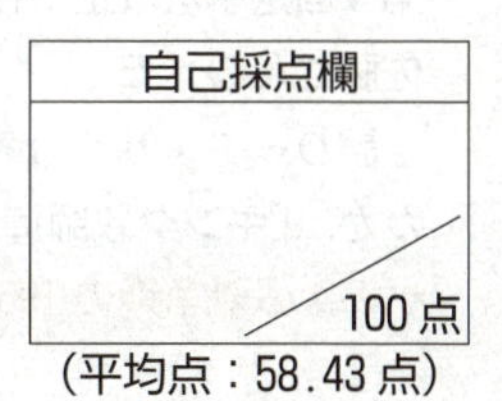

（平均点：58.43 点）

第１問 ── 歴史の中の女性（資料利用）

A 標準 《女性参政権獲得の歴史》

問1　1　正解は④

空欄アはウィーン議定書（1815年）でフィンランドを獲得したロシア。

①誤文。ピョートル１世治下のロシア（ロマノフ朝）は北方戦争（1700～21年）でスウェーデンを破った。

②誤文。シュレスヴィヒ・ホルシュタイン両公国と同君連合であったデンマークが，プロイセン・オーストリアとの戦い（デンマーク戦争）に敗れて両公国を失った（1866年）。その後，プロイセンが普墺戦争に勝利して両公国を併合している。

③誤文。ピウスツキ（ピウスツキー）は第一次世界大戦後，ポーランドで独裁体制を樹立した。

④正文。BRICsは21世紀に入って高い経済成長を示したブラジル・ロシア・インド・中国の総称。2011年から南アフリカ共和国も加わりBRICSと呼ばれた。

問2　2　正解は③

①誤文。オスマン帝国は第一次世界大戦では同盟国側に立って参戦した。

②誤文。タンネンベルクの戦いは第一次世界大戦開始直後の1914年に行われた東部戦線の戦いで，ドイツ軍がロシア軍を撃破した。

③正文。第一次世界大戦は植民地にも戦争協力を求める総力戦となり，イギリスは植民地インドの人々を兵士として動員した。

④誤文。十四か条の平和原則は1918年，アメリカ大統領ウィルソンが発表した。

問3　3　正解は②

室井さんのメモ

誤り。ニュージーランドでの女性参政権獲得は会話文から1893年。その後，1907年にニュージーランドはイギリスの自治領となった。

渡部さんのメモ

正しい。イギリスでは佐藤さんが述べるように第一次世界大戦末期の1918年，第４回選挙法改正が行われ，初めて女性（30歳以上）に参政権が付与された。

佐藤さんのメモ

誤り。アメリカ合衆国では，第一次世界大戦後の1920年に女性参政権が実現したが，「キング牧師による公民権運動」は黒人差別の撤廃を求めた黒人解放運動で，ベトナム戦争期の1960年代に高揚した。

B 標準 《中国史の中の女性》

問４ | 4 | 正解は②

資料が書かれたのは，「６世紀後半」「分裂時代」から**南北朝時代**と考えられる。会話文で山口さんが言う「女性が活発な状況」は，資料の「北方の習慣」，特に「平城に都が置かれていた時代からの習わし」と読み取れる。南北朝時代に平城を都としたのは北朝の北魏だから，正解は②と判断できる。

問５ | 5 | 正解は①

中国の女性皇帝は唐の則天武后だけなので，唐と資料の時代の「北方の状況」や「女性の活発さ」との関連から，女性皇帝出現の「根拠」を考えればよい。

①適切。唐の建国者・**李淵**は北朝の一つ，北周の軍事支配集団（貴族）の出身で，唐は女性が活発な「北方の習慣」を継承したと推察でき，「根拠」となり得る。

②不適。唐で政治の担い手が科挙官僚に移るのは則天武后が皇帝になって以後だから，女性皇帝出現の「根拠」にはならない。

③不適。隋の大運河完成は江南と華北の結合により中国を一体化させたが，「女性の活発さ」を特徴とする「北方の状況」の維持・拡大に作用するとは限らないため，唐での女性皇帝出現の「根拠」にはならない。

④不適。資料は，北方の女性に比べて，南方の女性（漢民族の王朝である南朝支配下の女性）が社会的に活発でないことを記している。北魏の漢化政策によって，南方の漢民族の女性をめぐる習慣が北方にも広がると，女性の立場が中国全土で弱くなると推察できるため，女性皇帝出現の「根拠」にはならない。

問６ | 6 | 正解は④

①誤文。**清談**は老荘思想に基づく哲学論議で，儒学と関係がなく，流行したのは魏・晋時代だから，時代も対応しない。

②誤文。「**董仲舒**の提案」による儒学の官学化は前漢で，時代が対応しない。

③誤文。北魏の**寇謙之**は仏教・儒教と並ぶ中国三教の一つ，道教を大成した。

④正文。『**五経正義**』は唐代に編纂され，儒学の経典，五経の解釈を統一した。

第２問 ── 世界史上の君主の地位継承（図・家系図・資料利用）

A 標準 《中世～近世におけるフランス王家の継承》

問１ | 7 | 正解は②

①誤文。会話文で小林さんが「クレシーの戦いの図版で見たこと」があるのは右の

図柄ではなく，左の図柄であると話している。

②正文。会話文で先生は，アンリ４世がフィリップ６世と同様，「ルイ９世の血筋」につながっていると説明していて，家系図もそのように読み取れる。ルイ９世はカペー朝の王だから，アンリ４世もカペー朝とのつながりがある。

③誤文。家系図ではアンリ４世の父はルイ９世の血筋（フランス王家）につながり，母はナバラ女王だから，紋章はフランス王家とナバラ王家の統合を表している。

④誤文。家系図から，アンリ４世は母からナバラ王位を継承したと推察される。

問２　8　正解は①

①正文。**サン=バルテルミの虐殺**は**ユグノー戦争**中の1572年に起こった出来事で，多くのプロテスタントであるユグノーがカトリック教徒により殺害された。

②誤文。**ドイツ農民戦争**（1524～25年）はミュンツァーらに指導された。ツヴィングリはスイスの宗教改革の先駆者で，チューリヒで活動した。

③誤文。**国王至上法**（**首長法**）はイギリス・テューダー朝の王ヘンリ８世により制定され（1534年），イギリス国教会を成立させた。なお，ヘンリ７世はヘンリ８世の父で，テューダー朝の創始者。

④誤文。**イグナティウス=ロヨラ**らが1534年に結成したイエズス会はカトリックの教団（修道会）で，対抗宗教改革を推進した。

問３　9　正解は②

空欄アに入れる人物の名

マザランはイタリア出身の政治家で，あのルイ14世の幼少時代に宰相として活躍した。なお，いのルイ16世はフランス革命期の国王で，1793年に処刑された。

空欄イに入れる文

Ｘ．誤文。**ネッケル**はルイ16世時代に財務総監となり，財政再建の改革を行ったが，特権身分である保守派貴族の反発により失敗し，フランス革命へとつながる。

Ｙ．正文。ルイ14世は親政時代，南ネーデルラント継承戦争，オランダ戦争，ファルツ戦争，スペイン継承戦争など幾度も戦争を起こし，戦費が拡大した。

B　標準　《ファーティマ朝カリフの正統性》

問４　10　正解は③

「10世紀にファーティマ朝」とともに支配者がカリフを称した王朝だから，空欄ウは後ウマイヤ朝で，支配した半島はイベリア半島となる。

①誤文。ルーム=セルジューク朝はイベリア半島ではなく，アナトリア（小アジア）に成立した（1077年）。

②誤文。イベリア半島最後のイスラーム王朝はナスル朝（1232～1492年）。
③正文。ムワッヒド朝はマグリブ地方において12世紀に成立したベルベル人の王朝で，イベリア半島へ進出し，レコンキスタに対抗した。
④誤文。ワッハーブ王国はアラビア半島に成立し（18世紀中頃），1818年オスマン帝国のエジプト総督ムハンマド=アリーに滅ぼされたが，1823年に復活した。

問5　11　正解は①
①正文。ムハンマドの死後，クライシュ族の長老で，ムハンマドの義父だったアブー=バクルが初代カリフとなり，正統カリフ時代が始まった。
②誤文。カリフ制はトルコ共和国の初代大統領ムスタファ=ケマルにより廃止された（1924年）。なお，アブデュルハミト2世はオスマン帝国のスルタン。
③誤文。ブワイフ朝の君主はバグダード入城後，アッバース朝のカリフから大アミールの称号を受け（946年），イラン・イラク地域を支配した。
④誤文。アッバース朝滅亡（1258年）後，エジプトを本拠としたマムルーク朝が都のカイロでアッバース朝（アッバース家）のカリフを擁立した。

問6　12　正解は④
①誤文。アッバース朝の成立は750年。その後，アッバース朝が衰退する中，909年にファーティマ朝が成立した。資料1はファーティマ朝のカリフがクライシュ族の出身でない点から，「カリフの資格がない」として正統性を否定している。
②誤文。ファーティマ朝はシーア派の一派が創始した。なお，ファーティマ朝のカリフの正統性を資料1は認めていないが，資料2は系譜を根拠に認めている。
③誤文。ファーティマ朝はエジプトを本拠にシリアも支配していた。資料2はその前半で「アッバース朝カリフに仕える人々」がエジプト・シリアをファーティマ朝から「奪還できない無能力を取り繕う」ため，ファーティマ朝のカリフは「アリーの子孫であることを否定する」情報が「作られた」としている。
④正文。シーア派のファーティマ朝は建国当初からカリフの称号を用い，アッバース朝カリフの権威を否定したが，資料2はその後半でアッバース朝カリフがファーティマ朝成立当初に地方総督に送った手紙において，ファーティマ朝のカリフを「アリーの子孫」と認めたことを記している。

CHECK　「アリーの子孫」ということはクライシュ族であることを意味し，それがカリフの資格・正統性に関わってくることを，資料1から読み取りたい。

第３問 ── 疑問や議論を通じた歴史理解（資料・絵・地図利用）

A 標準 《フランス統治者への歴史評価》

問１ 13 正解は④

図は，ナポレオンが地中海のエルバ島から脱出してフランスに帰還する様子を描いている。当時はウィーン会議開催中で，フランスの国王はルイ18世。

①誤文。アルジェリア占領（1830年）はルイ18世を継いだシャルル10世が行った。

②誤文。恐怖政治（1793～94年）はフランス革命の中，第一共和政の実権を握ったジャコバン派（山岳派）の独裁の下で行われた。

③誤文。オーストリアへの国外逃亡を図り，ヴァレンヌで捕らえられたのはルイ16世とその一家で，これをヴァレンヌ逃亡事件（1791年）と呼ぶ。

④正文。ルイ18世の即位により，フランスではブルボン朝が復活した（1814年）。

問２ 14 正解は②

ア．トゥサン=ルヴェルチュールはａ．ハイチの独立運動の指導者。ハイチはカリブ海に浮かぶ島の一つであるイスパニョーラ島の西部に位置する。

イ．「権力の座に返り咲」いたナポレオンはワーテルローの戦いに敗れ，南大西洋上の孤島であるｃ．セントヘレナに流刑となった。

なお，地図上のｂはナポレオンの最初の流刑地，エルバ島をさす。

B 標準 《科挙についての議論と評価》

問３ 15 正解は③

空欄ウは宋代に生まれた「新しい学問」の宋学（朱子学）である。

①誤文。科挙は隋代に創設された。その後，宋代に殿試新設など科挙が整備され，中央集権体制を支える制度となった。

②誤文。「儒教・仏教・道教の三教の調和」は金の支配下で王重陽が創始した全真教において説かれた。

③正文。宋学（朱子学）は臨安を都とした南宋の時代，朱熹（朱子）が大成した。

④誤文。王守仁は明代の学者で，知行合一などを説く陽明学を確立した。

問４ 16 正解は④

明末清初の考証学者である顧炎武が明末に見聞した「書院を拠点とした争い」を選べばよい。

①不適。黄巾の乱は太平道の信者が起こした農民反乱で，後漢末に起こった。

②不適。秦檜と岳飛の争いは南宋成立直後，華北を支配する金への対応をめぐって発生した。
③不適。土木の変（1449年）は明とオイラト（北方のモンゴル勢力）との間で起こった事件で，皇帝の正統帝がエセンが率いるオイラトの捕虜となった。
④適切。東林派とは東林書院を拠点とした反宦官派官僚の党派で，明末に宦官派の非東林派と争い，宦官勢力の支配下にあった政府を批判した。

問５　17　正解は①
下線部ⓐについて述べた文
あ．正文。漢代の郷挙里選の説明で，この制度を通じて豪族の一部は官僚として中央政界へ進出し，有力豪族となった。
い．誤文。魏晋南北朝時代の九品中正の説明であるが，九品中正は有力豪族の高級官職独占を招き，門閥貴族（名門の家柄）が形成された。
朝鮮や日本で見られた人材登用制度に関する考え
X．正文。会話文で先生は，「朝鮮の知識人の一人」が江戸時代の日本には科挙がなく，「官職が全て世襲で決まり，埋もれた人材がいる」と書き残したことを紹介しているので，「朝鮮の知識人」は日本を批判していると考えられる。
Y．誤文。会話文で先生は江戸時代，科挙が「実際の役に立っていない」から，「周代の制度」すなわち周の封建制を参考に，「人柄を重視」した人材登用を説く日本の儒学者がいたと述べている。

C　標準　《中国における書籍分類の歴史》

問６　18　正解は④
「18世紀の中国」とは清代。清では，書籍を「四つに分類」した『四庫全書』が編纂された。また，清では漢人男性に対して，辮髪の強制など威圧策が行われた。よって，正解は④となる。なお，『四書大全』は明代に編纂された『四書』の注釈書で，明では洪武帝の時代に皇帝への権力集中を図るため中書省が廃止された。

問７　19　正解は①
会話文で教授は，『漢書』が「１世紀にできた歴史書」で，六芸略は「儒学の経典を主に収める」と述べている。あの『詩経』は１世紀よりも前の，戦国時代に編纂された最古の詩集で，儒学の経典『五経』の一つだから，『漢書』の六芸略に掲載されていると推察できる。一方，いの『資治通鑑』は宋代の11世紀に司馬光が著した歴史書で，かつ儒学の経典でもないので『漢書』の六芸略に掲載されていない。よって，正解は①と判断できる。

問8 20 正解は③

①誤文。会話文で教授は，１世紀について「当時は史部という分類自体，存在しません」，史部の定着は「３世紀から６世紀にかけてのことです」と述べている。

②誤文。中国では唐代の８世紀頃に木版印刷が本格的に開始され，宋代に普及した。よって，「３世紀から６世紀にかけて，…普及した」は誤り。

③正文。会話文で内藤さんは，資料１の７世紀に編纂された書籍目録掲載の四つの書籍が「いずれも」本紀と列伝を主体とする歴史記述の形式をとる「紀伝体の歴史書ですね」と述べ，教授もそれに「よく知っていますね」と同意している。

④誤文。会話文の冒頭で内藤さんと教授は，「18 世紀の中国で編纂された」『四庫全書』を話題にし，ここで四部分類が用いられていたと説明している。

第４問 ―― 世界史上の様々な歴史資料（写真・資料利用）

A 標準 《歴史資料としての貨幣》

問1 21 正解は③

貨幣１は首都が「コンスタンティノープル」なので東ローマ帝国（ビザンツ帝国）での，貨幣２は「ムアーウィヤが開いた」からウマイヤ朝での発行となる。

①誤文。東ローマ帝国はローマ帝国の後継国で，キリスト教を国教とした。なお，ゾロアスター教を国教としたのはイランのササン朝。

②誤文。ウマイヤ朝はイベリア半島の西ゴート王国を征服した（711 年）。なお，パルティアはササン朝により征服された（224 年）。

③正文。東ローマ帝国では６世紀のユスティニアヌス時代に，ローマ法を集大成した『ローマ法大全』が編纂された。

④誤文。ウマイヤ朝はシリアのダマスクスを都とした。なお，ウマイヤ朝を倒したアッバース朝が第２代カリフのマンスールの時代にバグダードを都とした。

問2 22 正解は②

佐々木さんのメモ

正しい。会話文の最後で先生は，「貨幣２を発行した王朝」（ウマイヤ朝）ではギリシア語やペルシア語が行政で用いられたが，「貨幣２の発行者」が行政用語をアラビア語に変更し，さらに７世紀末にはそれと「同様の趣旨」で「アラビア文字のみが刻まれた独自の貨幣」への変更が行われたと述べている。

鈴木さんのメモ

正しい。会話文で佐々木さんと鈴木さんはともに，貨幣２が貨幣１の模倣である点に触れつつ，貨幣２の裏面について，佐々木さんは支配者のイスラーム教信仰を示すため「コーラン（クルアーン）の言語」（アラビア語）の銘文が刻まれていること，鈴木さんは十字架が棒の図柄に変更されていることを指摘している。

広田さんのメモ

誤り。ソリドゥス金貨の発行は「ヴァンダル王国を滅ぼした」東ローマ皇帝ユスティニアヌスではなく，ローマ皇帝**コンスタンティヌス**が始めた。

B　標準　《マラソンの語源を伝える資料》

問3　23　正解は⑤

空欄アに入れる語句

会話文で先生は，資料１・２の著者は「五賢帝の時代を中心に活躍」，ヘラクレイデスは「アリストテレスの下で学んでいた」としている。五賢帝時代は**1世紀末～2世紀後半**，アリストテレスは**前4世紀**の人物だから，ヘラクレイデスが資料１・２の著者よりも**前490年**のマラトンの戦いに近く，**い**が正しい。

空欄イに入れる人物の名

会話文で松山さんは，「マラトンの戦いに時代が近い人物が信頼できるとしたら」と述べている。その人物はヘラクレイデスだから，資料１で彼が伝えるＹの**テルシッポス**が「一番あり得そう」な「使者の名前」となる。

問4　24　正解は①

マラトンの戦いはペルシア戦争中の戦いだから，空欄ウは**ペルシア戦争**。

①**正文**。ペルシア戦争は**アケメネス朝**の支配に対する，イオニア地方のギリシア人植民市に住む市民の反乱を発端に起こった。

②**誤文**。中央アジアの騎馬遊牧民エフタルは，**突厥**と**ササン朝**の攻撃で滅びた。

③**誤文**。ペルシア戦争後のギリシアでは，アテネを盟主とする**デロス同盟**が結成された。なお，コリントス同盟（ヘラス同盟）は，**スパルタを除くギリシア諸都市**の同盟で，ギリシアを征服した**マケドニア**を盟主として結成された。

④**誤文**。ペルシア戦争中の前479年に行われた**プラタイアイの戦い**では，**ギリシア軍がペルシア陸軍に勝利した**。

問5　25　正解は③

①**誤文**。ペイシストラトスは**前6世紀**のアテネの僭主。ペルシア戦争におけるマラトンの戦い（前490年）の「使者の話」は彼の死後の出来事である。

②**誤文**。**前5世紀後半**の**ペロポネソス戦争**を扱ったトゥキディデス（トゥキュディデス）の『歴史』には，ペルシア戦争におけるマラトンの戦いの「使者の話」は記されていない。

③**正文**。プルタルコスは『**対比列伝**』の著者。会話文で彼が「書いた」とされる資料１には「使者の名前」としてテルシッポスとエウクレスが併記されている。

④**誤文**。先生が会話文で言う「紀元前５世紀の歴史家」とはヘロドトス。先生はヘロドトスがペルシア戦争を主題とした著作（『**歴史**』）の中で資料２の「使者の名前」フィリッピデスを「スパルタに派遣された使者」としていることに触れ，**資料２とヘロドトスの『歴史』の記述における食い違いを指摘している**。

C　やや難　《ブリテン島の修道士が残した資料》

問６　26　正解は③

空欄エ…「ゲルマンの三つの民」がブリテン島を訪れたことから，**ゲルマン人の大移動**と判断したい。なお，東方植民は**ドイツ人のエルベ川以東への進出**をさす。

資料１…アングル人がサクソン人，ジュート人（ユート人）とともに「ブリテン島を訪れた」「有力なゲルマンの三つの民」とされているので，**あ**が該当する。

資料２…言語について言及されており，リード文に「『ゲルマンの三つの民』は…英語を共通の言語としつつ」，また「アングル人」は「英語を話す人々を包括的に表す際の用語ともなっていった」とあるので，**い**が該当する。

問７　27　正解は②

資料１…ゲルマン人の大移動は４世紀後半～６世紀半ばで，「マルキアヌス」は注１に**カルケドン公会議**（**451年**）を開いたとあるから，**５世紀中頃の資料**。

資料２…「ベーダが執筆している今」だから，「731年頃」（**８世紀前半**）となる。

資料３…**グレゴリウス１世**は**６世紀末～７世紀初め**に活躍した教皇。

以上を年代順に並べると，**②資料１→資料３→資料２**となる。

問８　28　正解は②

①**誤文**。**クローヴィスの改宗**（496年）で，フランク王国は先住の**ローマ系住民**（特に貴族）の支持を得た。なお，「クローヴィスの改宗」の頃，ノルマン人はまだ西欧に移住していない。ノルマン人の西欧侵入開始は８世紀後半である。

②**正文**。イギリスでは聖職者（司祭）のジョン=ボールを思想的指導者として**ワット=タイラーの乱**（1381年）と呼ばれる農民一揆が起こった。

③**誤文**。コンスタンティヌス帝は「キリスト教徒を統治に取り込むため」**ミラノ勅令**（313年）を発布し，キリスト教を公認した。なお，1559年にエリザベス１世によって発布された**統一法**は，イギリス国教会を確立させることになった。

④**誤文**。第１回十字軍は**教皇ウルバヌス２世**の提唱により派遣された（1096年）。

第5問 ── 歴史統計と各地の社会経済（表・グラフ利用）

A やや難 《東南アジアの植民地の輸出状況》

問1 29 正解は①

「マラヤの宗主国」とはイギリス。

①正文。イギリスは東南アジアではペナン，マラッカの他，シンガポールも獲得し，これらを**海峡植民地**として交易の拠点とした。

②誤文。イギリス東インド会社の貿易独占権廃止は19世紀前半。対インド貿易独占権が1813年，対中国貿易独占権が1833年に廃止されている。

③誤文。イギリスはアヘン戦争の講和条約として清と南京条約を結び（1842年），公行を廃止した。なお，**北京議定書**（1901年）はイギリスなど列国11カ国が清と結んだ条約で，**義和団事件**を収拾した。

④誤文。**オタワ会議**（**オタワ連邦会議**）はイギリスが世界恐慌に対処するため，カナダのオタワで開いたイギリス連邦経済会議で，ブロック経済政策の採用を決め，スターリング=ブロック（ポンド=ブロック）を形成した（1932年）。

問2 30 正解は③

空欄アに入れる国の名

会話文で石田さんは，「4地域の中で宗主国がトップなのは一つだけ」と述べている。インドネシアの宗主国はオランダ，マラヤの宗主国はイギリス，インドシナの宗主国はフランスで，どれもトップではない。空欄アは，残るフィリピンを米西戦争（1898年）で獲得した，いのアメリカ合衆国となる。

下線部ⓑの背景として最も適当な文

X．適切。アメリカ合衆国では1920年代，大量生産方式によって自動車の普及・大衆化が進み，それに伴ってタイヤに使用するゴムの需要も高まった。

Y．不適。**アウトバーン**は自動車専用道路で，ナチ党政権下のドイツ（第三帝国）が失業対策として1933年から建設を進めた。

問3 31 正解は②

①誤文。「宗主国向けの輸出額の割合」は，インドネシアがオランダ（21.0％），マラヤがイギリス（14.3％），フィリピンがアメリカ合衆国（75.7％），インドシナがフランス（22.1％）で，最も低いのはマラヤである。

②正文。インドシナの輸出先の3番目にマラヤ（10.8％）が位置している。マラヤでは，20世紀に入ると，インド系移民などを労働者として**ゴムプランテーション**（ゴム園）が発達した。

③誤文。フィリピンにおける「アジア向けの輸出額は全体の2割以下」で正しいが，**強制栽培制度**はオランダが**インドネシア**（**ジャワ島**）で導入した制度のため誤り。

④誤文。「インドシナの輸出額において最大」なのは香港（32.1%）で，**イギリス領**だから，「インドシナと同じ宗主国」（フランス）ではない。

B 標準 《歴史統計から見た産業革命》

問4 32 正解は①

空欄イ…「18世紀後半」において，表1の都市人口比率は1750年の21.00％から1801年に27.50％に上昇している。表2の農村農業人口100人当たりの総人口も1750年の219人から1801年に276人に上昇しているから，①と③が該当する。

空欄ウ…①イギリスでは「18世紀後半」に第2次囲い込みが展開し，新農法として**ノーフォーク農法**が導入された。②イギリスにおける**鉄道建設**と④**穀物法廃止**は**19世紀**なので時代が対応しない。また，③**農業調整法**（AAA：1933年）は**アメリカ**の**ニューディール**の一環として制定された。

以上から，正解は①と確定できる。

問5 33 正解は①

①正文。アイルランドでは1840年代中頃に**大飢饉**（**ジャガイモ飢饉**）が発生し，グラフのとおり1840年代後半からアメリカ合衆国への移民数が急増している。

②誤文。クロムウェルがアイルランドを征服したのは**1649年**。

③誤文。南北戦争は**1860年代初め**（**1861年**）のアメリカ合衆国で始まった。

④誤文。フロンティアの消滅が宣言されたのは**1890年**。グラフではその後「1895年のイギリスからの移民は，1890年よりも」**減少している**。

問6 34 正解は②

①誤文。大西洋三角貿易では**武器・雑貨**，**黒人奴隷**，**砂糖・綿花**などが取引され，その利益はイギリス産業革命の資金源となった。「綿製品，茶，アヘン」は**アジア三角貿易**で取引された。

②正文。ダービーが開発した**コークス製鉄法**により，鉄の大量生産が可能となり，イギリス産業革命を支えた。

③誤文。イギリスでは**ラダイト運動**（**機械打ちこわし運動**：1811～17年）失敗後，労働者が「選挙権の拡大を目指して」**チャーティスト運動**を起こした（1837年）。

④誤文。1833年の**工場法**は，イギリスで産業革命により労働問題や環境問題が発生する中，**年少労働者の保護を図るため**に制定された。

世界史Ｂ 追試験

問題番号(配点)	設 問		解答番号	正 解	配 点	チェック
第1問(18)	A	問1	1	④	3	
		問2	2	③	3	
		問3	3	③	3	
	B	問4	4	①	3	
		問5	5	②	3	
		問6	6	④	3	
第2問(28)	A	問1	7	④	3	
		問2	8	①	3	
		問3	9	①	3	
	B	問4	10	④	4	
		問5	11	③	3	
		問6	12	②	3	
	C	問7	13	②	3	
		問8	14	③	3	
		問9	15	①	3	

問題番号(配点)	設 問		解答番号	正 解	配 点	チェック
第3問(18)	A	問1	16	①	3	
		問2	17	①	3	
		問3	18	④	3	
	B	問4	19	④	3	
		問5	20	①	3	
		問6	21	⑥	3	
第4問(18)	A	問1	22	③	3	
		問2	23	②	3	
		問3	24	④	3	
	B	問4	25	①	3	
		問5	26	③	3	
		問6	27	②	3	
第5問(18)	A	問1	28	②	3	
		問2	29	④	3	
		問3	30	③	3	
	B	問4	31	①	3	
		問5	32	②	3	
		問6	33	④	3	

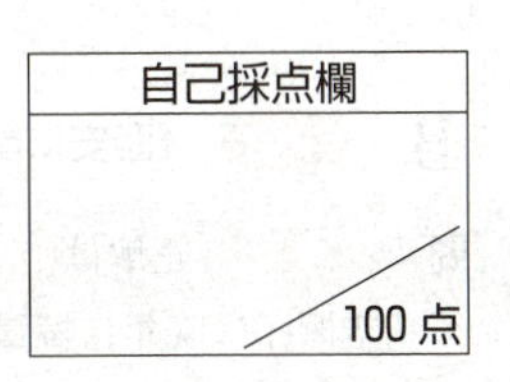

第1問 ── 世界史上の女性の権力者（資料利用）

A 標準 《ヨーロッパの女性の活躍》

問1 1 正解は④

最初の中井さんの会話に「名誉革命を通じて夫と共同で王位に就いた」とあるので，空欄アにはステュアート朝の女王メアリ２世が入る。

①不適。ロンドンでは第１回万国博覧会（1851年）がヴィクトリア女王時代に開催されている。

②不適。ウォルポールはハノーヴァー朝のジョージ１世によって首相に任命された。

③不適。フェリペ２世との結婚でカトリックを復活させたのは，テューダー朝のメアリ１世。

④正文。名誉革命後，メアリ２世と夫のウィリアム３世の下で「権利の章典」が制定（1689年）された。

問2 2 正解は③

①誤文。ユトレヒト条約はスペイン継承戦争の講和条約。

②誤文。プロイセンは七年戦争でイギリスの支援を受けた。

③正文。オーストリアのハプスブルク家とフランスのブルボン家が同盟を結び（外交革命），イタリア戦争以来の両家の対立が解消された。

④誤文。マリ=アントワネットはルイ16世の王妃となった。

問3 3 正解は③

教授の２回目の会話で「16世紀以降に活躍した，君主でもその配偶者でもない女性の名前」を調べるように言っている。

①不適。ジョゼフィーヌはフランス皇帝ナポレオン１世の配偶者。

②不適。ストウは『アンクル=トムの小屋』で奴隷制を批判した。

③適切。スパルタクス団を指導したローザ=ルクセンブルクは，ドイツ共産党を創立したが，1919年の蜂起で虐殺された。

④不適。百年戦争（1339～1453年）末期に活躍したジャンヌ=ダルクは，15世紀の人物。

B やや難 《西安に関する歴史》

問4 4 正解は①

空欄イは晩年に楊貴妃を寵愛した唐の玄宗（位712～756年）。

①適切。唐では，8世紀の玄宗時代に徴兵制の府兵制に代わって傭兵制の募兵制が採用された。
②不適。黄巣の乱は唐末の9世紀後半（875〜884年）に起こった。
③不適。焚書・坑儒が行われたのは，前3世紀の秦の始皇帝時代。
④不適。新法党と旧法党の対立が起こったのは，北宋時代の11世紀。

問5　5　正解は②

ガイドの2回目の会話で「西太后も清の同治帝時代以降に実権を握りました」とあるので，同治帝（位1861〜75年）以降に清朝が行った事柄を選べばよい。
①不適。キャフタ条約は18世紀前半（1727年）に清の雍正帝が結んだ。
②適切。同治帝の次に即位した光緒帝の時代には，科挙の廃止（1905年）や憲法大綱の発布（1908年）などの光緒新政が行われた。
③不適。軍機処は18世紀前半に清の雍正帝が設置した。
④不適。中国では，南京国民政府のもとで1928年から30年にかけて関税自主権の回復に成功した。

問6　6　正解は④

空欄ウに入れる人物の名
蔣介石を捕らえた西安事件（1936年）を起こしたのはい．張学良。
下線部Ⓒの内容の一部を示す資料
中国共産党は1935年に一致抗日と内戦停止を唱える八・一宣言を発した。資料Yに「一切の国力」を「集中させて抗日救国の神聖な事業のために奮闘できるように，まずは内戦を停止させなければならない」とあるので，これが正しい。資料Xは，第二次世界大戦後の1949年に中国共産党が開催した「中国人民政治協商会議」に関する資料。

第2問 ── 君主を中心とする秩序のあり方（資料利用）

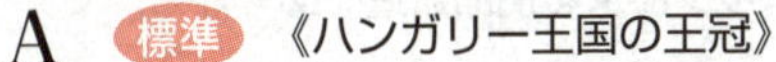
A　標準　《ハンガリー王国の王冠》

問1　7　正解は④

①誤文。1848年革命の際，ハンガリーではコシュートの指導下で独立政府が樹立された。
②誤文。第一次世界大戦の連合国とハンガリーの講和条約は，トリアノン条約。
③誤文。ズデーテン地方をドイツに割譲したのはチェコスロヴァキア。
④正文。スターリン批判（1956年）を機にハンガリーで民主化運動が起こったが，

ソ連軍の侵攻を受けてナジ=イムレ（ナジ）政権は打倒された。

問2 8 正解は①

①正文。ルイ=ナポレオンは国民投票（人民投票）で皇帝ナポレオン3世となり，第二帝政を開始した。

②誤文。ピピンはメロヴィング朝を廃してカロリング朝を開いた。

③誤文。金印勅書によって皇帝選挙の手続きを整理，成文化した。

④誤文。ドイツ帝国の皇帝位を兼ねたのはプロイセン国王。

問3 9 正解は①

文章から読み取れる内容

リード文から「聖イシュトヴァーンの王冠」がハンガリー王国の王冠であることがわかり，また「18世紀に」「マリア=テレジアがハンガリー王に即位することができた」とあるので，あが正しい。

空欄アに入れる人物について述べた文

マリア=テレジアの息子のヨーゼフ2世は啓蒙専制君主として宗教寛容令を発布するなどの諸改革を進めたので，Xが正しい。なお，Y．フランソワ1世と対立したのはカール5世。

B やや難 《ヴィジャヤナガル王国の歴史》

問4 10 正解は④

ティムール朝は14世紀後半（1370年）に成立，またリード文第1段落に「ティムール朝の創始者の子」が「シャー=ルフ」とあるので，「シャー=ルフによる使節派遣」は年代から考えて14世紀後半以降から15世紀中の出来事であると判断したい。

あ．ヴァスコ=ダ=ガマがカリカットに到達したのは1498年。

い．チョーラ朝は，11世紀に東南アジアのシュリーヴィジャヤに遠征した。

以上を年代順に配列すると，④い→シャー=ルフによる使節派遣→あとなる。

問5 11 正解は③

空欄イに入れる王朝または国の名

「鄭和の遠征を経て交易拠点として発展した東南アジア」の国は，マレー半島南西岸に位置するえのマラッカ王国。

下線部ⓓに関する説明

X．適切。イクター制では，軍人に分与地の徴税権が与えられた。

Y．不適。奴隷を用いた大規模な農場経営には，古代ローマのラティフンディアや，大航海時代以降のサトウキビ，およびアメリカ南部の綿花のプランテーションなどがある。

問6 12 正解は②

①誤文。最後のデリー=スルタン朝（ロディー朝）を滅ぼしたのはムガル帝国を建てたバーブル。

②正文。第3段落に，ヴィジャヤナガル王は，「ヒンドゥー王たちの中のスルタン」という称号を持つとある。これは，ヴィジャヤナガル王がヒンドゥー教徒の多いインドの諸王の中でも卓越した地位を表すためにムスリム君主の称号「スルタン」を利用したと判断できる。

③誤文。ヴィジャヤナガル王国は14世紀前半の成立で，このときすでにアッバース朝は滅亡（1258年）している。

④誤文。ヴィジャヤナガル王国は，「スルタン」の称号によってイスラーム教の権威を利用した。

C 標準 《シャルル7世による王令》

問7 13 正解は②

シャルル7世は百年戦争（1339～1453年）が終結したときのフランス王。空欄エには百年戦争が入る。

①誤文。百年戦争で英仏対立の原因となったイングランド王家の所領は，フランス南西部のギエンヌ（ギュイエンヌ）。

②正文。イギリスは，フランドル地方に羊毛を輸出していたことから，この地の支配を狙うフランスとの対立が深まった。

③誤文。カペー朝が断絶してヴァロワ朝が成立したことでイングランド王がフランス王位継承を主張した。

④誤文。重商主義政策は16～18世紀の絶対主義諸国で行われた。

問8 14 正解は③

フランスの絶対王政（絶対主義）はブルボン朝期に全盛を迎えた。

①不適。トゥール・ポワティエ間の戦いが行われたのは，フランク王国メロヴィング朝時代の8世紀（732年）。

②不適。カペー朝のフランス王フィリップ2世が第3回十字軍に参加したのは12世紀末のこと。

③適切。ブルボン朝ルイ13世の宰相リシュリューは，三十年戦争に介入してハプ

スブルク家に対抗した。

④不適。第一共和政期（1792～1804年）の1799年，ブリュメール18日のクーデタで総裁政府が倒れ，統領政府が建てられた。

問9　15　正解は①

資料から読み取れる内容

資料の王令の第1段落に「国王によって選任されたいずれかの隊長の下でなければ」「何人も武装」しては「ならない」とあり，あが正しい。

資料の内容を受けて起こった出来事

資料の説明文に「軍事改革」がフランス絶対王政を支える「組織の発展」につながるとあるので，「常備軍」を述べたXが正しい。

第3問 ── 人の移動の歴史（地図利用）

A　やや難　《朝鮮王朝の明への朝貢》

問1　16　正解は①

空欄アは後金。

①適切。ヌルハチが後金を建て，後にホンタイジが国号を清とした。

②不適。骨品制は新羅の身分制度。

③不適。パスパ文字（パクパ文字）は元のフビライの命で作成された。

④不適。渤海を滅ぼしたのは遼（契丹）。

問2　17　正解は①

明（1368～1644年）の朝貢国には，琉球・朝鮮王朝・日本・ベトナムの黎朝などがある。

①適切。琉球は，17世紀初めに薩摩の島津氏の侵攻を受けた。

②不適。シャイレンドラ朝は，ジャワ島を中心に8～9世紀に有力となった。

③不適。18世紀半ばに成立したビルマのコンバウン朝は，イギリスとのビルマ戦争に敗北し，19世紀後半にインド帝国に併合された。

④不適。明軍を退けて建てられたベトナムの黎朝は，儒学を振興した。

問3　18　正解は④

リード文第2段落に賀登極使呉允謙は「自国の都を出発」したとあるので，出発地の都市の位置は朝鮮王朝の都のｂ．漢城（現ソウル）である。なお，ａは平壌，ｃは慶州。

目的地の都市の歴史について述べた文

目的地である「明の都」は建国当初は**南京**に置かれたが，**永楽帝**（位 1402～24年）の時代に**北京に遷都**された。賀登極使呉允謙が出発したのは「1621 年」の「翌年」なので，**遷都後の都である北京について述べた文**を選ぶ。

あ．**不適**。**太平天国**の都が置かれたのは**南京**。

い．**適切**。元の都は，現在の**北京**にあたる**大都**に置かれた。

B やや難 《地中海におけるヴェネツィアとオスマン帝国》

問 4 19 正解は④

①**誤文**。イタリアの諸都市は，東方貿易で主に**香辛料・絹織物などの奢侈品**を取引した。木材などの生活必需品を取引したのは，北海・バルト海を中心とする**北ヨーロッパ商業圏**。

②**誤文**。**第 4 回十字軍**は**ヴェネツィア商人**が主導した。

③**誤文**。**トンブクトゥ**はアフリカ西部の**ニジェール川流域**の都市。

④**正文**。**アフリカ東岸のマリンディ**（現ケニア）・**ザンジバル**（現タンザニア）などは，ムスリム商人がアフリカ内陸部から象牙や奴隷をイスラーム世界に輸出する拠点となった。

問 5 20 正解は①

起こった出来事

会話文中の下線部ⓒに「この図は，15 世紀末から 16 世紀前半までの時期を扱ったもの」とある。

あ．**適切**。**マキャヴェリ**はフィレンツェ（地図中の b）の政治家・思想家で，**16 世紀前半**に**『君主論』**を著した。

い．**不適**。パリ（地図中の a）の伯であった**ユーグ=カペー**がカペー朝を開いたのは，**10 世紀後半**（987 年）。

到着に要する平均期間

b．**フィレンツェ**はヴェネツィアを中心とした最も内側の実線内に位置しており，Ｖ．**1 週間未満**と判断できる。なお，a はパリ，c はウィーン。

問 6 21 正解は⑥

空欄イに入れる語

「スペインとヴェネツィアなどからなるヨーロッパ諸国の連合艦隊」は，オスマン帝国の艦隊をお．**レパントの海戦**（1571 年）で破った。なお，う．**アクティウムの海戦**（前 31 年）は，アントニウス・クレオパトラの連合軍をオクタウィアヌスがギリシア西岸で破った戦い。え．プレヴェザの海戦（1538年）は，オスマン帝国の艦隊がスペイン・ヴェネツィア・ローマ教皇などの連合軍を破った戦い。

空欄ウに入れる文

Z．正文。オスマン帝国はレパントの海戦敗北後も東地中海を自由に航行し，この後もしばらくオスマン帝国とヨーロッパ諸国との力関係に大きな変化はなかった。

第4問 ── 資料の作成者が生きた時代やその立場（資料利用）

A 標準 《アフガニスタンをめぐる英露の対立》

問1 22 正解は③

空欄アに入れる語

「14世紀」のロシアは，い．モンゴルのキプチャク=ハン国の支配下にあった。

意図として考えられる事柄

資料は，イギリス人である「後のインド総督カーゾン」の著作の一部で，彼は，ロシアがかつてモンゴルに支配されていた歴史（「タタール（モンゴル人）のくびき」）を念頭に，「ロシアのくびき」という言葉を使って，ロシアによる支配をアフガニスタンが受け入れていると「確信している」と指摘している。

資料を受けた説明文中には，「アフガニスタンはイギリスの保護国となっていたが，ロシアも引き続き介入を模索」しており，英露両国が緊張関係にあったことが読み取れることから，「ロシアのくびき」は，ロシアのアフガニスタン進出政策を批判的に述べたと考えられるので，Xを選ぶ。

問2 23 正解は②

資料の説明文で「1886年前後の状況を示していると考えられる」とある。

①不適。ロシアが日本に遼東半島返還を求めたのは日清戦争後の1895年。

②適切。ロシアはコーカンド=ハン国を1876年に併合した。

③不適。ロシアが新首都ペテルブルクを建設したのは，北方戦争（1700～21年）中の18世紀。

④不適。ロシアがクリミア半島を奪ったのは，18世紀のエカチェリーナ2世時代。

問3 24 正解は④

①誤文。ガズナ朝はサーマーン朝から自立（独立）した。

②誤文。バクトリアはセレウコス朝から自立した。

③誤文。トルコ=イスラーム文化は，ティムール朝の時代などに発展した。クシャーナ朝ではガンダーラ美術が発展した。

④正文。ソ連は1979年にアフガニスタンに侵攻した。

B 標準 《古代ローマ》

問4 25 正解は①

①適切。『ガリア戦記』の著者カエサルは終身独裁官となった。

②不適。オクタウィアヌスはプトレマイオス朝エジプトのクレオパトラと結んだアントニウスに勝利したのち，初代皇帝となって元老院からアウグストゥスの称号を得た。

③不適。ローマ市民権を帝国内の全自由人に付与したのはカラカラ帝であるが，彼はリード文に出てこない。

④不適。ディオクレティアヌス帝が始めた四帝分治制（テトラルキア）は，2人の正帝と2人の副帝で分担して統治する体制。

問5 26 正解は③

①不適。ポンペイウス，カエサル，クラッススが第1回三頭政治を行い，政治の実権を握った。

②不適。軍艦の漕ぎ手として下層市民（無産市民）の発言力が高まったのは，古代ギリシアのアテネで，サラミスの海戦後のこと。

③適切。ローマでは3世紀に多くの軍人皇帝が擁立された。

④不適。第3段落に「軍隊の維持費のために重税が課されたため，政治を担っていた富裕層が弱体化した」とあることから，重税を課されたのは富裕層と判断できる。

問6 27 正解は②

第1段落に「彼の後の著作」が『法の精神』とあることから，『ローマ人盛衰原因論』の著者はフランスのモンテスキューである。

①誤文。モンテスキューは三権分立を説き，王権の制限を主張した。

②正文。モンテスキューはルソーなどと並ぶ啓蒙思想家の一人。

③誤文。「国際法の祖（国際法の父）」と呼ばれたのは，オランダのグロティウス。

④誤文。フランス革命に思想的影響を与えたモンテスキューは18世紀に活躍した人物で，第三共和政が成立したのは19世紀後半のこと。

第5問 ── 世界史上の人権侵害や差別（グラフ・図利用）

A 標準 《ナチ強制収容所の歴史》

問１ 28 正解は②

教授の２回目の会話の「この法の制定をきっかけに，他の政党が排除され」から空欄アは全権委任法だとわかる。この法律は立法権を政府に委譲することを認めたもので，ナチ党の独裁体制を確立したため，空欄イにはこれが入る。

問２ 29 正解は④

①正文。国際連盟に付置（付設）された国際労働機関（ILO）は，国際連合に受け継がれた。

②正文。基本的人権の尊重を定めた日本国憲法は1946年に公布された。

③正文。ベルリン封鎖の解除後，1949年にドイツ民主共和国が建国された。その後，東側から西側への亡命者が増加したことから，1961年にベルリンの壁が構築された。

④誤文。1961年に南アフリカ共和国が成立した後，1991年にデクラーク政権の下でアパルトヘイト（人種隔離政策）が撤廃された。

問３ 30 正解は③

秋山さんの会話から「スターリングラードの戦いで知られる東部での戦争が開始」された後に「『ガス殺などを通じた絶滅』が実行」されたことがわかる。また，ドイツによるオーストリア併合は1938年３月，「東部での戦争」である独ソ戦開始は1941年６月のこと。グラフでは1942年春からナチ強制収容所に収容されていた人数は「増加」しており，独ソ戦の開戦後，「絶滅」段階に至ったにもかかわらず，収容されていた人数は増加したと判断できるので，正解は③となる。

B 標準 《アメリカ合衆国によるキューバの保護国化》

問４ 31 正解は①

空欄エは，「アメリカ合衆国」が「キューバを保護国化」するきっかけとなったという言及からアメリカ=スペイン（米西）戦争（1898年）と判断できる。

①正文。アメリカ合衆国は，コロンビアから独立したパナマに運河を開通させた（1914年）。

②誤文。アメリカ合衆国が，アメリカ=メキシコ（米墨）戦争（1846～48年）に勝利してカリフォルニアを獲得したのは1848年なのでアメリカ=スペイン（米西）

戦争より前。

③誤文。アメリカ合衆国はアメリカ=スペイン（米西）戦争後，プエルトリコを併合した。

④誤文。ポルトガルとトルデシリャス条約（1494年）などで相互の勢力圏を定めたのは，スペイン。

問５ 32 正解は②

空欄オに入れる語

先生の２回目の会話で「海外に植民地を獲得する対外政策を採っていた」とあるのであ．帝国主義と判断したい。

空欄カに入れる語句

先生の２回目の会話で「ウッド将軍は，キューバに自分たちの文明を広げようとしている」「ヨーロッパ諸国にも，自分たちの生活習慣を植民地の人々に教育した例があり」とあるので，Ｙ．植民地を文明化するがふさわしい。

問６ 33 正解は④

①正文。19世紀後半の「新移民」と呼ばれた東欧や南欧からの移民の多くが差別を受け，都市の最下層の労働者となった。

②正文。19世紀後半，中国人移民，次いで日本人移民がアメリカ合衆国に流入したが，安価な労働力として警戒されたことから，最初の移民法が1875年に制定された。その後，1882年に中国人移民が禁止され，1924年の移民法でアジアからの移民は全面的に禁止された。

③正文。ジャクソン大統領は先住民強制移住法（1830年）を出し，先住民をミシシッピ川以西に追放した。

④誤文。南北戦争後，黒人に投票権が与えられたが，南部諸州では19世紀末から州法などによって黒人の投票権が剝奪されるなど，法的な平等は実現しなかった。

世界史Ｂ　本試験

問題番号(配点)	設問		解答番号	正解	配点	チェック
第1問(27)	A	問1	1	①	3	
		問2	2	②	3	
		問3	3	②	3	
	B	問4	4	②	3	
		問5	5	②	3	
		問6	6	④	3	
	C	問7	7	①	3	
		問8	8	③	3	
		問9	9	①	3	
第2問(15)	A	問1	10	③	3	
		問2	11	③	3	
	B	問3	12	②	3	
		問4	13	④	3	
		問5	14	①	3	
第3問(24)	A	問1	15	③	3	
		問2	16	④	3	
		問3	17	②	3	
	B	問4	18	③	3	
		問5	19	②	3	
	C	問6	20	④	3	
		問7	21	③	3	
		問8	22	③	3	

問題番号(配点)	設問		解答番号	正解	配点	チェック
第4問(17)	A	問1	23	②	3	
		問2	24	①	3	
		問3	25	①	2	
	B	問4	26	④	3	
		問5	27	⑤	3	
		問6	28	②	3	
第5問(17)	A	問1	29	③	3	
		問2	30	②	3	
		問3	31	③	3	
	B	問4	32	③	3	
		問5	33	②	3	
		問6	34	③	2	

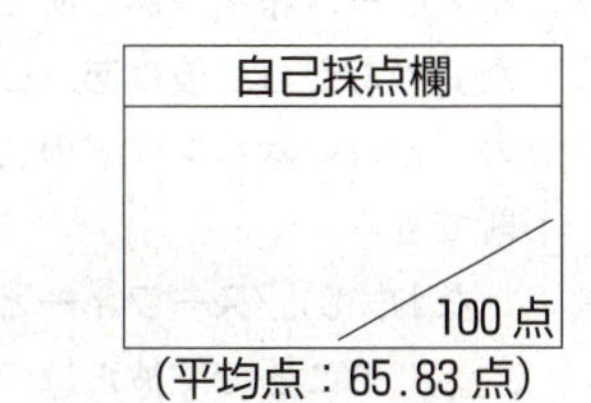

（平均点：65.83 点）

第1問 ── 世界史上の学者や知識人（絵・地図・資料利用）

A 標準 《シーボルトの活動と東アジア》

問1 [1] 正解は①

①適切。明の李時珍が著した『本草綱目』は薬物の解説書で，薬学に対応する。
②不適。宋（北宋）の司馬光が著した『資治通鑑』は編年体による歴史書。
③不適。明の宋応星が著した『天工開物』は産業技術書で，実学の書籍。
④不適。梁の昭明太子が編纂した『文選』は詩文集で，文学に対応する。

問2 [2] 正解は②

「東南アジアにおけるオランダの拠点」はバタヴィア。バタヴィアはジャワ島の西部に所在するから，地図上の位置は② b となる。なお，a はフランスの拠点サイゴン，c はポルトガルの拠点マカオ，d はスペインの拠点マニラをさす。

問3 [3] 正解は②

①不適。楽浪郡は衛氏朝鮮を滅ぼした前漢の武帝により設置された。唐は高句麗を滅ぼし，朝鮮北部に安東都護府を置いた。
②適切。隋は煬帝の下，3回にわたって高句麗に遠征した。この高句麗遠征の失敗を機に反乱が続発し，隋は滅亡した。
③不適。清は日本との間で結んだ1895年の下関条約（日清戦争の講和条約）で朝鮮の独立を認めた。なお，南京条約（1842年）はアヘン戦争の講和条約。
④不適。科挙は隋で創始され，元代の一時中断を経て，清代の1905年まで実施された。朝鮮では高麗時代に導入され，次の朝鮮王朝時代には盛んに行われた。

B 標準 《ハサン=ブン=イーサーの伝記記事》

問4 [4] 正解は②

資料に「彼のハディースの講義には，1万2千人が出席した」とあるのに注意したい。ハディースは預言者ムハンマドの言行（スンナ）と伝承の記録で，法学などイスラーム諸学の拠り所である。このハディースをハサン=ブン=イーサーは「講じた」のだから，彼はあ．ウラマー（イスラーム諸学を修めた学者・知識人）で，Yの「預言者ムハンマドの言葉や行為に関する伝承の研究と教育」で評価されたと判断できる。

なお，い．スーフィーとは神との一体感を目指して修行に励んだイスラーム神秘主義者のことで，彼らは学問よりも内面の信仰を重視した。

問5 5 正解は②

①不適。イランのサファヴィー朝はシーア派のイスラーム教を国教とした。

②適切。ネストリウス派はローマ帝国で異端となったキリスト教の一派。その信者をイランのササン朝が受け入れた。

③不適。カニシカ王はインドのクシャーナ朝の王で，仏教を保護した。

④不適。シク教はヒンドゥー教のバクティ信仰とイスラーム教が融合して形成された宗教で，インドのパンジャーブ地方（インダス川中流域）に広まった。

問6 6 正解は④

①不適。バーブ教徒の反乱（1848～52年）はイランのカージャール朝の下で起こり，カージャール朝政府により鎮圧された。

②不適。ダレイオス1世はアケメネス朝の王（在位：前522～前486年）で，アッバース朝と関係せず，この時代にはイスラーム教も成立していない。

③不適。アフガーニーはイラン出身のイスラーム思想家・革命家で，19世紀に活動した。13世紀半ばに滅亡したアッバース朝とは関係しない。

④適切。アッバース朝ではウマイヤ朝で採用されたアラブ人の特権を廃止し，イスラーム教徒を平等に扱ったため，多くのイラン人がイスラーム教に改宗した。

C やや難 《近代中国の学者・王国維の論文》

問7 7 正解は①

資料中の『遼史』と『金史』に注目したい。空欄エ直前の契丹は『遼史』に対応する民族で，空欄エには『金史』に対応する民族が入る。金はツングース系の女真（女直）の国。

①適切。「猛安・謀克」は金の部族制に基づく軍事・社会制度で，女真統治に適用された。

②不適。ソンツェン=ガンポはチベットの統一国家である吐蕃の建国者。

③不適。テムジンはモンゴル帝国の建国者で，初代皇帝チンギス=ハン。

④不適。冒頓単于は匈奴の最盛期の君主。

問8 8 正解は③

①不適。ワッハーブ派はイスラーム教の改革派で，18世紀のアラビア半島において創始された。

②不適。イル=ハン国君主ガザン=ハンはイスラーム教に改宗した。韃靼（タタール）の族長アルタン=ハンがチベット仏教の黄帽派（ゲルク派）に帰依した。

③適切。ダライ=ラマ14世はチベットの仏教・政治の最高指導者。1959年チベッ

トで起こった中国に対する**チベット反乱**が鎮圧されると，インドに亡命した。

④**不適**。チベット仏教は元の下で「手厚い保護を受け」て栄えた。なお，チベット仏教は，7世紀に成立した吐蕃の下で起こったもので，北魏の時代（386～534年）には存在しない。

問9　9　正解は①

あ．**邪馬台国**は日本の古代国家で，邪馬台国の記述がある『三国志』は中国で著された歴史書。よって，『三国志』を利用した邪馬台国の研究は「別の民族や集団が残した記録を史料とする」研究の事例に当てはまる。

い．**フビライ**は元の初代皇帝で，元では皇帝の命令文書など公文書には**パスパ文字**（パクパ文字）が使用された。よって，フビライのパスパ文字で書かれた命令文書を利用した元朝の研究は「別の民族や集団が残した記録を史料とする」研究の事例に当てはまらない。

第2問 ── 歴史を考える際の重要資料（資料・地図利用）

A　標準　《ウィンストン＝チャーチルの著書》

問1　10　正解は③

ア．「ナポレオンの侵略がもたらした悲惨な苦難の記憶」により，「100年経った今」でも「スペインとの間に共感は芽生えようがない」とあるので**フランス**の**ナポレオン**が行ったスペインへの侵略を想起したい。スペインの画家**ゴヤ**は「1808年5月3日」を描いてナポレオンの侵略に抗議している。

イ．スペインは**ユトレヒト条約**（1713年に結ばれたスペイン継承戦争の講和条約）により，ミノルカ島とともに**ジブラルタル**を**イギリス**へ割譲した。

問2　11　正解は③

c．**フィリピン**はスペイン領だったが，1898年のアメリカ=スペイン（米西）戦争によりアメリカ合衆国が獲得し，スペインは植民地フィリピンを失った。a．**アルジェリア**は**フランス**の植民地。b．**タイ**は東南アジアで唯一**独立を維持**し植民地とならなかった。d．**ペルー**は**スペイン**の植民地だったが，1821年に独立を宣言し，1824年に独立を達成した。

以上から，「スペインの最後の植民地」に該当するのは③c．フィリピン。

B 標準 《アメリカ合衆国大統領の演説》

問３ 12 正解は②

ソ連が「ミサイル基地を建設しようとし」，アメリカ合衆国が「海上封鎖し」たことで，米ソ間に発生した危機は**キューバ危機**（1962年）である。よって空欄ウの国はキューバとなる。

①**不適**。キューバは**カストロ政権**の下，1961年に**社会主義**を宣言しており，西側の反共軍事同盟である**北大西洋条約機構（NATO）**には参加していない。

②**適切**。キューバでは1959年，親米の**バティスタ政権**が打倒され，カストロ政権が成立した（キューバ革命）。

③**不適**。**ハイチ**が1804年にフランスから**黒人共和国**として独立した。キューバはアメリカ=スペイン（米西）戦争（1898年）を経てスペイン領からアメリカ合衆国の保護国へと移り，1934年に多人種国家の共和国としてアメリカから正式に独立した。

④**不適**。「ナセルを指導者とする革命（クーデタ）」とは1952年の**エジプト革命**で，エジプト王国を打倒し，翌53年エジプト共和国を成立させた。

問４ 13 正解は④

交渉相手の首相の国

資料の演説は，キューバ危機当時のアメリカ合衆国大統領ケネディによるもの。「フルシチョフ第一書記とマクミラン首相」とあることから「交渉相手の首相」はマクミランで，彼はイギリス首相である。ケネディ在職中に結ばれた核実験関係の条約としては，**アメリカ・ソ連・イギリス**3カ国間で結ばれた**部分的核実験禁止条約**があるので，そこからイギリスと判断できる。

締結した条約の内容

「その出来事（キューバ危機：1962年）の翌年に」とあるので，条約が締結されたのは1963年と判断できる。この年，部分的核実験禁止条約が結ばれ，**地下核実験を除く大気圏内・大気圏外の空間および水中核実験が禁止**された。

問５ 14 正解は①

①**適切**。ソ連は1950年代後半，中国との対立を深めた。この中ソ対立はやがて国境紛争へと発展し，1969年には**ダマンスキー島**（**珍宝島**）で軍事衝突した。

②**不適**。サンフランシスコ講和会議とは1951年に開かれた日本と連合国の講和会議で，サンフランシスコ平和条約を結んだが，ソ連は条約に**調印しなかった**。

③**不適**。クウェートには1990年，**イラク**が侵攻し，翌年，**湾岸戦争**となった。なお，ソ連は1979年，アフガニスタンに侵攻した。

④不適。アラスカは18世紀半ばからロシア領となり，1867年にアメリカ合衆国へ売却された。1922年のソ連成立以前の出来事である。

第3問 ── 世界史上の人々の交流や社会の変化（表利用）

A 標準 《明治期の政治小説に描かれた国際情勢》

問1 15 正解は③

コシュートはオーストリアからの独立を目指したハンガリー民族運動で活躍した。この運動はフランス二月革命の影響を受けてヨーロッパ各地で起こった変動の一環で，空欄アは1848年革命（「諸国民の春」）。よって，時期は1848年となる。

①不適。立憲民主党を中心に臨時政府が樹立されたのは，1917年のロシア二月革命（三月革命）。

②不適。オスマン帝国では1908年に**青年トルコ革命**が起こった。

③適切。ドイツでは1848年5月，ドイツ統一と憲法制定のため**フランクフルト国民議会**が開催された。しかし，大ドイツ主義と小ドイツ主義の対立から統一は失敗した。

④不適。オーストリアでは1848年3月，ウィーンで市民が蜂起し（三月革命），首相メッテルニヒを失脚させた。なお，ディズレーリはイギリスの首相。

問2 16 正解は④

エジプトでは1881年，ウラービー（オラービー）を指導者とする民族運動が起こった（**ウラービー運動**）。よって，空欄イはウラービー。

空欄イの人物について述べた文

あ．不適。ムハンマド=アリーが1805年オスマン帝国の属州エジプトの総督に就任し，ムハンマド=アリー朝を創始した。ウラービーはこの王朝の軍人である。

い．適切。ウラービーは「**エジプト人のためのエジプト**」を運動のスローガンとした。そのためウラービー運動はエジプト民族運動の原点とされる。

民族運動を鎮圧した国

ウラービー運動はエジプト支配を進めるイギリス・フランスに対抗した。しかし1882年，単独出兵したY．イギリスの軍隊に鎮圧され，エジプトはイギリスの事実上の保護国となった。

問3 17 正解は②

ウ．日本は1871年に**日清修好条規**，1876年に**日朝修好条規**を結んだ。このうち，前者は対等条約で，後者は日本の領事裁判権を認めるなど日本に有利な不平等条約であったから，ウは日朝修好条規となる。

エ．日本は1858年，アメリカと日米修好通商条約を結び，続いてオランダ・ロシア・イギリス・フランスと類似の通商条約を結んだ。これらは日本に不利な不平等条約だったため，明治政府は不平等条約の改正を目指して「西洋列強と交渉」した。なお，日本の南樺太領有は日露戦争後のポーツマス条約（1905年）で実現した。

B　やや難　《世界の人口の推移》

問4　18　正解は③

①不適。14世紀に成立したマラッカ王国は東西交易の中継を担った港市国家。1511年ポルトガルにより滅ぼされているので「1850年」には存在していない。

②不適。ヴィクトリア女王のインド皇帝即位は19世紀後半の1877年。

③適切。清朝下の中国では18世紀，アメリカ大陸原産のトウモロコシやサツマイモの栽培が普及し，これが人口急増の要因となった。このため表が示すように，中国本土の「1800年の人口（32,000万人）」は「1700年の人口（15,000万人）」の2倍を超えている。

④不適。表を見ると，「1900年のヨーロッパの人口（27,100万人）」は「同じ年のインドの人口（28,000万人）」を超えていない。

問5　19　正解は②

文章から読み取れる事柄

会話文で先生は，日本の面積は「東南アジアのおよそ11分の1」と述べている。一方，1850年の東南アジアの人口は表で「4,200万人」，同じ年の日本の人口は先生によれば「3,071万人くらい」である。1850年の時点で日本の約11倍の面積の東南アジアに，日本の約1.4倍の人口だから，あ．「1850年の東南アジアの人口密度は，同じ時期の日本と比べて低い」と判断できる。

日本と東南アジアとの関係の歴史について述べた文

X．不適。第二次世界大戦中の1940年，ドイツがフランスに侵攻し降伏させると（6月），これを機に日本軍はフランス領インドシナ北部へ侵攻した（9月）。

Y．適切。朱印船は江戸幕府から渡航許可証である朱印状を与えられた貿易船で，東南アジア各地に来航し，タイのアユタヤやフィリピンのマニラなどに日本町（日本人町）が建設された。

CHECK　江戸幕府の政策が1630年代に鎖国へ転じると，朱印船は衰退した。

C 標準 《オセアニアの先住民》

問6　20　正解は④

オーストラリアの先住民はオ．アボリジニー，ニュージーランドの先住民はカ．マオリと呼ばれた。よって，正解は④となる。なお，ロマはヨーロッパを中心に各地に散在し，移動生活を伝統とした少数民族で，彼らは特にヨーロッパで長く差別の対象となった。

問7　21　正解は③

小野さんのメモ

オーストラリアは18世紀，クック（イギリス）によりイギリス領と宣言され，イギリスの植民地となった。入植者のイギリス人は先住民を「英語に由来する」名称で呼んだと判断できるから，メモは正しい。

本田さんのメモ

ニュージーランドも同様に18世紀，クックによりイギリス領と宣言され，イギリス人が入植した。このイギリス人は主に「白人」である。会話文で先生は，先住民が「白人」を「パケハ」と呼び，その呼称は「現在」も「入植者やその子孫の名称として取り入れられています」と説明しているから，メモは正しい。

問8　22　正解は③

①不適。白豪主義は白人の優先，中国人など有色人種の排斥を目的としたオーストラリアの差別政策で，第二次世界大戦後の1970年代に廃止された。

②不適。ハワイは1873年に王国（カメハメハが建てた国，カメハメハ朝）がアメリカ系市民のクーデタで倒れた後，1898年アメリカ合衆国に併合された。

③適切。クックはイギリスの海軍軍人で，18世紀後半，現在のオセアニアにあたる地域も含めた太平洋のほぼ全域を探検した。

④不適。カナダは1867年にイギリス最初の自治領となった。その後，1907年にニュージーランドも自治領となった。

第4問　──　歴史評価の多様性（資料・絵利用）

A 標準 《ジョージ＝オーウェルとスペイン内戦》

問1　23　正解は②

資料中の「7月18日に戦闘が始まった」や「この10年に満たない数年間」に注意したい。スペイン内戦の勃発は1936年だから，設問は1920年代後半〜36年の

「日本あるいは日本軍が関わった出来事」として適当なものが求められている。

①**不適**。**ノモンハン事件**は1939年に起こった日ソ両国の軍事衝突で，日本軍がソ連軍に大敗した。

②**適切**。**満州国**（満洲国）は満州事変を起こして中国東北地方（満州）を占領した日本軍により，1932年に建国された。

③**不適**。**台湾**は，日清戦争に勝利した日本が1895年の下関条約で清から獲得した。

④**不適**。**真珠湾**は日本軍が1941年12月8日に攻撃し，アメリカ合衆国など連合国を相手に太平洋戦争を勃発させた。

問２ 24 正解は①

ヒトラーが反共を掲げるナチ党の党首で，ヒトラー政権が1933年に共産党を弾圧したことを想起すれば，「ヒトラーが『虐殺』しようとした『あらゆる党派の政敵』と表現されている組織の一つ」は共産党と判断できる。なお，**第１インターナショナル**は1876年に解散しているから，ヒトラーと時代的に対応しない。

資料中の「アビシニア」とはエチオピアの旧称で，「アビシニア人」とはエチオピア人のこと。イタリアが1935年にエチオピアを侵略すると，国際連盟は経済制裁を発動したが効果はなく，翌年イタリアはエチオピアを併合した。九カ国条約（1922年）は中国に関する条約，不戦条約（ケロッグ=ブリアン条約）の締結は1928年でリビア併合（1912年）と関係しない。以上から，正解は①と確定できる。

問３ 25 正解は①

スペイン内戦（1936～39年）から第二次世界大戦期（1939～45年）の日本の政権と独伊のファシズム体制の共通点ならびに相違点が問われている。

あ．日本の体制は独伊のファシズム体制と同様とする見方である。

日独伊の３国は1937年に日独伊三国防共協定を結んでおり，日本も独伊と同様，共産主義・ソ連を脅威と考えている。そのため，日本の体制は独伊のファシズム体制と同様であると言える。よって，Ｗが該当する。

い．日本の体制を独伊のファシズム体制と区別する見方である。

独伊のファシズム体制は右翼政党（独のナチ党，伊のファシスト党）の独裁体制であった。しかし，この時期の日本は政党ではなく軍部の独裁体制であった。この点で両者は異なるから，日本の体制は独伊のファシズム体制と区別される体制と言える。よって，Ｙが該当する。

Ｘ．**誤文**。「国民社会主義」はドイツでナチスが標榜したが，日本やイタリアで同様に採用されたわけではない。

Ｚ．**誤文**。日本はドイツ・イタリアと同様に「軍事力による支配圏拡大」を行っている。

B　標準　《絵画を基にした先生と生徒の会話》

問4　26　正解は④

空欄アは会話中の「初めて正式にツァーリ（皇帝）を称した」や「雷帝」から，16世紀のモスクワ大公イヴァン4世と判断できる。

①不適。ステンカ=ラージンの反乱はロマノフ朝期の17世紀後半に起こった。

②不適。ギリシア正教は10世紀末，キエフ大公ウラディミル1世が国教化した。

③不適。ロシアは13世紀中頃からキプチャク=ハン国に服属し，15世紀後半にモスクワ大公イヴァン3世により独立を達成した。イヴァン4世はイヴァン3世の孫である。

④適切。コサック首長イェルマークはシベリアの一部を占領し，これをイヴァン4世に報告・献上したため，イヴァン4世はシベリアに領土を広げた。

問5　27　正解は⑤

空欄イは「明を建国した」人物だから朱元璋（洪武帝）となる。

徴税のために始めた政策

あ．誤り。一条鞭法は明の万暦帝の初期，宰相の張居正が行った改革で全国的に導入された。

い．正しい。洪武帝は徴税のため，戸籍・租税台帳として賦役黄冊を作成した。

税制の歴史について述べた文

X．不適。イギリス東インド会社はインドで，農民から直接徴税するライヤットワーリー制と在地領主から徴税するザミンダーリー制を導入した。

Y．適切。騎士身分（騎士階層）とは共和政ローマにおいて属州の徴税請負などを行い富裕化した市民をさし，元老院議員に次ぐ社会階層となった。

Z．不適。イギリス政府は北アメリカ植民地に対して1765年に印紙法を制定したが，植民地側の反発により翌66年撤廃した。

問6　28　正解は②

映画の上映禁止は1939年から1941年まで。

①不適。ソ連は社会主義国で，欧米の資本主義諸国との交流が少なかったため，世界恐慌の影響を受けなかった。

②適切。ソ連は1939年にドイツと不可侵条約を結んだことで，1941年の独ソ戦開始まで関係を安定させた。この間，関係の悪化を防ぐため，ロシアがドイツの勢力を破った映画の上映を禁止するなどドイツに配慮したと推測できる。

③不適。コメコンは第二次世界大戦後の1949年，ソ連が東欧諸国と経済協力を進めるために結成した。

④不適。**十月革命**（1917年）でロシアにソヴィエト政権が成立すると，反革命派との間に内戦が起きたが，この内戦はポーランド=ソヴィエト戦争の終結（1921年）頃には収拾した。

第5問 ── 世界史上の墓や廟（図・写真・地図利用）

A 易 《中世フランス王家の墓》

問1 29 正解は③

空欄アは「800年」からカールの戴冠を想起すれば，**カール大帝**とわかる。

①不適。カール大帝は東方から侵入した**アヴァール人**を撃退した。なお，**フン人**は4世紀のゲルマン人の大移動の原因となった民族。

②不適。カール大帝は北イタリアの**ランゴバルド王国**を滅ぼした。なお，**イングランド王国**はノルマンディー公**ウィリアム**により征服された（1066年）。

③適切。カール大帝はイギリスの神学者**アルクイン**を宮廷に招くなど学芸を奨励し，古典文化を復興させた（**カロリング=ルネサンス**）。

④不適。**フランク王国**では，建国者のクローヴィスが初めてアタナシウス派キリスト教に改宗した（496年）。

問2 30 正解は②

イ．フランス・カペー朝の王**フィリップ2世**がイングランド王ジョンと大陸内のイギリス領をめぐって抗争し，その領土の大半を奪った。なお，ユーグ＝カペーはカペー朝の創始者。

ウ．リード文中に「南にはメロヴィング家とカロリング家の王・王妃の墓棺」が「並べられ」とあるから，カロリング朝を開いたカロリング家の**ピピン**（**小ピピン**）となる。なお，ロロはノルマンディー公国を建てたノルマン人の首領。

問3 31 正解は③

「国王たちの治世」とは，フィリップ2世からルイ9世までの治世のこと。

①不適。**アナーニ事件**（1303年）は，ルイ9世よりも後代のカペー朝**フィリップ4世**の治世中に起こり，教皇ボニファティウス8世を憤死させた。

②不適。**ジャックリーの乱**（1358年）は，イギリスと百年戦争を行っていた**ヴァロワ朝**（カペー朝の断絶で成立した王朝）の下で起こった。

③適切。**アルビジョワ十字軍**は，南フランスに広がっていたキリスト教の異端であるアルビジョワ派（カタリ派）を討伐するため，フィリップ2世の治世下で組織された。

④不適。トリエント公会議は16世紀，カトリック側が進める対抗宗教改革として開かれた。フランス王家であるカロリング家やカペー家とは関係しない。

B　標準　《関帝廟をめぐる歴史》

問４　32　正解は③

①不適。アメリカ合衆国では19世紀末の1882年，中国人移民禁止法が制定され，中国人移民を排斥した。

②不適。興中会は1894年，孫文によりハワイで結成された。その後，興中会は孫文の指導の下，東京で他の革命団体を結集し中国同盟会が組織された（1905年）。

③適切。清代に東南アジアに移り住んだ中国人は南洋華僑と呼ばれた。

④不適。マレーシアではマレー人優遇政策が行われた。そのため中国系住民（華人）が反発し，彼らが多く住むシンガポールが分離・独立した（1965年）。

問５　33　正解は②

乾隆帝はジュンガルを征服し（18世紀半ば），清の領土を最大とした。よって，空欄エはジュンガルとなる。ジュンガルはオイラト系の部族およびその国家で，乾隆帝期には中央アジアの② bの地域に勢力を保持しつつ清と抗争した。

CHECK　清はジュンガルを征服し東トルキスタンを領有すると，この地を新疆と命名し，理藩院が統轄する藩部の一つとした。

問６　34　正解は③

空欄オに入れる語

山西商人は徽州（新安）商人と同様，明代に活躍した遠距離商人で，政府と結びついた特権商人の代表。山西商人や徽州商人は中国全土を舞台に商業活動を展開して巨大な富を築き，また商工業を活発化させ，都市の発達を促した。

空欄カに入れる文

X．適切。明代，商業の中心地・物資の集散地となった都市には会館や公所が設けられ，同業・同郷の商人・手工業者が協力し合う場となった。

Y．不適。「黄河と大運河とが交わる地点」に位置した都市は開封で，ここを都としたのは北宋。宋代の開封は政治と商業の中心となり，大いに栄えた。なお，明の都は当初，金陵（南京）で，永楽帝期の1421年からは北京が都となった。

世界史Ｂ　追試験

問題番号(配点)	設問		解答番号	正解	配点	チェック
第1問(18)	A	問1	1	②	3	
		問2	2	②	3	
		問3	3	①	3	
	B	問4	4	①	3	
		問5	5	③	3	
		問6	6	④	3	
第2問(16)	A	問1	7	③	3	
		問2	8	①	3	
		問3	9	①	3	
	B	問4	10	②	4	
		問5	11	④	3	
第3問(13)	A	問1	12	③	3	
		問2	13	⑤	3	
	B	問3	14	①	4	
		問4	15	③	3	
第4問(15)	A	問1	16	①	3	
		問2	17	①	3	
	B	問3	18	⑥	3	
		問4	19	②	3	
		問5	20	④	3	

問題番号(配点)	設問		解答番号	正解	配点	チェック
第5問(20)	A	問1	21	④ ⑤	2	
		問2	22	③ ①	3*	
	B	問3	23	③	3	
		問4	24	③	3	
		問5	25	④	3	
	C	問6	26	③	3	
		問7	27	①	3	
第6問(18)	A	問1	28	②	3	
		問2	29	③	3	
		問3	30	③	3	
	B	問4	31	①	3	
		問5	32	②	3	
		問6	33	①	3	

（注）　＊は，解答番号 21 で④を解答した場合は③を，⑤を解答した場合は①を正解とし，点を与える。

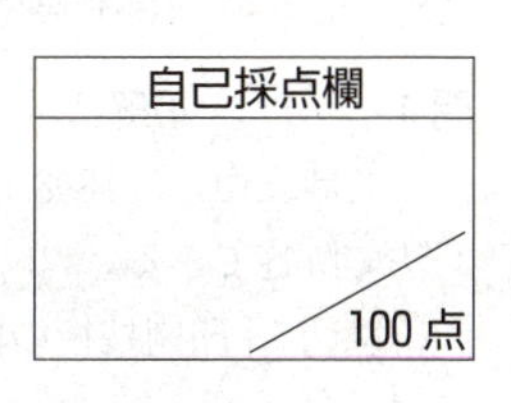
自己採点欄
／100点

第1問 ── 世界史学習における挿絵や風刺画（絵利用）

A  《明代の軍事技術書における挿絵》

問1　1　正解は②

空欄アに入れる国・王朝の名

イェニチェリはオスマン帝国におけるスルタン直属の「常備軍」（常備歩兵軍団）を指すから，あが正しい。

銃が明にもたらされたルートについての仮説

会話文中で先生は「この銃は，中央アジアを経由して運ばれたと推定されています」と述べている。中央アジア経由のルートは陸路となるから，Yが正しい。

問2　2　正解は②

書籍が刊行された「16世紀末」の明で起こった出来事を選べばよい。

①不適。明は15世紀初め（永楽帝期）にベトナム北部を一時併合した。

②適切。16世紀末，豊臣秀吉が朝鮮半島に侵攻すると，明は朝鮮に援軍を派遣した。

③不適。1644年の明滅亡後，17世紀後半（1661年）に，明の遺臣の鄭成功がオランダを駆逐して台湾を占領し，対清抵抗の拠点とした。

④不適。「四川を中心として起こった，白蓮教徒の乱」は清代の18世紀末に起こり，19世紀初めに鎮圧された。

問3　3　正解は①

ティムール朝はトルコ系の遊牧ウズベク（ウズベク人）に滅ぼされた（16世紀初め）。空欄ウには遊牧ウズベクが入る。

①正文。遊牧ウズベクは16世紀初め，中央アジア西部にヒヴァ=ハン国を建てた。

②誤文。コーカンド=ハン国は19世紀後半にロシアに併合された。

③誤文。トルコ系のキルギスは9世紀半ば，トルコ系のウイグルを滅ぼした。

④誤文。カラコルムは大モンゴル国（モンゴル帝国）の都で，13世紀前半に第2代皇帝オゴタイの命で建設された。

B  《風刺画を基にした世界史授業》

問4　4　正解は①

会話文中の「1898年」から風刺画が19世紀末に描かれたと判断できれば，消去法で解答できる。

①適切。「印刷技術の向上」で新聞の大量印刷が可能になると価格は低下し，一般

大衆も新聞の入手が容易になり，新聞は「身近なメディア」として普及した。

②不適。ラジオは1920年代のアメリカで放送が始まって以降に普及・定着した。

③不適。フランスにおける政教分離法の制定は1905年。

④不適。インドシナ戦争の勃発は1946年。

問5 5 正解は③

「落ち穂拾い」はフランスの自然主義画家ミレーの代表作。なお，「民衆を導く自由の女神」はフランスのロマン主義画家ドラクロワの代表作。

問6 6 正解は④

「ゾラの告発」からドレフュス事件の説明を選べばよい。空欄オにはドレフュスが入る。

①誤文。ブーランジェ事件（1887～89年）の説明。

②誤文。ナポレオンが起こしたブリュメール18日のクーデタ（1799年）の説明。

③誤文。ドレフュスは軍人（大尉）で，無政府主義者（アナーキスト）ではない。

④正文。ドレフュス事件（1894～99年）はユダヤ系軍人ドレフュスの冤罪事件で，当時のヨーロッパにおける反ユダヤ主義の高まりの中で起こった。

第2問 ── アメリカ大陸の歴史（資料・年表利用）

A 標準 《ラテンアメリカの歴史》

問1 7 正解は③

ブラジルの宗主国はポルトガル。

①誤文。アフガニスタンはイギリスの保護国となった（1880年）。

②誤文。「アラゴン王国とカスティリャ王国の統合」でスペイン王国が成立した（1479年）。

③正文。エンリケ航海王子はポルトガルの王子で，15世紀初頭から「アフリカ探検」の事業を進め，インド航路開拓への道を開いた。

④誤文。ポルトガルは第一次世界大戦（1914～18年）に，連合国側で参戦した。

問2 8 正解は①

①正文。インカ帝国では太陽神崇拝が行われ，王は太陽の子（太陽の化身）とされた。インカとは「太陽の子」を意味する。

②誤文。聖職者（神父）イダルゴはメキシコの独立運動を指導した。

③誤文。「ラテンアメリカを征服した宗主国」のスペイン・ポルトガルはカトリッ

クの国であったことからカトリックの宗教施設のみが建てられた。

④誤文。ピルグリム=ファーザーズ（巡礼始祖）とはピューリタンの一団で，北アメリカの東岸に入植し，植民地を建てた（プリマス植民地）。

問３　9　正解は①

ア．エンコミエンダは，先住民の保護とキリスト教化を条件に彼らの使役を植民者に認めた制度。宗主国のスペインがメキシコやペルーで導入した。ラティフンディアは奴隷を使った大土地所有制で，古代ローマで発達した。

イ．クリオーリョはラテンアメリカ植民地生まれの白人で，独立後に政治・経済の指導者層（支配層）となった。白人と先住民の混血はメスティーソ。

B　易　《アメリカ合衆国大統領の一般教書演説》

問４　10　正解は②

「1831年」当時のアメリカ大統領はジャクソン。

①誤文。ジャクソン大統領期の1830年，先住民（インディアン）をミシシッピ川以西に移住させる先住民強制移住法が制定された。

②正文。資料中に「インディアンの居住地がなくなり，両州は文明化した住民に委ねられる」と記されているから，ジャクソン大統領が先住民を「文明化した住民ではないと考えている」ことがわかる。

③誤文。最初の「大陸横断鉄道」の開通は1869年。1830年代初めに行われた先住民の移住は徒歩や馬車などで行われた。

④誤文。先住民の「移住が完了すると見込まれていた年」は資料から「1832年」で，フロンティアの消滅宣言は1890年だから，両者は年代的に一致しない。

問５　11　正解は④

「21歳以上の男性に選挙権が拡大された」のは1918年の第４回選挙法改正で，年表上の位置は④ｄ。

第３問　── 人の移動の歴史（資料・地図利用）

A　標準　《中国人の日本留学》

問１　12　正解は③

ア．「中国の伝統的な学問や儒教倫理を根本としながら西洋の学問・技術を利用する」のは洋務運動で，この運動は「中体西用」の立場をとった。なお，「扶清滅洋」は排外運動を展開した**義和団**のスローガン。

イ.『狂人日記』や『阿Q正伝』の著者は中華民国期に活躍した**魯迅**。**周恩来**は中国共産党の指導者の一人で，中華人民共和国成立後に**初代首相**を務めた。

問2 13 正解は⑤

資料X…資料中の「四川省の鉄道騒動」や「武昌に革命軍が起こり」から，新聞は**辛亥革命**の勃発を伝えており，日記の記述年代は**1911年**とわかる。

資料Y…出典は『周恩来　十九歳の東京日記　改訂新版』矢吹晋編，鈴木博訳，デコ。**新文化運動**を推進した雑誌**『新青年』**は1915年『青年雑誌』の名で刊行され，翌年『新青年』に改称された。よって，日記の記述年代は**1916年以降**となる。

資料Z…資料中で新聞は清が「科挙をやめにした」こと，つまり**科挙の廃止**を伝えているので，日記の記述年代は**1905年**と判断できる。

以上を年代順に配列すると，⑤Z→X→Yとなる。

B やや難 《「民族ドイツ人」の移住》

問3 14 正解は①

空欄ウは「1939年にドイツが占領した地域」とあるので**ポーランド**。

①**正文**。ポーランド（王国）は**リトアニア大公国**と同君連合（合体）し，**ヤゲウォ朝（ヤギェウォ朝）**を成立させた（1386年）。

②**誤文**。**三十年戦争**の結果，**スウェーデン**が**ウェストファリア条約**（1648年）により「北ドイツ沿岸」の地域を獲得し，**バルト海の覇権**を握った。

③**誤文**。ポーランドは第二次世界大戦後，国内のドイツ人を**西方に位置するドイツに追放した**。

④**誤文**。ポーランドは**ブラント首相**時代の**西ドイツと国交を正常化**し（1970年），国境を画定した。

問4 15 正解は③

空欄エに入れる考え方

あ.**不適**。会話文で先生は「ドイツ人以外の住民たちが追放」されたことを紹介しているから，「少数民族を保護すべき」という考え方は該当しない。

い.**適切**。「編入した領土に」ドイツ人を移住させ，同じドイツ人ということで国家としての一体性を確保しようとするのだから，それは「同一の民族が単一の国家を構成すべき」とする考え方，つまり**ナショナリズム**の考え方となる。

それと同様の考え方が影響した出来事

Ｘ．適切。イタリア王国の成立はナショナリズムの運動の結果として実現した。

Ｙ．不適。オーストリア=ハンガリー帝国は会話文でヒトラーが批判したとされる「1867 年に成立した同君連合」で，ナショナリズムの運動と関係しない。

第４問 ── 歴史研究における資料比較（資料利用）

Ａ 標準 《中国の史書と東ローマ帝国の記録》

問１ 16 正解は①

空欄アに入れる語

資料１の北周・北斉は６世紀に中国の華北を支配した王朝。資料２に「568 年」とあるので，この時期の「中央アジアの遊牧国家」はあの突厥である。いのセルジューク朝の成立は 11 世紀前半で，うのウイグルの国家成立は８世紀半ば。

資料１・２から読み取れるソグド人と中央アジアの遊牧国家との関係について述べた文

Ｘ．正文。資料２は「ソグド人を使節として派遣した」とあるので，「ソグド人が，遊牧国家の外交を担っている」と言える。

Ｙ．誤文。資料２は「勢力が増大したア（突厥）に従属していたソグド人」とあるので，「ソグド人が，遊牧国家を従属させて」は誤りとなる。

問２ 17 正解は①

「ソグド人に領内で絹を売ることを許可しなかった王朝」はササン朝。

①正文。ササン朝ではゾロアスター教が国教化されるとともに，教典として『アヴェスター』が編纂された。

②誤文。アルダシール１世はササン朝の建国者で，初代国王。

③誤文。ササン朝は３世紀にパルティアを倒して成立した。

④誤文。サーマーン朝は 10 世紀末，カラハン朝に滅ぼされた。

Ｂ 標準 《西洋史上の重要な歴史的文書》

問３ 18 正解は⑥

下線部ⓐの治世に起こった出来事

あ．不適。イギリス国王ジョンがカンタベリ大司教の任命問題でローマ教皇インノケンティウス３世と対立し，破門された。

い．適切。シモン=ド=モンフォールは貴族を率いてイギリス国王ヘンリ３世に対抗し，イギリス議会の起源となる議会を開催させた（1265 年）。

空欄イに入れる文

資料1・2はともに,「いかなる自由人も,…国の法によらない限り,逮捕・監禁されてはならず」と記している。よって,双方とも「法に基づかない逮捕・監禁」を認めていないから,Xは誤文となる。さらに資料2の権利の請願はチャールズ1世に提出された文書だから,Yも誤文となる。よって,Zが正文と判断できる。

問4 19 正解は②

①誤文。三部会はフィリップ4世が初めて招集したフランスの身分制議会。

②正文。「下院優位の原則」を確立した議会法は1911年に制定され,イギリス憲法を構成する法の一つとなった。

③誤文。イギリス最初の首相とされるウォルポールはホイッグ党所属の政治家。

④誤文。古代ローマで制定されたホルテンシウス法(前287年)の内容。

問5 20 正解は④

①誤文。資料3はアメリカ独立宣言(1776年)の一部で,この宣言はアメリカ合衆国の独立を認めたパリ条約(1783年)よりも前に発表された。

②誤文。革命権(抵抗権)はイギリスの思想家ロックが主張した人民の権利で,この考え方は資料3のアメリカ独立宣言に影響を与えた。

③誤文。アンリ4世が宣言したナントの王令はユグノーに信仰の自由を認めたが,ルイ14世によって資料4にあるように「完全に廃止」(1685年)された。

④正文。資料4の「ナントの王令を完全に廃止」してカトリックによる宗教統一がなされたことから,商工業者である多くのユグノーがフランスから新教国のオランダ,イギリスなどに亡命した。

第5問 ── 地域や国の歴史研究における視点(資料・グラフ利用)

A やや難 《前近代中国史の時代区分》

問1 21 正解は④又は⑤

資料1…中世では貴族政治,近世では君主独裁政治が行われるとし,政治体制の変化に着目して時代を区分している。この視点からすると,貴族政治が行われた唐は中世で,君主独裁政治が行われた宋は近世となるから,④が正解となる。

資料2…「大地主層=新官僚層」が「支配的勢力」(支配階層)となり,また彼らによる大土地経営が行われていることを中世の特徴としている。この視点からすると,士大夫(形勢戸・官戸)が支配階層となり,大土地経営として佃戸制が行われていた宋は中世となるから,⑤が正解となる。

問２　22　正解は問１で④を選択した場合は③，⑤を選択した場合は①

資料３…中国の「中世の開始」を唐が衰亡する「９世紀頃」としている。その後10世紀初頭に宋が成立するので，宋を中世とする資料２と同じ時代区分と考えられる。資料３は「中国における古代統一国家の形成時期」が「前３世紀」とされ，秦が中国を統一する時期だから，問１を⑤とした場合，空欄ウは①となる。

資料４…出典は宮崎市定『アジア史論考』。「朱子学の出現」を近世の特徴としている。朱子学は宋代の成立で宋を近世とする資料１と同じ時代区分。資料４は「朱子学の出現」を鄭玄が大成した「訓詁学を克服した」ものとしており，問１を④とした場合，空欄ウは③となる。

B　標準　《古代の歴史家のローマ興隆に対する視点》

問３　23　正解は③

エ.「ヘロドトスの史書」はペルシア戦争を主題とする。この戦争はギリシア本土に侵攻したアケメネス朝の軍との間で起こった。

オ.「エ（アケメネス朝）を滅ぼし」から，オはアレクサンドロス大王の帝国。アレクサンドロス大王の東方遠征ではエジプト征服の後，イラン方面へ向かいアケメネス朝を滅ぼして大帝国を築いたが，イベリア半島は支配下においていない。

問４　24　正解は③

①誤文。ギリシア人のポリュビオス（ポリビオス）は，ギリシア語で史書『歴史』を著した。

②誤文。「ローマとカルタゴとの戦争」とはポエニ戦争。リウィウスとポリュビオスがポエニ戦争を「ローマ興隆の契機」として高く評価したことがリード文の最終段落から読み取れる。

③正文。トゥキディデス（トゥキュディデス）が「史書で主題とした」ペロポネソス戦争は「ギリシアの覇権をめぐる争い」で，ポリュビオスも言及していることがリード文の第２段落から読み取れる。

④誤文。タキトゥスは古代ローマの歴史家で，『ゲルマニア』や『年代記』を著した。なお，『世界史序説』（『歴史序説』）の著者はイブン=ハルドゥーン。

問５　25　正解は④

①誤文。十二表法はローマ最古の成文法で，共和政期に公開された。

②誤文。コンスルはローマの最高官職で，共和政期に政治を主導した。

③誤文。コロッセウムはローマの円形闘技場で，帝政期に建設された。

④正文。エトルリア人の王が追放され，ローマは王政から共和政に移行した。

C 標準 《アメリカ合衆国の経済情勢》

問6 26 正解は③

①誤文。「アメリカ合衆国が第一次世界大戦に参戦した」のは1917年で，この年から翌年のグラフ1を見ると，失業率は低下している。

②誤文。「連邦政府の歳出総額」が「最大」となったのはグラフ2を見ると1919年で，「ニューディール政策が実施された時期」である1933年以降ではない。

③正文。失業率が「最も高くなった」のはグラフ1を見ると1933年で，「株式相場の大暴落」となった1929年「よりも後に」起こっている。

④誤文。「連邦政府の歳出総額」が「最小になった」のはグラフ2を見ると1914年と1916年で，ワシントン会議（1921～22年）よりも前の時期である。

問7 27 正解は①

①正文。世界恐慌勃発後，ナチス政権下のドイツは失業者対策としてアウトバーン（自動車専用の高速道路）の建設など公共土木事業を推進した。

②誤文。全国産業復興法（NIRA）は，アメリカ合衆国においてニューディール政策の一環として制定された（1933年）。

③誤文。ロシアを構成国の一つとするソ連は社会主義国で，世界恐慌の影響を受けなかった。失業保険の削減は世界恐慌期のイギリスの緊縮財政政策（1931年）。

④誤文。フラン=ブロックでは植民地と他国との自由貿易が否定された。

第6問 ── 世界史上の建築物（写真・地図利用）

A 標準 《イスラーム世界におけるモスク》

問1 28 正解は②

①誤文。カビールは普遍的な神の存在を説き，またカースト制を否定し，ナーナクによるシク教の創始に影響を与えた。

②正文。ジャイナ教はヴァルダマーナが創始した宗教で，苦行と不殺生を説いた。

③誤文。ボロブドゥールはシャイレンドラ朝がジャワ島中部に建てた大乗仏教寺院。

④誤文。ヴェーダはバラモン教の聖典として編纂された。

問2 29 正解は③

「西ゴート王国を滅ぼした」のはウマイヤ朝で，モスクYはウマイヤ朝の首都であるシリアの中心都市③cのダマスクスに建設された。

問３ 30 正解は③

モスクＸ…アイバクによる奴隷王朝の建設は13世紀初め（1206年）。

モスクＹ…ウマイヤ朝が西ゴート王国を滅ぼしたのは8世紀初め（711年）。

モスクＺ…オスマン帝国のスレイマン１世は16世紀の在位（1520～66年）。

以上を年代順に配列すると，③モスクＹ→モスクＸ→モスクＺとなる。

Ｂ 標準 《ウィーンの住宅から見た近現代ドイツ史》

問４ 31 正解は①

空欄アは『資本論』の著者だからドイツの社会主義者マルクスが入る。

①正文。マルクスは友人のエンゲルスとともに『共産党宣言』（1848年）を著した。

②誤文。マルクスは科学的社会主義の理論を唱えた。なお，無政府主義はフランスの社会主義者プルードンらによって提唱された。

③誤文。『法の精神』はフランスの啓蒙思想家モンテスキューの著書。

④誤文。精神分析学はオーストリアの精神病理学者フロイトが基礎づけた。

問５ 32 正解は②

図の建物の建設時期はリード文から「1930年前後」である。

あ．パリの都市改造は「ナポレオン３世の統治期」（在位1852～70年）に行われた。

い．アトリーはイギリスの労働党の政治家で，第二次世界大戦末期の1945年に首相となり，戦後も1951年まで政権を担当し，社会福祉政策を進めた。

以上を年代順に配列すると，②あ→図→いとなる。

問６ 33 正解は①

①正文。ハプスブルク家のオーストリアはプロイセン・ロシアと３回に及ぶポーランド分割を行った（18世紀末）。

②誤文。七年戦争により，ハプスブルク家のオーストリアはシュレジエンを完全に失い，ホーエンツォレルン家のプロイセンがシュレジエンを確保した（1763年）。

③誤文。ハプスブルク家のオーストリアはオーストリア継承戦争後，ブルボン家のフランスと同盟した（1756年）。これを外交革命と呼ぶ。

④誤文。タンジマートは西欧型の近代化をめざしたオスマン帝国の改革で，スルタンのアブデュルメジト１世が1839年に開始した。

世界史Ｂ

問題番号(配点)	設問		解答番号	正解	配点	チェック
第１問 (15)	A	問１	1	③	3	
		問２	2	③	3	
		問３	3	②	3	
	B	問４	4	③	3	
		問５	5	④	3	
第２問 (18)	A	問１	6	②	3	
		問２	7	③	3	
		問３	8	①	3	
	B	問４	9	③	3	
		問５	10	③	3	
		問６	11	④	3	
第３問 (24)	A	問１	12	④	3	
		問２	13	⑤	3	
		問３	14	②	3	
	B	問４	15	④	3	
		問５	16	②	3	
		問６	17	③	3	
	C	問７	18	①	3	
		問８	19	②	3	

問題番号(配点)	設問		解答番号	正解	配点	チェック
第４問 (26)	A	問１	20	②	3	
		問２	21	②	3	
		問３	22	③	3	
	B	問４	23	①	3	
		問５	24	③	2	
		問６	25	②	3	
	C	問７	26	①	3	
		問８	27	③	3	
		問９	28	②	3	
第５問 (17)	A	問１	29	①	3	
		問２	30	①	3	
		問３	31	②	2	
	B	問４	32	④	3	
		問５	33	②	3	
		問６	34	①	3	

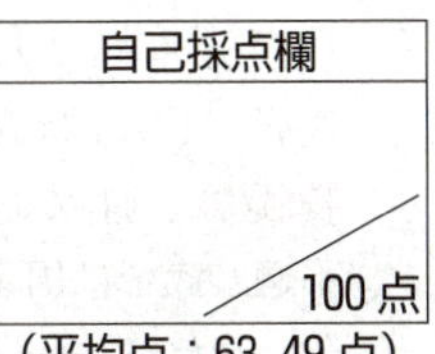

（平均点：63.49点）

第1問 ── 資料と世界史上の出来事との関係（資料利用）

A 標準 《『史記』に見える始皇帝死亡時の逸話》

問1 1 正解は③

空欄アに入れる人物の名

秦の始皇帝は統治において法家思想を採用し，「大臣」（宰相）に法家の**李斯**を起用した。よって，空欄アはう．李斯。あ．孟子は儒家で，儒家は始皇帝が行った思想統制，焚書・坑儒の対象となった。い．張儀は戦国時代に連衡策を説いた縦横家。

統治のために重視したこと

X．不適。家族道徳（親に対する「孝」など）を基礎にする人間の親愛の心（仁）を社会秩序（礼）とする統治を重視したのは**儒家**。

Y．不適。「血縁を越えて無差別に人を愛すること」を兼愛と呼び，これは戦国時代に墨子など**墨家**が説いた。墨家は兼愛や非攻による統治を重視した。

Z．**適切**。**李斯**は法治主義を説く**法家**の政治家で，法律による人民の支配・統治を重視した。

問2 2 正解は③

①誤文。始皇帝は焚書として，**医薬・占い・農業関係以外の書物**を焼き捨てさせた。

②誤文。エフェソス公会議（431年）は**ネストリウス派を異端**とした宗教会議。「教皇の至上権」の再確認や「禁書目録」の制定などは対抗宗教改革として開かれたトリエント公会議（1545～63年）で行われた。

③**正文**。ナチス体制下のドイツでは**ゲシュタポ（秘密警察）**が**反体制派の監視・摘発を行った**ため，国民生活が厳しく統制され，言論の自由が奪われた。

④誤文。冷戦が激化する中，**アメリカ合衆国**では共和党の上院議員マッカーシーの先導により「共産主義者を排除する運動」（赤狩り）が盛んとなった。

問3 3 正解は②

司馬遷は前漢武帝期の歴史家と想起した上で，下線部ⓑの「司馬遷は自由な経済活動を重んじ」という箇所に注目したい。

①不適。諸侯の権力を削減したことから起こった「諸侯の反乱」とは呉楚七国の乱（前154年）。これは武帝の前の皇帝・**景帝**のときに発生した。

②**適切**。**平準法**は武帝が財政再建策の一環として行った経済政策で，「**国家による物価の統制**」であったから，司馬遷の批判の対象となった。

③不適。武帝は国家を支える原理として，「董仲舒の提言」により「儒教を官学化」したが，下線部には**司馬遷は儒学を否定したとは書かれていない**。

④不適。三長制は５世紀後半（486年），北魏の孝文帝が導入した村落制度。前漢の武帝期（前２～前１世紀）には三長制は存在していない。

B やや難 《研究者が利用する文書資料へのマルク=ブロックの助言》

問4 | 4 | 正解は③

前提としたと思われる歴史上の出来事

あ. 正文。フランス革命勃発直後，教会財産は国民議会により没収（国有化）された。そのため，「教会に属していた」領主の所領にあった資料も没収され，「より良い状態」で保存・保管された。

い. 誤文。国民公会が1792年に共和政の成立を宣言し，翌93年国王を処刑した。

文書資料についてのブロックの説明

X. 不適。冒頭に「農村共同体が文書資料を保有しているのは，珍しいこと」とあるので，農村共同体の資料は利用が期待できる「主な資料」にならない。

Y. 不適。「領主の所領が教会に属していた場合」（第２段落），領主が保存する資料が「より良い状態で，まとまって長く保管されている可能性が高い」（第３段落）と書かれている。

Z. 適切。亡命した領主の下にあった「資料は押収され，別の場所に保管され」（第４段落），一方亡命しなかった領主には資料を「見せる義務は全くない」（第５段落）とあるから，前者の方が研究者にとって資料を利用できる可能性が高い。

資料について研究者が利用しやすい順に並べると，領主の所領が，教会に属していた場合→革命で亡命した俗人に属していた場合→革命で亡命しなかった俗人に属していた場合，となる。

問5 | 5 | 正解は④

資料中の「1789年」や「1790年」の年号から時期はフランス革命勃発期のため，「嫌われた体制」とはフランス革命勃発まで存在し，革命の勃発により打倒された政治体制，すなわち絶対王政，アンシャン=レジーム（旧制度）と判断できる。

①不適。産業資本家はフランス革命や産業革命を経て資本主義体制が確立されるとともに，社会的地位を高めた。

②不適。ヘイロータイは古代ギリシアのポリス，スパルタの隷属農民をさす。

③不適。強制栽培制度は19世紀，オランダ領のジャワ島などで実施された。

④適切。アンシャン=レジームの下，聖職者は第一身分，平民は第三身分，「貴族が，第二身分」とされた。

第2問 ── 世界史上の貨幣（グラフ・写真利用）

A やや難 《イギリスにおける金貨鋳造量の推移》

問1　6　正解は②

グラフ1を見ると，金貨鋳造量が「初めて500万ポンドに達する」のは1776年。よって，本設問は1776年より「前に起こった出来事」を選択すればよい。

①誤文。メキシコは1821年にスペインから独立した。

②正文。ボストン茶会事件は北米のイギリス植民地で1773年に発生した。

③誤文。トルコマンチャーイ条約は1828年にロシアとカージャール朝の間で結ばれ，カージャール朝はアルメニアをロシアに割譲した。

④誤文。神聖同盟は1815年にロシア皇帝アレクサンドル1世の提唱で結成され，ウィーン体制を支える役割を果たした。

問2　7　正解は③

③が正解。「金貨鋳造量が10年以上にわたって100万ポンドを下回った」のはグラフ1を見ると，1799年頃～1813年頃。この時期，イギリスはナポレオン統治下のア．フランスと対立・抗争を繰り返した。一方，この時期の紙幣流通量をグラフ2で見ると，流通量は増加している。これはフランス（ナポレオン）との戦いで多額の戦費を賄うためイ．紙幣を大量に発行したことが背景にあると推測できる。

問3　8　正解は①

写真の上に記された「1852年」からイギリスのヴィクトリア女王（位1837～1901年）を想起し，女王の事績を選択すればよい。

①正文。イギリスはインドの植民地化を進め，1877年にインド帝国の成立を宣言し，ヴィクトリア女王をインド皇帝に即位させた。

②誤文。グレートブリテン王国（大ブリテン王国）はアン女王治世下の1707年，イギリス（イングランド）とスコットランドが合同して成立した。

③誤文。統一法は16世紀から17世紀にかけて計4回制定され，特にエリザベス1世治世下の1559年に制定された第3回統一法は，イギリス国教会を確立させた。

④誤文。イギリス（グレートブリテン王国）では1714年，アン女王が死去し，ドイツからジョージ1世が国王として迎えられ，ハノーヴァー朝が成立した。

B 易 《博物館に展示されたアジアの貨幣》

問4　9　正解は③

中国史において「16世紀」は明代（1368～1644年）にあたる。

①誤文。16世紀後半，明では**海禁**が**緩和**され，民間人の海上貿易が許可された。その結果，日本との貿易が拡大し，中国には大量の日本銀が流入した。

②誤文。**地丁銀制**とは丁税（人頭税）を地税に繰り込んで銀納させた税制で，清代の18世紀前半に導入され，全国へ普及した。

③正文。「各種の税や徭役を銀に一本化して納入」させた税制は一条鞭法で，明代の16世紀に始まり，同世紀の末には全国へ普及した。

④誤文。**アヘンの密貿易**は清がアヘンの輸入を禁止した19世紀初め頃から盛んとなり，大量のアヘンが中国に流入し，大量の銀が中国から国外へ流出した。

問5 10 正解は③

エ．**半両銭**は円形方孔の銅銭で，青銅を材料とした。

オ．半両銭は秦の始皇帝により**中国最初の統一貨幣**となった。

カ．**交鈔**は金や元において発行された紙幣で，紙を材料とした。

問6 11 正解は④

「父なるトルコ人」，「トルコ人の父」とは「アタテュルク」の尊称を与えられたムスタファ=ケマルをさす。

①正文。ムスタファ=ケマルは第一次世界大戦後の1920年，アンカラに**トルコ大国民議会**を組織し，イスタンブルのオスマン帝国政府（スルタン政府）に対抗した。

②正文。第一次世界大戦後の1919年，オスマン帝国に**ギリシア軍**が侵攻した。しかし，1922年ムスタファ=ケマルはギリシア軍を破り，これを撃退した。

③正文。トルコ共和国成立（1923年）後，ムスタファ=ケマルは初代大統領となって近代化政策を進め，1924年には**カリフ制を廃止**した。

④誤文。ムスタファ=ケマルは1928年，近代化政策として文字改革を行い，**アラビア文字**を廃止し，トルコ語の表記にローマ字（ラテン文字）を採用した。

第3問 ── 文学者やジャーナリストの作品（資料利用）

A 標準 《『デカメロン』が描くヨーロッパ社会》

問1 12 正解は④

作者の名

『**デカメロン**』はイタリア=ルネサンスで活躍した作家，い．ボッカチオの代表作。なお，あ．**ペトラルカ**はイタリア=ルネサンスの詩人で，『叙情詩集』を，う．**エラスムス**はネーデルラント出身の人文主義者で，『愚神礼賛』を著した。

文化の特徴

S．誤文。ダーウィンは19世紀イギリスの博物学者で，彼の説く進化論が『デカメロン』で描かれた「当時」の14世紀の文化に影響を与えることはない。

T．正文。ルネサンスは人間の理性や尊厳を重視する人文主義（ヒューマニズム）を根本精神とした。この人文主義の思想が『デカメロン』で描かれた「当時」の14世紀の文化の基調となった。

問2　13　正解は⑤

病の名称

資料中の年号，「1348年」に注意したい。14世紀中頃のヨーロッパでは中央アジアから伝わった，お．ペスト（黒死病）が大流行した。なお，え．コレラは19世紀のヨーロッパで都市の環境が悪化する中，間欠的に流行した。

病に関する説明

X．誤文。資料の『デカメロン』文中で，「オリエントでは，鼻から血を出す」症状だが，「フィレンツェでは徴候が違います」と，症状の違いを指摘している。

Y．正文。14世紀の西ヨーロッパではペストの流行により農民人口が激減し，領主が農民への待遇を改善したことで農民の地位は向上した（農奴解放）。

Z．誤文。アメリカ大陸から病が持ち込まれるのは大航海時代が開幕した15世紀末以降のため，時代が対応しない。なお，大航海時代によって「アメリカ大陸からヨーロッパにもたらされた病」としては梅毒があげられる。

問3　14　正解は②

①誤文。ベネディクトゥスが中部イタリアの山モンテ=カッシーノ（モンテ=カシノ）に修道院を設立した。なお，インノケンティウス3世はローマ教皇。

②正文。12世紀頃から西ヨーロッパでは森林を切り開いて耕地にする大開墾運動が，シトー修道会（シトー派修道会，シトー派）を中心に展開した。

③誤文。クリュニー修道院を中心とする教会改革運動は10世紀に起こった。クローヴィスは5世紀後半にメロヴィング朝フランク王国を建国した王で，クリュニー修道院とは関係しない。

④誤文。イギリスではテューダー朝のヘンリ8世が「修道院を解散し，その財産を没収し」，財政基盤を強化した。なお，ヘンリ3世はプランタジネット朝の国王。

B　標準　《日本人によるロシア革命運動への論評》

問4　15　正解は④

①正文。フランスでは第三共和政下の1905年，政教分離法が成立した。

②正文。中世ヨーロッパはキリスト教世界であったため，学問では**神学が重視**され，それに伴って神学を体系化する**スコラ学**も発展した。

③正文。**マドラサ**とはイスラーム世界に設けられた高等教育機関で，法学を中心に神学や哲学なども講義され，多くの**ウラマー**（**学者・知識人**）を輩出した。

④誤文。「仏教の理解を問う」が誤り。科挙は唐で**『五経正義』**（五経の注釈書）が科挙のテキストになるなど，主に**儒教**の理解（儒教的教養）が問われた。

問5　16　正解は②

19世紀のロシアにおける農民と革命の関係を考えればよい。「農民の覚醒」について，**イ**が「覚醒を促すに努め」，**ウ**が「覚醒を防遏（ぼうあつ）するに苦心」とある。農民の覚醒によって革命運動を実現させたいのが**イ**．**革命家**で，農民の覚醒を防止し革命運動を抑えようとするのが体制側で皇帝に仕える**ウ**．**官僚**である。

下線部ⓒには「ほとんど連続的に農民に対してその覚醒を促し」とあるので，農村に入り，農村共同体を基盤に革命を実現しようとした**ナロードニキ**が掲げたスローガン「**ヴ=ナロード**（**人民の中へ**）」が正解。なお，「**無併合・無償金・民族自決**」は，1917年に出された「平和に関する布告」における即時講和の原則。

問6　17　正解は③

資料中の「農奴解放を行った」から，1861年の農奴解放令を想起すれば，**エ**は発布者の**い**．**アレクサンドル2世**となる。1875年，アレクサンドル2世は日本とX．**樺太・千島交換条約**を結び国境を画定した。よって，正解は③となる。

なお，**あ**．**エカチェリーナ2世**は18世紀のロシア皇帝。この時代，ロシアは黒海への進出をはかり，**ロシア=トルコ戦争**でオスマン帝国軍を撃破するとともに，オスマン帝国の属国クリム=ハン国を併合し，Y．**クリミア半島を獲得した**。

C　標準　《ジョージ=オーウェルの小説と世界史》

問7　18　正解は①

①適切。社会主義国ソ連では1930年代，**スターリン**が反対派などへの**粛清**を行い，独裁体制を確立した。これは抑圧体制を示す事例と言える。

②不適。中華人民共和国で1966年に起こった**文化大革命**は**毛沢東**と**劉少奇**ら実権派の主導権をめぐる権力闘争で，『1984年』執筆の背景とは関係ない。

③不適。「**開発独裁**」は**第二次世界大戦後**の発展途上国に現れた，**資本主義的経済発展**を最優先させた独裁体制で，『1984年』執筆の背景とは関係ない。

④不適。**1948年**に成立した朝鮮民主主義人民共和国では「最高指導者の地位が世襲」されるが，『1984年』執筆の背景とは関係ない。

問８　19　正解は②

「18世紀の中国」が清であることを想起したい。改ざんされた部分の多くは衣服に関わる内容のため，風俗に関して述べた②が正解となる。

「遼（契丹）から宋への亡命者」は，「改ざん前の文章」では，祖先が「もともと漢人」であったので，「皮衣」「左前の服」（これらは遊牧民の風俗）ではなく「漢人の衣裳」を着たいと述べている。これが，「改ざん後の文章」では，衣服に関する言及が消されている。

『四庫全書』にこの手紙を採録するにあたって，衣服に関する言及を改ざんすることで，満州人による王朝である清が漢人に辮髪などの「異なる風俗を強制」した事実が想起されるのを避けた意図を読み取りたい。

なお，『永楽大典』は明の時代に，『資治通鑑』は宋（北宋）の時代に編纂された。

第４問 ── 国家やその官僚が残した文書（資料・地図利用）

A　易　《19世紀のヨーロッパで結ばれた条約》

問１　20　正解は②

②が正解。資料中の「ルーマニアの独立を承認」に注目したい。ルーマニアは15世紀からオスマン帝国の宗主権下にあったが，1878年のベルリン条約で独立が国際的に認められた。この条約は，ベルリン会議において，露土戦争（ロシア=トルコ戦争）の講和条約であるサン=ステファノ条約を破棄して結ばれた。なお，パリ条約（1856年）はクリミア戦争の講和条約で，黒海の中立化などが決められた。

問２　21　正解は②

ベルリン条約で「スルタン陛下の主権のもと」，つまりオスマン帝国の下，「自治公国」となったのはブルガリア。ブルガリアはバルカン半島東部の② bに位置する。なお，地図上のaはモンテネグロ，cはギリシア，dはキプロスをさす。

問３　22　正解は③

あ．誤文。ベルリン条約により，オーストリアがボスニア・ヘルツェゴヴィナの占領と行政権を認められた。その後，オーストリアは青年トルコ革命が起こると，それに乗じてボスニア・ヘルツェゴヴィナを併合した（1908年）。

い．正文。オーストリア領となったボスニアの州都サライェヴォで，1914年，オーストリア帝位継承者夫妻が暗殺された（サライェヴォ事件）。この事件は第一次世界大戦勃発の契機となった。

B 標準 《日中国交正常化をめぐる国際関係》

問4 23 正解は①

イ．第二次世界大戦後，敗戦国の日本はアメリカ合衆国を中心とする連合軍の占領下に置かれたが，1951年，アメリカ合衆国などとサンフランシスコ平和条約を結び，主権（独立）を回復した。なお，資料Xのリチャード=ニクソンはアメリカ合衆国の第37代大統領。以上から，イはアメリカ合衆国と判断できる。

ウ．ソ連はサンフランシスコ平和条約に調印しなかったが，1956年，日本と日ソ共同宣言を出し，国交を樹立した。また資料Yを読むと，日本を仮想敵国に設定している。中華人民共和国とソ連は当初，日本を仮想敵国とし，中ソ友好同盟相互援助条約（資料Y）を結んだ。以上から，ウはソ連と判断できる。

問5 24 正解は③

資料X…アメリカ大統領ニクソンは1972年2月中華人民共和国を訪問した。そして米中共同声明が発表され，アメリカ合衆国は中華人民共和国を承認した。

資料Y…中ソ友好同盟相互援助条約は1950年に結ばれた。

資料Z…「中華人民共和国と日本との共同声明」は日本の首相田中角栄の中国訪問により実現された。この訪問はニクソン訪中直後の1972年9月に行われ，この「共同声明」により日中国交正常化が達成された。

以上を年代順に配列すると，③Y→X→Zとなる。

問6 25 正解は②

1950年代の中華人民共和国を取り巻く国際環境を扱っていることに注意したい。

①誤文。中国共産党と中国国民党の合作は戦間期に中華民国で実現した（第1次は1924年に，第2次は1937年に成立）。よって，中華人民共和国とは関係しない。

②正文。アメリカ合衆国は1970年代に中華人民共和国と国交を正常化するまで，台湾の中華民国を正式な中国とした。よって，1950年代，「アメリカ合衆国は，中華民国政府を中国の正式代表とする立場」をとっていた。

③誤文。朝鮮戦争（1950～53年）の際，中華人民共和国は人民義勇軍を派遣して朝鮮民主主義人民共和国を支援し，大韓民国を支援する国連軍と戦った。

④誤文。中華人民共和国政府が起こした民主化運動への武力弾圧は天安門事件で，国際的に批判されたが，事件の発生は1989年。よって，年代が対応していない。

C 標準 《英領インドの統治関連文書》

問7　26　正解は①

3番目の空欄直前の「古代インドで多くの文学作品が書かれた」からインド二大叙事詩の『マハーバーラタ』と『ラーマーヤナ』を想起すれば，これらはサンスクリット文学のため，エの言語はサンスクリット語と判断できる。

文学作品の名

あ.『シャクンタラー』はサンスクリット文学の巨匠カーリダーサの作品。

い.『ルバイヤート』はイスラーム世界を代表するイラン系の詩人ウマル=ハイヤームが著したペルシア語の詩集。

資料から読み取れる事柄

W. 適切。資料はインド人を「知的に向上させる」上で効果的な言語として，公共教育委員会の委員の「残りの半数はアラビア語とエ．サンスクリット語を推しています」と記している。

X. 不適。資料は,「ヨーロッパの図書館のたったひと棚分の書物が，インドやアラビアの言語で書かれたすべての文献に相当することを否定する人」は東洋学者の中に「一人として」見い出せず,「西洋の文献の本質的優越性」が「十分に容認され」ていると記している。

問8　27　正解は③

資料及び会話文から読み取れる英語教育導入の動機

う. 誤文。イギリス統治以前のインドの王朝では英語を用いていない。

え. 正文。会話文中に「英語も使えるインド人役人を必要としており」とある。

インドにおけるイギリスの植民地政策の特徴

Y. 正文。英領インド（インド帝国）は直轄領と藩王国から構成され，藩王国では内政権のみ認め，外交権を握るイギリスが監督するという間接統治を行った。

Z. 誤文。ベンガル分割令（1905年）はインドにおける反英民族運動の分断を目的に，ムスリムとヒンドゥー教徒を対立させるため発布された。

問9　28　正解は②

①誤文。ムガル帝国ではペルシア語とインドの地方語が融合し，ウルドゥー語が生まれた。なお，タミル語は古代から南インドで使用されたドラヴィダ系の言語。

②正文。シャー=ジャハーンはムガル帝国第5代皇帝で，愛妃ムムターズ=マハルの墓廟としてタージ=マハルをアグラに造営した。

③誤文。影絵人形劇（影絵芝居）のワヤンはインドネシアのジャワ島において，クディリ朝の下で発達した。

④誤文。ウルグ=ベクはティムール朝の第４代君主で，サマルカンドに天文台を建設するなど天文学の発達に貢献した。

第５問 ── 旅と旅先の歴史（写真利用）

A 標準 《ヨーロッパ旅行記》

問１ 29 正解は①

地域１の島はシチリア島，地域２の都市はロンドン，地域３の都市はアテネ。

①誤文。シチリア島では12世紀頃，イスラーム世界で保持されていたアラビア語やギリシア語の文献をラテン語に翻訳する活動が盛んに行われた。

②正文。ノルマン人は12世紀前半，シチリア島と南イタリアを征服し，両シチリア王国（ノルマン=シチリア王国）を建てた。

③正文。第二次世界大戦末期の1943年，連合軍はイタリア本土上陸の前段階としてシチリア島上陸に成功した。これを機にイタリアではムッソリーニが失脚した。

④正文。シチリア島には古代，ギリシア人やフェニキア人が植民し，前者はシラクサなどの，後者はパレルモなどの植民市を建設した。

問２ 30 正解は①

地域２の旅行記の中で記された「14世紀に始まり15世紀まで続いたこの戦争」とは百年戦争（1339～1453年）。百年戦争の政治的原因はフランスの王位をめぐる英仏の対立であるため，空欄アの国はフランスとなる。

空欄アの国の歴史について述べた文

あ．正文。フランスとベルギーは第一次世界大戦後の1923年，ドイツの工業地帯のルールに出兵し，この地を占領した。

い．誤文。カルマル同盟（カルマル連合）は1397年，デンマーク・ノルウェー・スウェーデンの北欧３国により結成された。

空欄イに入れる文

X．適切。百年戦争はフランドル地方をめぐる英仏の対立を経済的背景とした。

Y．不適。「地域２を含む国」，すなわちイギリスでは11世紀（1066年）にノルマン朝が成立した。これは百年戦争よりも以前の出来事で時代が対応しない。

問３ 31 正解は②

地域１…ローマはカルタゴとの第１回ポエニ戦争に勝利し，前３世紀半ばにシチリア島を獲得した。

地域２…ローマは第１回三頭政治中の前１世紀半ば，カエサルがガリアに遠征し，さらにブリタニアにも遠征してロンドンの地を支配下に置いた。

地域3…ローマは前2世紀半ば，第3回ポエニ戦争でカルタゴを滅ぼす一方，アテネなどギリシアを支配下に置き，地中海世界の覇者となった。

以上を年代順に配列すると，②地域1→地域3→地域2となる。

B　標準　《韓国旅行と石碑》

問4　32　正解は④

空欄ウに入れる人物の名

会話文が扱う19世紀の朝鮮（朝鮮王朝）では一時，い．大院君（高宗の父）が摂政となって実権を握り，政治を主導した。なお，あ．西太后は中国・清の同治帝（第10代皇帝）の母で，同治帝，さらに次の光緒帝の摂政となって政治を左右した。

空欄エに入れる文

X．不適。「民間人の海上貿易を許さず」という政策は海禁と呼ばれ，中国の明で行われた。明では海禁を行う一方，「政府が管理」する朝貢貿易を進めた。

Y．適切。大院君は鎖国攘夷政策を展開し，開国を求める欧米列強に抗戦した。

問5　33　正解は②

空欄オは，2つめの空欄の前に「14世紀末の建国以来，朝鮮が重んじた」とあるので正統教学として奉じられた朱子学となる。

①誤文。寇謙之は中国・北魏の道士で，天師道（五斗米道）を改革して新天師道という教団を作り，道教を宗教として確立した。

②正文。王守仁は中国・明の陽明学者で，心即理などを説き，朱子学の説く性即理などの学説を批判した。

③誤文。義浄は中国・唐の仏僧で，インドを訪問し，その地から持ち帰った仏典を漢訳した。

④誤文。王重陽は中国・金の道士で，道教の新しい一派として全真教を開いた。

問6　34　正解は①

う．「壬午の年」に起こった「軍隊による反乱」とは1882年の壬午軍乱。

え．「甲申の年」に起こった「急進改革派」のクーデタとは1884年の甲申政変。

お．「甲午の年」に起こった「東学による農民戦争」とは1894年の甲午農民戦争（東学の乱）。

以上を年代順に配列すると，①う→え→おとなる。

世界史Ｂ 本試験（第２日程）

問題番号（配点）	設問		解答番号	正解	配点	チェック
第１問（22）	A	問１	1	①	3	
		問２	2	②	3	
	B	問３	3	①	3	
		問４	4	②	3	
		問５	5	④	4	
	C	問６	6	④	3	
		問７	7	②	3	
第２問（12）	A	問１	8	①	3	
		問２	9	④	3	
	B	問３	10	①	3	
		問４	11	①	3	
第３問（15）	A	問１	12	②	3	
		問２	13	①	3	
		問３	14	③	3	
	B	問４	15	④	3	
		問５	16	②	3	

問題番号（配点）	設問		解答番号	正解	配点	チェック
第４問（27）	A	問１	17	③	3	
		問２	18	①	3	
		問３	19	③	3	
	B	問４	20	②	3	
		問５	21	④	3	
		問６	22	③	3	
	C	問７	23	④	3	
		問８	24	④	3	
		問９	25	①	3	
第５問（24）	A	問１	26	④	3	
		問２	27	③	3	
	B	問３	28	②	3	
		問４	29	④	3	
		問５	30	③	3	
	C	問６	31	①	3	
		問７	32	④	3	
		問８	33	②	3	

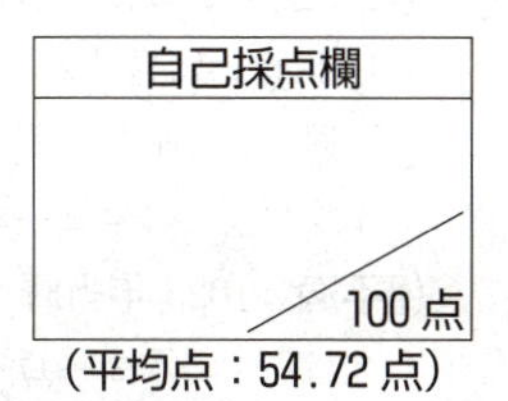
自己採点欄

100点

（平均点：54.72点）

第1問 ── 世界史上の植民地（地図・資料利用）

A 標準 《リベリア共和国の歴史》

問1 1 正解は①

要約2「列強によるアフリカ進出」によりアフリカの分割・植民地化が進む中，「独立を維持」した国はエチオピア帝国とリベリア共和国の2国。このうち，要約3「アメリカ合衆国の解放奴隷が入植して，建国」した国はリベリア共和国。よって，要約1～5が指している国はリベリア共和国で，地図上の位置は① **a** 。なお，地図上の **b** はベルギー領コンゴ，**c** はエチオピア帝国，**d** はフランス領マダガスカルである。

問2 2 正解は②

①不適。「将校の指導」によるクーデタで王政が倒され共和国となったのは，リビア（1969年）。「将校」とはカダフィ大佐のこと。以後，カダフィによる独裁が続いたが，2011年のリビア内戦で体制は倒された（「アラブの春」の一環）。

②正文。リベリア共和国は要約3～5から，解放奴隷が入植して建国され，彼らが支配層となり，現在その子孫は少数派であることがわかる。一方，南アフリカ共和国ではアフリカーナーやイギリス領時代に入植した白人の子孫が支配層となり，現在でも黒人系住民に比べると少数派となっている。

③不適。要約1からリベリア共和国では1990年代に内戦が起こったとわかるが，南アフリカ共和国では1990年代に内戦は起こっていない。

④不適。「白人による人種隔離政策」であるアパルトヘイトは南アフリカ共和国が行った非白人に対する人種差別政策で，リベリア共和国では行われていない。

B 標準 《「パン=ヨーロッパ」としての統合》

問3 3 正解は①

①正文。コミンテルンはソヴィエト政権下のロシアが世界革命をめざし1919年に結成した。ソヴィエト政権下のロシアは「パン=ヨーロッパ」に含まれていない。

②不適。「革命によって」共和国となったのはトルコ。トルコ共和国は「パン=ヨーロッパ」に含まれていないが，政教分離（世俗化）を国家の原理とした。

③不適。「ソ連との間にラパロ条約」を結んだ国はドイツ（ヴァイマル共和国）。ドイツは「パン=ヨーロッパ」に含まれている。

④不適。1923年当時「国際的に永世中立国として承認」された国はスイス。スイスは「パン=ヨーロッパ」に含まれている。

問４ 4 正解は②

①誤文。「1923年」当時のビルマ（ミャンマー）はイギリス領。イギリス領のビルマは縦線のブロックで，図１の本国と同様，「パン=ヨーロッパ」に含まれない。なお，ビルマは第二次世界大戦中の1942～45年，日本軍の占領下に置かれた。

②正文。「1923年」当時の東南アジアにおけるフランスの植民地はベトナム・ラオス・カンボジアで，オランダの植民地はインドネシア。双方とも「黒く塗り潰した」ブロックで，ともに「パン=ヨーロッパ」に含まれる。

③誤文。「クエスチョンマークが付けられている地域」はタイ。タイは植民地にならず独立を維持していたので，「宗主国」は存在しない。なお，アメリカ合衆国が1934年，植民地のフィリピンに対して「10年後の独立を約束」した。

④誤文。「1923年」当時のマラッカはイギリスの海峡植民地の一部で，図１の本国と同様に縦線のブロックのため，「パン=ヨーロッパ」に含まれない。

問５ 5 正解は④

現在のバングラデシュとスリランカに当たる地域は，「1923年」当時イギリス領インドであった。そのためクーデンホーフ=カレルギーが描くブロック別の地図では，イギリス本国と同様，「パン=ヨーロッパ」に含まれない縦線のブロックとなるため，④が正解となる。

C 標準 《シンガポールに運ばれた奴隷》

問６ 6 正解は④

ラッフルズの考え

あ．誤文。ラッフルズは男の奴隷がシンガポールで動物のように売られているのを聞いて，「あのようなことは長く続くまい」と答えている。この点を踏まえると，彼は奴隷売買を継続すべきだとは考えていないことがわかる。

い．正文。ラッフルズは奴隷売買を「邪悪な商売」と呼んでいるから，奴隷売買には否定的だと言える。

奴隷制の拡大をもたらした出来事

X．誤文。クー=クラックス=クラン（KKK）は，奴隷制が廃止された南北戦争後のアメリカ合衆国において組織された白人至上主義の組織で，黒人に対する暴力行為を繰り返した。よって，奴隷制の拡大と関係しない。

Y．正文。15世紀末の大航海時代開幕以降，大西洋を舞台にアメリカ・ヨーロッパ・アフリカを結ぶ三角貿易が成立した。その一環としてアフリカからアメリカ方面に多くの黒人奴隷が送られ（大西洋奴隷貿易），サトウキビなどの栽培を行うプランテーションでの労働形態として奴隷制が拡大することになった。

問7　7　正解は②

①誤文。「第二次世界大戦前」が誤り。**マラヤ連邦**は第二次世界大戦後の1957年に結成され，1963年にシンガポールなどが加わって**マレーシア**となった。

②正文。シンガポールは発展途上国であったが，台湾や韓国などと同様，1970年代に急速な経済成長を遂げ，**新興工業経済地域**（NIES）の一つとなった。

③誤文。「インド系」が誤り。シンガポールは1965年，マレーシア政府の**マレー人優遇政策**に反発し，**中国系住民**が中心となってマレーシアから分離・独立した。

④誤文。「20世紀」が誤り。**海峡植民地**はイギリスの支配下に入ったペナン・シンガポール・マラッカを併せた植民地で，19世紀（1826年）に成立した。

第2問 ―― 世界史上の工業・産業の変化（グラフ・図・表・パネル利用）

A　易　《18世紀半ばから20世紀前半の世界における工業生産》

問1　8　正解は①

空欄アに入れる国・地域名

グラフを見ると，中国とインドはともに「1830年まで」，イギリスよりも「工業生産のシェアが高い」。しかし，文中の「19世紀半ば以降の」，「度重なる戦火を経験し」，「不平等条約が結ばれた」に注意し，アヘン戦争やアロー戦争，南京条約や北京条約を想起すれば，正解はあの**中国**と確定できる。なお，「19世紀半ば以降の」インドはイギリスの植民地となり「戦火を経験」することも「不平等条約」が結ばれることもなかったため，解答に該当しない。

空欄イに入れる国・地域名

「19世紀後半から」工業生産のシェアを拡大し，「1928年までには西欧諸国」を超えた国だから，正解はXの**アメリカ合衆国**と確定できる。アメリカ合衆国は南北戦争（1861～65年）後，急速に工業を発展させた。なお，ロシアはグラフを見ると，19世紀後半も1928年時点でも工業生産のシェアが低く，拡大もしていない。

問2　9　正解は④

第2次産業革命とは電力や石油を動力源とする技術の革新，それによる重化学工業などの発展をさし，1870年代から始まった。よって，電力に関わる，④電気を光に変換する製品は第2次産業革命を象徴する図となる。なお，①大型木造船は15世紀末に開幕する**大航海時代**，②活版印刷術の改良は**ルネサンス**における新たな情報伝達方法の誕生，③蒸気を動力とする工場は18世紀後半のイギリスで始まった**第1次産業革命**を，それぞれ象徴する図となる。

B 標準 《鉄道の歴史》

問３ 10 正解は①

空欄ウに入れる語句

表を見ると，「ロシアの鉄道営業キロ数」は1900年，「他のどの国よりも大きく」なった。よって，空欄**ウ**の直前の「その頃まで」とは「1900年まで」となる。

あ．正文。ロシアは1891年に**シベリア鉄道**の建設を開始した。

い．誤文。ロシアは1896年，三国干渉の代償として中国（清）から**東清鉄道の敷設権**を獲得した。その後，**ポーツマス条約**（1905年）により，ロシアは「東清鉄道の一部の利権」，すなわち南満州鉄道の利権を日本に譲渡した。

空欄エに入れる文

X．正文。1834年の**ドイツ関税同盟発足**により「諸邦の分立状態」だったドイツでは経済的統一が達成され，これは後の政治的統一の基盤となった。

Y．誤文。「植民地などを含めた排他的な経済圏」とはブロック経済。ブロック経済の形成は，世界恐慌後の1930年代のため年代が対応しない。また，ドイツは第一次世界大戦で植民地を失ったため，ブロック経済は形成されなかった。

問４ 11 正解は①

豊田さんのパネル…イギリス植民地のインドにおける1900年の鉄道営業キロ数は39,531で，イギリス国内の30,079を「上回っていた」から，パネルは正しい。

岡田さんのパネル…フランスの**七月王政**は1830～48年。1830年と1840年の表を見ると，フランスの鉄道営業キロ数は「イギリスの３分の１以下」となっており，イギリスに関しては正しい。しかし，「ドイツの２分の１以下」にはなっていないため，パネルは間違っている。

早瀬さんのパネル…オスマン帝国領のアルジェリアは1830年にフランスの支配下に入った。1830年にはアルジェリアの鉄道建設はなく，1862年（注４参照）に初めて数値が掲載されるから，パネルは間違っている。

第３問 ―― 世界史におけるグローバルな接触や交流

A 標準 《古代の文明と食糧》

問１ 12 正解は②

①誤文。六十進法は古代メソポタミア文明において，文明の最初の担い手となったシュメール人により生み出された。

②正文。**太陽のピラミッド**は，メソアメリカ文明（中米文明）の一つであるメキシ

コ中央高原に誕生したテオティワカン文明において建設された。

③誤文。甲骨文字は古代中国文明の展開の中で形成された殷（確認できる中国最古の王朝）において，祭祀などの際に行った占いを記録するため使用された。

④誤文。「死者の書」は古代エジプト文明において作られた絵文書で，遺体（ミイラ）とともに墓へ埋葬された。

問2　13　正解は①

①サトウキビはアジア原産の作物で，大航海時代の開幕とともに，ヨーロッパ人によってアメリカ大陸へ持ち込まれた。そして，サトウキビは特に南米地域やカリブ海諸島において黒人奴隷を使ったプランテーションの形態で大規模に栽培され，砂糖に加工されてヨーロッパへ輸出された。なお，②トマト，③カカオ，④トウガラシはジャガイモと同様，アメリカ大陸原産の作物である。

問3　14　正解は③

「1840年代のジャガイモ飢饉」はアイルランドで起こった。したがって，空欄イはアイルランドが入る。なお，当時のアイルランドはイギリスに併合されて，大ブリテン=アイルランド連合王国（1801年成立）を形成していた。

①誤文。カトリック教徒解放法は「ジャガイモ飢饉」発生前の1829年に制定された。これにより，宗教的差別が撤廃された。

②誤文。「ワット=タイラーが指導する農民反乱」は百年戦争中のイギリスにおける反乱で，1381年に起こった。

③正文。グラッドストンは，「ジャガイモ飢饉」以降の1886年と1893年の2回，イギリス議会へアイルランド自治法案を提出した（法案は未成立）。

④誤文。ジロンド派はフランスの党派で，アイルランドと関係しない。ジロンド派はフランス革命の中，立法議会が成立すると，一時政権を握った（1792年）。

B　標準　《カスティリャ王エンリケ3世の事績》

問4　15　正解は④

空欄ウに入れる語

「スペインとポルトガル両国が勢力範囲を定めた条約」はトルデシリャス条約で，コロンブスのアメリカ大陸到達（1492年）後の1494年に結ばれた。これにより，後にカブラルが漂着したブラジルはポルトガル領となった。なお，あのユトレヒト条約はスペイン継承戦争の講和条約で，1713年に結ばれた。

空欄エに入れる語句

カスティリャはイベリア半島にあった王国で，エンリケ3世の時代（14世紀末

〜15世紀初頭）にはアラゴンやポルトガルとともに，イベリア半島からイスラーム勢力を一掃しようとする**レコンキスタ**（**国土回復運動**）を進めていた（レコンキスタの完了は1492年）。なお，Ｘの**プロノイア制**は11世紀後半にビザンツ帝国で導入された制度だから，時代が対応せず，またイベリア半島とも関係しない。

問５ 16 正解は②

エンリケ３世が在位した時代は，中国では明代（1368〜1644年）にあたる。

①誤文。**理藩院**は清が創設した中央官庁で，清の領土のうち，自治が認められた藩部（モンゴル・青海・チベット・新疆）を統轄した。

②正文。**土木の変**は明代の1449年に起こった事件で，明軍がオイラトの指導者「エセンに敗れ」，皇帝の正統帝が捕らえられた。

③誤文。**長江中流域**は，長江下流域（江南）に代わって中国の穀倉地帯となり，「**湖広熟すれば天下足る**」と言われた。

④誤文。**ブーヴェ**はフランス出身のイエズス会宣教師で，清代の中国に来訪し，中国最初の実測地図**『皇輿全覧図』**を作成した。

第４問 ── 世界史上の指導者や君主の言葉（資料・地図利用）

Ａ やや難 《アウグストゥスの手記》

問１ 17 正解は③

「１世紀前半」に死去し，資料の第４・７段落に「元首」とあるので，**アウグストゥス**と判断したい。なお，第１段落に「私の父（養父）を殺害した」とあるのは，カエサルの暗殺のことで，アウグストゥスは彼の養子。

①誤文。**カラカラ帝**が帝国領の**全自由民にローマ市民権**を与えた（212年）。

②誤文。「独裁官として国政を掌握した」のは**カエサル**。アウグストゥスは資料の第２段落に「独裁官職を提供されたが，私は受けなかった」とあるように，独裁官にはならず，**プリンケプス**（**市民の中の第一人者**）として国政を掌握した。

③正文。資料の第５段落に「剣闘士試合を催した」とある。これは市民に娯楽として提供された「サーカス（見世物）」の一つで，アウグストゥスは「**パンとサーカス**」を市民に無料で提供することで，彼らの不満を抑え社会の安定をはかった。

④誤文。ローマ帝国の領土は五賢帝２番目の**トラヤヌス帝**の時に最大となった。

問２ 18 正解は①

空欄アに入れる語

資料の第７段落にある「ダキア人」に注意。ダキアはバルカン半島を流れる**ドナ**

ウ川の下流北岸で現在のルーマニアに当たる。よって，ダキア人が越える川はドナウ川となる。なお，いのユーフラテス川はメソポタミアを流れる川で，ダキア人と関係しない。

著者が業績として誇っている事柄

X．正文。資料の第８段落の「内乱を終わらせた」に注意。アウグストゥスは「内乱の１世紀」を終わらせて元首政を開始し，政治を安定させ，「ローマの平和（パクス=ロマーナ）」と呼ばれる平和な時期を到来させた。

Y．誤文。資料の第３段落の「先祖の慣習に反して提供された公職については，私は何も受けなかった」と述べている点に注意したい。アウグストゥスはローマ人の伝統的な「慣習や組織」を尊重し，その維持・継承に努めた。

問３　19　正解は③

「当時の状況」とは紀元前１世紀〜後１世紀前半の状況と考えたい。

①誤文。絹織物は中国の特産品で，陸路や海路により地中海方面にも運ばれた。

②誤文。スワヒリ語は東アフリカ沿岸部一帯において，10世紀以降に共通語として用いられた。

③正文。ローマ帝国とインドとの間では，１世紀頃から地中海・紅海・インド洋にかけて季節風貿易が行われていた。エチオピアやアラビア半島南部はこの交易ルートに位置し，「季節風を利用した航海」が行われた。

④誤文。エチオピアのアクスム王国は４世紀にキリスト教を受容した。

B　やや難　《フランス大統領シラクの1995年の演説》

問４　20　正解は②

中山さんの発言…「９世紀」に結ばれたヴェルダン条約・メルセン条約でフランク王国は３分され，独・仏・伊の基礎が成立したので，発言は正しい。

小川さんの発言…「19世紀初頭」に開かれたウィーン会議で，フランスには「ブルボン家による支配が復活」した。しかし，ドイツには35君主国と４自由市からなるドイツ連邦が成立し，各君主国は「ブルボン家による支配」ではないので，発言は間違っている。

平井さんの発言…第一次世界大戦で敗北したドイツは，ヴェルサイユ条約でフランスに国境地帯のアルザスとロレーヌを割譲したので，発言は正しい。

問５　21　正解は④

①正文。マウリヤ朝のアショーカ王はインド統一後，仏教に帰依し，これを保護した。

②正文。ディオクレティアヌス帝は皇帝崇拝を強制し，これを拒否したキリスト教徒を迫害した。

③正文。ササン朝はゾロアスター教を国教とし，新興のマニ教を異端として弾圧した。

④誤文。イランのサファヴィー朝はスンナ派のオスマン帝国に対抗するため，シーア派の一派である十二イマーム派を国教とした。

問６ 22 正解は③

空欄イに入れる都市の名

資料２中の「自らの伝統や本質に忠実なフランスの姿」が空欄イ「にはありませんでした」，「自由フランスが戦いを展開した場所にありました」という文脈を読み取りたい。第二次世界大戦でドイツに降伏したフランスでは1940年にヴィシーで対独協力政府が誕生した。これに対し，ド=ゴールによってロンドンに自由フランス政府が樹立され，対独レジスタンスを指導した。

演説の趣旨として考えられる説明

X．正文。資料２では「確かに過ちを犯しました。…しかし，自らの伝統や本質に忠実なフランスの姿があったことも確かです」と述べ，「忠実」さに「フランス人としての誇り」を見出しているから，Xは正しいと考えられる。

Y．誤文。資料１の第２段落では「我々の歴史の暗黒の時代について，何も隠し立てしないこと」を述べているから，「早く忘却すべきだ」と記しているYは誤りと考えられる。

C 易 《朝鮮王朝の世宗による訓民正音制定》

問７ 23 正解は④

空欄ウに入れる語

世宗が制定した朝鮮の文字は訓民正音（ハングル）。制定当初は主に民衆の間で使用された。あの字喃（チュノム）は陳朝時代のベトナムで考案された文字。

読み取れる事柄

X．不適。資料は世宗が制定した「新たな文字」の「下敷き」となった文字について触れていない。

Y．適切。資料の中で，崔万里は「別に粗雑な文字を作ること」は「夷狄と同じになってしまいます」と述べている。これを踏まえれば，崔万里が「新しい文字を作ること」は「夷狄がすること」として両者を同一視した点を読み取れる。

問８ 24 正解は④

①誤文。柳宗元は唐代後期の文学者で，四六騈儷体（魏晋南北朝期から流行した文体）を批判し，古文の復興を唱えた。

②誤文。元代に，郭守敬がイスラームの天文学や暦学の影響を受けて授時暦を作成した。明代に，徐光啓がイエズス会宣教師アダム=シャールの協力を得て『崇禎暦書』を編纂した。

③誤文。景徳鎮は宋代以降，陶磁器の代表的な生産地となった。

④正文。陳独秀は20世紀初め，雑誌『新青年』を刊行し，儒教道徳を批判する一方，欧米の新しい思想を紹介し，新文化運動を指導した。

問９ 25 正解は①

タングートはチベット系の民族で，宋代の11世紀前半，中国西北部に西夏（大夏）と呼ばれる国家を建てた。よって，正解は①。また，西夏では漢字の要素を組み合わせた，西夏文字という民族文字が作られた。なお，ｂは大理。

第５問 ── 世界史上の国際関係（資料・絵・図利用）

A 標準 《パレスチナ分割案》

問１ 26 正解は④

あ.「イスラエルとアラブ諸国の戦争」による石油危機は第１次石油危機で，1973年の第４次中東戦争の際に起こった。

い.「スエズ運河国有化宣言をめぐる戦争」とは第２次中東戦争で，1956年にイスラエルが英・仏とともにエジプトに侵攻して勃発した。

う. イスラエルが「シナイ半島・ヨルダン川西岸地区などを占領した」のは第３次中東戦争。この戦争は1967年に起こった。

以上を年代順に配列すると，④い→う→あとなる。

問２ 27 正解は③

空欄アの都市はイェルサレム。イェルサレムは「ユダヤ教・キリスト教・イスラーム教の聖地」で，パレスチナ分割案では国際管理地域とされた。

①誤文。後ウマイヤ朝はイベリア半島のコルドバを都とした。

②誤文。ファーティマ朝はエジプトのカイロを都とした。

③正文。岩のドームはムハンマドが天に昇る際に足をかけたとされる岩を覆う宗教建築物で，ウマイヤ朝の下，イェルサレムに建設された（７世紀後半）。

④誤文。カーバ神殿はアラビア半島のメッカに建設された。ムハンマドのメッカ征

服（630年）を機に多神教の神殿からイスラーム教の聖殿に変わった。

B 標準 《年号をめぐる東アジアの国際関係》

問3 28 正解は②

リード文中の「この政権が23年に崩壊」と「赤眉」から，この「政権」の王朝は新（8～23年）で，政権を樹立した空欄イの人物は王莽である。

①誤文。王莽は禅譲形式（実態は簒奪〔さんだつ〕）で，皇帝となった。

②正文。王莽は前王朝の前漢で「皇后の親族」である外戚となって権力を握った。

③誤文。王莽は周代の制度を理想とし，実情に合わない急激な改革を行った。

④誤文。九品中正（九品官人法）は三国時代，魏の曹丕により制定された。

問4 29 正解は④

資料中の「靺鞨の人々や高句麗の遺民」に注意したい。その彼らが「帰属した」国だから，設問の「ある国」とは大祚栄が靺鞨人や高句麗の遺民を率いて中国東北地方に建てた渤海である。渤海は唐の冊封を受け，唐代の中国文化を積極的に受容し，唐の都長安にならって，「碁盤目状の都城」として都の上京竜泉府を造営した。なお，遼はモンゴル系契丹人が建てた国。骨品制は朝鮮の新羅における独自の身分制度で，中国や渤海との関係はない。

問5 30 正解は③

人物の名

マカートニーは18世紀末，イギリス大使として清を訪問し，熱河の離宮で乾隆帝に謁見した。その際，中国式の「皇帝の前で平伏する」儀礼を拒否し，風刺画のようにイギリス式の片膝をつく儀礼を行った。なお，あのアマーストは，19世紀初頭に清へ派遣されたイギリス大使。うのムラヴィヨフはロシアの東シベリア総督。両者とも清の皇帝には謁見していない。

要求した内容

X．適切。イギリスは18世紀半ばから中国との貿易を本格化させるが，当時の清は制限貿易を行っていた。そこで18世紀末，イギリスは貿易の拡大をめざしてマカートニーを派遣し，「貿易上の規制の緩和」を要求した。

Y．不適。「沿海州の割譲」は，ロシアが，アロー戦争の講和を仲介した代償として，清との間に結んだ北京条約（1860年）の内容である。

C 標準 《20 世紀の国際関係》

問６ 31 正解は①

①正文。イタリアでは独ソ不可侵条約締結（1939 年）前の 1926 年，ファシスト党の一党独裁体制が成立し，他党を禁止したため，議会制民主主義が否定された。

②誤文。イギリスは国際連盟に結成当初（1920 年）から加盟している。「上院の反対で」国際連盟に参加しなかったのはアメリカ合衆国。

③誤文。ベルリンの壁の開放は 1989 年。これは独ソ不可侵条約締結から 50 年後の出来事で，これを機に翌 1990 年東西ドイツは統一された。

④誤文。ド=ゴールはフランスで 1958 年に第五共和政が発足すると，翌年大統領に就任した。これは独ソ不可侵条約締結から 20 年後の出来事である。

問７ 32 正解は④

空欄オに入れる語

ズデーテン地方はチェコスロヴァキア領で，ドイツとの国境地帯に位置し，ドイツ系住民が多かった。1938 年，ドイツがズデーテン地方の割譲を要求したことにより緊張が高まると，事態収拾のためミュンヘン会談が開かれた。

空欄カに入れる文

X．不適。イギリスは 1902 年に日英同盟を結んで「光栄ある孤立」政策を放棄した。1938 年のミュンヘン会談とは関係しない。

Y．適切。ミュンヘン会談でイギリス・フランスはドイツに譲歩する宥和政策を展開し，ドイツの要求を認めた。この政策はドイツのさらなる侵略を招いた。

問８ 33 正解は②

ソヴィエト政権への対ソ干渉戦争は 1918～22 年。

①誤文。人民公社は中華人民共和国で 1958 年に開始した「大躍進」政策のもとで設立された。その後，運営は行き詰まり，1985 年に解体された。

②正文。戦時共産主義はソヴィエト政権が「対ソ干渉戦争を乗り切るため」1918 年に採用した政策で，穀物の強制徴発や中小工場の国有化などを行った。

③誤文。第１次五か年計画は，ソ連が社会主義の建設をめざし，対ソ干渉戦争後の 1928 年から実施した政策で，重工業の育成と農業の集団化を進めた。

④誤文。親衛隊（SS）はドイツのナチス体制を支えた治安・警察組織。ソヴィエト政権は「対ソ干渉戦争を乗り切るため」，チェカ（非常委員会）を利用して反対派（反革命運動）の取り締まりを行った。

第２回 試行調査：世界史Ｂ

問題番号(配点)	設問		解答番号	正解	配点	チェック
第１問(24)	A	問１	1	②	3	
		問２	2	④	3	
		問３	3	②	3	
	B	問４	4	②	3	
		問５	5	⑥	3	
		問６	6	③	3	
	C	問７	7	③	3	
		問８	8	①	3	
第２問(23)	A	問１	9	①	3	
		問２	10	③	3	
		問３	11	④	3	
	B	問４	12	④	2	
		問５	13	①	3	
		問６	14	②	3	
	C	問７	15	②	3	
		問８	16	①	3	
第３問(18)	A	問１	17	④	3	
		問２	18	⑤	3	
		問３	19	③	3	
	B	問４	20	③	3	
		問５	21	①	3	
		問６	22	③	3	

問題番号(配点)	設問		解答番号	正解	配点	チェック
第４問(17)	A	問１	23	②	3	
		問２	24	① ⑤	3	
			25	④ ①	2*	
	B	問３	26	④	3	
		問４	27	①	3	
		問５	28	②	3	
第５問(18)	A	問１	29	③	3	
		問２	30	④	3	
		問３	31	②	3	
	B	問４	32	②	3	
		問５	33	②	3	
		問６	34	③	3	

（注） ＊ 解答番号 24 で①を解答した場合は④を，⑤を解答した場合は①を正解とし，点を与える。

自己採点欄
／100 点

（平均点：62.78 点）※

※2018 年 11 月の試行調査の受検者のうち，３年生の得点の平均値を示しています。

第１問 ―― 世界史における地域間の接触と交流（地図・グラフ利用）

A 標準 《地中海地域における人の移動》

問１ 1 正解は②

①誤文。北フランスのノルマンディー公国からわかれた一部のノルマン人は，地中海へ進出してシチリア島と南イタリアを占領し，1130 年（両）シチリア王国を建国しているので，矢印 a の移動と一致しない。

②正文。矢印 a は，ウマイヤ朝が北アフリカを支配下に置いた後，イベリア半島へ進出し，711 年西ゴート王国を征服した移動を示している。

③誤文。イタリアのムッソリーニは，1935 年にエチオピア侵攻を開始し，翌 36 年に同地を併合した。エチオピアはアフリカ大陸東北部に位置し，a ～ d の 4 つの矢印の描かれた地図の枠外である。

④誤文。フランスはシャルル 10 世（復古ブルボン朝の王）の下，1830 年北アフリカのアルジェリアに出兵し植民地化を開始した。矢印 b はその移動を示している。ド=ゴールはフランス第五共和政の初代大統領で，1962 年にアルジェリアの独立を認めた。

問２ 2 正解は④

事　例

矢印 c …ヨーロッパから地中海東岸地域への移動を示すので，地中海東岸地域に位置する聖地イェルサレムをイスラーム勢力から奪回した第１回十字軍（1096～99 年）に該当する。なお，いの東方植民はドイツ人のエルベ川以東の地（東欧）への移動だから，該当しない。

矢印 d …小アジア（アナトリア）からヨーロッパへの移動を示す。小アジアからバルカンを支配下に置いたオスマン帝国のスレイマン１世は，16 世紀にヨーロッパ内陸部に進出し，第１次ウィーン包囲（1529 年）を行った。なお，うのフン人はゲルマン人大移動の原因をつくったアジア系の民族で，内陸アジアから黒海北方を通ってヨーロッパへ進出したため，該当しない。

説　明

X …ドイツ騎士団は第３回十字軍の際に結成された宗教騎士団で，聖地から帰還後の 13 世紀前半からエルベ川以東への植民（いの東方植民）を行い，ドイツ騎士団領を形成した。よって，矢印 c が示すあの第１回十字軍には対応しない。

Y …スレイマン１世はオスマン帝国第 10 代のスルタンで，第１次ウィーン包囲を行い，神聖ローマ帝国に脅威を与えた。よって，矢印 d が示すえのウィーン包囲に対応する。

以上から，正解は④え－Ｙとなる。

問3 3 正解は②

①適切。共和政ローマとカルタゴはポエニ戦争（前264～前146年）という形で接触し，ローマがカルタゴを滅ぼしている。

②不適。メロヴィング朝はフランク王国最初の王朝で，751年に断絶した。一方，マムルーク朝はエジプトを本拠地としたイスラーム王朝で，1250年に成立した。よって，両王朝は時代的に対応せず，両者が接触する可能性はない。

③適切。ビザンツ帝国（東ローマ帝国）とヴァンダル王国は，ビザンツ皇帝ユスティニアヌスによるヴァンダル王国征服（534年）によって接触している。

④適切。スペイン王国とナスル朝は，スペイン王国によるナスル朝征服（1492年），これによるレコンキスタ完了という経緯で接触した。

B 標準 《2つの地図から読み取れる歴史》

問4 4 正解は②

①誤文。「生糸と銀の貿易」はポルトガル人，日本人，オランダ人などが担った日中間の貿易で，16世紀後半から17世紀前半にかけて盛んに行われ，中国は日本に生糸を，日本は中国に銀を送った。

②正文。サハラ貿易とは北アフリカからサハラ砂漠を越えて南下するムスリム商人と，現地の勢力・商人との間で行われた貿易（サハラ縦断交易）を指し，ムスリム商人が持ち込む塩（岩塩）と現地で産出される金が取引された。このサハラ貿易により栄えた都市の一つがトンブクトゥであった。

③誤文。「毛皮と薬用人参」の産地は中国東北地方で，明代の16世紀後半から現地に住む女真人が中国本土やシベリアへ進出したロシアとの取引の際に「主な貿易品」とした。この貿易で力を蓄えた人物にヌルハチがいる。

④誤文。ヨーロッパ人は大航海時代開幕後，「香辛料を求めて」，アジア（特にインドや東南アジア）へ進出し，東洋貿易（アジア貿易）を行った。

問5 5 正解は⑥

空欄ア…「地図１の基となった地図が作られた時代」はリード文に「14世紀」と述べられている。ｄのイブン＝バットゥータは元末の中国を訪問したことで知られるイスラーム教徒の旅行家で，活躍したのは14世紀だから，アに該当する。

空欄イ…地図２の作製は地図１の作製（1402年）から「200年後」とリード文にあるので，1602年。そして地図２で加わった「地図１には描かれなかった大陸」とは南北アメリカ大陸。よって，イは1402～1602年の間で，かつ南北アメリカ大陸への到達を含む大航海時代開幕に関わる出来事となるから，選択肢ではａ．**ヴァスコ=ダ=ガマ**による**インド航路開拓**（1498年）と，ｆ．**マゼランの艦隊**による**世界周航**（1519～22年）が該当する。

以上を踏まえ，解答の組合せを見ると，アのｄとの組合せになるイはｆしかないから，正解は⑥ア－ｄ　イ－ｆとなる。

他の選択肢の年代は以下のとおりで，ｂ・ｃ・ｅはア・イどちらにも該当しない。

ｂ．**大秦王安敦**の使者は後漢末の166年，東南アジアのベトナム中部に設置された**日南郡**（漢の最南の郡）に到来した。

ｃ．**アムンゼン**（ノルウェーの探検家）は1911年，**南極点**に到達した。

ｅ．**クック**（イギリスの探検家）は1768年から**太平洋を探検**した。

問6　6　正解は③

地図１の作製時期は，リード文に「1402年」（15世紀初め）と記されている。

ａ．**甲午農民戦争**は東学の幹部である**全琫準**に指導された農民反乱で，朝鮮王朝末期の1894年（**19世紀末**）に起こった。**東学の乱**とも呼ばれる。

ｂ．**楽浪郡**は**衛氏朝鮮**を滅ぼした**前漢の武帝**により，前108年（**前２世紀末**），**朝鮮４郡**の一つとして現在の平壌付近に設置された。

ｃ．**豊臣秀吉**の朝鮮侵攻は朝鮮史では**壬辰・丁酉倭乱**，日本史では**文禄・慶長の役**と呼ばれ，朝鮮王朝期の1592～93年，1597～98年（**16世紀末**）の２度行われた。なお，秀吉軍は**李舜臣**（朝鮮の武将）の活躍などで撃退された。

以上から，年代順は③ｂ→地図１→ｃ→ａとなる。

C　易　《カナダの言語事情が示す人の移動》

問7　7　正解は③

ウ．ｂ．資料のグラフはカナダ全体の第一言語として英語の比率が高いことを示しており，英語を母語とする人の流入が多かったと推測できる。カナダは1763年の**パリ条約**（**七年戦争**や**フレンチ=インディアン戦争**などの講和条約）で**イギリスの植民地となり**，1931年の**イギリス連邦成立**によって本国から独立し，本国と対等の立場でイギリス連邦を構成する国の一つとなった。

エ．ｃ．資料のグラフは**ケベック州**の第一言語としてフランス語の比率が高いことを示しており，フランス語を母語とする人の流入が多かったと推測できる。ケベックは**ブルボン朝**時代の1608年にフランス人が植民地として建設して以来，フランスがイギリスによって北アメリカ方面から駆逐されるパリ条約（1763年）まで，**フランスの北アメリカにおける拠点**となった。

ａ．**不適**。フランスの植民地で，フランスから独立し（1804年），「史上初の黒人共和国」となったのはカリブ海のハイチ。

d．不適。プラッシーの戦い（1757年）は，英仏植民地戦争の一つとして，北米のフレンチ=インディアン戦争（1754～63年）の期間中にインドで起こり，イギリスがフランスに勝利し，インドにおけるイギリス支配の基礎を築いた。

問8　8　正解は①

オ．「1860年代の西部」で建設が進んだのは**大陸横断鉄道**。中国人移民が労働力として使用され，1869年，**最初の大陸横断鉄道**が開通した。なお，**パナマ運河**は1904年に建設工事が始まり，1914年に開通した。

カ．第一次世界大戦後のアメリカ合衆国では保守化の傾向が強まり，これを背景に1924年に**移民法**が制定された。この移民法では日本を含むアジア系の移民が禁止された。なお，アメリカ合衆国では1830年に先住民を特定の保留地（ミシシッピ川以西の地）に強制移住させる法（**先住民強制移住法**）が制定された。

第2問 ―― 世界史上の政治思想（資料・図版利用）

A 標準 《ポリュビオスによるローマ国制の理解とその影響》

問1　9　正解は①

ア．**元老院**は古代ローマの最高諮問機関で，高位の公職を経験した終身の議員から構成され，政治に大きな影響力を持った。そのため権限の点から見ると，元老院は「貴族制的要素」を持ったといえる。なお，**僭主**はアテネの**ペイシストラトス**など，古代ギリシアのポリスに現れた非合法的な独裁者を指す。

イ．「共和政期末の内戦」とは「内乱の１世紀」の権力争いを指す。第1回三頭政治を経てカエサルが一時的に独裁権を握ったものの，共和派に「暗殺」された。その後，第2回三頭政治を担った**オクタウィアヌス**が最終的に内戦に勝利して権力を握った。オクタウィアヌスは初代ローマ皇帝**アウグストゥス**として**元首政**（プリンキパトゥス）を開始し，「暗殺」されることなく，生涯を終えている。

問2　10　正解は③

①不適。「**最大多数の最大幸福**」はベンサム（イギリス）が唱えた功利主義（人間の行為の価値基準を幸福に求める倫理・政治学説）の原理。

②不適。「君主の権力は神によって授けられた」は王権神授説の考え方で，これは国民主権を原則とするアメリカ合衆国憲法など近代憲法では**否定されている**。

③適切。**モンテスキュー**はフランスの啓蒙思想家で，「立法・司法・行政」の三権分立（権力分立）を唱えた。この理論は近代民主政治の原則の一つとして，**アメ**

リカ合衆国憲法など民主主義を規定する**近代憲法において採用**された。

④不適。**「王は君臨すれども統治せず」**は18世紀前半以降のイギリス国王の政治的立場を示す。この考え方は国王不在のアメリカ合衆国憲法には**見られない**。

問3　11　正解は④

ペルシア戦争のサラミスの海戦（前480年）でギリシア海軍を指揮した「テミストクレスの活躍と時を同じくして」とあるのに注意したい。アテネが「最高度の輝きを放った」時期は，ペルシア戦争（前500～前449年）を背景とした前5世紀中頃の**ペリクレス時代**で，政治的には**民主政の完成期**にあたる。

①不適。**奴隷解放宣言**は**南北戦争**という「国を二分した内戦」中のアメリカ合衆国において，1863年に**リンカン大統領**が発表した。

②不適。**債務奴隷の禁止や財産政治の導入**は前6世紀初めのアテネで行われた**ソロンの改革**の内容。これにより，アテネでは民主政に至る道が開かれた。

③不適。「戦車と鉄製の武器を用いて，オリエントを統一した」のは前7世紀前半の**アッシリア**。

④**正文**。アテネでは**ペルシア戦争**において「軍船の漕ぎ手として活躍した下層市民が，政治的発言力を強めた」結果，ペリクレスの指導の下に民主政が完成した。

B　標準　《日本人の回想録から見たアジア近代史》

問4　12　正解は④

資料の「当時，…康有為の意見をいれて鋭意国政の改革をはかり」に注意したい。これは1898年の**戊戌の変法**を指すから，時期は**19世紀末**。なお，「清国皇帝」は光緒帝を指す。また，「フィリピンの志士」の一人である「ポンセ君」が「我らをして」と自らの戦いを述べているから，対象地域は**フィリピン**と判断できる。以上から，本問は19世紀末に起こった，フィリピンをめぐる2つの戦争を問うている。

④**適切**。フィリピンは16世紀後半からスペイン領であったが，1898年の**アメリカ=スペイン戦争**によってスペインから**独立**した。しかし，戦争に勝利したアメリカ合衆国がフィリピンを領有したため，翌99年フィリピンはアメリカ合衆国と戦うことになった（**フィリピン=アメリカ戦争**）。

なお，a・d・fはアメリカ合衆国，b・c・eはスペインである。

問5　13　正解は①

①**適切**。「ポンセ君」はフィリピン人で，問4の正解から，cのスペインが「敗走せり」は，**アメリカ=スペイン戦争**でスペインが敗れたことを示している。その後，dのアメリカ合衆国のために「隷属を強いられんとは」とあるのだから，フ

ィリピン=アメリカ戦争を経て**アメリカ合衆国のフィリピン領有が確定**し，植民地として統治されるようになったと判断できる。

②**不適**。フィリピンはアメリカ合衆国の植民地となり，主権を持っていないため，国家間の条約が**結ばれることはない**。

③**不適**。**アパルトヘイト**は人種差別的隔離政策で，**南アフリカ**で行われたが，1991年に撤廃された。

④**不適**。**委任統治領**は第一次世界大戦後，国際連盟が戦勝国に統治を委ねた敗戦国の海外領土を指す。資料は19世紀末の事情が書かれているので，この時点では委任統治領は存在しない。

問６ 14 正解は②

史料の回想録の著者である**宮崎滔天**は，中国の革命運動の援助者で，東京における**中国同盟会の結成（1905年）を支援した**ことで知られる。

①**不適**。清朝打倒を目指す民族革命家の**孫文と「交り」を結ぶ**のだから，清朝の皇帝に「協力」することはない。「清国皇帝」である光緒帝に協力したのは「康有為」である。しかし，「政治改革を阻もうとする」保守派（史料中の「旧守派」）のクーデタにより，光緒帝は幽閉され，康有為は亡命した（戊戌の政変）。

②**正文**。宮崎滔天が「興中会…の人に交（まじわ）りを結んで」とある。**興中会**は清朝打倒を目指した革命家の**孫文**がハワイで1894年に結成した革命団体。宮崎滔天はこの興中会と「交りを結んで（＝交流して）」おり，他のアジア諸地域（資料からはフィリピンの独立運動が推測できる）の民族主義に基づく運動も「支援」したと判断できる。実際，**アギナルド**のフィリピン独立運動を支援した。

③**不適**。孫文は革命家ではあるが，のちに**中国国民党**を結成するように，社会主義者ではない。その孫文と「交り」を結ぶのだから，著者が「社会主義者を組織する活動」に従事することはない。また，コミンテルンの結成は1919年で，「清国」滅亡（1912年）後のことだから時代的にも対応しない。

④**不適**。「旧守派」とは清朝の旧来の支配体制（専制体制）を維持しようとしたグループだから，革命家の**孫文と「交り」を結ぶ**著者が「連携」することはない。

C 標準 《インドネシアの「多様性の中の統一」》

問７ 15 正解は②

①**不適**。**スワヒリ語**はインド洋交易により**東アフリカの海港都市**（**マリンディ**など）が繁栄する過程で生まれ，東アフリカ沿岸地域の共通語として広まった。

②**正文**。**ボロブドゥール**はインドネシアのジャワ島に成立した**シャイレンドラ朝**が大乗仏教を保護するなか，**大乗仏教の寺院**として８世紀後半から９世紀初頭に建

設された。

③不適。ドンズー（東遊）運動は，日露戦争の日本の勝利に刺激され，フランス支配下のベトナムで起こった日本への留学運動。ベトナム民族運動の指導者ファン=ボイ=チャウの提唱により組織された。

④不適。キューバ危機（1962年）の説明。ソ連がキューバにミサイル基地を建設したことに対して，アメリカ合衆国（当時の大統領はケネディ）が海上封鎖を断行したため，米ソの間に緊張が高まった。

問8　16　正解は①

インドネシアの建国の指導者の名

a．スカルノはインドネシア独立運動の指導者で，第二次世界大戦終結直後の1945年にオランダからの独立を宣言し，インドネシア共和国を樹立し，初代大統領に就任した。その後，インドネシアは独立を認めないオランダとの戦いを経て独立を達成している（1949年）。なお，b．ナセルはエジプト共和国の大統領（任1956～70年）で，アラブ民族主義を指導した。

インドネシアの建国の指導者が目指したと考えられる事柄

あ．会話文において，パンチャシラ（建国五原則）の一つとして「国民それぞれが自分の宗教を持つことを勧めている」と説明している点に注意したい。これは国章が示す「多様性の中の統一」の「多様性」にあたる。「インドネシアの建国の指導者」スカルノは，国民が様々な宗教を持つことを認めつつも（多様性），そこに国民としてのまとまり（統一）も求めて，「国民全体の統合を目指した」と判断できる。なお，いは開発独裁と呼ばれる強権政治の説明で，インドネシアではスカルノ失脚後の1968年に大統領となったスハルトが目指した。

以上から，① a－あが正解となる。

第3問 ―― 世界史上のモノ（写真利用）

A　標準　《トプカプ宮殿収蔵の中国製磁器》

問1　17　正解は④

①誤文。「1541年」当時，マラッカはポルトガルの総督が統治していた。

②誤文。スエズ運河の開通は1869年（19世紀）で，「この碗が作られた当時」の「1541年」にはスエズ運河は存在しない。

③誤文。イギリスがカントン（広州）貿易を支配するのは18世紀半ば以降。また，イギリス東インド会社の設立は1600年なので，「1541年」当時，イギリスはまだ東インド会社によるカントン（広州）貿易を開始していない。

④正文。設問文中の「1541年」に注意したい。マラッカは1511年ポルトガルに占領され，オランダが占領する1641年までポルトガルの東洋貿易の拠点となった。この史実を踏まえれば，「1541年」のマラッカは東洋貿易を担うポルトガルの拠点で，中国製の碗は「中国からまずマラッカに運ばれた」と推測できる。

問2 18 正解は⑤

「図1の碗が作られた世紀」は問1の設問文より16世紀（1541年）。この時期は中国史では明代（1368〜1644年）に該当する。

中国で起こった変化

ア．正文。16世紀は大航海時代が展開した時期で，ポルトガル・スペインが東洋貿易へ進出した。それに伴い，明代の中国では**海上貿易が活発化**し，明も民間人の海上貿易を認めたため，建国以来維持していた「海禁政策が崩れた」。

イ．正文。当時の**国際通貨は銀**で，ポルトガル・スペインは銀で中国の物産を購入したため，大量の銀が中国へ流入し，明代の中国では「銀の流通が拡大した」。

その変化についての説明

a．不適。「新法」とは11世紀後半に北宋の宰相の王安石が行った改革を指す。

b．正文。16世紀，**ポルトガル**は**中国のマカオ**と**日本の長崎**を結ぶ貿易を始め，日本から得た銀で中国の物産を購入した。また16世紀，スペインは**フィリピンのマニラとメキシコのアカプルコを結ぶ貿易**を始め，マニラに運ばれたアメリカ大陸産銀（メキシコ銀）でマニラに来航する中国商人から中国の物産を購入した。この結果，大量の日本銀・アメリカ大陸産銀が明代の中国へ流入した。

c．不適。**公行**とは中国の特許商人組合のことで，清代の19世紀半ば（1842年）にイギリスと結んだ南京条約（アヘン戦争の講和条約）**で廃止された**。

d．不適。日本と中国の**勘合貿易**は，明代永楽帝期の15世紀初めに始まった。

以上を踏まえて選択肢を見ると，**アーb**の選択肢はなく，**イーb**の選択肢のみ存在するから，正解は⑤**イーb**となる。

問3 19 正解は③

①**正文**。茶は16世紀から17世紀にかけてヨーロッパへ輸入され，当初は薬用とされたが，次第に上流階級の間で高価な飲み物として流行し，**18世紀**には一般の人々の間にも**茶を飲む習慣が広まった**。

②**正文**。ヨーロッパは16・17世紀以降，ブラジルやカリブ海地域から**砂糖を輸入**した。この砂糖が特にイギリスで**茶と結びつき**，18世紀に**砂糖入り紅茶**として多くの人に愛飲されるようになると，輸入砂糖の消費も拡大した。

③不適。パンはヨーロッパでは古代・中世の時代にも食されていたから，パンの製造は18世紀頃のヨーロッパで拡大した「新しい飲食習慣」に該当しない。

④**正文**。**コーヒーハウス**は一種の社交施設として，17世紀後半から18世紀にかけてヨーロッパ，特にイギリスで流行した。ここに集う人々は提供されるコーヒーや紅茶を飲みながら，新聞を読み，情報を交換し，議論を行って世論を形成していった。このコーヒーハウスをフランスでは**カフェ**と呼んだ。

B 標準 《南アジアの金貨が語る前近代アジア史》

問4　20　正解は③

a．**誤文**。**鳩摩羅什**は西域出身の僧で，西域から**五胡十六国時代の中国**（**華北**）へ来訪し（5世紀初頭），**仏典の漢訳**を行い，中国仏教の発展に貢献した。

b．**正文**。**法顕**は**東晋**の僧で，中国を399年に出発し，陸路（西域経由）で**グプタ朝時代のインド**を訪れ，仏典を集め，海路により帰国した（412年）。帰国後，インド旅行見聞記として**『仏国記』**を著している。

問5　21　正解は①

「パルティアを滅ぼした国家」とは**ササン朝**（224～651年）。

①**適切**。ササン朝はイランの民族宗教である**ゾロアスター教を国教**とした。それに伴い，ササン朝時代にはゾロアスター教の教典**『アヴェスター』**も編纂された。

②**不適**。**ゴシック様式**は**中世ヨーロッパにおける教会建築様式**の一つで，12世紀頃に北フランスから起こり，西欧全体へ広がった。

③**不適**。**キープ**（**結縄**）は南米（アンデス地方）の**インカ文明**（**インカ帝国**）において，文字に代わる情報伝達手段として用いられ，数字などの記録を残した。

④**不適**。**神聖文字**（**ヒエログリフ**）は，古代エジプト文明で用いられた象形文字の一つ。ササン朝では**パフレヴィー文字**（アラム文字を改良した中世ペルシア文字）が使用された。

問6　22　正解は③

貨幣X…文中の「サンスクリット文学が栄え」や「ナーランダー僧院」に注意。これらはグプタ朝のグプタ文化の特徴だから，「この貨幣を発行した王朝」は**グプタ朝**（4～6世紀）となる。

貨幣Y…文中の「ブッダを意味する語がギリシア文字で刻まれている」から，この王朝では，仏教が保護・信奉され，かつギリシア文化（ヘレニズム文化）の影響も受けていると判断できる。これはインドの**クシャーナ朝**（1～3世紀）の特徴である。なお，「この貨幣を発行した」のは熱心な仏教徒となった2世紀の**カニシカ王**で，彼の時代にガンダーラ美術が発達している。

貨幣Z…文中の「アッラーの他に神はなく，…」から，文中の「君主」が信仰する宗教はイスラーム教とわかる。一方，「インドの住民の信仰」は主にヒンドゥー教である。このムスリムの君主は異教徒に課される「人頭税（ジズヤ）を免除するなど」イスラーム教とヒンドゥー教の「融和」に努めた人物なので，「貨幣Ｚを発行した君主」はムガル帝国（16～19世紀）のアクバルとなる。

以上を踏まえ，各王朝を年代順に配列すると，クシャーナ朝→グプタ朝→ムガル帝国となるから，正解は③Ｙ→Ｘ→Ｚとなる。

第4問 ―― 世界史上の国家間の関係（絵・資料利用）

A  《ポーランドと周辺諸国家の関係》

問1 23 正解は②

①正文。スペイン内戦は1936年に勃発した人民戦線政府（内閣）とフランコら右派の反乱軍の戦いで，1939年（20世紀前半）にフランコ側が勝利した。

②誤文。ユーゴスラヴィア連邦では1991年（20世紀末），クロアティアとスロヴェニアが分離・独立を宣言した。これを機に内戦となり，連邦は解体した。

③正文。イギリスでは第一次世界大戦後の1920年代（20世紀前半），自由党が後退し，代わって労働党が躍進した結果，労働党と保守党が二大政党となった。

④正文。フランスとベルギーは第一次世界大戦後の1923年（20世紀前半），ドイツの賠償支払い不履行を理由にルール地方へ出兵し，この地を占領した。

問2(1) 24 正解は①又は⑤

文章Ａ中の「ポーランドは，この後，数回にわたって分割」に注意すれば，風刺画が示す分割は第1回ポーランド分割（1772年）と判断できる。第1回分割はエカチェリーナ2世治下のロシア，フリードリヒ2世治下のプロイセン，ヨーゼフ2世と母マリア=テレジアの共同統治下のオーストリアの3国が行った。

よって，あといはロシアとプロイセンの君主となり，あは女性だから①ロシア―エカチェリーナ2世，いは男性だから⑤プロイセン―フリードリヒ2世と判断できる。なお，ポーランドの王はスタニスワフ2世。

問2(2) 25 正解は④又は①

(1)で①のロシアを選んだ場合

選択肢ａ～ｈのうち，ロシアに関わるのはｂ．「ウィーン会議に参加した」，ｄ．「ペテルブルクを築いて，都とした」，ｈ．「三国協商を形成した」の3つで，ｂは1814～15年，ｄは北方戦争中の1712年，ｈは1907年だから，年代順に配列すると，正解は④ｄ→ｂ→ｈとなる。

⑴で⑤のプロイセンを選んだ場合

選択肢a～hのうち，プロイセンに関わるのはa.「シュレジエンを獲得した」，b.「ウィーン会議に参加した」，g.「ドイツ帝国を建国した」の3つで，aはオーストリア継承戦争の結果として1748年，bは1814～15年，gはプロイセン=フランス戦争末期の1871年だから，年代順に配列すると，正解は① a→b→gとなる。

なお，c.「ローマ教皇領を併合した」のはイタリア王国で1870年，e.「テューダー朝が開かれた」のはイギリスで1485年，f.「ユトレヒト同盟を結成した」のはスペイン領ネーデルラントの北部7州でオランダ独立戦争中の1579年。

B　標準　《中国の王朝と近隣国家との関係》

問3　26　正解は④

空欄アに当てはまる語

a. **不適**。綿織物は中国では主に日用品として生産・使用されており，インドなど他地域でも多く生産されているため交易品としての価値は低い。

b. **適切**。空欄アでは，中国から突厥に与えられたものが綿織物か絹織物かを問うている。**中国産の絹織物は高級品**で，交易品としての価値が高かった。そのため，突厥など北方民族（その国家）は朝貢の返礼品として，あるいは馬などとの取引を通じて中国産の絹織物を入手し，これを西方へ運んで利益とした。**絹の道（シルク=ロード）**の名称をイメージしたい。

読み取れる事柄

あ. **誤文**。資料1・2では，中国王朝が突厥やモンゴルに物産を与える様子が述べられているが，「遊牧社会から物産を入手」しようとしている様子は述べられていない。

い. **正文**。資料1の「その地に行くと，お前たち突厥の民よ，死ぬぞ！」から，遊牧国家の突厥が「漢人社会…を警戒し」ていることが読み取れる。また，資料2の「規約を定めて…莫大な賞賜と交易品の望んだものをとって，引き揚げた」から，モンゴルが中国王朝（明）から「物産を入手」しようとしたことが読み取れる。

以上から，正解は④ b－いとなる。

問4　27　正解は①

「630年」から，当時の中国王朝は**唐**（618～907年）となる。

①**正文**。「現住地で所有している土地・財産に対して課税する税制」は**両税法**で，唐代の780年，それまでの**租庸調制**に代わって採用された。

②**不適**。天子とは中国王朝・国家における最高支配者（君主）の称号で，周（西

周）代に初めて登場した。この「天子の力が衰え」，「天子に代わって諸国を束ねた」「有力な諸侯」とは**覇者**で，東周期の**春秋時代**に活躍した。

③**不適**。「口語に近い文体で表現する，新しい文学運動」とは**白話文学運動**（**口語文学運動**，**文学革命**）で，**中華民国時代**の1917年に**胡適**が提唱した。

④**不適**。「人材を九等で評価して推薦する官僚登用法」とは**九品中正**で，魏が採用し，**魏晋南北朝時代**を通じて実施された。なお，唐は**科挙**を実施した。

問5　28　正解は②

①**不適**。日本（倭）が，中国皇帝と同じ称号**「天子」を使用**していることから，**対等の立場**で書かれた外交文書といえる。これは，日本（倭）の聖徳太子が607年に隋の煬帝に宛てた国書で，『隋書』に記録されている。

②**適切**。琉球国王の尚巴志からの国書で，琉球が明の太祖皇帝（洪武帝）に「**臣属**して以来」，「折にふれ**朝貢**している」とある。これは中国皇帝を自らの主君とすることだから，**中国に対して自国を下位に置く立場**（「自国の優位ないし対等とする立場」とは異なる立場）で書かれたといえる。

③**不適**。黎朝が出した布告には，ベトナムの諸王朝が「漢・唐・宋・元とそれぞれ並び立つ帝国をつくってきた」と記されており，ベトナム諸王朝と中国諸王朝の間には優劣が存在しないという**対等の立場**で書かれた布告と判断できる。

④**不適**。チベットと中国は互いの「領域と境界を守り」として，両者の棲み分けを記しているから，両者を「**対等とする立場**」で書かれたといえる。「唐蕃会盟碑」はそれまで抗争していた**吐蕃**（チベット）と**唐**（中国）の間に対等の立場で講和が成立したため，これを記念して9世紀前半に建立された。

第5問 ── 経済・統計の資料に基づく世界史授業（表・グラフ・地図利用）

A 標準 《イギリスの綿工業の資料に基づく授業》

問1　29　正解は③

①**正文**。**ワット**によって1769年に改良された**蒸気機関**は動力の安定的供給を実現した。この蒸気機関が導入されたことで，工場に多くの機械を設置し稼働させることが容易となり，**機械化による大量生産**が可能となった。生徒Pの考えはこの事実に基づく。

②**正文**。産業革命の進展に並行して，当初は運河による水運，続いて鉄道による**交通網が整備**されたため，以前よりも短い時間で，大量の「燃料となる石炭」を輸送することが可能となり，**輸送費のコストが軽減**された。生徒Qの考えはこの事実に基づく。

③誤文。保護貿易は輸入品に高関税を課す政策だから，理論的に考えると「輸入品の価格」は下がらず上昇する。また，産業革命により資本主義を確立させていったイギリスは穀物法の廃止（1846年）など自由貿易主義を採用しており，史実としても保護貿易の実施は誤りとなる。

④正文。18～19世紀に展開した囲い込み（第2次）により，土地を失った農民は都市へ流入した。このため都市の労働者人口が増大し，雇用者は以前より安い賃金で労働者を雇用でき，人件費を抑制できた。生徒Rの考えはこの事実に基づく。

問2　30　正解は④

イ．会話文中の「1840年頃には4分の3以上を占めます」に注意し，グラフ1の「1840年頃」を含む1836～60年を見ると，綿花の生産地別の比率（帯グラフ）が「4分の3以上」（75％以上）を占めるのは約5分の4（約80％）のアメリカ合衆国である。そしてアメリカ合衆国産の綿花の割合はグラフ1を見ると，会話文が示すとおり「19世紀に入ると」，「急増」している。よって，イはアメリカ合衆国と確定できる。

ウ．アメリカ合衆国南部では，19世紀に大農園（綿花プランテーション）が発達し，労働力として黒人奴隷が使役され，綿花が低コストで大量生産されている。

問3　31　正解は②

イギリス産業革命期とは18世紀後半～19世紀前半を指す。

①正文。グラフ2を見ると，「1820年頃を境に」，bの「イギリスから東へ輸出された綿布の総額」はaの「アジア（主にインド）から西へ輸出された綿布の総額」を上回っている。

②誤文。表1を見ると，産業革命期にイギリスの綿糸価格は下落を続けている。しかし，原料綿花コストは1799年に上昇しているから，原料綿花コストの下落を「綿糸価格が下落した最も大きな要因」と結論づけることはできない。

③正文。グラフ1を見ると，「19世紀半ばのイギリス」では綿花供給の大半がアメリカ合衆国産の綿花となっているから，「アメリカ合衆国産の綿花を主な原料」にしたとわかる。ついでグラフ2を見ると，1840年以降は，いったんbの「イギリスから東へ輸出された綿布の総額」が減少するものの，その後急増しているから，イギリスが生産した綿布を「インドなど東へ大量に輸出」したとわかる。

④正文。「イギリスからの綿布輸出」は，グラフ2のbの「イギリスから東へ輸出された綿布の総額」を見ると，産業革命期に多少の増減をしつつ増加している。「イギリスへの原料綿花の輸入」は，イギリス本国では綿布の原料となる綿花を生産できないため，グラフ1が示す「イギリスで消費された綿花」はすべて輸入綿花となる。これを踏まえてグラフ1の「消費量の総量（折れ線グラフ）」を見

ると，こちらも産業革命期に**右肩上がり**に増加しているので，「共に増加傾向」にあるといえる。

B やや難 《為替相場と原油価格に関する授業》

問4 32 正解は②

①不適。**世界貿易機関（WTO）**は自由貿易の維持・拡大を目的とした「**関税と貿易に関する一般協定（GATT）**」を継承する形で**1995年**に設立された。

②**正文**。**グラフ3**の「米ドルに対する日本円の為替相場の推移」について，会話文で「1970年頃までは値がほとんど動いていません」と述べていることに注意。これは**米ドルを国際通貨（基軸通貨）**とし，米ドルと外国通貨の交換比率である為替相場を一定とする固定相場制が維持されていたことを示す。これらは第二次世界大戦後の国際経済体制（**ブレトン=ウッズ体制**）の特徴で，この体制は1971年の**ドル=ショック**で崩れ，**変動相場制**へ向かった。

③不適。**アムステルダム**が「国際金融の中心として機能していた」のは17世紀前半〜18世紀半ば。なお，第二次世界大戦後の世界では**ロンドンのシティ**（ロンバード街）や**アメリカ合衆国のニューヨーク**（ウォール街）が「国際金融の中心として機能」している。

④不適。大国が「経済ブロックを形成していた」のは1930年代で，**世界恐慌への対策**の結果である。**ブロック経済**は第二次世界大戦で崩壊し，戦後の国際経済体制では自由貿易が原則となった。

問5 33 正解は②

グラフ3の「矢印Xの時期」は1970年代初めで，「米ドルに対する日本円の為替相場の推移」をめぐる「状況が大きく変化」している。それは会話文も踏まえると，**固定相場制から変動相場制への変化**で，この変化はアメリカ大統領**ニクソン**（任1969〜74年）が行った**金・ドル交換停止の発表**（1971年）を契機とした（**ドル=ショック**）と判断できる。よって，下線部①の人物はニクソン。

①不適。「ヨーロッパ諸国とアメリカ大陸の**相互不干渉**」は1823年，**モンロー大統領**が教書において表明した。

②**正文**。**ニクソン大統領**は1972年に**中華人民共和国を訪問**し，**毛沢東**（党主席）や**周恩来**（首相）と会談し，米中和解を実現した。

③不適。反共の**封じ込め政策**は1947年，**トルーマン大統領**によって開始された。

④不適。**善隣外交**は**フランクリン=ローズヴェルト大統領**のラテンアメリカ政策で，1934年には**キューバの独立を承認**した。

問6　34　正解は③

オ．グラフ4の「Yの時期」は1970年代末で，この頃に成立した「イスラーム共和国」は**イラン=イスラーム共和国**。1979年，**イラン革命**によって王政（パフレヴィー朝）が打倒されて成立した。よって，**オ**の国はパフレヴィー朝イラン王国で，地図上の位置は**b**。

カ．グラフ4の「Zの時期」は1990年代初めで，この頃に「多国籍軍が組織」されて行われた戦争は**湾岸戦争**。この戦争は1990年のイラクによる**クウェート侵攻**を契機に，翌91年勃発した。よって，**カ**の国は「隣国」クウェートを侵略したイラク共和国で，地図上の位置は**c**。

以上から，正解は③**オ－b　カ－c**となる。なお，**a**はアフガニスタン，**d**はサウジアラビア。

第１回 試行調査：世界史Ｂ

問題番号	設問		解答番号	正解	備考	チェック
第１問	A	問１	1	①		
		問２	2	②		
		問３	3	④		
	B	問４	4	③		
		問５	5	②		
		問６	6	③		
第２問	A	問１	7	①		
		問２	8	③		
		問３	9	④		
	B	問４	10	③		
		問５	11	①		
		問６	12	④		
第３問	A	問１	13	④		
		問２	14	②		
		問３	15	①		
	B	問４	16	④		
		問５	17	②		
		問６	18	①		

問題番号	設問		解答番号	正解	備考	チェック
第４問	A	問１	19	③		
		問２	20	③		
		問３	21	②		
	B	問４	22	①		
		問５	23	②		
		問６	24	①		
第５問	A	問１	25	③		
		問２	26	④		
		問３	27	③		
	B	問４	28	② ⑥	＊1	
			29	⑤ ②	＊2	
		問５	30	④		
第６問	問１		31	④		
	問２		32	②，⑤	＊3	
	問３		33	④		
	問４		34	③		
	問５		35	①		
	問６		36	④		

（注）

＊１　二つ以上マークしている場合は不正解とする。

＊２　解答番号 28 で②を選択した場合は⑤を，⑥を選択した場合は②を正解とする。

＊３　過不足なくマークしている場合に正解とする。

● 配点は非公表。

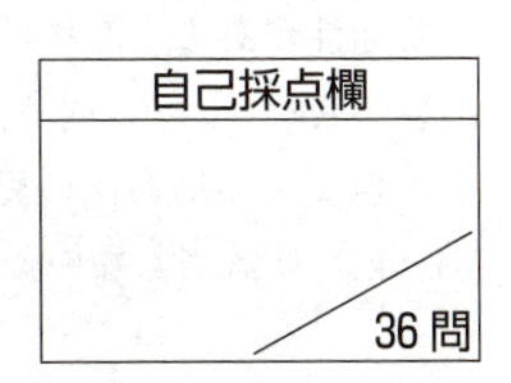
自己採点欄

36問

第1問 ―― 歴史資料から知る過去の歴史（写真・史料・図版利用）

A やや難 《日本出土の金印が語る東アジア史》

問1　[1]　正解は①

①正文。１世紀当時の中国が「楽浪郡からの距離や方角によって，倭人の居住地の位置を示している」とあるので，日本の情報を**朝鮮半島北部**に置いた**楽浪郡**から得ていたと推定できる。このため，**楽浪郡は日本と通交が行われており**，「倭の諸国が中国に往来するには，朝鮮半島を経由することが多かった」は正しいと判断できる。

②誤文。楽浪郡は**前２世紀末**，前漢の**武帝**により設置された。

③誤文。百済は**４世紀半ば**朝鮮半島西南部に成立した。

④誤文。好太王（広開土王）は高句麗最盛期の王で，「**好太王碑**」は次の長寿王時代の**５世紀初め**に建立された。

CHECK　「金印がもたらされた当時」は１世紀。

問2　[2]　正解は②

①誤文。「朝貢」では貢ぎ物の返礼として中国の物産が与えられる。「代価として，…支払う」わけではない。

②正文。「倭奴国」が中国（後漢）の皇帝・光武帝に「**朝貢**」し，その返礼（お返し）として皇帝から国王の称号を認める「**印と綬とを賜った**」のだから，両者の間には形式上の君臣関係である**冊封関係**が成立する。

③不適。**古代ローマ**の**属州統治**の説明。

④誤文。**郡国制**は漢の**国内統治制度**。倭は朝貢により支配者が形式の上で中国皇帝の臣下となっただけで，倭が漢の国内の一部に取り込まれたわけではない。

問3　[3]　正解は④

「そのままに読むべきだとする説」は１世紀の倭（日本）には漢字がなく，そのため「イトコク」の名を中国側が聞いて，音の近い漢字を当てたとする考えと推測できる。これを踏まえれば，①は写本の際に文字が変化，②は編纂の際に文字が変化，③は伝達の際に表記が変化したという点で整合性があり，内容の点でも３つは共通性がある。これらに対して倭国の卑弥呼についての④は，①～③とは性格や内容が異なり，かつ年代も検討すれば誤文と判断できる。よって，①～③は正文。

④誤文。邪馬台国の**卑弥呼**は**３世紀**の女王で，「金印がもたらされた当時」（１世紀）に該当しない。また，卑弥呼は倭を統一していない。

B 標準 《歴史書が語る中世ヨーロッパ史》

問4 4 正解は③

①**誤文**。「ローマ教皇からローマ皇帝の帝冠を受けた」フランク王は**カール大帝**。

②**誤文**。クローヴィスは王妃の説得で**アタナシウス派に改宗**した（496年）。

③**正文**。文章中のクローヴィスの言葉「この敵に私を勝たせてくれるならば，…洗礼を受けます」の部分から，クローヴィスが敵（アラマン人）との戦いに勝つため，**神（イエス=キリスト）に現実的な助力を求めた**ことがわかる。

④**誤文**。**レコンキスタ**はイベリア半島の対イスラーム国土回復運動で，開始はクローヴィス在位（481～511年）後の**8世紀初め**。

CHECK クローヴィスはフランク王国の建国者で，メロヴィング朝初代王。

問5 5 正解は②

引用文の「**洗礼**」から，クローヴィスの**アタナシウス派キリスト教への改宗**の経緯であることを読み取りたい。

①**不適**。コンスタンツ公会議（教会大分裂の解消などを目的とした宗教会議）で異端とされた**フスの火刑**（1415年）が描かれている。

②**適当**。洗礼は，**洗礼を受ける者**（ここではクローヴィス）が聖職者（クローヴィスの場合はランス市の司教）から**聖水を振りかけられ**，キリスト教徒となる儀式である。

③**不適**。フランスのバイユー教会所蔵の，**ノルマン=コンクェスト**（1066年）を題材とした刺繍画（タペストリー）で，**ヴァイキング船**による遠征が描かれている。

④**不適**。大砲を使った戦争が描かれている。大砲の出現は**14世紀以降**。

問6 6 正解は③

クローヴィスより先にキリスト教の洗礼を受けた人物を選べばよい。

①**不適**。**サラディン（サラーフ=アッディーン）**は12世紀後半にアイユーブ朝を樹立したイスラーム教徒。

②**不適**。**トマス=アクィナス**はスコラ学を大成したキリスト教徒（ドミニコ修道会士）で，クローヴィスより後の13世紀の人。

③**適当**。**コンスタンティヌス**は古代ローマ帝国の皇帝で，ミラノ勅令（313年）によりキリスト教を公認し，死の直前に洗礼を受けた。

④**不適**。**ディオクレティアヌス**は303年に始まるキリスト教徒に対する最後の大迫害を行った古代ローマ帝国の皇帝。

第２問 ―― 世界史における人の移動や人口の増減（地図・表・グラフ利用）

A 標準 《人の移動や移住の歴史》

問１　7　正解は①

①誤文。**カイロ**はエジプト・ナイル川下流域の都市。**セルジューク朝**（1038〜1194年）期，カイロはエジプトを本拠とした**ファーティマ朝**（909〜1171年），それに続く**アイユーブ朝**（1169〜1250年）の都として栄えた。また，地図を見ても，セルジューク朝の活動範囲はエジプトに及んでいない。

②正文。**オスマン帝国**は，二度にわたってウィーン包囲（1529年，1683年）を行っている。なお，地図ではウィーンへの進入路は描かれていないので注意。

③正文。「トルコ系の勢力」である**ウイグル**は，840年キルギスに滅ぼされた後，一部がモンゴル高原から西に移動し，**西ウイグル王国**を中央アジアに建国した。

④正文。「トルコ系の勢力」としてアフガニスタンのイスラーム王朝である**ガズナ朝**が**北インド**に侵入している。地図でもインドへの侵入が描かれている。

問２　8　正解は③

①不適。伸之の発言は正しい…イギリスは19世紀初め，奴隷貿易を廃止した。そのため奴隷を使ったプランテーションが行われていた東南アジア・アフリカ・ラテンアメリカでは奴隷に代わる労働力が必要となり，**インド**から移民が**年季契約労働者として送られている**。

②不適。エレーナの発言は正しい…地図ではインド・中国・日本から東南アジアへの移民が示されている。また，**17世紀初め**に東南アジア各地で**日本町**が形成されたことを想起できれば，発言は正しいとわかる。なお，その後，徳川幕府は日本人の海外渡航を禁止した（1635年）。

③適当。ひとみの発言は誤り…**インドとアフリカ東岸**の間では8世紀以降（特に10世紀頃から），**ムスリム商人**を担い手に**インド洋交易**という形で交流が行われていた。マリンディなどアフリカ東岸の港市を想起したい。「**ヴァスコ=ダ=ガマのインド航路開拓**」（1498年）は，ポルトガルがそれまで行われていた**インド洋交易**へ**新たに参入した**という意味・性格を持っている。

問３　9　正解は④

①**アジア太平洋経済協力会議（APEC）の開催**は1989年から，③**アパルトヘイトの撤廃**は1991年で，年代は白豪主義の撤廃以降となるので，撤廃に至った要因としては時期が対応しない。

②誤文。**アジア=アフリカ会議**（1955年）を主催した国は**インドネシア**。また，こ

の会議にはオーストラリアは参加していない。

④正文。オーストラリアは**ベトナム戦争**に派兵したことから，ベトナム人に対する贖罪の意識を持っていた。そのためオーストラリアでは，ベトナム戦争中に白豪主義の中心をなす移民制限が撤廃され，ベトナム戦争により発生した大量のベトナム難民を受け入れることになり，**1970年代に白豪主義は完全に撤廃された**。

B 標準 《中国の人口動態と社会の特質》

問４ 10 正解は③

グラフの**ア**は前202年～157年だから漢（前202～220年）代に，**イ**は1661年～1851年だから清（1616～1912年）代に含まれる。

a．江南地方は宋代（特に南宋期），穀倉地帯となった（**「蘇湖（江浙）熟すれば天下足る」**）。

b．**トウモロコシ**や**サツマイモ**は中国では**清代**の18世紀に普及した。

c．穀物栽培の効率を向上させた囲い込みは**第２次囲い込み**で，この運動は18～19世紀前半のイギリスで展開した。

d．**鉄製農具**や**牛耕農法**は春秋戦国時代に普及した。

以上から，正解は③**イ**－bとなる。

問５ 11 正解は①

グラフの**Ｘ**は157年～220年だから後漢（25～220年）末に，**Ｙ**は755年～960年だから唐（618～907年）後半・五代（907～960年）に該当する。

①正文。**Ｘ**の後漢末には黄巾の乱（184年）が起こり，後漢の権威や秩序は失われ，群雄割拠となった。このため政治・社会が混乱し，人々の生活も悪化したことが人口減少の原因と考えられる。

②誤文。「現住地で所有している土地・資産に基づいて課税する」のは唐代の両税法（780年導入）で，**Ｘ**の時期ではない。

③誤文。「**外国（＝高句麗）遠征の失敗や大運河の建設**負担によって反乱が広がり」とは隋末の状況で，**Ｙ**の時期ではない。

④誤文。「戦争捕虜を奴隷として使役する**大農場経営**」とは，古代ローマで発達したラティフンディアなので中国とは関係がない。

問６ 12 正解は④

グラフの**Ｚ**は1566年～1661年で，**明末清初**にあたるので，同時代の16～17世紀が含まれる資料を選べばよい。

①**時期が誤り**。**強制栽培制度**は1830年から，オランダがジャワ島で実施した。

②時期が誤り。ゲルマン人の大移動は375年を始まりとし，568年のランゴバルド人の北イタリア侵入・建国をもって終わりとする。

③時期が誤り。ラダイト運動（機械打ちこわし運動）はイギリス産業革命期の1811～17年に展開した。

④正文。三十年戦争はドイツの宗教戦争で，1618年に勃発し，1648年のウェストファリア条約で終結した（17世紀前半）。

第3問 ―― 世界史上の民衆反乱（図版・資料・地図利用）

A 標準 《ロシアのプガチョフの乱》

問1 13 正解は④

④適切。ピョートル3世の皇后で，クーデタによる夫の退位後に皇帝（女帝）となったのはエカチェリーナ2世。エカチェリーナ2世は西方への領土拡大に関心を持ち，3度のポーランド分割（18世紀後半）にすべて関わった。

CHECK マリア=テレジアはオーストリア大公。また，クリミア戦争はロシアが19世紀半ばにオスマン帝国との間で起こした戦争で，ニコライ1世が始め（1853年），戦争中に彼が死去したため，その後即位したアレクサンドル2世のもとで講和が成立し（パリ条約），戦争が終結している（1856年）。

問2 14 正解は②

a．「圧政の象徴とされる牢獄を，民衆が襲撃した」から，図版はフランス革命の発端となった民衆によるバスティーユ牢獄襲撃（1789年）と判断できる。

b．「和平」から背景に戦争があり，「民衆に，軍隊が発砲」から流血事件を想起すれば，図版は日露戦争中に起こった血の日曜日事件（1905年）と判断できる。

c．「民衆が広く参加する大反乱に発展」した「傭兵の反乱」から，イギリス東インド会社に雇われたインド人傭兵のシパーヒーの反乱を想起できれば，イギリス支配下で不満を高めた旧支配層のほか，民衆が広く参加したインド大反乱（1857～59年）と判断できる。

以上から，年代順は② a→c→b となる。

問3 15 正解は①

①正文。ロマン主義は19世紀前半のヨーロッパで流行した文芸上の思潮。それまでの古典主義は調和と形式美を，啓蒙思想は理性と普遍性を重視したが，これらへの反発としてロマン主義は「個性や感情を重視し，歴史や民族文化の伝統を尊重」するという傾向・特徴を持った。

CHECK ②は古典主義，③は社会進化論，④は印象派に関する説明。

B やや難 《19世紀のアジア・アフリカの民衆反乱やその指導者》

問4 16 正解は④

資料1…文中の「(東学軍) が義を挙げて」と「両班」から，資料1が扱う民衆反乱は朝鮮の東学（党）の乱と判断できる。東学の乱（甲午農民戦争）は朝鮮王朝末期の1894年に勃発した。

資料2…文中の「バーブと称する」からバーブ教と判断したい。また，「ファールス地方」(イラン高原南西部の地方名で，その中心都市が資料2にある「シーラーズ」）や「イスファハーン」からは対象地域がイランとわかる。「セイイド=アリー=ムハンマド（サイイド=アリー=ムハンマド)」はバーブ教の開祖。以上から，資料2が扱う民衆反乱はイランのバーブ教徒の乱とわかる。バーブ教徒の乱はカージャール朝下の1848～50年に起こった。

a．誤文。朝鮮（1897年から国号は大韓帝国）は第2次日韓協約で日本に外交権を奪われた。これにより日本は朝鮮（韓国）を保護国とした。この協約は資料1の「東学の乱」よりのちの1905年に結ばれている。

b．誤文。アフガニスタンが「2度のイギリスとの戦争」でイギリスの保護国となり（1880年)，その後独立を回復している（1919年)。なお，イランは立憲革命（1905～11年）中，英露協商（1907年）によって北部がロシアの，南部（南東部）がイギリスの勢力範囲とされ，両国の介入を受けるようになった。

以上から，正解は④ a－誤　b－誤となる。

問5 17 正解は②

②適切。地図がアフリカで，資料3に「マフディー」とあるので，bのスーダンで起こったマフディーの反乱（1881～98年）と判断したい。マフディーは「救世主」などを意味するアラビア語。マフディーの反乱は反イギリス・反エジプトの民衆反乱で，ムハンマド=アフマドを指導者とし（彼が資料3中の「私」となる)，エジプト南方のスーダンにおいて勃発した。なお，aの地域はアルジェリア。

問6 18 正解は①

①正文。資料1の東学の乱は民衆の間で広まった東学という朝鮮独自の宗教に，資料2のバーブ教徒の乱は民衆の間で広まったバーブ教というイラン独自の宗教に，資料3のマフディーの反乱はイスラーム世界の民衆の間で広まっていた伝統的なイスラーム革命思想に依拠して起こった反乱である。

いずれも列強の進出によって「従来の生活習慣を破壊された民衆」が，「既存の伝統的な宗教や文化」にそれぞれ「よりどころを求め」て起こした反乱という共通の性格を読み取りたい。

CHECK　②～④はいずれもヨーロッパから生まれた思想や運動なので，アジア独自の宗教や思想を精神的よりどころとした各資料の民衆反乱とは性格を異にする。

第4問 ―― 世界史における家族や家庭（系図・表・絵・地図利用）

A 標準 《前近代の君主や最高指導者の地位の継承》

問1　19　正解は③

ア．資料1…正統カリフの継承図：第2代正統カリフのウマルが「先代の」初代正統カリフであるアブー=バクルの息子ではなく，また第3代，第4代カリフも「先代の息子」ではない。

資料3…カペー朝の系図：第2代以下のすべての国王が「先代の息子」となっているから，アに該当する。

イ．資料2…ローマ皇帝の系図：ガイウス=カリグラとネロは「初代」のアウグストゥスの娘の血統に属するから「血のつながりのある子孫」である。ティベリウスは「初代」の妻の連れ子で「初代」と「血のつながり」はない。

資料4…モンゴル帝国君主の系図：第2代以後の君主が初代君主チンギス=ハンの子や孫となり，どれも「血のつながり」があるから，イに該当しない。

以上から，正解は③アー資料3　イー資料2となる。

問2　20　正解は③

a．誤文。「西太后」が誤り。中国史における女帝は則天武后のみ。則天武后は唐の高宗（第3代皇帝）の皇后で，夫の死後，まず自分の子たちを皇帝（中宗，睿宗）とし，ついで自ら皇帝に即位した（690年）。即位後，国号を周と改称する。西太后は清の同治帝（第10代皇帝）の母で，摂政として実権を握った。

b．正文。フランスでカペー朝が断絶すると（1328年），イングランド王エドワード3世は母がカペー家の出身（父がフィリップ4世）であったことを理由にフランスの王位継承権を主張した。これによる対立を原因の一つとして，英仏間に百年戦争（1339～1453年）が勃発する。

問3　21　正解は②

a．正文。ムハンマドと4人の正統カリフはクライシュを共通の祖先とした。

b．誤文。カリフ位は正統カリフ時代ののち，ウマイヤ朝や，それに続くアッバース朝では世襲となるが，アッバース朝の祖アッバースはムハンマドと同じハーシム家に属し，ムハンマドの父方の叔父にあたるため，ムハンマドとは親族になる。

あ．**誤文**。第4代正統カリフの**アリー**とその子孫のみを指導者とするのは**シーア派**。**スンナ派**はアリー以外の正統カリフやウマイヤ朝以降のカリフも指導者と認めた。

い．**正文**。**サファヴィー朝**はイランのイスラーム王朝で，**シーア派**（その一派の十二イマーム派）を国教とした。

以上から，正解は②ａ－いとなる。

B やや難 《19世紀のイギリス家庭》

問4 22 正解は①

①**正文**。**資料5**の項目のうち，「16世紀ごろにヨーロッパに伝わった」「南アメリカ原産」の作物は**ジャガイモ**。よって，空欄**ウ**はジャガイモとなる。ジャガイモは特にアイルランドで庶民の主食となった。そのため，19世紀中頃に**ジャガイモ飢饉**が起こると，食糧不足から大量のアイルランド人が移民となってアメリカ大陸などへ移住している。

②**不適**。香辛料に関する説明で，原産地は**インド**や**東南アジア**。

③**不適**。塩は世界各地で生産されており南アメリカ原産とはいえない。インドでは，1930年，イギリスの塩の専売制に反対して，**ガンディー**が第2次の非暴力・不服従運動となる「**塩の行進**」を起こした。

④**不適**。コーヒーに関する説明で，原産地は**エチオピア**（東アフリカ）。

問5 23 正解は②

②**適当**。砂糖は特に17世紀以降，英・仏などが領有した**カリブ海諸島**において，黒人奴隷を使った**プランテーション**で大量生産された。そして主にｂのルートでカリブ海諸島からイギリスへと送られ，中国から輸入された茶と結びついて，19世紀には「**砂糖入り紅茶**」として各家庭に普及した。

問6 24 正解は①

「当時」とはヴィクトリア女王の家族の絵が描かれた「1846年」である。

ａ．**正文**。肖像画では妻（ヴィクトリア女王）と夫（アルバート公），およびその下で寛ぐ子供たちからなる家族の姿が描かれ，愛情にあふれた家庭生活の一面をうかがわせる。これは当時のイギリス人が模範とする家族のあり方（「**家庭に勝るものはない**」という**マイホーム主義**）を「象徴」たる王室を通じて示しているといえる。

ｂ．**誤文**。「ドイツ皇帝が打ち出していた世界政策」とは皇帝**ヴィルヘルム2世**の**帝国主義政策**を指し，これは19世紀末以降なので，時代的に一致しない。

あ．正文。19 世紀の工業化の進展とともに，社会で強調され始めた「男らしさ」「女らしさ」の視点から，女性は「良き妻・母」としての役割が重視されるようになり，ヴィクトリア女王の家族の絵でも夫に献身する貞淑な妻，子供に愛情を注ぐ慈悲深い母として女王がイメージされている。

い．誤文。「戦争による労働力不足を補うため」，女性が工場などで働くことを求められたのは第一次世界大戦（1914～18 年）が総力戦となって以降だから，ヴィクトリア時代（1837～1901 年）には該当しない。

以上から，正解は① a ―あ。

第5問 ―― 第一次世界大戦（資料・地図・写真利用）

A 標準 《第一次世界大戦とその後の欧米》

問1　25　正解は③

資料1は第一次世界大戦開始に際しての皇帝ヴィルヘルム2世の言葉。

資料3は第一次世界大戦末期に起こったキール軍港の水兵反乱に関する資料で，これを機にドイツ革命が起こり，ドイツ共和国が成立した。

アでは第一次世界大戦開始時のドイツ，イでは第一次世界大戦終了時のドイツの状況が求められている。

①誤り。ア．「ナチ党による一党独裁」の成立は第一次世界大戦後の 1930 年代。

イ．「ボリシェヴィキ」が権力を奪ったのは 1917 年のロシア十月革命（十一月革命）後で，この翌年に第一次世界大戦は終了する。

②誤り。ア．「共産党による一党独裁」は第一次世界大戦後のソ連に成立した体制。

イ．「14 か条」は第一次世界大戦後のパリ講和会議の原則。

③ア．資料1に「ただドイツ人あるのみである」「党派の違い，地位や宗派の違いなく」とある。また，アの直後に，「人々は開戦を熱狂的に支持した」とあり，ドイツ国内の「どの政党・団体も」立場や主張を超えて一丸となり，第一次世界大戦開戦を支持したことが読み取れる。

イ．第一次世界大戦はドイツ革命による皇帝ヴィルヘルム 2 世の亡命でドイツ帝国が倒れ，ドイツ共和国が成立し，共和国政府が連合国と休戦条約を結び終結する。

④誤り。ア．資料1の「各政党の党首が前に進み出て，余と握手して誓約するよう命じる」から，皇帝は政党の存在を理解していると判断できる。また，ヴィルヘルム2世の即位直後には，ドイツ社会民主党が成立（1890 年）し，議会政治が行われているから，この点でも皇帝は政党を理解しているといえる。

イ．ヴァイマル憲法の制定は第一次世界大戦後の 1919 年。

問2 26 正解は④

第一次世界大戦後のヨーロッパに**民族自決の原則**が適用され，旧オーストリア=ハンガリー帝国領や旧ロシア帝国領に**チェコスロヴァキア**，**ポーランド**，**バルト3国**，**ユーゴスラヴィア**（国名は1929年から）など8つの独立国家が生まれたことを想起すれば，解答は②と④に絞れるだろう。以下から正解は④と確定したい。

- 地図④では1つの国であったチェコスロヴァキアが，地図②ではチェコとスロヴァキアに分離している。
- 地図④では1つの国であったユーゴスラヴィアが，地図②では分裂している。

なお，②は東西ドイツ統一（1990年）とユーゴスラヴィア解体（1991年），さらにチェコスロヴァキア分離（1993年）を経たヨーロッパの地図である。

問3 27 正解は③

a．**不適**。**アウトバーン**（**自動車専用道路**）は1930年代，**ナチ党政権下のドイツ**が公共事業・失業対策として建設した。

b．**正文**。1920年代のアメリカでは，自動車や冷蔵庫・洗濯機・掃除機などの家電製品が各家庭に普及した。これはアメリカが大量生産・大量消費を特徴とする**大衆消費社会**に入り始めたことの指標となった。

写真あ．**正しい**。**アメリカのフォード社**における自動車（T型車）の**大量生産の様子**を写している。この大量生産の結果，自動車の低価格化が実現した。

写真い．**不適**。子供が札束を山のように積み上げて遊ぶ様子を写している。これは1920年代初めの**ドイツ**における紙幣の無価値化，激しい**インフレの状況**を表している。

以上から，正解は③b―あ。

B 標準 《第一次世界大戦中の外交》

問4⑴ 28 正解は②又は⑥

②**正文**。資料4の1でイギリスは「**アラブ人の独立を認め，それを支援する**」とあるから，**フセイン（フサイン）・マクマホン協定**（**書簡**）とわかる。この協定は第一次世界大戦中の1915年，**イギリス**のマクマホンと**アラブ**側のリーダーで「メッカのシャリーフ」（太守）だったフセインの間で結ばれた。

⑥**正文**。資料5は**イギリス**が**ユダヤ人**に「**民族的郷土**（ナショナルホーム）**を設立すること**」（つまり国家建設）を認めているから，**バルフォア宣言**とわかる。この宣言は第一次世界大戦中の1917年，イギリスがシオニズム運動（パレスチナ復帰運動）を展開するユダヤ人，特に運動支援の中心人物であったユダヤ人協会会長ロスチャイルド（「貴下」とあるのは彼のこと）に対して行った。

問４(2)　29　正解は⑤又は②

(1)で②を選択した場合

⑤第一次世界大戦後，オスマン帝国のアラブ人地域は戦勝国の委任統治領とされたため，(1)の②のフセイン（フサイン）・マクマホン協定（書簡）における約束は守られなかった。しかし1921年，イラクを委任統治領としていたイギリスは，イラク王国独立を認めた。

(1)で⑥を選択した場合

②第一次世界大戦後，ユダヤ人が「民族的郷土（ナショナルホーム）」としたパレスチナはイギリスの委任統治領となった。第二次世界大戦後の1947年に国連総会でパレスチナ分割案が採択されると，翌1948年にユダヤ人はイスラエルの建国を宣言した。

問５　30　正解は④

①不適。「火を尊び，善悪二元論を唱えた」のはゾロアスター教（拝火教）。

②不適。ユダヤ教の聖典は『旧約聖書』のみ。一方，キリスト教は『旧約聖書』と『新約聖書』の双方を聖典とした。

③不適。「輪廻転生」はバラモン教やヒンドゥー教の思想で，この輪廻転生の苦しみから逃れること（解脱）をウパニシャッド哲学や仏教が説いた。

④正文。ユダヤ教はユダヤ人のみが神に選ばれた民で，ユダヤ人だけが神によって救われるという選民思想を特徴の一つとした。

第６問 ―― オリンピックと世界史とのつながり（グラフ・風刺画・写真利用）

標準

問１　31　正解は④

①不適。アメン=ラー神（アモン=ラー神）は古代エジプトの最高神。

②不適。コロッセウム（円形闘技場）は古代ローマの建築物で，剣闘士の試合などが「見世物」として行われた。

③不適。バラモンは古代インドの司祭階層で，バラモン教の祭儀を行った。なお，オリンピアの祭典は聖域近隣（エリス地方）の人々が主宰した。

④正文。オリンピアの祭典やデルフォイの神託はポリスを超えたギリシア人のつながりを維持し，また民族意識を育成する上で重視された。

問２　32　正解は②・⑤

グラフＢの年「1932年」は世界恐慌勃発（1929年）の直後である。

①時期が誤り。「カトリックとプロテスタントの対立」から起こった戦争とはユグ

ノー戦争や三十年戦争のことで，16・17 世紀。

②正文。グラフＢのオリンピックはアメリカ西海岸のロサンゼルスで開催されている。1932 年当時のヨーロッパからアメリカ西海岸へは，大西洋を旅客船で移動し，さらに東海岸から大陸を横断する必要があったが，恐慌による経済上の理由もあり，大陸間の移動が容易ではなく，選手の派遣の中止や制限を行う諸国が現れたこともあり，ヨーロッパからの参加選手が少なかったと考えられる。

③時期が誤り。第１回万国博覧会の開催は 19 世紀半ば（1851 年）。

④・⑥時期が誤り。ビキニ環礁での水爆実験（1954 年）や環境問題の深刻化は 20 世紀後半の出来事。

⑤正文。各国は世界恐慌後の不況による失業者の増大などで経済が混乱していた。このため，オリンピックに参加する経済的・精神的余裕がなかったと考えられる。

問３ 33 正解は④

グラフ中のＣの期間に起こった戦争は第二次世界大戦（1939～45 年）だから，この戦争と関連する資料（風刺画）を選択すればよい。

①不適。第一次世界大戦前のバルカンをめぐる帝国主義諸国の利害対立（「バルカンはヨーロッパの火薬庫」）を描いている。

②不適。19 世紀末のイギリスのセシル=ローズ（ケープ植民地首相）の帝国主義政策（アフリカ縦断政策）を描いている。

③不適。朝鮮をめぐる日本と清の対立，およびそれを利用したロシアの野心を描いており，日清戦争（1894～95 年）直前の状況を示している。

④人物の顔つきなどから，新郎（花婿）はヒトラー（ドイツ）で，新婦（花嫁）はスターリン（ソ連）と判断したい。両者の結びつきを結婚の形でパロディ化した構図から，この風刺画は独ソ不可侵条約の締結（1939 年）を表現している。この条約成立直後，ドイツはポーランドへ侵攻し，第二次世界大戦が勃発した。

問４ 34 正解は③

ａ．誤文。リンカン大統領は南北戦争中の 1863 年に奴隷解放宣言を発表した。

ｂ．正文。キング牧師は公民権運動の指導者で，1963 年には「ワシントン大行進」を行い，黒人差別の撤廃を目指す公民権法の成立を訴えた。

問５ 35 正解は①

①正文。イギリスの前首相チャーチルは 1946 年，アメリカのミズーリ州フルトンでの演説で，東西陣営の境界としてバルト海のシュテッティンからアドリア海のトリエステまでの線を「鉄のカーテン」と呼んだ。

②誤文。封じ込め政策はソ連の勢力圏拡大を阻止するため，アメリカ合衆国のトル

ーマン大統領が1947年に採用した。

③誤文。ソ連はワルシャワ条約機構軍を率いてチェコスロヴァキアに介入し，「プラハの春」と呼ばれた1968年の自由化・民主化の運動・改革を弾圧した。

④誤文。フルシチョフは1956年のソ連共産党第20回大会においてスターリン批判を行い，東西陣営間の緊張緩和・平和共存（「雪どけ」）が進んだ。

問６　36　正解は④

①正文。アメリカ合衆国では1830年に先住民強制移住法が制定され，先住民をミシシッピ川以西の地へ強制的に移住させた。

②正文。南米のインカ帝国（インカ文明）では文字はなく，文字の代わりにキープと呼ばれる縄の結び方によって情報の記録や伝達を行った。

③正文。マオリ人を先住民とするニュージーランドは1840年にイギリスの植民地となり，その後，1907年にはイギリス連邦内の自治領となった。

④誤文。ラテンアメリカの独立運動は植民地生まれの白人であるクリオーリョが主導した。なお，メスティーソは先住民と白人の混血。

NOTE

NOTE

NOTE

NOTE

NOTE

NOTE

NOTE

2025年版

共通テスト

過去問研究

歴史総合、世界史探究

問題編

矢印の方向に引くと
本体から取り外せます ▶
ゆっくり丁寧に取り外しましょう

問題編

歴史総合，世界史探究（1回分）

- 新課程試作問題※1

世界史B（9回分）

- 2024年度　本試験
- 2023年度　本試験
- 2023年度　追試験
- 2022年度　本試験
- 2022年度　追試験
- 2021年度　本試験（第1日程）※2
- 2021年度　本試験（第2日程）※2
- 第2回試行調査※3
- 第1回試行調査※3

◎ マークシート解答用紙（2回分）

本書に付属のマークシートは編集部で作成したものです。実際の試験とは異なる場合がありますが，ご了承ください。

※1　新課程試作問題は，2025年度からの試験の問題作成の方向性を示すものとして，2022年11月9日に大学入試センターから公表された問題です。

※2　2021年度の共通テストは，新型コロナウイルス感染症の影響に伴う学業の遅れに対応する選択肢を確保するため，本試験が以下の2日程で実施されました。
第1日程：2021年1月16日(土)および17日(日)
第2日程：2021年1月30日(土)および31日(日)

※3　試行調査はセンター試験から共通テストに移行するに先立って実施されました。
第2回試行調査（2018年度），第1回試行調査（2017年度）

共通テスト

新課程試作問題

歴史総合，世界史探究

解答時間 60 分
配点 100 点

※本試作問題は，2025 年度大学入学共通テストから新たに出題科目として設定される『歴史総合，世界史探究』について具体的なイメージの共有のために作成・公表されたものです。

歴史総合，世界史探究

（解答番号 | 1 | ～ | 33 |）

第1問

歴史総合の授業で，世界の諸地域における人々の接触と他者認識について，資料を基に追究した。次の文章A～Cを読み，後の問い（**問1～8**）に答えよ。（資料には，省略したり，改めたりしたところがある。）（配点　25）

A　19世紀のアジア諸国と欧米諸国との接触について，生徒と先生が話をしている。

先　生：19世紀はアジア諸国と欧米諸国との接触が進んだ時期であり，アジア諸国の人々と欧米諸国の人々との間で，相互に反発が生じることがありました。例えば日本の開港場の一つであった横浜の近郊では，薩摩藩の行列と馬に乗ったイギリス人の一行との間に，**図**に描かれているような出来事が発生しています。それでは，この出来事に関連する他の資料を図書館で探してみましょう。

（この後，図書館に移動して調査する。）

高　橋：横浜の外国人居留地で発行されていた英字新聞の中に，この出来事を受けて書かれた論説記事を見つけました。

（ここで，高橋が<u>ⓐ英字新聞の論説記事</u>を提示する。）

中　村：この記事は，現地の慣習や法律に従わなかったイギリス人の行動を正当化しているように見えます。また，この出来事が，イギリス側でも，日本に対する反発を生んだのだと分かります。

先　生：そのとおりですね。一方で，アジア諸国が欧米諸国の技術を受容した側面も大事です。<u>ⓑ19世紀のアジア諸国では，日本と同じく欧米の技術を導入して近代化政策を進める国が現れました</u>。

問１　文章中の**図**として適当なもの**あ・い**と，後の**年表**中のａ～ｃの時期のうち，**図**に描かれている出来事が起こった時期との組合せとして正しいものを，後の①～⑥のうちから一つ選べ。 1

図として適当なもの

あ

（東京都江戸東京博物館所蔵）

い

日本の対外関係に関する年表

1825年　異国船を撃退するよう命じる法令が出された。
a
上記法令を撤回し，異国船への燃料や食料の支給を認めた。
b
イギリス艦隊が鹿児島湾に来て，薩摩藩と交戦した。
c
1871年　清との間に対等な条約が締結された。

① あ ― a　② あ ― b　③ あ ― c
④ い ― a　⑤ い ― b　⑥ い ― c

問2　下線部ⓐに示された記事の内容を会話文から推測する場合，記事の内容として最も適当なものを，次の①～④のうちから一つ選べ。 2

① イギリス人は，日本の慣習に従って身分の高い武士に対しては平伏すべきである。
② イギリス人は，日本においてもイギリスの法により保護されるべきである。
③ イギリス人は，日本の許可なく居留地の外に出るべきではない。
④ イギリス人は，日本が独自に関税率を決定することを認めるべきではない。

問3　下線部ⓑについて述べた文として最も適当なものを，次の①～④のうちから一つ選べ。 3

① ある国では，計画経済の建て直しと情報公開を基軸として，自由化と民主化を目指す改革が進められた。
② ある国では，「四つの現代化」を目標に掲げ，市場経済を導入した改革・開放政策が行われた。
③ ある国では，儒教に基づく伝統的な制度を維持しつつ，西洋式の兵器工場や造船所を整備する改革が進められた。
④ ある国では，労働者に団結権が認められるとともに，失業者対策と地域開発を兼ねて，ダム建設などの大規模な公共事業が行われた。

B　戦争の際のナショナリズムや他者のイメージについて，絵を見ながら生徒と先生が話をしている。

先　生：以前の授業では，一つの国民あるいは民族から成る国家を建設する動きをナショナリズムという用語で説明しました。それは異なる言葉や生活様式を持つ人々を均質な国民として統合しようとする動きと言えますね。

まさき：島国として地理的なまとまりが強い日本には，わざわざナショナリズムによって国民を統合するような動きは見られないですよね。

ゆうこ：そんなことはないでしょう。日本は，昔も今も一つの民族による国家だと思う人はいるかもしれませんが，そうではなく，異なった言語や文化を持った人々によって構成されていたのです。近代において，そういった人々を，ナショナリズムによって統合していった歴史があったはずです。

まさき：その際，抑圧の側面も存在したと考えてよいのでしょうか。

先　生：そのとおりです。

さて今回は，20 世紀の戦争に目を向けてみましょう。そこでは，敵対する他者が戯画化されて，表現されることがよくあります。次の絵を見てください。これは第一次世界大戦が始まった際に，フランスのある新聞に掲載された絵です。解説には，フランスを含む 5 つの国の「文明戦士がドイツとオーストリアというモンスターに立ち向かう」と書かれています。5 つの国には，フランスのほかに［ア］などが当てはまると考えられますね。どちらも，三国協商を構成した国です。

ゆうこ：交戦相手を怪物として描いてその恐ろしさを強調することで，敵に対する国民の憎悪をかきたてて団結させようとしているのですね。

まさき：このように敵対意識を表現することや，他の国と比べて自国を良いものだと考えることで自国への愛着を促すこと，これらもナショナリズムと言えるのでしょうか。

先　生：そのとおりです。ほかにも，植民地支配からの独立を目指す動きもナショナリズムに基づいていると言えます。

ゆうこ：ⓒナショナリズムには多様な現れ方があるのですね。

問4　文章中の空欄 ア について，(1) 及び (2) の問いに答えよ。

(1)　文章中の空欄 ア に入る国の名として正しいものを，次の①～⑥のうちから一つ選べ。なお，正しいものは複数あるが，解答は一つでよい。 4

① アメリカ合衆国　② イギリス
③ イタリア　④ チェコスロヴァキア
⑤ 日　本　⑥ ロシア

(2)　(1)で選んだ国について述べた文として最も適当なものを，次の①～⑥のうちから一つ選べ。 5

① 血の日曜日事件が起こった。
② サルデーニャ王国を中心として統一された。
③ 奴隷解放宣言が出された。
④ ズデーテン地方を割譲した。
⑤ チャーティスト運動が起こった。
⑥ 中国に対して，二十一か条の要求を行った。

問 5　下線部ⓒに関連して，ナショナリズムの現れ方として考えられること**あ**・**い**と，その事例として最も適当な歴史的出来事X～Zとの組合せとして正しいものを，後の①～⑥のうちから一つ選べ。 6

ナショナリズムの現れ方として考えられること

あ　国内で支配的位置にある多数派の民族が，少数派の民族を同化しようとすること。

い　外国による植民地支配から脱して，自治や独立を勝ち取ろうとすること。

歴史的出来事

X　ロシアとの戦争が迫る情勢の中で，幸徳秋水が非戦論を唱えた。

Y　明治期の日本政府が，北海道旧土人保護法を制定した。

Z　ガンディーの指導で，非暴力・不服従運動が行われた。

① あ ― X　　い ― Y
② あ ― X　　い ― Z
③ あ ― Y　　い ― X
④ あ ― Y　　い ― Z
⑤ あ ― Z　　い ― X
⑥ あ ― Z　　い ― Y

C　1970年に開催された日本万国博覧会（大阪万博）について，生徒たちが，万博に関わる当時の新聞記事（社説）を探して，記事から**抜き書き**を作成した。

社説の抜き書き

・万博に参加した77か国のうち，初参加のアジア・アフリカなどの発展途上国が25か国に上っていた。
・アジア・アフリカなどの発展途上国のパビリオン（展示館）では，一次産品の農産物・地下資源や民芸品・貝殻などが展示されていた。
・こうした発展途上国のパビリオンからは，GNP（国民総生産：国の経済規模を表す指標の一つ）は低くとも，自然と人間が関わり合う生活の中に，工業文明の尺度では測れない固有の文化の価値体系を知り得た。
・高度工業文明とGNP至上主義の中で，「物心両面の公害」に苦しめられている今日の日本人にとって，発展途上国のパビリオンから知り得た文化と風土の多様性こそ，人間の尊厳と，人間を囲む自然の回復を考える手掛かりである。

（『読売新聞』1970年9月13日朝刊（社説）より作成）

問6　センリさんのグループは，社説が発展途上国のパビリオンの特徴に注目しながら，同時代の日本の状況を顧みていることに気付いた。その上で，当時の世界情勢で社説が触れていないことについても，議論してみようと考えた。社説が踏まえている当時の日本の状況について述べた文**あ・い**と，当時の世界情勢で**社説が触れていないこと**について述べた文**X**・**Y**との組合せとして正しいものを，後の①～④のうちから一つ選べ。 7

社説が踏まえている当時の日本の状況

あ　第1次石油危機（オイル=ショック）により，激しいインフレが起こっていた。

い　環境汚染による健康被害が問題となり，その対策のための基本的な法律が作られた。

当時の世界情勢で社説が触れていないこと

X　アジアでは，開発独裁の下で工業化を進めていた国や地域があった。

Y　アラブ諸国では，インターネットを通じた民主化運動が広がり，独裁政権が倒された国があった。

① あ ― X
② あ ― Y
③ い ― X
④ い ― Y

問 7　センリさんのグループでは，発展途上国が万博に積極的に参加した背景について調べ，**メモ**にまとめた。**メモ**中の空欄 イ ・ ウ に入る語句の組合せとして正しいものを，後の①～④のうちから一つ選べ。 8

メ　モ

1960年に イ で17か国が独立を果たすなど，1960年代には独立国の誕生が相次いだ。新たに独立した国々の中には ウ する国もあるなど，発展途上国は国際社会において存在感を高めていた。

① イ ― アフリカ　　ウ ― 非同盟諸国首脳会議に参加
② イ ― アフリカ　　ウ ― 国際連盟に加盟
③ イ ― 東南アジア　ウ ― 非同盟諸国首脳会議に参加
④ イ ― 東南アジア　ウ ― 国際連盟に加盟

問 8　ユメさんのグループは，万博後の発展途上国と日本の関係について，政府開発援助（ODA）から考えることとし，日本の ODA の地域別配分割合の推移を示す**グラフ**を作成し，そこから考えたことを**メモ**にまとめた。3 人の**メモ**の正誤について述べた文として最も適当なものを，後の①～④のうちから一つ選べ。 9

グラフ　日本の 2 国間 ODA の地域別配分割合の推移

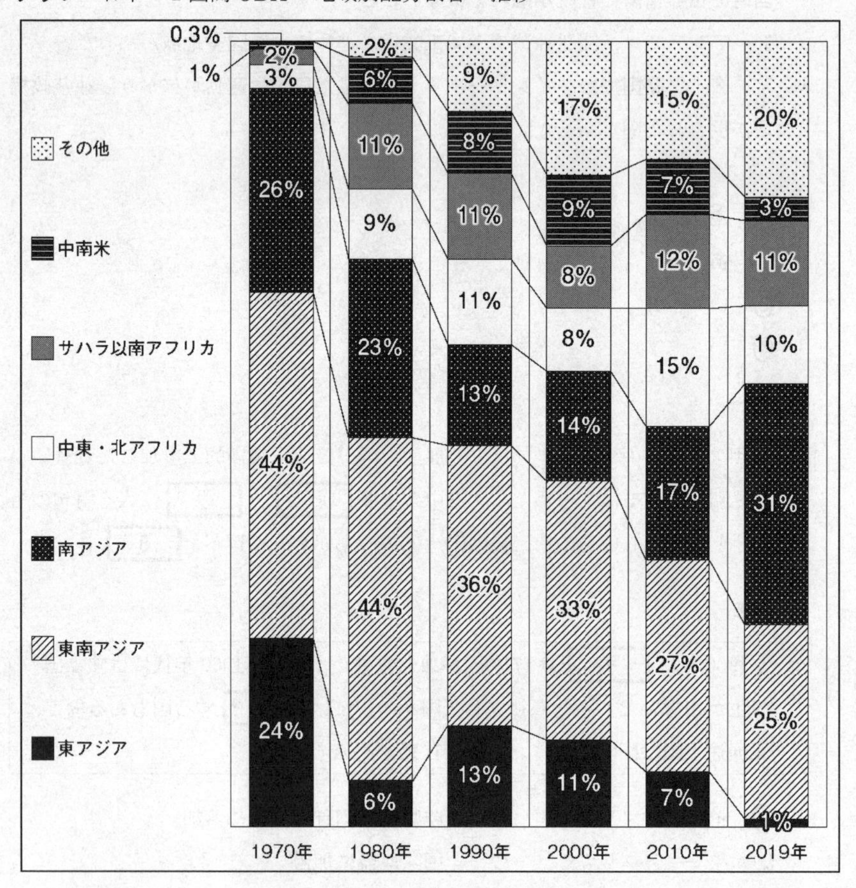

（外務省国際協力局「2020 年版開発協力参考資料集」より作成）

（注）四捨五入のため，合計は必ずしも 100%にならない。

ユメさんのメモ

1970年に東アジアの割合が24%に達していたのは, 中華人民共和国への援助が開始されていたためである。

テルさんのメモ

2010年までは, どの年についても, 東南アジアの割合が最も大きかった。東南アジアの中には, 日本が賠償を行った国々が含まれていた。

アインさんのメモ

1970年から2019年にかけて, 南アジアの割合は一貫して減少し, 日本の援助先としての重要性が, 他地域と比べて低下している。

① ユメさんのメモのみが正しい。
② テルさんのメモのみが正しい。
③ アインさんのメモのみが正しい。
④ 全員のメモが正しい。

第2問

世界史探究の授業で，世界史上の都市を取り上げて班別学習を行い，各班で興味を持った都市について，資料を基に探究した。それぞれの班の発表に関連した後の問い（**問1～4**）に答えよ。（資料には，省略したり，改めたりしたところがある。）（配点　13）

問1　1班は，オスマン帝国時代のイスタンブルに興味を持ち，17 世紀の各宗教・宗派の宗教施設の分布を示した**図1**を基に，**メモ1**を作った。**メモ1**中の空欄 ア に入る文**あ**・**い**と，空欄 イ に入る文**X**・**Y**との組合せとして正しいものを，後の①～④のうちから一つ選べ。 10

図1

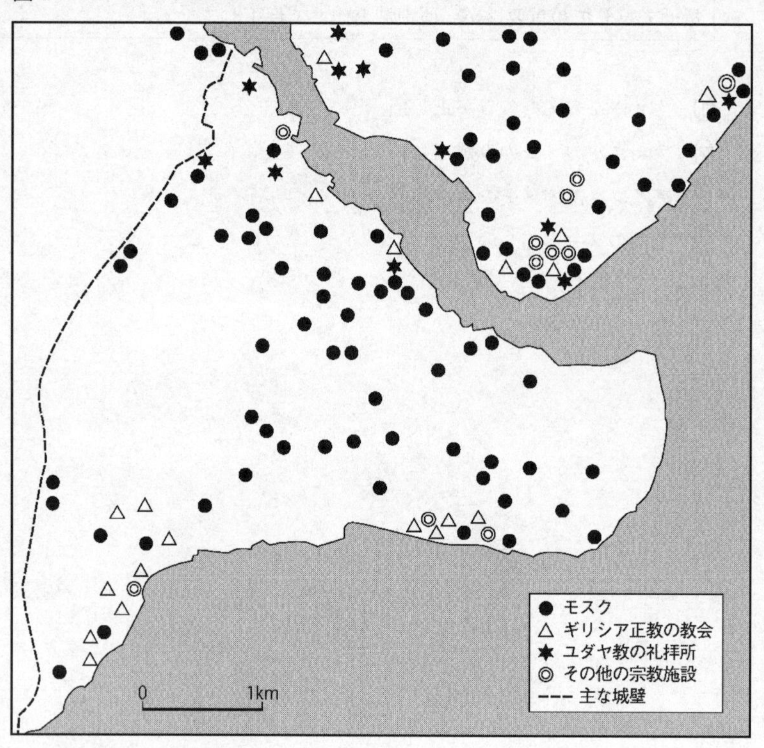

メモ１

> 図１の時代のオスマン帝国は，非ムスリム臣民を庇護民（ズィンミー，ジンミー）として遇して，［　ア　］。イスタンブルにおいては，住民は，それぞれの宗教施設の近隣に居住していたと考えられるので，図１の宗教施設の分布から，［　イ　］ことが推測される。

［　ア　］に入る文

あ　人頭税の支払いと引き換えに，一定の自治を認めた

い　人頭税を廃止し，ムスリムと平等に扱った

［　イ　］に入る文

X　キリスト教徒とユダヤ教徒が，分散して居住していた

Y　キリスト教徒とユダヤ教徒が，それぞれ同じ教徒だけで一箇所に集中して居住していた

①　あ ― X

②　あ ― Y

③　い ― X

④　い ― Y

問2　2班は，北京に興味を持ち，清代の北京の地図である**図2**と，18世紀に北京を訪れた宣教師の記録である**資料**とを見つけ, **メモ2**を付けた**パネル**を作った。この**パネル**について，**パネル**中の空欄［ウ］・［エ］に当てはまると考えられる**資料**中の語句の組合せ**あ・い**と，そのように考える理由として最も適当な文X～Zとの組合せとして正しいものを，後の①～⑥のうちから一つ選べ。［11］

パネル

図2

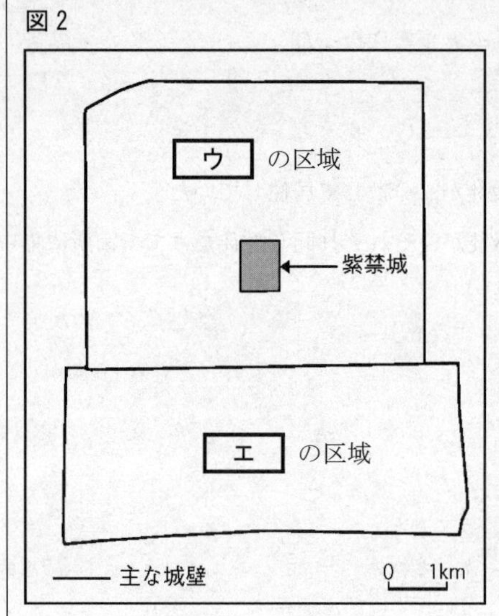

資　料

北京は二つの区別された区域からなっていた。一つは韃靼（だったん）人の区域，もう一つは漢人の区域であった。韃靼人の区域には, 韃靼人たちと, 韃靼人ではないが，韃靼人の軍隊を構成する八つの部隊に登録された者たちとが住んでいた。漢人の区域は，漢人だけが住んでいた。

メモ2

・**図2**中の「紫禁城」は，皇帝の宮殿区画を指している。

・**資料**中の「韃靼人」は，清を建てた民族を指していると思われる。

ウ ・ エ に当てはまる語句の組合せ

あ　ウ — 漢　人　　エ — 韃靼人

い　ウ — 韃靼人　　エ — 漢　人

そのように考える理由

X　この王朝は, 漢人の服装や言語を採用する積極的な漢化政策を採ったので, 彼らを皇帝の近くに置いたと考えられる。

Y　この王朝は, 皇帝と同じ民族を中心とした軍事組織を重用したので, 彼らを皇帝の近くに置いたと考えられる。

Z　この王朝は, 奴隷軍人を軍隊の主力として重用したので, 彼らを皇帝の近くに置いたと考えられる。

① あ — X
② あ — Y
③ あ — Z
④ い — X
⑤ い — Y
⑥ い — Z

問3　3班は，南アフリカ共和国の都市ケープタウンに興味を持ち，1991年のケープタウンにおける使用言語の分布を示した**図3**と，それぞれの言語話者の構成を示した**表**を見つけて，**メモ3**を作った。**図3**，**表**，及び**メモ3**から読み取れる事柄や，歴史的背景として考えられる事柄を述べた後の文**あ**～**え**について，正しいものの組合せを，後の①～④のうちから一つ選べ。［12］

図3

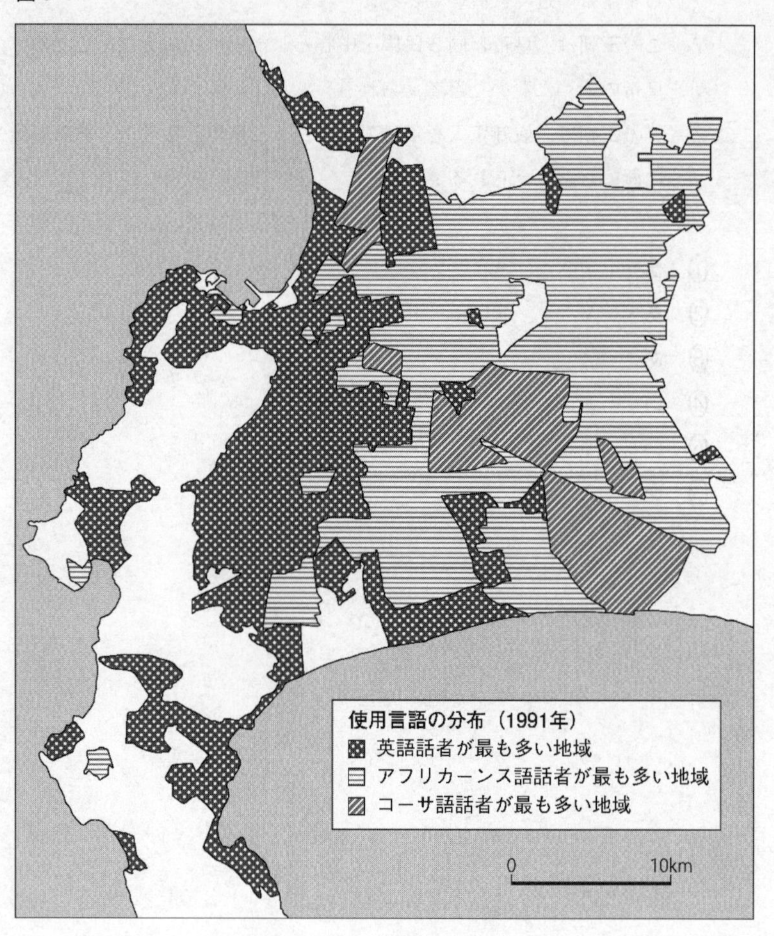

表　それぞれの言語話者の構成（1991年）

	英語話者	アフリカーンス語話者	コーサ語話者
白　人	49.9%	19.7%	0.02%
黒　人	0.5%	0.2%	99.80%
カラード	46.3%	79.6%	0.10%
インド人	3.3%	0.5%	0.10%
計(注)	100%	100%	100%

（I. J. van der Merwe, The Urban Geolinguistics of Cape Town, *GeoJournal* 31-4, 1993より作成）

（注）四捨五入のため，合計は必ずしも100%にならない。

メモ3

・アフリカーンス語は，オランダ語に現地語が混合してできた言語である。
・コーサ語は，アフリカ南部の言語の一つである。
・カラードは，「有色」という意味で，初期の白人移民と奴隷や先住民などとが混血して形成された集団である。
・アパルトヘイト期のケープタウンでは，法律によって，白人，黒人，カラード，インド人の4つの集団ごとに居住区が指定されていた。

あ　英語話者が最も多い地域は，18世紀までに**図3**に見られる範囲に広がっていたと考えられる。

い　英語話者の中には，アパルトヘイトによる隔離の対象になっていた人々が含まれていると考えられる。

う　アフリカーンス語話者のほとんどが白人であり，コーサ語話者のほとんどが黒人である。

え　コーサ語話者が最も多い地域は，英語話者及びアフリカーンス語話者が最も多い地域よりも狭い。

① あ・う　　② あ・え　　③ い・う　　④ い・え

問 4　各班の発表後，先生が，日露戦争前にロシアが作成した大連の都市計画を表した**図 4** とその**説明**を示した。それを基にして，生徒の渡辺さんと菊池さんが，**図 4** の大連の特徴について**図 1**〜**図 3** と比較し，分類を試みた。**図 4** の大連をどのように分類するかについて述べた文として最も適当なものを，後の①〜④のうちから一つ選べ。 13

図 4

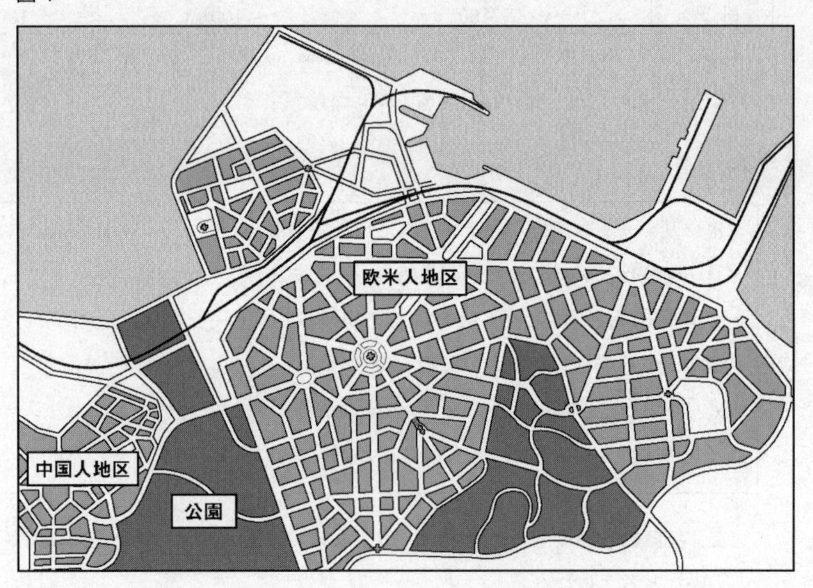

説　明

大連は，パリの都市計画を模範にして，大きな広場から放射状に大通りが延びるよう設計された。広場のある中心部には欧米人の居住区が，公園を挟んで中国人の居住区が，それぞれ設けられる予定だった。

渡辺さんによる分類

あ　イスタンブル　　　　　**い**　北京，ケープタウン

菊池さんによる分類

う　イスタンブル，北京　　　**え**　ケープタウン

① 渡辺さんは，住民ごとに居住地域が区分されていたかどうかで分類しているので，大連は**あ**に入る。

② 渡辺さんは，住民ごとに居住地域が区分されていたかどうかで分類しているので，大連は**い**に入る。

③ 菊池さんは，王朝の首都と列強の国外拠点とに分類しているので，大連は**う**に入る。

④ 菊池さんは，王朝の首都と列強の国外拠点とに分類しているので，大連はいずれにも該当しない。

第3問

世界史探究の授業で，地図を利用しながら，外交や貿易などによって発生する人の移動と，移動ルートの選択とについて，意見を出し合いながら考察した。それぞれの授業における考察に関連した次の文章A・Bを読み，後の問い（問1～5）に答えよ。（資料には，省略したり，改めたりしたところがある。）（配点　15）

A　ある日の授業では，先生が，1123 年に高麗に派遣された宋の使節員が記した見聞録に基づき，宋の使節がたどった海上航路を資料として示した（図 1）。その上で，移動ルートの特徴と背景について，生徒が意見を出し合った。

図1

黄河
宋
ア
高麗
淮河
長江
明州
0　200km
■ 国都
海上航路
運河

あつし：宋の都から高麗の都へ向かうには，北回りで陸路をたどった方が近くて簡単そうに見えます。しかし宋の使節は，遠回りをして，中国南部の明州から船を出し，東シナ海を渡ったわけですね。

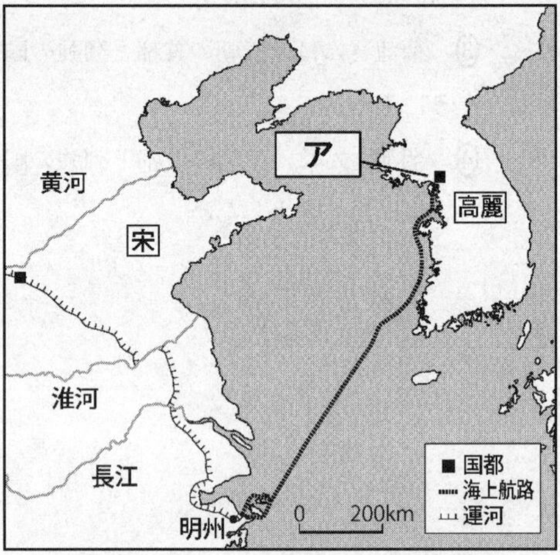

すみれ：当初から両国の使者が陸路で行き来することはなかったようですが，それはⓐ建国以来の宋の北方情勢が関連しているのではないでしょうか。

スンヒ：宋の都と明州は大運河で結ばれていたので，大量の荷物を運ぶ外交使節にとっては内陸水運を利用する方が好都合だったかもしれません。

すみれ：以前の授業で，大運河は［ イ ］の時代に完成し，その工事の負担が［ イ ］の滅亡の一因になったと学びました。しかし大運河自体は，その後の時代にも利用されていたのですね。

みのる：当時，宋の使節が高麗に向かう航海で使用した船に関して，宋側の記録である**資料1**と**資料2**を見つけました。海上交通の安全性や安定性は，どのような人々が運航を担っていたかが重要であると思います。

資料1

従来，朝廷が高麗に使者を送る際には，出立日に先立ち，福建・両浙(注)の長官に委託して，現地の商人の商船を募集して雇い入れてきた。 （注）両浙：おおむね現在の浙江省と江蘇省南部に相当する地域。

資料2

皇帝より詔があり，「高麗王の逝去を弔問する使節の船を運行した船主・船頭であった商人に対し，褒美としてそれぞれ下級の官職を与える」とのことであった。

先　生：皆さんよい着眼点ですね。様々な要因が重なり合って利用ルートが決まっていくと考えられそうです。

問1　図1中の［ア］に入る都市の名**あ**～**う**と，文章中の空欄［イ］に入る王朝について述べた文X・Yとの組合せとして正しいものを，後の①～⑥のうちから一つ選べ。［14］

［ア］に入る都市の名

あ　漢　城　　**い**　開　城　　**う**　開　封

［イ］に入る王朝について述べた文

X　土地税，人頭税，労役などを一括して銀で納める税制を導入した。

Y　地方に置かれた推薦担当官が人材を推薦する制度を廃止し，試験による人材選抜方式を創設した。

① あ ― X　　② あ ― Y　　③ い ― X

④ い ― Y　　⑤ う ― X　　⑥ う ― Y

問２　すみれさんが下線部ⓐのように考えた根拠として最も適当なものを，次の①～④のうちから一つ選べ。 15

① 宋と高麗の間の地域は，スキタイの活動範囲に入っていた。

② 宋と高麗の間の地域には，フラグの率いる遠征軍が侵入していた。

③ 宋と高麗の間の地域では，契丹（キタイ）が勢力を広げていた。

④ 宋と高麗の間の地域には，西夏の支配が及んでいた。

問３　資料１・２を踏まえ，宋が高麗に使節を送る際，船舶がどのように運航されていたかについて述べた文として最も適当なものを，次の①～④のうちから一つ選べ。 16

① 貿易商人の中には倭寇として知られる者もいたため，彼らの護衛を受けて使節が派遣されたと考えられる。

② 皇帝直属の軍隊が強化されたため，その軍船と軍人が使節の派遣に利用されたと考えられる。

③ 軍艦の漕ぎ手として活躍していた都市国家の下層市民が，使節の船にも動員されていたと考えられる。

④ 民間商人の海外渡航が広く許され，彼らの貿易活動が活性化していたので，航海に習熟した商船とその船乗りが使節の派遣に利用されたと考えられる。

B　別の日の授業では，生徒と先生が，ヨーロッパの人々がアジアを目指す試みについての資料を基に，15 世紀末から 16 世紀中頃のイングランド商人によるアジア航路の開拓について話をしている。

先　生：イングランドは 15 世紀の末から，既にあるルートを使わずにアジアを目指そうとしました。なぜそのような航路の開拓を試みたのでしょうか。

みのる：当時，ヨーロッパの諸勢力は，地中海東岸を経由する貿易を通して，アジアの物産を手に入れていました。その後，アジアとの直接貿易を目指し，喜望峰経由でのアジア航路を開拓したと，先日の授業で学びました。

あつし：こうしたアジア航路の開拓に後れを取ったイングランドにとっては，いずれの航路の利用も既存の諸勢力から阻まれていたため，新規の航路開拓を行う必要があったのではないでしょうか。

先　生：そうですね。このような時期に，ⓑ地理学者たちは，イングランド商人たちに様々な地理情報を提供していました。次の**図 2** は，1538 年にネーデルラントのメルカトルが作成した世界地図の一部を抜粋したもので，**記録**は，イタリアのヨヴィウスという人物によるものです。

図 2

記　録

北極海から右岸に沿って航行すると，（中略）船はカタイ(注)に到達する。 （注）カタイ：現在の中国北部に相当すると考えられる地域。

すみれ：なるほど。このような情報があったのなら，一見突飛に思われるルートが考案されたことにもうなずけますね。

先　生：宋の使節もイングランド商人も，当時の国際環境のなか，様々な事情の下で航路を考案し，選択していたことが分かります。

問 4　下線部ⓑに関連して，新航路開拓の背景には，地理学的知識の発展が大きく寄与していたことが知られている。そのことに関して述べた文Ⅰ～Ⅲについて，古いものから年代順に正しく配列したものを，後の①～⑥のうちから一つ選べ。 17

Ⅰ　ある人物は，中国で初めて，アメリカ大陸や大西洋を含む世界地図を作成した。

Ⅱ　ある人物は，本格的に極地探検が競われるなか，初めて北極点に到達した。

Ⅲ　ある人物は，地球球体説に基づいて，大西洋を西に向かうことでアジアへ到達できると主張した。

① Ⅰ ― Ⅱ ― Ⅲ
② Ⅰ ― Ⅲ ― Ⅱ
③ Ⅱ ― Ⅰ ― Ⅲ
④ Ⅱ ― Ⅲ ― Ⅰ
⑤ Ⅲ ― Ⅰ ― Ⅱ
⑥ Ⅲ ― Ⅱ ― Ⅰ

問 5　前の会話文と**図 2** 及び**記録**を参考にしつつ，イングランド商人による既知のルート利用を阻んだ国**あ**・**い**と，次の図中に示した X〜Z のうち，1550 年代のイングランド商人たちが試みた新ルートとして最も適当なものとの組合せとして正しいものを，後の①〜⑥のうちから一つ選べ。 18

阻んだ国

あ　ポルトガル　　　**い**　セルジューク朝

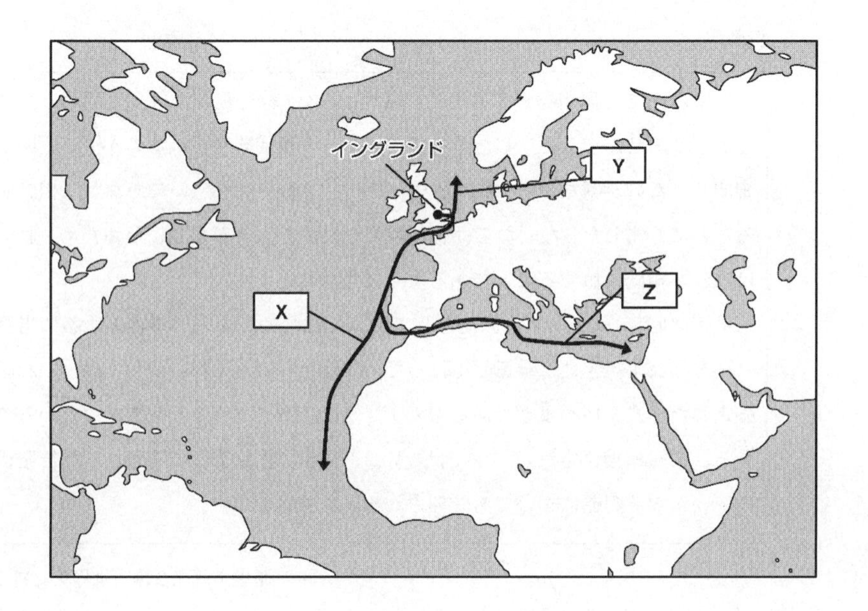

① あ ― X
② あ ― Y
③ あ ― Z
④ い ― X
⑤ い ― Y
⑥ い ― Z

第４問　世界の諸地域における国家と宗教の関係に関する資料について述べた次の文章Ａ～Ｃを読み，後の問い（問１～8）に答えよ。（資料には，省略したり，改めたりしたところがある。）（配点　25）

Ａ　次の**資料１**は，ローマ帝国において，告発されたキリスト教徒への対応をめぐり属州総督と皇帝との間で交わされた書簡である。

資料１

（皇帝に宛てた属州総督の書簡）「私はキリスト教徒裁判には全く関わったことがありませんでした。したがって何が，どの程度罰せられるのか，あるいは審問されるのが常なのか，私は知りません。（中略）私は急いであなたに相談することにしました。なぜならば特に裁判を受ける人々が多数に及ぶため，私にはこれが相談に値することであるように思われたからです」
（皇帝の回答）「キリスト教徒として訴えられた者たちの件を審理するに当たり，君はなすべきことを正しく行った。なぜならば，これに関しては，いわば確定した形式を持つようなあるものを，一般に制定することはできないからである。彼らは捜索されるべきではない。（中略）署名なしに提出された告発状は，いかなる犯罪についても受理されるべきではない」

歴史学研究会編『世界史史料１』

この書簡のやり取りは，ローマ帝国の最大版図を達成した［ア］の時代のものである。告発されたキリスト教徒への対応に苦慮した属州総督は，彼らの行状を調査した上で，皇帝に対応策を問い合わせた。この**資料１**に見られるような皇帝の姿勢もあってキリスト教徒は次第にその数を増し，４世紀末には，ⓐ当時ローマ帝国内で見られた他の宗教を抑えて，事実上，国教の地位を獲得した。その結果，ⓑローマ帝国による地中海支配の終焉（しゅうえん）後も，キリスト教はヨーロッパを中心に大きな影響を持ち続けることになった。

問１　文章中の空欄 ア に入る皇帝の名**あ・い**と，**資料１**から読み取れる皇帝のキリスト教徒に対する姿勢X・Yとの組合せとして正しいものを，後の①〜④のうちから一つ選べ。 19

皇帝の名

あ　アウグストゥス　　　　**い**　トラヤヌス帝

資料１から読み取れる皇帝の姿勢

X　皇帝は，キリスト教徒に対する告発を抑制しようとしている。

Y　皇帝は，キリスト教徒を徹底的に弾圧するよう命じている。

① **あ** ― X
② **あ** ― Y
③ **い** ― X
④ **い** ― Y

問２　下線部ⓐのいずれかについて述べた文として最も適当なものを，次の①〜④のうちから一つ選べ。 20

① ゾロアスター教・仏教・キリスト教の要素を融合した。
② ナーナクが創始した。
③ ボロブドゥール寺院を造営した。
④ 六信五行が義務とされた。

問 3　下線部ⓑについて議論する場合，異なる見方**あ・い**と，それぞれの根拠となり得る出来事として最も適当な文W～Zとの組合せとして正しいものを，後の①～④のうちから一つ選べ。 21

異なる見方

あ　ローマ帝国による地中海地域の統一は，ゲルマン人の大移動で終焉を迎えた。

い　ローマ帝国による地中海地域の統一は，イスラームの勢力拡大で終焉を迎えた。

それぞれの根拠となり得る出来事

W　タキトゥスが，『ゲルマニア』を著した。

X　オドアケルが，西ローマ皇帝を廃位した。

Y　イスラーム勢力が，西ゴート王国を滅ぼした。

Z　イスラーム勢力が，ニハーヴァンドの戦いで勝利した。

① あ ― W　い ― Y
② あ ― W　い ― Z
③ あ ― X　い ― Y
④ あ ― X　い ― Z

B　次の**資料2**は，中国にある仏教石窟の写真である。

資料2

ユニフォトプレス提供

この仏教石窟は，5世紀の末，華北を支配した北魏の文成帝の時代に造られたものである。北魏では，5世紀中頃に廃仏が断行されたが，文成帝は廃仏を停止し，仏教を復興させた。その際，皇帝を崇拝の対象とするため，文成帝は，北魏の歴代皇帝になぞらえた巨大な石仏群を造らせた。これは政治的には，［　イ　］ことにつながった。

その頃，江南を支配していた南朝では，いくつかの王朝が興亡を繰り返すなかで，門閥貴族が主体となって文化が栄えた。ⓒ<u>南朝の文化は，その後も中国文化の基層となった</u>。

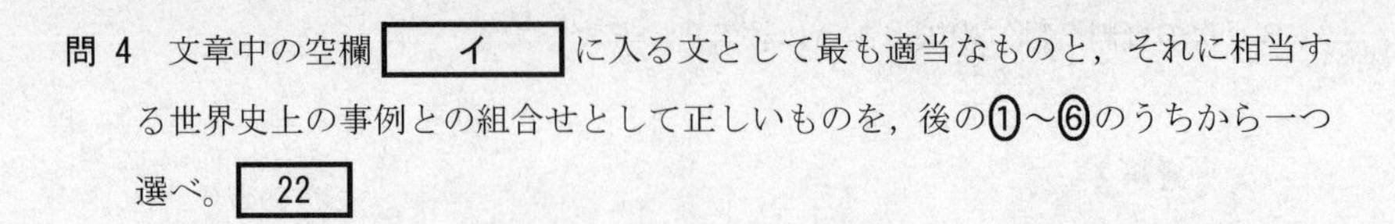

問 4　文章中の空欄 [イ] に入る文として最も適当なものと，それに相当する世界史上の事例との組合せとして正しいものを，後の①～⑥のうちから一つ選べ。 [22]

[イ] に入る文

あ　立憲君主政を樹立する

い　宗教を利用して君主権力を強化する

世界史上の事例

X　イラン革命を経て，ホメイニ（ホメイニー）が最高指導者となった。

Y　イングランドで，ウィリアム 3 世とメアリ 2 世が即位した。

Z　インカ帝国では，皇帝は太陽の化身とされた。

① あ ― X　　② あ ― Y
③ あ ― Z　　④ い ― X
⑤ い ― Y　　⑥ い ― Z

問 5　下線部ⓒについて述べた文として最も適当なものを，次の①～④のうちから一つ選べ。 [23]

① 自然現象を，神話的解釈ではなく，合理的な思考で理解しようとする思想が発展した。

② 旧来の倫理・道徳を批判する，白話を用いた文学作品が登場した。

③ 天文学や医学など諸学問が発達し，数学の分野ではゼロの概念が生み出された。

④ 対句を駆使する華麗な文体の文章が流行し，詩文集が編纂（へんさん）された。

C　次の**資料3**は，フランス第三共和政期の国家と宗教の関係を描いた風刺画である。

フランスでは，18 世紀末の革命で非キリスト教化の動きが見られたが，その後もカトリック教会は影響力を持ち続けた。ナポレオンが宗教協約を結び，ローマ教皇と和解したことは，その要因の一つである。それ以降も，政治体制の転換とともに，国家による宗教の扱いは変化した。そして改めて共和政が敷かれたこの時期に，ⓓ国家と宗教の新たな関係の構築が模索された。ドレフュス事件は，その重要な契機であった。この事件の過程で，教皇を至上の権力とみなす一部のカトリック勢力が，共和派の政治家たちから問題視されたのである。この風刺画は，そうした時代状況を映し出している。

資料3

風刺画の中央左には，斧(おの)を振りかざす共和派の政治家エミール=コンブが描かれている。ⓔ『哲学書簡』の著者として知られる人物によって上空から光で照らされたコンブは，カトリック教会（左手前の冠をかぶった人物）とフランス（腰をかがめている女性）との錯綜(さくそう)した関係を表すロープを一刀両断しようとしている。

こうした展開を経て，フランスでは，1905 年に政治と宗教の分離に関する法律が定められた。

問6 下線部ⓓに関連して，次の**資料4・5**は，世界史上の国家と宗教の関係についての資料である。前の文章中の**宗教協約**の成立時期を含めて，これらの出来事が古いものから年代順に正しく配列されているものを，後の①～⑥のうちから一つ選べ。 24

資料4

ローマ皇帝並びに神聖なる帝国の選帝侯，諸侯らは，帝国のいかなる身分の者に対しても，アウクスブルク信仰告白のゆえに，また，その教義，宗教，信仰のゆえに，迫害をしてはならない。多くの自由都市と帝国都市において，旧教とルター派が以前から行われているので，今後もそのことはこれらの都市において維持されるべきである。

歴史学研究会編『世界史史料5』

資料5

イタリア政府は，現在既に設定されている，ヴァチカン地区における教皇庁の所有権及び排他的かつ絶対的な権限と裁判権を，同庁の付属物や施設とともに承認する。また，本条約の目的とそこに定められた条項に基づき，ヴァチカン市国が創出される。

歴史学研究会編『世界史史料10』

① 資料4 ― 資料5 ― 宗教協約
② 資料4 ― 宗教協約 ― 資料5
③ 資料5 ― 資料4 ― 宗教協約
④ 資料5 ― 宗教協約 ― 資料4
⑤ 宗教協約 ― 資料4 ― 資料5
⑥ 宗教協約 ― 資料5 ― 資料4

問7　下線部ⓔの人物が風刺画に描かれている理由について述べた文として最も適当なものを，次の①～④のうちから一つ選べ。 25

① この人物が，キリスト教信仰を論理的に体系化しようとした，中世ヨーロッパの学問を代表する一人であるから。

② この人物が，禁欲的な修行によって神との一体感を求めようとした，中世に盛んになった宗教思想を代表する一人であるから。

③ この人物が，理性を重んじて古い偏見や権威を打破しようとした，18 世紀に隆盛した思想を代表する一人であるから。

④ この人物が，人間心理の中の無意識に着目した，19 世紀後半に登場した学問を代表する一人であるから。

問 8　前の文章中の 1905 年に定められたフランスの法律と類似する原則は，他の地域や時代においても見られた。そのような事例について述べた文として最も適当なものを，次の①～④のうちから一つ選べ。 26

① イングランドで，国王至上法が定められた。
② ムスタファ=ケマルが，カリフ制を廃止した。
③ インドで，ベンガル分割令が出された。
④ アルタン=ハンが，チベット仏教に帰依した。

第5問

世界史探究の授業で，「　ア　」という主題を設定し，資料を基に生徒が追究して，その内容をレポートにまとめた。次の文章A～Cを読み，後の問い（問1～7）に答えよ。（資料には，省略したり，改めたりしたところがある。）（配点　22）

A　牧さんの班は，中世ヨーロッパで起こった，ある農民反乱に関する二つの年代記を基に，主題を踏まえて考察を行った。次の文章は，その考察をまとめた**レポート**である。

レポート

○ **一つ目の年代記**：（農民反乱の指導者の演説）「農民も貴族も存在せず，全ての人々が一つになるまでは，この国で世の中がうまくいくことはないだろう。領主と呼ばれる彼ら貴族は，いかなる点を根拠に，我々の同類ではなく偉大な支配者であるということになっているのか。アダムが耕し，イヴが紡いだ時，誰が領主であったか。彼らが恵まれた状態を維持できているのは，我々と我々の労働のおかげにほかならない。我々は隷農と呼ばれており，一瞬でも彼らへの奉仕を怠れば打ち叩かれる。国王の下へ行こう！　彼に我々の隷属状態を示し，事態が変更されることを望んでいると伝えよう」

○ **二つ目の年代記**：

※著作権の都合上，引用を省略

○ **まとめ**：これらの年代記に出てくる「隷農」は，当時　イ　。この農民反乱は，　ウ　と考えられる。

問１　文章中の空欄 イ に入る文として最も適当なものを，次の①～④のうちから一つ選べ。 27

① 領主直営地で，賦役に従事していた
② プランテーションで，サトウキビの栽培に従事していた
③ 租・調・庸を課されていた
④ 高率の小作料を納めるシェアクロッパーであった

問２　レポートで扱っている農民反乱の名として適当なものあ・いと，文章中の空欄 ウ に入る文として適当なものＸ・Ｙとの組合せとして正しいものを，後の①～④のうちから一つ選べ。 28

農民反乱の名

あ　ワット=タイラーの乱　　　い　プガチョフの乱

ウ に入る文

Ｘ　君主政の廃止を要求している
Ｙ　身分制度の改変を要求している

① あ ― Ｘ
② あ ― Ｙ
③ い ― Ｘ
④ い ― Ｙ

B　佐々木さんの班は，近代アジアの女性に関する資料を基に，主題を踏まえて考察を行った。次の文章は，その考察をまとめた**レポート**である。

レポート

カルティニ（1879〜1904年）は，ジャワ島中部で貴族の家庭に生まれ育った女性である。現地のヨーロッパ人小学校で学んだ後に，書籍や雑誌を通じて思索を深めていった。彼女は，ジャワや宗主国で発行された［エ］語雑誌への記事執筆や文通などを通じて，女性の地位向上などジャワ社会の変革を目指して活動したが，その道のりは平坦(へいたん)なものではなかった。次に引用する手紙からは，彼女の思想の持つ複雑さと重層性を読み取ることができる。 雑誌社が何度も私の書簡を掲載させてくれと頼んできたのも，なぜかと言えば，宣伝のためですよ。生粋の東洋の娘，“本物のジャワ人少女”からの手紙，ヨーロッパ文明になじみつつある東洋人の考えがヨーロッパ語の一つで書かれてあるなんて，ああ，なんて彼らにとって魅力的ではありませんか。 この皮肉に満ちた一節は，彼女が，自身の言論活動が宗主国の人々からどのように認識されていたのかを自覚していることと，それに対する彼女の強い嫌悪感とを示している。にもかかわらず，カルティニが［エ］語での言論活動を続けたのは，彼女が生きた時代に見られた植民地支配の変化によって，彼女の言論活動が可能になったことを認識しており，これを続けることが，女性の地位向上などを達成するのに最良だと考えたからであろう。 私たちはここから，様々な制約や困難に直面しながらも，よりよい方法を見つけ出して最大限に利用しようとする彼女のしたたかさを学ぶことができる。

問3　文章中の空欄 エ に入る言語を推測する根拠となる事柄について述べた文として最も適当なものを，次の①～④のうちから一つ選べ。 29

① 多くの中国系労働者が，東南アジアに流入していた。
② インドネシアでは，イスラーム教徒が最大多数だった。
③ ヨーロッパの宮廷では，フランス語が広く用いられていた。
④ ジャワ島は，オランダが支配していた。

問4　**レポート**を参考にしつつ，カルティニの言論活動を可能とした植民地支配の変化**あ**・**い**と，カルティニが宗主国の人々の認識に嫌悪感を抱いた背景X・Yとの組合せとして正しいものを，後の①～④のうちから一つ選べ。 30

植民地支配の変化

あ　宗主国が，植民地住民の福祉や教育を重視するようになった。
い　宗主国が，植民地での重化学工業の発展を重視するようになった。

カルティニが嫌悪感を抱いた背景

X　宗主国の人々が，支配地域における人々の文明化を責務と考えていたこと。
Y　宗主国の人々が，農業の集団化や工業の国有化によって，社会主義の実現を目指したこと。

① あ ― X
② あ ― Y
③ い ― X
④ い ― Y

C　サンチェスさんの班は，1960 年代のアメリカ合衆国で盛り上がりを見せた反戦運動に着目し，**表**や**グラフ**などの資料を準備して，主題を踏まえて考察を行った。次の文章は，その考察をまとめた**レポート**である。

レポート

【探究における課題】

当時のアメリカ合衆国において，**オ** で行われた戦争に対する反対運動に参加した人々の意見は，政治にどのような影響を与えたのだろうか。

表　**オ** への米軍派遣に対する支持率の推移　　　（単位：%）

世論調査 時期	1965 年 8 月	1966 年 9 月	1967 年 10 月	1968 年 8 月	1969 年 9 月	1970 年 5 月	1971 年 5 月
賛成	61	48	44	35	32	36	28
反対	24	35	46	53	58	56	61

(Gallup, November 17, 2000 の記事より作成)

グラフ　**オ** での米軍の年間死傷者数　　　（単位：人）

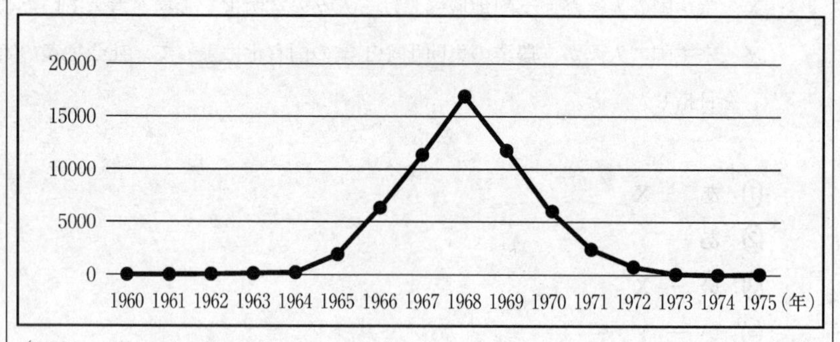

(Military Records, The U.S. National Archives and Records Administration より作成)

【まとめ】

○　戦争の激化や長期化により米軍の死傷者が増加したことと，この戦争への米軍派遣に対する支持率の推移とは，一定の関連があると考えられる。

○　平和を希求する世論や，この戦争に対する国際的な非難の高まりなどを背景に，その後，アメリカ合衆国はパリで和平協定を結び，この戦争から撤退することとなった。

○ⓐ同じ時期のアメリカ合衆国では，市民が世論の形成を通じて社会の変革を促しており，それも［オ］反戦運動の盛り上がりに影響したと考えられる。

問5　次の図中に示したa～dのうち，文章中の空欄［オ］の地域の位置として最も適当なものを，後の①～④のうちから一つ選べ。［31］

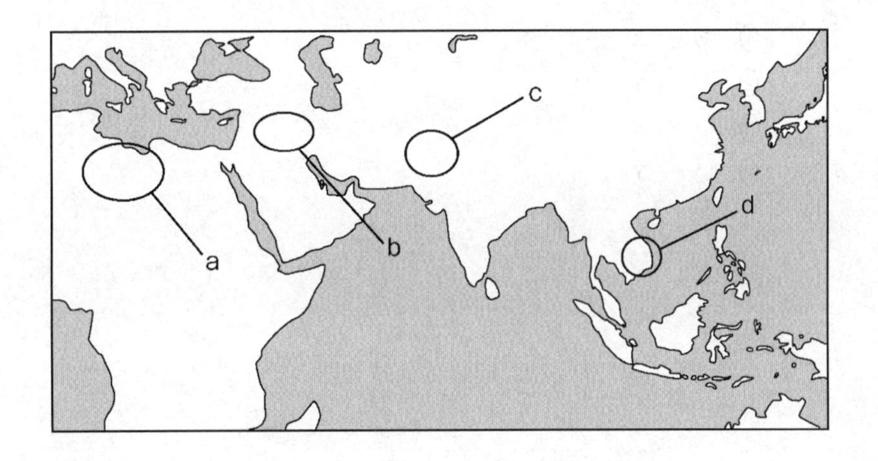

① a

② b

③ c

④ d

問 6　レポートを基に判断できる内容**あ**・**い**と，下線部ⓐの事例として最も適当なものX・Yとの組合せとして正しいものを，後の①～④のうちから一つ選べ。 32

レポートを基に判断できる内容

あ　米軍の年間死傷者数が 10000 人を超えてから，北爆が開始された。

い　世論調査で反対が賛成を初めて上回った時期より後に，米軍の年間死傷者数がピークに達している。

下線部ⓐの事例

X　黒人差別に反対する公民権運動が起こった。

Y　女性参政権を求める運動が起こった。

① あ ― X
② あ ― Y
③ い ― X
④ い ― Y

問7　三つの**レポート**の内容を参考に，**第5問**冒頭の空欄 [ア] に入る主題として適当なもの**あ・い**と，その主題をさらに追究するための世界史上の出来事として最も適当なものX～Zとの組合せとして正しいものを，後の①～⑥のうちから一つ選べ。[33]

[ア] に入る主題

あ　世界史上において，反乱や動乱，運動などに関わった人々は，どのような社会を望んだのだろうか

い　世界史上において，君主や統治者は，どのような意図で，様々な改革を行ったのだろうか

主題をさらに追究するための世界史上の出来事

X　フランスとオーストリアが，従来の外交政策を転換した外交革命

Y　秦の始皇帝が行った，度量衡の統一

Z　「独立万歳」を叫ぶ民衆のデモが，朝鮮全土に広がった運動

① あ ― X
② あ ― Y
③ あ ― Z
④ い ― X
⑤ い ― Y
⑥ い ― Z

2024

共通テスト
本試験

世界史B

解答時間 60 分
配点 100 点

世　界　史　B

（解答番号 1 ～ 33）

第１問　世界史上，様々な地域や時代に見られた体制と制度について述べた次の文章A～Cを読み，後の問い（問１～９）に答えよ。（配点　27）

A　中国では，王や皇帝の一族を，制度上どのように位置づけるか，たびたび議論された。次の**資料１・２**は，始皇帝の御前で，周の統治制度の是非をめぐって行われた議論について記した『史記』の一節，**資料３**は，清の初めの史論『読通鑑論（どくつがんろん）』の一節の概要である。（引用文には，省略したり，改めたりしたところがある。）

資料１

　李斯は，「周王朝を開いた文王と武王は，一族や功臣の多くに，封土を分け与えて諸侯としましたが，その後疎遠となって攻撃し合い，周王は制御できませんでした。今天下は陛下のお力により，皆中央から官僚を派遣するようになりました。一族や功臣は制御しやすいように，国家に収められる租税によって厚く手当てするのが，太平をもたらす方策です。諸侯を置くのは良くありません」と，言った。始皇帝は，「天下は諸侯や王がいたため，争乱に苦しんだ。李斯の意見が正しい」と，言った。

資料２

　博士の一人が進み出て，「私が聞くところによると，周王朝が長く続いたのは，一族や功臣に封土を分け与えて諸侯とし，王室を補佐する枝葉としたためです。今陛下は天下を領有していますが，一族は一介の庶民にすぎません。反逆を企てる臣下が現れた場合，帝室を補佐する者もいないのに，どうして救い合うことができるでしょうか」と，述べた。

資料３

西晋では一族を王として，肉親同士が争い合った。天下の兵は皆皇帝に統率されていたのに，西晋が諸王に兵を授け，争乱の火種としたのはなぜか。魏が一族をないがしろにし，実権を握る臣下がそれに乗じたのに懲りたためである。

中国では，**資料１・２**と同様の議論がその後も見られる。例えば，**資料３**では，臣下であった［ア］に魏が皇帝の位を奪われたことに鑑みて採られた方策の弊害について述べる。しかし，別の箇所では，わずか三代で滅びた魏に対して，晋が江南に逃れた後，百年存続したことを挙げて，その方策の「優劣は明らかである」とも述べる。

また，ⓐ明の初めの官僚には，一族の諸王を目下の重大な問題としてとらえ，「古を引いて今を証する」と述べながら，前漢と西晋の先例を挙げて警鐘を鳴らす者もいた。

中国では，現実の問題に対処するため，様々な権力を一族に分与することもあった。ただし，それが後に争乱の火種となり，分権の弊害が現れることもあった。このように，一族に対する分権は，利害両面のある「諸刃の剣」であった。

問１　**資料１・２**の内容について述べた文として最も適当なものを，次の①～④のうちから一つ選べ。［１］

① **資料１**で，李斯は，封建制の下で，周の一族や功臣が互いに疎遠になり，周王が制御できなくなったことを，戦乱の原因として挙げている。

② **資料１**で，李斯は，郡県制の下で，周が一族や功臣を国家の租税により手厚く養ったことを，戦乱の原因として挙げている。

③ **資料２**で，博士の一人は，一族に政治上の権力を持たせないことを，封建制の利点として挙げている。

④ **資料２**で，博士の一人は，一族が帝室を補佐する担い手となることを，郡県制の利点として挙げている。

問２　文章中の空欄 ア に入れる人物の名と，**資料３**で説明されている争乱の名との組合せとして正しいものを，次の①～④のうちから一つ選べ。 2

① ア ― 呉三桂　　**争乱の名** ― 三藩の乱
② ア ― 呉三桂　　**争乱の名** ― 八王の乱
③ ア ― 司馬炎　　**争乱の名** ― 三藩の乱
④ ア ― 司馬炎　　**争乱の名** ― 八王の乱

問３　下線部ⓐに関連して，前の文章を参考にしつつ，明の初めの官僚が先例として挙げたと考えられる争乱の名**あ**～**う**と，一族に対する分権の弊害が現れた出来事について述べた文**X**・**Y**との組合せとして正しいものを，後の①～⑥のうちから一つ選べ。 3

争　乱
あ　黄巾の乱
い　赤眉の乱
う　呉楚七国の乱

出来事
X　朱元璋が頭角を現し，皇帝として即位するに至った争乱
Y　建文帝に反発した永楽帝が，皇帝として即位するに至った争乱

① あ ― X
② あ ― Y
③ い ― X
④ い ― Y
⑤ う ― X
⑥ う ― Y

B　次の**資料1・2**は，イングランドの国王エドワード（証聖王）の死後に，イングランドあるいはノルマンディーで見られた政治的動きに関して，それぞれの地域で書かれた記録である。（引用文には，省略したり，改めたりしたところがある。）

資料1

イングランド人の誉れ，平和をもたらす王エドワードは，23年間と6か月の統治の後，ロンドンで死去した。その翌日，エドワードが葬られると，副王であるハロルド(注1)が，イングランド中の最有力の貴族たちによって国王に選ばれた。彼は，エドワード王が死の前に，王国の継承者として指名していた人物であった。そして葬儀と同じ日に，ハロルドは，ヨーク大司教によって，国王にふさわしく正式に聖別(注2)された。王国の統治を開始するとすぐに，ハロルドは，不正な法を廃止して正しい法の制定に取り掛かった。また教会の保護者となり，敬虔で慎(つつ)ましく，悪しき者を憎み，陸と海で祖国の防衛に努めた。

(注1)　ハロルド ― イングランド国王ハロルド2世のこと。
(注2)　聖別 ― 国王の即位に際して，聖職者が執り行う塗油の儀式のこと。

資料2

ⓑノルマンディー公は，道理にかなったやり方で遠征の準備を進めたいと望んだ。彼は聖職者をローマ教皇のもとに送り，ハロルドがどのように彼に仕えたか，そして自ら行った宣誓を破り，嘘をついたかを説明させた。というのもハロルドは彼の娘を娶(めと)らず，またエドワードが彼に与えた王国を譲らなかった，ハロルドもそのことを認めて宣誓していたにもかかわらず，である。それゆえ聖なる教会の見解に従って，この偽証者を罰する許可を与え給(たま)え。もしノルマンディー公がイングランドを征服することを神がお望みなら，彼は聖ペテロからイングランドを受け取り，その結果，神以外のいかなる者に仕えることもないであろうと。それで教皇はノルマンディー公に征服の許可を与え，旗を送った。

資料１・２からは，イングランドとノルマンディーとの間で，ハロルド２世の王位継承に対する認識の違いがあったことが分かる。このことが，ノルマンディー公による1066年のイングランド征服の一因となった。これは後世まで語り継がれる歴史的大事件として，人々の記憶に深く刻まれることになる。しかしこの事件が起こるよりも前からすでに，王国の政治は，ブリテン島の海の向こうの諸勢力と連動しつつ展開していた。そもそも彼よりも半世紀前にイングランドの王位を奪取した，デンマーク出身の人物がいた。また，イングランドを統一したウェセックス王家は，積極的に北西ヨーロッパの家門と婚姻関係を作り上げていた。例えば10世紀の王エセルスタンの異母妹は［イ］の最初の妻であったが，［イ］は後にローマ教皇から戴冠され，これが神聖ローマ帝国の起源とされる。さらに証聖王とノルマンディー公は，証聖王の母を通じて血縁に当たり，証聖王自身も若い頃にノルマンディーに亡命した過去を持つ。これらの事実が示すのは，Ⓒ<u>イングランド王国の歴史を，ヨーロッパ史という広い文脈のなかで理解する</u>必要があるということである。

問４　文章中の空欄［イ］の人物について述べた文として最も適当なものを，次の①～④のうちから一つ選べ。［4］

① メロヴィング家の王を廃位した。
② レオ３世によって戴冠された。
③ カタラウヌムの戦いに勝利した。
④ マジャール人を撃退した。

問５　下線部ⓑの人物の名**あ**・**い**と，**資料**１・２から読み取れる内容について述べた文**X**～**Z**との組合せとして正しいものを，後の①～⑥のうちから一つ選べ。 5

下線部ⓑの人物の名

あ　ウィリアム　　　**い**　クヌート(カヌート)

資料１・２から読み取れる内容

X　**資料**１によれば，ハロルド２世は，証聖王によって後継者に指名されることなく，また王国の有力者によって選出されることもないままに，国王の座についた。

Y　**資料**２によれば，証聖王がノルマンディー公に王位を譲る約束をしていたにもかかわらず，ハロルドが宣誓を破って即位したことから，ハロルドの王位継承は許されない。

Z　**資料**１はノルマンディー側の認識を示し，**資料**２はイングランド側の認識を記述したものである。

① **あ**－**X**　② **あ**－**Y**　③ **あ**－**Z**
④ **い**－**X**　⑤ **い**－**Y**　⑥ **い**－**Z**

問６　下線部ⓒに関連して，イングランドとヨーロッパの他地域との関係について述べた文として最も適当なものを，次の①～④のうちから一つ選べ。 6

① エリザベス１世が，フェリペ２世と結婚した。

② 羊毛(原羊毛)が，イングランドからフランドル地方へ輸出された。

③ ジョン王が，フィリップ４世と争って敗れ，フランスにおける領地の大半を失った。

④ 共和政期のイングランドで出された大陸封鎖令は，英蘭戦争の引き金になった。

C　次の文章は，イギリスにおける福祉制度の改革の歴史について述べたものである。（引用文には，省略したり，改めたりしたところがある。）

19 世紀後半に入りイギリスでは，公的な年金制度の導入が本格的に議論されるようになった。その際，ⓓ重要な先例と考えられたのが，ドイツの老齢年金制度であった。ドイツでは，後に「世界政策」の名の下に海軍を増強した皇帝の治世下で，同制度が導入されている。

こうしたドイツの先例を踏まえて，イギリスでは 1908 年に老齢年金法が成立した。このことによって，公的な年金制度が開始された。この年金制度の導入を主導したのは，かつて首相グラッドストンが率いた政党であった。

第二次世界大戦以降も，イギリスではその時々の経済的，社会的状況に鑑みて，年金制度を含めた福祉制度に対して様々な改革が行われた。次の**資料**は，20 世紀に国営企業の民営化を推し進めた首相が，社会保障費などに関わる福祉制度の改革を行った後に，インタビューに答えた時のものである。

資　料

あまりにも多くの子どもや大人たちが，自分たちの問題を社会に転嫁しています。でも社会とは誰のことを指すのでしょうか。社会などというものは存在しないのです。存在するのは，個々の男と女ですし，家族です。そして，最初に人々が自分たちの面倒を見ようとしない限りは，どんな政府だって何もできはしないのです。自分で自分の世話をするのは私たちの義務です。それから，自分たちの隣人の面倒を見ようとするのも同じように義務です。最初に義務を果たさないならば，権利などというものは存在しないのです。

歴史学研究会編『世界史史料 11』

問 7　下線部ⓓに関連して，前の文章を参考にしつつ，次の年表に示した **a** ～ **d** の時期のうち，ドイツでの老齢年金制度の導入時期として正しいものを，後の①～④のうちから一つ選べ。　7

a
1834 年　ドイツ関税同盟が発足した。
b
1871 年　ビスマルクが文化闘争を開始した。
c
1912 年　ドイツ社会民主党が，帝国議会選挙で第一党に躍進した。
d

① **a**

② **b**

③ **c**

④ **d**

問 8　前の文章を参考にしつつ，イギリスで公的な年金制度の導入を主導した政党について述べた文として最も適当なものを，次の①～④のうちから一つ選べ。
8

① アイルランド自治法案を議会に提出した。

② マクドナルドが率いる保守党とともに，連立政権を成立させた。

③ スエズ運河会社の株を買収した。

④ フェビアン協会を基盤の一つとして結成された。

問 9　前の文章を参考にしつつ，インタビューで**資料**のように答えた首相の名**あ**・**い**と，その人物が行った改革の内容として推測できることについて述べた文**X**～**Z**との組合せとして正しいものを，後の①～⑥のうちから一つ選べ。

9

首相の名

あ　アトリー

い　サッチャー

改革の内容

X　「ゆりかごから墓場まで」と言われた福祉制度を充実させた。

Y　貧民を救済するための救貧法を制定した。

Z　「小さな政府」を実現すべく，社会保障費を見直した。

①　**あ**－**X**

②　**あ**－**Y**

③　**あ**－**Z**

④　**い**－**X**

⑤　**い**－**Y**

⑥　**い**－**Z**

第2問 世界史における諸勢力の支配や拡大について述べた次の文章**A**～**C**を読み，後の問い(**問**1～8)に答えよ。(配点　23)

A 高町さんは，アレクサンドロス大王のアジア支配をゼミで発表することにした。古代の著作家の作品を調べていくと，アジアの人々や文化に対してアレクサンドロス大王が異なる態度をとっていたことが分かった。次の**資料**1～4は，それらの態度について触れている作品の一部を要約したものである。

資料1

> アレクサンドロスはバビロンに入ると，かつての支配者によって破壊された諸神殿，なかでもバビロンの人々が他の神々よりも尊崇するメソポタミアのある神の神殿を再建するよう指示した。彼はその神の神官たちに会い，この都市の祭祀(さいし)に関しては彼らの指示どおりに実施した。

資料2

> アレクサンドロスによる征服の後，ペルシアの諸地域の子どもたちはソフォクレスやエウリピデスの劇作品を歌うことを学んだ。また彼は，70以上の都市を異民族の土地に建設した。こうして，東方の未開で野蛮な生活習俗を克服した。

資料3

> アレクサンドロスは，ペルセポリスの宮殿を焼き払った。その理由として，およそ150年前にペルシア人がギリシアを攻撃し，アテネの神殿を焼き払った報復だと，彼は主張した。

資料4

> アレクサンドロスは次第にペルシア風の衣装をまとい，その宮廷儀礼を採り入れるようになった。そのことに不満を抱いていた部下の一人が，宴会の席でアレクサンドロスはその父フィリッポス2世の功績に劣ると発言した。アレクサンドロスはその発言に怒り，酒に酔った勢いもあって，彼を刺殺してしまった。

問 1 **資料**1～4について述べた文として最も適当なものを，次の①～④のうちから一つ選べ。 10

① アレクサンドロス大王は，自身が滅ぼした王朝によるバビロン捕囚に対抗して，バビロンで**資料**1に見られる宗教的に寛容な政策を採った。
② **資料**2によれば，アレクサンドロス大王による征服の後，アテネで上演されていた悲劇作家の作品がペルシアでも学ばれた。
③ アレクサンドロス大王がペルセポリスの宮殿を破壊したのは，**資料**3によれば，ペロポネソス戦争でのギリシアの被害に対する報復であった。
④ **資料**4によれば，デロス同盟を率いた自らの父に劣ると言われ，アレクサンドロス大王は激怒した。

問 2 高町さんは発表の準備を進めていくうちに，**資料**1～4がアレクサンドロス大王に対する後世の様々な評価の根拠になっていることに気付いた。次の**評価Ⅰ・Ⅱ**は，そうしたアレクサンドロス大王に対する評価の一例である。それぞれの評価がなされた時代背景について述べた後の文**あ**と**い**の正誤の組合せとして正しいものを，後の①～④のうちから一つ選べ。 11

評　価

Ⅰ　共和政末期のローマの知識人は，「アジアの風習で堕落した暴君」と否定的に評価した。
Ⅱ　19世紀後半のヨーロッパのある歴史家は，「アジアを文明化した使徒」と肯定的に評価した。

時代背景

あ　**評価Ⅰ**の時代には，アジアで成立したマニ教がローマ領内で広がった。
い　**評価Ⅱ**の時代には，帝国主義によるヨーロッパ列強の植民地獲得が「文明化の使命（文明的使命）」の名目で正当化された。

① あ－正　い－正　　② あ－正　い－誤
③ あ－誤　い－正　　④ あ－誤　い－誤

B　次の**資料１～３**は，19 世紀におけるアメリカ合衆国の領土に関する法律の一部である。（引用文には，省略したり，改めたりしたところがある。）

資料１

ⓐミシシッピ川以西のルイジアナの中で，本法令によって規定された　ア　州の領土を除く，北緯 36 度 30 分以北の部分においては奴隷制度や意に反する労役を，正当な宣告を受けたものの犯罪に対する罰則を除いては，ここに未来永劫(えいごう)にわたって禁止する。

資料２

大統領は，いずれの州または準州(注)にも含まれず，所有権が消滅している土地を幾つかの地域に区分し，インディアンの部族が現在居住している土地の代替地を選択して移住させることができる法を定める権限を有する。

（注）　準州 ― 白人男性人口５千人で準州とされ，６万人で州に昇格し，連邦加盟が可能になった。

資料３

ネブラスカ準州の名で暫定的な行政区を構成する本法の真の意図と目的は，州及び準州に奴隷制度を法的に確立するものでも，逆に禁止するものでもなく，住民が，自らの政府を自らの意志に基づいて統制するために，完全なる自由な状態に置かれることにある。

資料１～３　歴史学研究会編『世界史史料７』

問３　下線部ⓐの地域をアメリカ合衆国に譲渡した国の名と，文章中の空欄　ア　に入れる語との組合せとして正しいものを，次の①～④のうちから一つ選べ。　12

① **国の名** ― スペイン　　**ア** ― テキサス
② **国の名** ― スペイン　　**ア** ― ミズーリ
③ **国の名** ― フランス　　**ア** ― テキサス
④ **国の名** ― フランス　　**ア** ― ミズーリ

問 4　次のあ・いは，それぞれ**資料**2・3の法律の名である。**あ**・**い**と，それぞれが作られた理由や背景として考えられることを述べた文**X**～**Z**との組合せとして正しいものを，後の①～⑥のうちから一つ選べ。**なお，正しいものは複数あるが，解答は一つでよい。** 13

法律の名

あ　先住民の強制移住法(インディアン強制移住法)

い　カンザス＝ネブラスカ法

法律が作られた理由や背景として考えられること

X　北緯36度30分以北に奴隷州を作らないという規制を廃止するため。

Y　西部出身のジャクソンが大統領に当選した。

Z　一定の条件を満たす入植者に，国有地を無償で与えるため。

① あ－X　② あ－Y　③ あ－Z
④ い－X　⑤ い－Y　⑥ い－Z

問 5　**問4で選んだ解答に基づき**，それぞれの法律が施行されたことがきっかけとなって起こった事柄について述べた文として最も適当なものを，次の①～⑥のうちから一つ選べ。 14

① 「涙の旅路(涙の踏みわけ道)」として知られる悲劇を生んだ。
② ホームステッド法(自営農地法)が制定された。
③ アメリカ労働総同盟が結成された。
④ 棍棒外交が展開された。
⑤ 共和党が結成された。
⑥ 連邦派と反連邦派が対立した。

C　次の**資料**は，朝鮮戦争における休戦交渉に先立って，スターリンが毛沢東に宛てて発した電報の一部である。(引用文には，省略したり，改めたりしたところがある。)

資　料

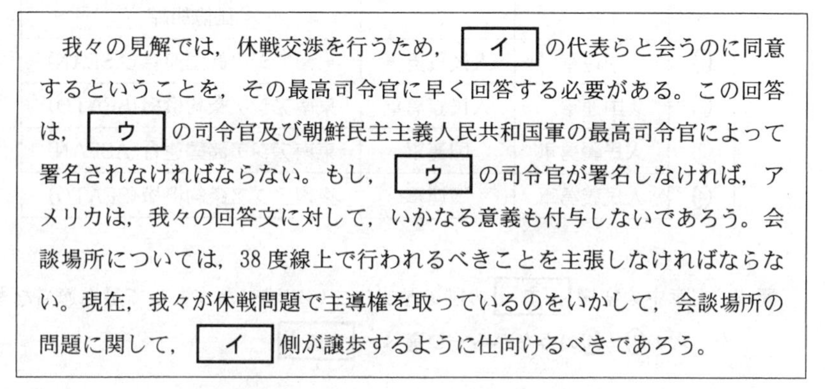
我々の見解では，休戦交渉を行うため，［イ］の代表らと会うのに同意するということを，その最高司令官に早く回答する必要がある。この回答は，［ウ］の司令官及び朝鮮民主主義人民共和国軍の最高司令官によって署名されなければならない。もし，［ウ］の司令官が署名しなければ，アメリカは，我々の回答文に対して，いかなる意義も付与しないであろう。会談場所については，38度線上で行われるべきことを主張しなければならない。現在，我々が休戦問題で主導権を取っているのをいかして，会談場所の問題に関して，［イ］側が譲歩するように仕向けるべきであろう。

この戦争は，［ウ］が派遣されて戦闘に加わることとなった結果，実質的に中国とアメリカ合衆国との間の「熱い戦争」へとその性格が変わっていった。開始される休戦交渉が実質を伴う協議であることを，まずは敵にきちんと示すべきだとして，スターリンは，**資料**の前半に見えるような指示を毛沢東に与えたと理解される。

ヨーロッパでくすぶりだした東西勢力の対立は，1948年2月に［エ］で共産党のクーデタが起こって同党が政権を掌握したこと，及び同年にソ連がベルリンを封鎖したことなどによって決定的となった。そして朝鮮戦争をきっかけに，それはついに世界化してしまったのである。こうした状況を受けて，アメリカ合衆国は，アジア圏で社会主義国がさらに増加することを阻止しようとして，ⓑアジア・太平洋地域においても安全保障体制の構築を目指したのである。

一方，この戦争は中国の社会主義化を加速させる契機ともなった。毛沢東は中華人民共和国建国当初から「ソ連一辺倒」の外交方針を打ち出していたが，内政面においてもソ連に倣って社会主義国家の建設を急ぐようになった。経済政策においては，ⓒソ連をモデルにして，第1次五か年計画が立案され，朝鮮戦争の休戦協定が成立した年に実行された。

問 6　文章中の空欄 イ と ウ に入れる語と，下線部ⓑのためにアメリカ合衆国も参加して結成された国際組織の名との組合せとして正しいものを，次の①～④のうちから一つ選べ。 15

	イ	ウ	国際組織
①	国連軍	人民義勇軍	東南アジア諸国連合(ASEAN)
②	国連軍	人民義勇軍	東南アジア条約機構(SEATO)
③	人民義勇軍	国連軍	東南アジア諸国連合(ASEAN)
④	人民義勇軍	国連軍	東南アジア条約機構(SEATO)

問 7　文章中の空欄 エ の国の歴史について述べた文として最も適当なものを，次の①～④のうちから一つ選べ。 16

① スターリン批判が伝わると，ポズナニで暴動が起こった。
② 独裁体制を敷いていたチャウシェスクが処刑された。
③ 社会党のブルムを首相とする人民戦線政府が成立した。
④ ドプチェクの指導の下，自由化(民主化)を推進する運動が展開した。

問 8　下線部©に関連して，次の**グラフ**は，中国の第１次五か年計画における各部門に対する投資額の割合を表したものである。この**グラフ**から読み取れる内容**あ**・**い**と，ソ連の第１次五か年計画について述べた文として最も適当なもの**X**～**Z**との組合せとして正しいものを，後の①～⑥のうちから一つ選べ。
17

グラフ

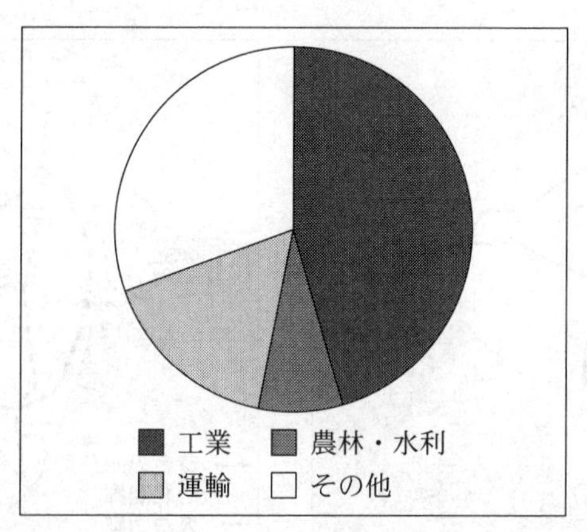

（中華人民共和国国家統計局編『中華人民共和国経済・文化統計』より作成）

グラフから読み取れる内容

あ　農林・水利と運輸への投資額を合わせると，全体の５割を超えている。

い　農林・水利と工業への投資額を合わせると，全体の５割を超えている。

ソ連の第１次五か年計画について述べた文

X　戦時共産主義の下で，穀物を強制的に徴発した。

Y　重工業の発展を目指した。

Z　農業調整法(AAA)を制定し，農産物の生産量を調整した。

①　あ ― **X**	②　あ ― **Y**	③　あ ― **Z**
④　い ― **X**	⑤　い ― **Y**	⑥　い ― **Z**

第3問　交通の発達は，社会のあり方に大きな影響を与えてきた。このことについて述べた次の文章**A～C**を読み，後の問い（**問**1～7）に答えよ。（配点　22）

A　インド亜大陸における交通の歴史について，陸路をテーマに，ゼミで学生と教授が会話をしている。（図には，省略したり，加工したりしたところがある。）

図1

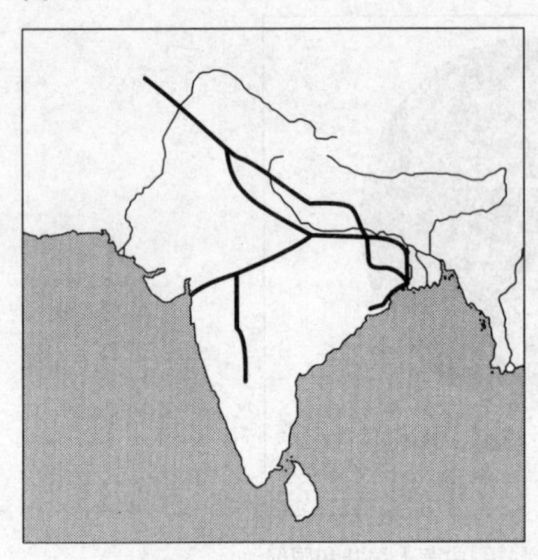

図2

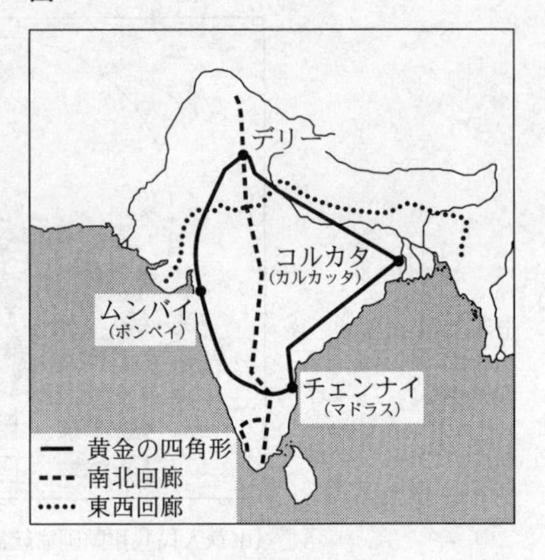

教　授：図1はマウリヤ朝の［　ア　］治世下における主要道を再現した略図です。何か気付くことはありますか。

本　間：北インドと南インドは歴史や文化面で違いがあると高校の時に学びました。すでにこの時代に両地域を結ぶ陸路があったのですね。

石　塚：農業生産性の高い北インドの平原を結ぶ道は，ここからさらに中央アジアまで延びていましたよね。

教　授：二人とも良い着眼点です。図1で示した主要道は当時のマウリヤ朝のおおよその範囲を表しています。［　ア　］は自らの統治理念を刻ませた磨崖碑や石柱碑の多くを，主要道の終点付近の境界域や主要道沿いの重要拠点に置きました。

池　野：なるほど，人の目に付くところに碑文があったのですね。ところで，古代の主要道はそのまま現在も使われているのでしょうか。

教　授：参考に，現在のインドの主要な高速道路網を描いた**図２**と見比べてみましょう。

本　間：**図１**と異なって，**図２**の高速道路網は，インド亜大陸を囲んでいるように見えます。

教　授：「黄金の四角形」と呼ばれる高速道路で，主要な大都市圏を結んでいます。

池　野：内陸のⓐデリーは13世紀頃から近世にかけての中心都市でしたが，その後，新たに開発された沿岸の都市の方が重要になりましたよね。確か沿岸の都市を起点に鉄道が内陸に延びていきました。

石　塚：港や鉄道や道路が発展する背景に，物量が格段に増えたこともありますよね。デリーが再びインドの中心になったのは，内陸の交通網の整備が進んだことも関係しているように思います。

教　授：1911年以降デリーがインド帝国の首都になったことで，政治的な重要性を増しました。さて，今日の話の内容をまとめてみましょう。

問１　文章中の空欄　**ア**　の人物の治世に起こった出来事について述べた文として最も適当なものを，次の①～④のうちから一つ選べ。　**18**

① デカン高原に成立したサータヴァーハナ朝と交流した。
② 中央アジアから遊牧民エフタルの侵入があった。
③ 仏典結集が行われた。
④ 東晋から法顕が訪れた。

問２　下線部ⓐについて述べた文として最も適当なものを，次の①～④のうちから一つ選べ。　**19**

① この地で第１回インド国民会議が開催された。
② この地で開催されたインド国民会議で，４綱領が決議された。
③ この地にタージ＝マハルが建造された。
④ この地に奴隷王朝の首都が置かれた。

問 3　学生たちがまとめた次の**メモ1・2**の正誤について述べた文として最も適当なものを，後の①～④のうちから一つ選べ。 20

メモ1

図1の南部に延びる主要道をたどっていくと，マウリヤ朝の支配領域がインド亜大陸の南端にまで及んでいたことが分かる。

メモ2

図2に見られる「黄金の四角形」は，かつてのイギリス植民地の拠点として発展した沿岸の大都市をつないでいることが分かる。

① **メモ1**のみ正しい。
② **メモ2**のみ正しい。
③ 二つとも正しい。
④ 二つとも誤っている。

B　アメリカ合衆国では，20 世紀に入って，交通手段の変化が進行した。1910 年代には，農村部の道路建設を促進するため，連邦政府が各州政府を援助できるようにする法律が制定された。この法律は冷戦下で改正され，国防政策の一環として全国に幹線道路網を整備することを目的としたものとなり，その結果として，高速道路の整備が進んだ。また，第二次世界大戦中に発達した航空技術は，戦後には民間航空の成長を促し，アメリカ合衆国では長距離の国内移動の手段として，航空機の利用が増加した。

次の**グラフ**は，1912 年から 1970 年までのアメリカ合衆国における鉄道を利用した旅客輸送量及び貨物輸送量の変化を示したものである。この**グラフ**からも，交通手段の変化が鉄道の輸送量に及ぼした影響が読み取れる。

グラフ

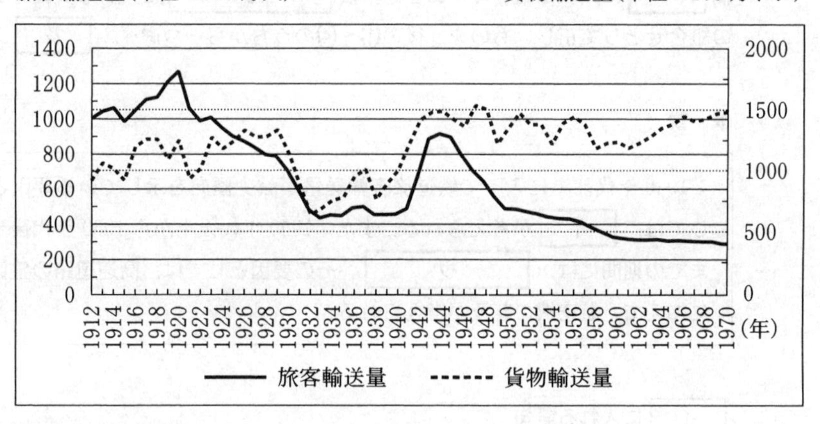

(『アメリカ歴史統計』より作成)

問 4　次の文あ～うは，**グラフ**で示された時期にアメリカ合衆国で起こった出来事である。これらが年代の古いものから順に正しく配列されているものを，後の①～⑥のうちから一つ選べ。 21

あ　債務国から債権国に転じた。
い　イギリスへの支援を目的とする武器貸与法が成立した。
う　テネシー川流域開発公社(TVA)が設立された。

① あ→い→う　② あ→う→い　③ い→あ→う
④ い→う→あ　⑤ う→あ→い　⑥ う→い→あ

問 5　前の文章と**グラフ**からは，アメリカ合衆国の鉄道の旅客輸送量及び貨物輸送量の変化について，次のような**仮説**を導き出すことができる。次の**仮説**中の空欄 イ に入れる語句え・おと，空欄 ウ に入れる文**X**・**Y**との組合せとして正しいものを，後の①～④のうちから一つ選べ。 22

仮　説

1920年代前半に入って鉄道旅客輸送量が減少傾向を示している要因としては， イ が考えられる。また，1940年代後半から1960年代後半までの期間には， ウ 。その要因としては，高速道路の整備に加えて，航空機の普及が考えられる。

イ に入れる語句
え　戦時経済への移行　　お　自動車の普及

ウ に入れる文
X　貨物輸送量とは異なり，旅客輸送量は減少傾向が続いている
Y　貨物輸送量と同様に，旅客輸送量も減少傾向が続いている

① え－X　② え－Y　③ お－X　④ お－Y

C　あるクラスで，ロシアの歴史と文化についての授業が行われている。（引用文には，省略したり，改めたりしたところがある。）

先　生：次の**資料1**及び**資料2**は，19世紀ロシアの作曲家であるチャイコフスキー宛に，彼のパトロンだったナジェージダ＝フォン＝メックが書いた手紙です。気が付いたことを指摘してください。

資料1

> 私たちのロシア政府は再び方針転換して，［エ］，オーストリアとの同盟という古くからの政策にまた戻りました。これは道理にかなっているかもしれませんが，全然好感が持てませんし，脆弱(ぜいじゃく)なものに思えます。こうした友好は，ヴィルヘルム帝が存命の間しか続かないでしょうし，彼が亡くなれば，ロシアは［エ］から痛い目に遭わされることになります。もちろん，フランスは自国の事情から，ロシアとの同盟がなくてもロシアを助けてくれるでしょうが，フランスと仲良くした方が良いのは確かです。（1884年2月25日）

資料2

> 実際物分かりの悪いフランスは，助かるためにはロシアと同盟するしかないということを，理解していません。フランスの大手の新聞『フィガロ』紙は，ブルガリアの問題でロシアの政策に反対する記事を載せています。何たる愚かな！（1886年9月22日）

藤　井：**資料1**の冒頭で触れられている同盟は1873年に締結されたと世界史の授業で学びましたが，この手紙が書かれたのは1884年ですね。

先　生：この同盟は事実上一度失効した後，1881年に再締結され，1884年に更新されます。**資料1**は1884年の更新を指しています。

西　原：**資料2**では，ⓑフォン＝メックはすごくいら立っていますね。でも本当に，当時のフランスの世論が彼女の言うとおりだったか，調べてみると面白そうだと思いました。

藤　井：彼女の夫は1860年代の鉄道建設で，巨万の富を築いたそうですね。当時のロシアで，鉄道はどの程度建設されていたのでしょうか。

先　生：では，1861 年から 1905 年にかけてのロシアの鉄道の年平均建設距離数を示した**グラフ**を見てみましょう。ここから何か読み取れますか。

西　原：1890 年代後半に大きな山がありますが，これはフォン＝メックが望んでいたこととも，関係していますよね。

先　生：そのとおりです。1890 年代，ロシアには多くの外国資本が流入しましたが，特に露仏同盟を締結した，フランスからの流入が目立っていました。こうした資本が鉄道建設を支えます。

藤　井：私は，1860 年代後半から 1870 年代前半にかけても，山ができているのが意外でした。この時期に，ロシアが鉄道建設を進めたのはなぜなのでしょうか。

先　生：ヒントは，この時期モスクワから黒海北岸にかけて，鉄道建設が進んでいることです。付け加えると，1860 年代後半にロシアは領土の一部をアメリカ合衆国に売却していますが，売却で得た資金も鉄道建設に使われました。これらの情報と授業で学んだことを基に，19 世紀後半のロシアの鉄道建設について調べて，分かったことをまとめてください。

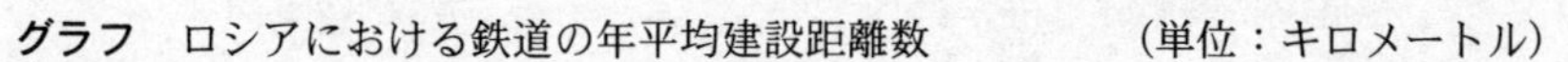

グラフ　ロシアにおける鉄道の年平均建設距離数　　　（単位：キロメートル）

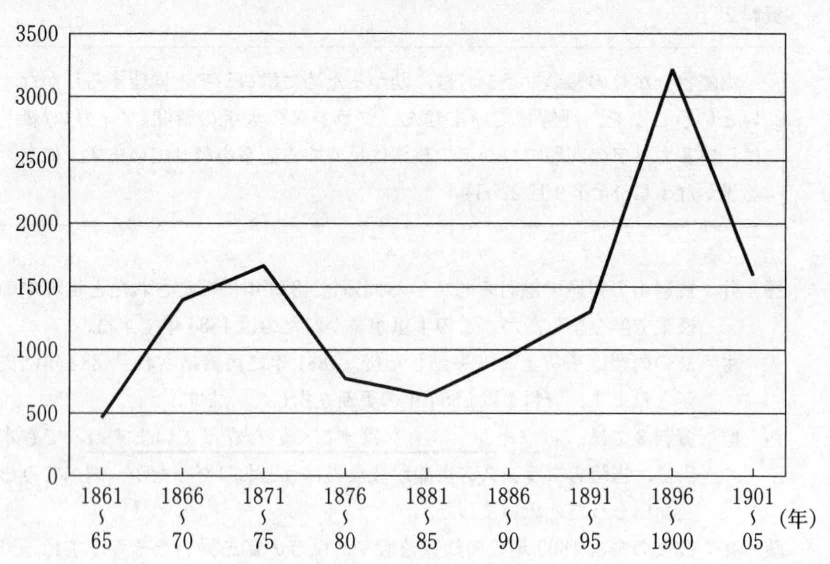

（マルコム＝フォーカス『ロシアの工業化 1700～1914』より作成）

問 6　前の文章を参考にしつつ，文章中の空欄　エ　に入れる国の名**あ・い**と，下線部ⓑの理由と考えられる文**X・Y**との組合せとして正しいものを，後の①～④のうちから一つ選べ。　23

エ　に入れる国の名

あ　ドイツ　　　　**い**　イタリア

下線部ⓑの理由

X　フォン＝メックは，フランスがロシアとの同盟を望むと期待していたが，フランスのメディアが，ロシアに批判的な記事を書いているから。

Y　フォン＝メックは，フランスとロシアの同盟の締結はやめた方が良いと考えているが，フランスがロシアとの同盟を希望しているから。

①　**あ — X**　　②　**あ — Y**　　③　**い — X**　　④　**い — Y**

問 7　前の文章を参考にしつつ，生徒たちがまとめた次の**メモ**の正誤について述べた文として最も適当なものを，後の①～④のうちから一つ選べ。　24

藤井さんのメモ

1860 年代から 1870 年代にかけて，鉄道の年平均建設距離数が伸びているのは，ロシアがクリミア戦争で得た黒海北岸地域において，鉄道建設が進んだためである。一方，1890 年代に年平均建設距離数が伸びているのは，シベリア鉄道の建設のためだと考えられる。

西原さんのメモ

1860 年代から 1870 年代にかけて，ロシア政府は鉄道建設を推進するために，アラスカ売却で得た資金も利用した。一方，1890 年代の鉄道建設を支えたのは，露仏同盟の締結により関係が強化されたフランスをはじめとする外国資本である。

①　藤井さんのみ正しい。　　②　西原さんのみ正しい。
③　二人とも正しい。　　④　二人とも誤っている。

第４問　世界史上の様々な言語や文字と，それを用いた人々の文化やアイデンティティについて述べた次の文章Ａ～Ｃを読み，後の問い（問１～９）に答えよ。（配点　28）

Ａ　教室でタブレットを使って調べ物をしながら，生徒と先生が会話をしている。

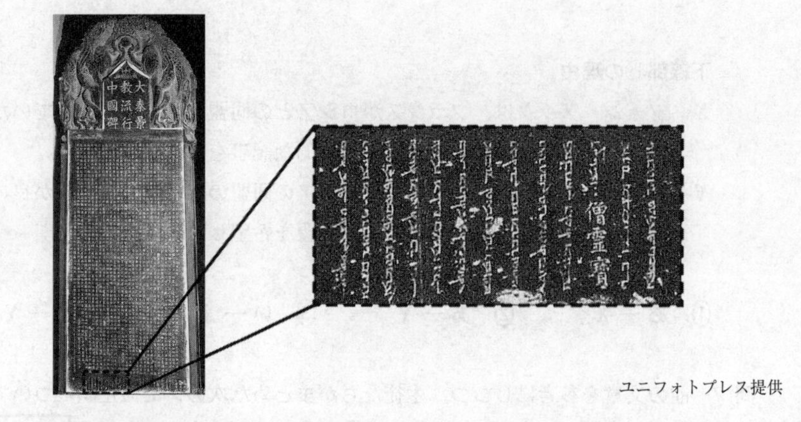

ユニフォトプレス提供

近　藤：インターネットで検索して，唐代の長安で作られた碑の写真を見ていたら，漢字ではない文字が書かれているようです。これは何でしょうか。

先　生：これはシリア文字ですね。シリア語を書き記すのに使われる文字です。シリア語は，アラム語から派生して，西暦１世紀頃から用いられ始め，その後メソポタミア地方一帯においてキリスト教徒によって用いられる言語として広がりました。

相　田：ということは，この碑の制作に関わったキリスト教徒が，シリア語を使っていたということでしょうか。

先　生：そのとおりです。ローマ皇帝［　ア　］による公認以降，ローマ帝国の領域内でキリスト教の教義が議論されていきましたが，ローマ帝国と対立していたササン朝の下では，ローマ帝国内の教会からは独立した教会が形成されていました。それによってキリスト教徒はイラン各地へと広がっていき，その後，中国へも到達していました。彼らの多くが教会で用いる言語としてシリア語を使っていたため，シリア文字が使われたと考えられます。

近　藤：シリア語は，ほかにはどのような時に使われたのでしょうか。

先　生：例えば，8世紀後半のイラクでは，キリスト教徒が，ギリシア語で書かれた論理学の書物をシリア語に翻訳し，カリフの依頼により，それらをさらにアラビア語へと翻訳しました。このシリア語を経由した翻訳活動は，9世紀には，ギリシア語から直接アラビア語に翻訳するという形が広がっていく学術的基盤となりました。

相　田：それでは，ギリシア語からアラビア語への翻訳が普及してしまうと，シリア語は使われなくなったのでしょうか。

先　生：いいえ，シリア語はその後も使われ続け，逆にアラビア語による学術的成果を取り入れるようになりました。11世紀から13世紀には，シリア語でも再び多くの書物が記されるようになり，モンゴル支配下の西アジアにおいて，様々な学術分野の著作がシリア語で書き残されました。

近　藤：ⓐ地域や王朝を越える文化の伝達に，シリア語は大きな役割を果たしていたのですね。

問１　文章中の空欄［ア］の人物の事績**あ**・**い**と，その人物が開催した公会議について述べた文**X**～**Z**との組合せとして正しいものを，後の①～⑥のうちから一つ選べ。［25］

事　績

あ　外敵の侵入に対応するため，軍管区制(テマ制)を導入した。

い　徴税強化のため，コロヌスの移動を禁止した。

公会議について述べた文

X　単性論が異端とされた。

Y　アリウス派が異端とされた。

Z　ネストリウス派が異端とされた。

①　あ ― X　　②　あ ― Y　　③　あ ― Z

④　い ― X　　⑤　い ― Y　　⑥　い ― Z

問 2 下線部ⓐに関連して，地域や王朝を越えて伝えられた文化や制度について述べた文として最も適当なものを，次の①～④のうちから一つ選べ。 26

① ゼロの概念が，ローマからイスラーム世界に伝わった。
② アマルナ美術の影響を受けた細密画(ミニアチュール)が，イスラーム世界で発展した。
③ 教育機関であるマドラサが，イスラーム世界各地で建設された。
④ マムルーク朝で開始されたイクター制が，その後のイスラーム王朝の下でも用いられた。

問 3 前の文章を参考にしつつ，シリア語とそれを用いた人々の歴史について述べた文として最も適当なものを，次の①～④のうちから一つ選べ。 27

① シリア語の表記に使われたシリア文字は，シュメール時代のメソポタミアで用いられた。
② パルティアの下では，シリア語を使っていた西アジアのキリスト教徒からジズヤが徴収された。
③ シリア語を使っていたキリスト教徒が，アッバース朝における学術の発展に寄与した。
④ 第１回十字軍の到来までに，西アジアのキリスト教徒にとって，シリア語の学術言語としての地位は失われていた。

B　コロンブスはイタリアのジェノヴァ人であるという説が現在では定説になっている。しかし 19 世紀には，彼は「スペイン人」であるという説があった。この説の提唱者たちは，コロンブスがほとんどの文書をスペイン語で書いていたことを根拠に，彼が「スペイン人」だと思い込んでいたのである。

それではなぜ，コロンブスは「イタリア語」で書かなかったのか。現在のイタリア語はトスカナ語が基になっているが，彼が生まれ育ったジェノヴァのⓑ言語はトスカナ語とは違う言語であり，しかもジェノヴァの言語は書き言葉を持たなかったからである。

コロンブスが生きていた時代には「国語」は成立しておらず，多言語使用が普通であった。ところがスペインでは，他のヨーロッパ諸国に先駆けて「国語」が成立し，書き言葉として確立しつつあった。そしてスペインの影響を受けたポルトガルの上流階級では，スペイン語で書くことがはやっていた。ⓒ彼は，スペイン王室に航海の支援を求める前に，ポルトガル王室に支援を求めていた。そのためにポルトガルに 10 年ほど滞在し，そこでスペイン語の読み書きを覚えたのである。

問 4　下線部ⓑに関連して，言語と作品に関して述べた文として**誤っているもの**を，次の①～④のうちから一つ選べ。　28

①　ルターが，『新約聖書』をフランス語に翻訳した。

②　ダンテが，『神曲』をトスカナ語（トスカナ地方の口語）で著した。

③　プルタルコスが，『対比列伝』をギリシア語で著した。

④　カエサルが，『ガリア戦記』をラテン語で著した。

問 5　下線部ⓒに関連して，ポルトガル王室は最終的にはコロンブスを支援しなかったが，その理由に関し，推測される仮説として最も適当なものを，次の①～④のうちから一つ選べ。 29

① 自国内のレコンキスタを終結させることに注力していたため，財政的な余裕がなかったからだろう。

② コロンブスの航海は西廻り（まわ）であったため，トルデシリャス条約で定めていたスペインの権益を侵害することになるからだろう。

③ スペイン王がポルトガル王位を継承したため，スペイン王室が支援することになったからだろう。

④ バルトロメウ＝ディアスが喜望峰に到達したため，インド航路開拓のめどが立ったからだろう。

問 6　「コロンブスはスペイン人である」という説は，ある思い込みに基づく誤った説である。前の文章から読み取れる思い込みの内容**あ**・**い**と，その思い込みの背景にある価値観として最も適当なもの**X**・**Y**との組合せとして正しいものを，後の①～④のうちから一つ選べ。 30

前の文章から読み取れる思い込みの内容

あ　スペイン語で書く者はスペイン人である。

い　ジェノヴァはスペインの支配下にあった。

価値観

X　国家は同一の言語・文化を共有する均質な国民によって構成されるべきだという国民国家の価値観

Y　列強は支配地域の拡大を目指して世界を分割すべきだという帝国主義の価値観

① あ ― X
② あ ― Y
③ い ― X
④ い ― Y

C　あるクラスで，書道の授業が行われている。

作　品

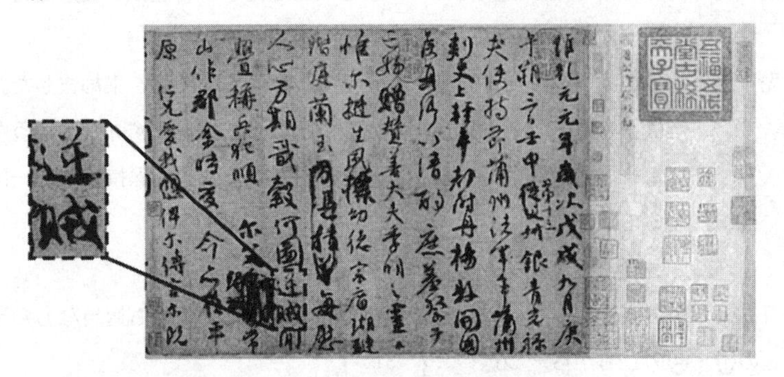

先　生：ここで課題とする**作品**は，顔真卿の「祭姪文稿（さいてつぶんこう）」です。これは，［　イ　］で死んだ甥の遺霊に顔真卿が捧げた文の草稿です。

神　本：［　イ　］は世界史の授業で学びました。**作品**に見える「逆賊」は，安禄山を指しているのでしょうか。

先　生：そのとおりです。

杉　田：顔真卿と言えば，私は以前学んだ堂々とした楷書が好きです。唐代の初めの整った書風とは全然違う印象を持っていますが，顔真卿が活躍した頃は，文化が大きく変化する時期だったのでしょうか。

先　生：良いところに気が付きましたね。8世紀後半の生まれで，［　ウ　］を推奨した韓愈は，王羲之の書を，表面的な美しさを追い求めた「俗書」だと批判しています。

杉　田：文学と芸術の主張がリンクしているのですね。

先　生：そうです。また，宋代に入ってからは，欧陽脩が顔真卿の楷書を人物の反映として高く評価し，蘇軾も顔真卿の書を力強く画期的なものとして書道史に位置づけました。このように顔真卿の書の書きぶりやその評価の有り様をたどっていくと，［　　　エ　　　］という，唐代後半期から宋代にかけての文化の流れをうかがい知ることができますね。

福　村：この**作品**にはたくさんの印が押されていますが，これらは一体何ですか。

先　生：これらの印は，この**作品**を持っていた人や鑑賞した人が押したもので，ひときわ大きな印は清の乾隆帝のものです。

福　村：清の皇帝は確か漢人ではありませんでしたが，書道にも関心を持っていたのですね。

先　生：そうです。乾隆帝は自らも書を嗜(たしな)み，数多くの名品を集めました。乾隆帝はさらにそれらを書道全集にして出版してもいます。このような皇帝による文化事業は，中国の伝統的な書道文化が長く保持された一因と言えるでしょう。

問7　文章中の空欄［イ］の反乱について述べた文として最も適当なものを，次の①～④のうちから一つ選べ。［31］

① 塩の密売人が起こした反乱であった。
② 反乱が鎮圧された後，藩鎮の勢力が減退した。
③ 反乱を鎮圧した節度使が，新たな王朝を創設した。
④ ウイグルの援軍を得て，反乱が鎮圧された。

問8　文章中の空欄［ウ］に入れる語**あ**・**い**と，空欄［エ］に入れる文**X**・**Y**との組合せとして正しいものを，後の①～④のうちから一つ選べ。［32］

［ウ］**に入れる語**

あ　四六駢儷体　　　　**い**　古　文

［エ］**に入れる文**

X　貴族的な形式美を否定的に捉え，力強さや個性を尊重する

Y　貴族的な形式美とともに，力強さや個性を尊重する

① **あ**－**X**　　② **あ**－**Y**
③ **い**－**X**　　④ **い**－**Y**

問 9　福村さんは授業の後に，世界史で学んだことを踏まえて**メモ１・２**を作成した。前の文章を参考にしつつ，**メモ１・２**の正誤について述べた文として最も適当なものを，後の①～④のうちから一つ選べ。 33

メモ1

書道文化へ積極的に関与した乾隆帝は，漢人に対して自由な言論活動を認め，中国の伝統文化を保護した。

メモ2

清の皇帝による中国の伝統文化に対する政策は，北魏の孝文帝により自文化を維持しつつ進められた漢化政策に通じる。

① **メモ1**のみ正しい。
② **メモ2**のみ正しい。
③ 二つとも正しい。
④ 二つとも誤っている。

2023

共通テスト
本試験

世界史B

解答時間 60 分
配点 100 点

世　界　史　B

（解答番号 1 ～ 34 ）

第１問　歴史の中の女性について述べた次の文章Ａ・Ｂを読み，後の問い(問１～６)に答えよ。(配点　16)

Ａ　あるクラスで，各国において女性が全国レベルの参政権を獲得していった歴史についての授業が行われている。

先　生：初めて女性が全国レベルの参政権を獲得したのは1893年のニュージーランドで，オーストラリアがそれに続きます。ただし，いずれの国でも白人女性に限られていました。

室　井：どちらもオセアニアの国ですね。

先　生：女性普通選挙権は1906年にフィンランド，さらにノルウェーで確立されます。

渡　部：今度は北欧ですね。

先　生：これらオセアニアや北欧の国々は，その頃，他国の支配下で自治が拡大するか，独立したばかりでした。例えば，フィンランドは19世紀に，当時帝国だった ア の領土になりましたが，1906年には一院制議会が誕生しました。オセアニアや北欧における女性参政権の実現は，自治拡大や独立の前後に国内の政治的結束が求められる状況と関係していました。また，オセアニアで参政権が白人女性に限られたことは，白人以外への差別の進展と並行していました。

佐　藤：1918年にはイギリス，1919年にはドイツ，1920年にはアメリカ合衆国でも女性参政権が認められます。ただし，認められた女性の割合は国によって様々だったようですね。

先　生：1910年代の世界で最も大きな出来事は何ですか。

佐　藤：第一次世界大戦でしょうか。

先　生：そのとおりです。ⓐ多くの国や地域を巻き込んだ第一次世界大戦では，出征した男性に代わって女性が工場などで働くようになり，社会に進出しました。このことが女性参政権の実現を促します。また，国によっては大戦末期の革命をきっかけに女性参政権が認められました。では，これまでに学んできたことと合わせて，授業の内容をメモにまとめてください。

問１　文章中の空欄［ア］の国の歴史について述べた文として最も適当なものを，次の①～④のうちから一つ選べ。［1］

① ピョートル１世が，北方戦争でイギリスを破った。
② プロイセンとの戦いで，シュレスヴィヒ・ホルシュタイン両公国を失った。
③ 第一次世界大戦後に，ピウスツキ（ピウスツキー）の独裁が行われた。
④ 21世紀に入ると，中国などとともにBRICS（BRICs）と呼ばれた。

問２　下線部ⓐについて述べた文として最も適当なものを，次の①～④のうちから一つ選べ。［2］

① オスマン帝国が，協商国（連合国）側に立って参戦した。
② フランス軍が，タンネンベルクの戦いでドイツ軍の進撃を阻んだ。
③ イギリスが，インドから兵士を動員した。
④ レーニンが，十四か条の平和原則を発表した。

問 3 生徒たちがまとめた次の**メモ**の正誤について述べた文として最も適当なものを，後の①～⑥のうちから一つ選べ。 3

室井さんのメモ

ニュージーランドでは，自治領となった後に女性が全国レベルの参政権を獲得した。

渡部さんのメモ

第一次世界大戦で女性が社会に進出したことが，女性参政権の実現を促し，イギリスでも，1918 年に初めて女性参政権が認められた。

佐藤さんのメモ

アメリカ合衆国では，第一次世界大戦末期のキング牧師による公民権運動をきっかけに初めて女性参政権が認められた。

① 室井さんのみ正しい。
② 渡部さんのみ正しい。
③ 佐藤さんのみ正しい。
④ 室井さんと渡部さんの二人のみが正しい。
⑤ 室井さんと佐藤さんの二人のみが正しい。
⑥ 渡部さんと佐藤さんの二人のみが正しい。

B　ある大学のゼミで，学生たちが，「中国史の中の女性」というテーマで議論をしている。（引用文には，省略したり，改めたりしたところがある。）

藤　田：次の**資料**は，顔之推(がんしすい)が6世紀後半に著した『顔氏家訓(がんしかくん)』という書物の一節で，彼が見た分裂時代の女性の境遇について述べています。

資　料

南方の女性は，ほとんど社交をしない。婚姻を結んだ家同士なのに，十数年経っても互いに顔を合わせたことがなく，ただ使者を送って贈り物をし，挨拶を交わすだけで済ませるということさえある。

これに対し，北方の習慣では，家はもっぱら女性によって維持される。彼女らは訴訟を起こして是非を争い，有力者の家を訪れては頼み込みをする。街路は彼女たちが乗った車であふれ，役所は着飾った彼女たちで混雑する。こうして彼女たちは息子に代わって官職を求め，夫のためにその不遇を訴える。これらは，平城に都が置かれていた時代からの習わしであろうか。

山　口：中国には，「牝鶏(めんどり)が朝(あした)に鳴く」ということわざがあり，女性が国や家の事に口出しするのは禁忌であったと聞きます。**資料**の後半に書かれているように，女性が活発な状況が現れた背景は，いったい何でしょうか。

藤　田：著者の推測に基づくなら，［　イ　］に由来すると考えられます。

中　村：あっ！　ひょっとして，この時代の北方の状況が，中国に女性皇帝が出現する背景となったのでしょうか。

教　授：中村さんがそのように考える根拠は何ですか。

中　村：ええと，それは［　ウ　］からです。

教　授：ほう，よく知っていますね。

山　口：**資料**にあるような女性の活発さが，後に失われてしまうのはなぜでしょうか。

藤　田：ⓑこの時代以降の儒学の普及とともに，**資料**中の南方の女性のような振る舞いが模範的とされていったためと考えられます。

問 4　文章中の空欄 イ に入れる語句として最も適当なものを，次の①～④のうちから一つ選べ。 4

① 西晋を滅ぼした匈奴の風習
② 北魏を建国した鮮卑の風習
③ 貴族が主導した六朝文化
④ 隋による南北統一

問 5　文章中の空欄 ウ に入れる文として最も適当なものを，次の①～④のうちから一つ選べ。 5

① 唐を建てた一族が，北朝の出身であった
② 唐で，政治の担い手が，古い家柄の貴族から科挙官僚へ移った
③ 隋の大運河の完成によって，江南が華北に結び付けられた
④ 北魏で，都が洛陽へと移され，漢化政策が実施された

問 6　下線部ⓑについて述べた文として最も適当なものを，次の①～④のうちから一つ選べ。 6

① 世俗を超越した清談が流行した。
② 董仲舒の提案により，儒学が官学とされた。
③ 寇謙之が教団を作り，仏教に対抗した。
④ 『五経正義』が編纂（へんさん）された。

第２問　世界史上において，君主の地位は様々な形で継承された。それについて述べた次の文章**Ａ**・**Ｂ**を読み，後の問い(**問**１～６)に答えよ。(配点　18)

Ａ　あるクラスで，フランス王家についての授業が行われている。

先　生：次の**図**を見てください。何か読み取れることはありますか。

図

小　林：中央に二つの図柄があります。**左の図柄**は，中世のヨーロッパについて勉強した際に出てきたクレシーの戦いの図版で見たことがあります。

後　藤：ユリの図柄ですよね。フランス軍も，それに敵対したイングランド軍も，ともにこの図柄の入った旗を掲げていました。

先　生：この**図**はアンリ４世から始まる王朝で使用されるようになる紋章ですが，紋章は家系のつながりや統合を表しています。次の**家系図**を見てください。ルイ９世の血筋は，一方はクレシーの戦いに関わったフィリップ６世に，一方はアンリ４世につながります。アンリ３世が死去し家系が断絶すると，アンリ４世が王となり，新しい王朝が始まります。ユリの図柄は，アンリ４世が以前の王朝とつながっていることを明確に表しています。

家系図

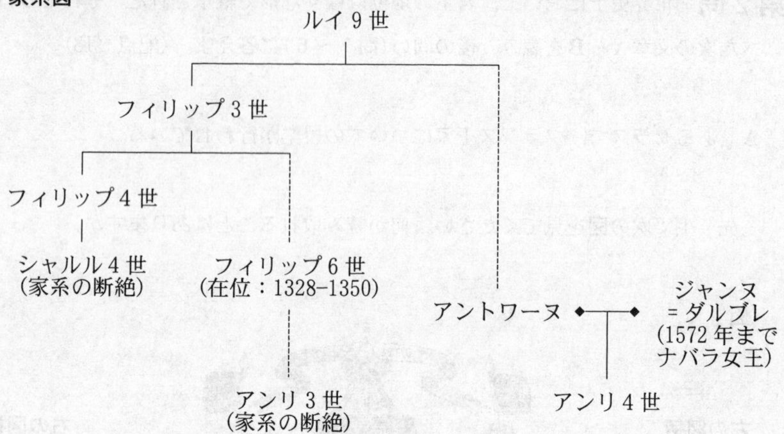

後　藤：では，**右の図柄**は何ですか。

先　生：金の鎖の図柄で，アンリ４世の母方の家系で使用されていた図柄です。アンリ４世は即位前に母から別の国の王位を継承していました。アンリ４世の母はⓐユグノーだったのですが，アンリ４世自身もユグノーであり，国内における宗教対立では，王家と対立する勢力の首領でした。

小　林：アンリ４世は，ナントの王令を出した王だと習いました。この王令が出された背景には，アンリ４世の立場が関係していたんですね。

先　生：こうした紋章は，当時王や貴族だけでなく都市なども独自のものを持っていました。宰相マザランが死去した後，親政を始めた［ア］は，こうした紋章を国家財政の問題を解決する手段として使います。当時，［　イ　］。こうした状況のもと［ア］は『紋章集成』を作成し，そこへの紋章の登録を義務化した上で，登録料を徴収しました。しかし，登録は思ったようには進まず，あまり成果を得られなかったようです。

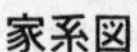

問 1　前の文章と**家系図**を参考にしつつ，前の**図**について述べた文として最も適当なものを，次の①～④のうちから一つ選べ。[7]

① **右の図柄**は，クレシーの戦いにおける旗の図柄と同じである。

② **左の図柄**は，アンリ４世がカペー朝とつながりがあることを表している。

③ フランス王家とイングランド王家との統合を表している。

④ アンリ４世が父からナバラ王位を継承したことを表している。

問 2　下線部ⓐに関連して，ヨーロッパ各地におけるプロテスタントについて述べた文として最も適当なものを，次の①～④のうちから一つ選べ。[8]

① サン＝バルテルミの虐殺により，多くの犠牲者が出た。

② ドイツ農民戦争が，ツヴィングリの指導の下で起こった。

③ ヘンリ７世が，国王至上法(首長法)を制定した。

④ イグナティウス＝ロヨラが，イエズス会を結成した。

問 3　文章中の空欄 [ア] に入れる人物の名**あ**・**い**と，空欄 [イ] に入れる文**X**・**Y**との組合せとして正しいものを，後の①～④のうちから一つ選べ。[9]

[ア] に入れる人物の名

あ　ルイ14世　　　　**い**　ルイ16世

[イ] に入れる文

X　ネッケルによる財政改革が進められていました

Y　度重なる戦争によって戦費が膨れ上がっていました

① **あ**―**X**　　② **あ**―**Y**　　③ **い**―**X**　　④ **い**―**Y**

B　次の**資料１・２**は，ファーティマ朝のカリフについて，後の王朝の二人の歴史家がその正統性を論じた文章の概略である。

資料１

私はファーティマ朝のカリフをこの『カリフたちの歴史』では採り上げなかった。彼らがクライシュ族ではないため，ⓑカリフの資格がないからである。

ある法官によると，彼らの王朝の開祖が北アフリカで王朝を建てた時，アリーの子孫であると自称したが，系譜学者たちは誰一人彼を知らなかったという。また伝えられるところによると，ファーティマ朝の支配者の一人が，［ウ］の支配者に対して侮辱する手紙を送った時，［ウ］の支配者は，「あなたは私たちウマイヤ家の系譜を知っていて，私たちのことを侮辱した。しかし，私たちはあなたたちのことなど知らない」と返答したという。

このようなことから，私は彼らをカリフと認めず，記さなかったのである。

資料２

多くの歴史家に受け取られている愚かな情報の中には，ファーティマ朝カリフがアリーの子孫であることを否定するものがあるが，それは競争相手を非難してアッバース朝カリフに取り入る目的で作られたものである。アッバース朝カリフに仕える人々にとっては，ファーティマ朝にシリアやエジプトを奪われたまま奪還できない無能力を取り繕うのに好都合だったからである。

しかし，アッバース朝カリフがファーティマ朝成立当初に地方総督へ送った手紙の中には，ファーティマ朝カリフの系譜について言及があり，その手紙が，彼らがアリーの子孫であるということをはっきりと証明している。

カリフは，中世のムスリムによって，イスラーム共同体の指導者としてただ一人がその地位に就くとみなされていた。しかし10世紀にファーティマ朝や［ウ］の支配者もカリフを称し，複数のカリフが長期間並立したことで，ムスリムが従うべき正しい指導者は誰かという問題は，さらに複雑なものとなった。

資料１・２の著者を含め，スンナ派の学者たちは，カリフになるための資格に関して，ムスリムであることに加えて，７世紀初頭にメッカに住んでいたクライシュ族の子孫であることも必要な条件であると考えていた。ここで言及されているウマイヤ家もアリー家も，そしてアッバース家も，クライシュ族である。

問 4　文章中の空欄 ウ の王朝が10 世紀に支配していた半島の歴史について述べた文として最も適当なものを，次の①～④のうちから一つ選べ。 10

① トルコ系の人々が，この半島においてルーム＝セルジューク朝を建てた。
② ムラービト朝が，この半島における最後のイスラーム王朝となった。
③ ベルベル人によって建てられたムワッヒド朝が，この半島に進出した。
④ この半島で成立したワッハーブ王国が，ムハンマド＝アリーによって一度滅ぼされた。

問 5　下線部ⓑの歴史について述べた文として最も適当なものを，次の①～④のうちから一つ選べ。 11

① 預言者ムハンマドが死亡すると，アブー＝バクルが初代カリフとなった。
② アブデュルハミト2世が，カリフ制を廃止した。
③ ブワイフ朝の君主はバグダードに入った後，カリフとして権力を握った。
④ サファヴィー朝が，アッバース朝（アッバース家）のカリフを擁立した。

問 6　**資料1・2**を参考にしつつ，ファーティマ朝の歴史とそのカリフについて述べた文として最も適当なものを，次の①～④のうちから一つ選べ。 12

① ファーティマ朝はアッバース朝成立以前に成立した王朝であり，**資料1**は伝聞や逸話に基づいてそのカリフの正統性を否定している。
② ファーティマ朝はスンナ派の一派が建てた王朝であり，**資料1**と**資料2**はともに系譜を根拠としてその支配者がカリフであると認めている。
③ ファーティマ朝はカイロを首都としたが，**資料2**はシリアやエジプトを取り戻せないという無能力によってカリフの資格がないと判断している。
④ ファーティマ朝はアッバース朝の権威を否定していたが，**資料2**はアッバース朝カリフの手紙を証拠としてファーティマ朝のカリフをアリーの子孫だと認めている。

第３問

世界史を学ぶ際には，単に歴史知識を獲得するだけではなく，それに対する疑問や議論を通じて歴史への理解を深めることが重要である。そのような授業や対話の様子について描写した次の文章**A**～**C**を読み，後の問い(**問**１～８)に答えよ。(配点　24)

A　あるクラスで，世界史の授業が行われている。(引用文には，省略したり，改めたりしたところがある。)

先　生：次の**資料**は，かつてフランスの統治者であった人物の没後200年を記念して催されたある行事で，マクロン大統領が行った演説の一部です。

資　料

> イタリア遠征，アウステルリッツの戦闘，ロシア遠征など，彼の名は想像力を至る所で刺激し続けています。軍人，戦略家であるとともに立法者でもある彼の行動と教訓は，今世紀に至るまでなお健在です。パリの凱旋門，ヴァンドーム広場の円柱，イエナ橋，リヴォリ通りなどは，全て彼の功績です。しかし，国民公会が廃止した奴隷制を，彼は復活させました。私たちは，彼の帝国に関して最悪のものを忘却し，最良のものを美化してきたのです。(列席する学生に向けて)あなた方は，フランス人として，その歴史の中にいるのですから，これを学ばねばなりません。

岡　村：トゥサン＝ルヴェルチュールが指導する［　ア　］の独立運動に対して，彼は軍を派遣して弾圧したにもかかわらず，フランスでは，現在でも彼の人気が根強いように感じます。

先　生：彼のドラマのような人生も，魅力の一つなのかもしれませんね。例えば，次の**図**を見てください。ここには，彼が追放されていた地中海の島から脱出し，フランスに帰還する様子が象徴的に描かれているとされます。

岡　村：どうして，そのような場所に追放されていたのでしょうか。

図

先　生：ライプツィヒでフランスに勝利した対仏同盟軍がパリにまで侵攻し，彼を退位に追い込んで，その島に流したのです。しかし，その後にフランスを統治した国王は，反動的な政策を展開したため，国内での人気を落としました。そのことが，**図**の出来事につながる大きな要因になったと考えられています。

岡　村：**図**では，左手を掲げる彼の足下にすがりついたり，ひざまずく人々がいますが，それはなぜでしょうか。

先　生：これらの人々は，彼を迎え撃つために国王が派遣した兵士たちです。兵士たちの間には，彼に対する崇拝の念が強かったと言われます。

岡　村：つまり，兵士たちが寝返った様子が描かれているということでしょうか。

先　生：そのとおりです。

岡　村：彼は，最終的には戦争に負けて捕虜になったのでしたよね。

先　生：そうです。**図**の出来事の後，彼は権力の座に返り咲きましたが，その支配は長続きせず，ついには対仏同盟軍に敗れて［　イ　］に流され，そこで没しました。

問 1　図の出来事が起こった時に，フランスを統治していた国王について述べた文として最も適当なものを，次の①〜④のうちから一つ選べ。 13

① アルジェリアを占領した。

② 恐怖政治を敷いた。

③ 国外逃亡を図り，ヴァレンヌで捕らえられた。

④ 王位に就いて，ブルボン朝が復活した。

問 2　文章中の空欄 ア と イ に入れる地域の位置と，その位置を示す次の図中の **a** 〜 **c** との組合せとして正しいものを，後の①〜⑥のうちから一つ選べ。 14

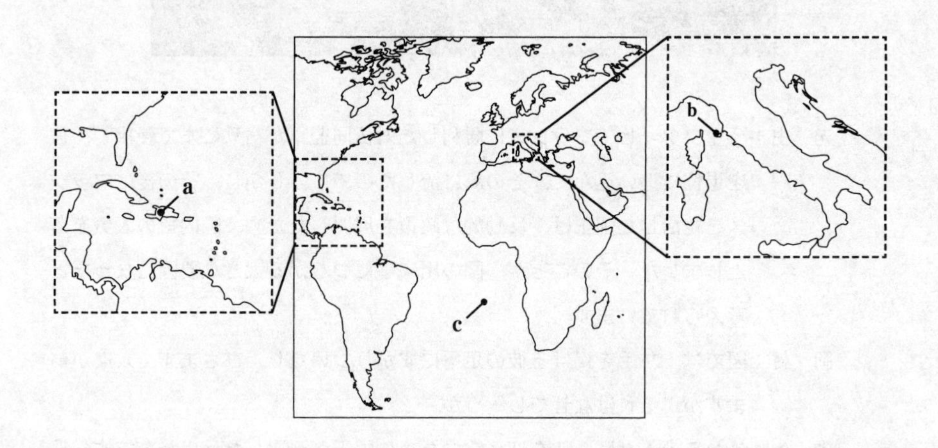

① ア ― **a**　　イ ― **b**

② ア ― **a**　　イ ― **c**

③ ア ― **b**　　イ ― **a**

④ ア ― **b**　　イ ― **c**

⑤ ア ― **c**　　イ ― **a**

⑥ ア ― **c**　　イ ― **b**

B　あるクラスで，科挙に関する授業が行われている。

高　木：中国の科挙について勉強しましたが，子どもの頃から儒学の経典を学んで，何回も受験する人が多いことに驚きました。学校はあったのでしょうか。

先　生：中国では，官立学校で儒学を教え，学生は官吏の候補として養成されました。科挙が定着した後，官立学校は全体に振るいませんでしたが，宋代には私立学校の書院が各地にでき，新しい学問である［ウ］も書院の活動のなかで生まれました。17 世紀の顧炎武は，官立学校の学生身分を持つ者が増え過ぎて社会問題になっていると論じています。

高　木：学生が増えたのが社会問題になったのはなぜでしょうか。

先　生：王朝の交替を目の当たりにした顧炎武は，多くの学生が政治上の争いに加担したことを問題として挙げていますが，それには，彼が同時代のこととして見聞した，書院を拠点とした争いが念頭にありました。

高　木：それは，［エ］ことではないでしょうか。

先　生：そうです。彼はまた，学校教育の停滞も指摘していて，科挙合格のために，当時の官学であった［ウ］を表面的に学ぶことを問題視しました。そこで，学生のあり方や，科挙自体も大幅に改革すべきだと論じています。

吉　田：日本では科挙について議論はなかったのでしょうか。

先　生：江戸時代の儒学者の中には，科挙は文才を重視し過ぎて実際の役に立っていないとして，むしろⓐ中国で科挙の開始より古い時代に行われた人材登用制度を参考にすべきだという意見がありました。日本の社会には中国で理想とされる周代と共通する要素があると考え，周代の制度を参考にして，文才ではなく人柄を重視しようとしたのです。

吉　田：それはもっともな意見ですが，科挙を採用した国もありましたね。そうした国の人はどう考えていたのでしょうか。

先　生：例えば江戸時代の日本を訪れた朝鮮の知識人の一人が，日本には科挙がないので官職が全て世襲で決まり，埋もれた人材がいると書き残しています。日本の儒学者とは反対の意見です。

吉　田：それも納得できます。人材の登用はいろいろな問題があるのですね。

問３　文章中の空欄［ウ］の学問について述べた文として最も適当なものを，次の①～④のうちから一つ選べ。［15］

① 科挙が創設された時代に，書院を中心に新しい学問として興った。
② 金の支配下で，儒教・仏教・道教の三教の調和を説いた。
③ 臨安が都とされた時代に大成され，儒学の経典の中で，特に四書を重視した。
④ 実践を重んじる王守仁が，知行合一の説を唱えた。

問４　文章中の空欄［エ］に入れる文として最も適当なものを，次の①～④のうちから一つ選べ。［16］

① 宗教結社の太平道が，黄巾の乱を起こした
② 和平派の秦檜らと主戦派の岳飛らとが対立した
③ 土木の変で，皇帝が捕らえられた
④ 東林派の人々が，政府を批判した

問５　下線部ⓐについて述べた文**あ**・**い**と，前の文章から読み取れる朝鮮や日本で見られた人材登用制度に関する考えについて述べた文**X**・**Y**との組合せとして正しいものを，後の①～④のうちから一つ選べ。［17］

下線部ⓐについて述べた文

あ　地方長官の推薦による官吏任用が行われ，結果として豪族が政界に進出するようになった。
い　人材が9等級に分けて推薦され，結果として貴族の高官独占が抑制された。

朝鮮や日本で見られた人材登用制度に関する考え

X　朝鮮の知識人が，科挙を採用せず広く人材を求めない日本を批判した。
Y　日本の儒学者が，周の封建制を否定的に考え，科挙の導入を提唱した。

① **あ**－**X**　　② **あ**－**Y**
③ **い**－**X**　　④ **い**－**Y**

C　中国における書籍分類の歴史について，大学生と教授が話をしている。

内　藤：18世紀の中国で編纂（へんさん）された　オ　の「四」という数字はどういう意味ですか。高校では用語として覚えただけで，深く考えませんでした。

教　授：　オ　に収められた書籍が，四つに分類されているためです。これを四部分類と言い，経部・史部・子部・集部からなります。

内　藤：なるほど，例えば儒学の経典なら経部に，歴史書なら史部に分類されているという具合でしょうか。

教　授：そのとおりです。史部について少し具体的に見てみましょう。**資料1**は，7世紀に編纂された『隋書』経籍志（けいせきし）という書籍目録からの抜粋です。

資料1　『隋書』経籍志で史部に掲載されている書籍の一部

『史記』　『漢書』　『後漢書』　『三国志』

内　藤：挙げられたのはいずれも，紀伝体の歴史書ですね。

教　授：よく知っていますね。このうち，『漢書』は1世紀にできた歴史書ですが，その中にも芸文志（げいもんし）という書籍目録があります。そこから，儒学の経典を主に収める分類である六芸略（りくげいりゃく）の書籍を抜粋したのが**資料2**です。

資料2　『漢書』芸文志で六芸略に掲載されている書籍の一部

『易経』　『尚書（書経）』　『春秋』　『太史公』

内　藤：高校で習った五経が含まれていますね。最後の太史公は，人名ですか。

教　授：これは司馬遷のことで，ここでは彼が編纂した『史記』を指します。

内　藤：『史記』は**資料1**では史部なのに，**資料2**では違いますね。分類の名前も違います。もしかして1世紀にはまだ四部分類がなかったのですか。

教　授：そのとおりです。当時は史部という分類自体，存在しませんでした。この分類が独立し，定着していくのは，歴史書の数が増加した3世紀から6世紀にかけてのことです。

内　藤：でも，歴史書の数が増えただけで分類方法まで変わるものでしょうか。『史記』が経典と同じ分類なのも不思議ですし，ちょっと図書館で調べてみます。

問 6　文章中の空欄 オ に入れる語と， オ を編纂した王朝について述べた文との組合せとして正しいものを，次の①～④のうちから一つ選べ。 18

① 『四書大全』― 皇帝に権力を集中させるため，中書省を廃止した。
② 『四書大全』― 漢人男性に辮髪を強制した。
③ 『四庫全書』― 皇帝に権力を集中させるため，中書省を廃止した。
④ 『四庫全書』― 漢人男性に辮髪を強制した。

問 7　次の書籍あ・いが『漢書』芸文志の六芸略に掲載されているかどうかについて述べた文として最も適当なものを，後の①～④のうちから一つ選べ。 19

あ　『詩経』　　　　い　『資治通鑑』

① あのみ掲載されている。
② いのみ掲載されている。
③ 両方とも掲載されている。
④ 両方とも掲載されていない。

問 8　前の文章を参考にしつつ，中国における書籍分類の歴史について述べた文として最も適当なものを，次の①～④のうちから一つ選べ。 20

① 1世紀には『史記』や『漢書』のような歴史書が既に存在し，史部という分類も定着していた。
② 3世紀から6世紀にかけて，木版印刷の技術が普及したことで，史部に含まれる歴史書の数が増加した。
③ 7世紀の書籍目録において，『史記』と同じ分類に，本紀と列伝を主体とする形式の書籍が収められた。
④ 18世紀までには，宣教師の活動によって西洋の学術が中国に伝わり，四部分類は用いられなくなっていた。

第４問　歴史を考察する上で，資料は不可欠である。世界史上の様々な歴史資料について述べた次の文章**Ａ**～**Ｃ**を読み，後の問い(**問**１～８)に答えよ。(配点　24)

Ａ　あるクラスで，次の**貨幣**１・２を基に，授業が行われている。

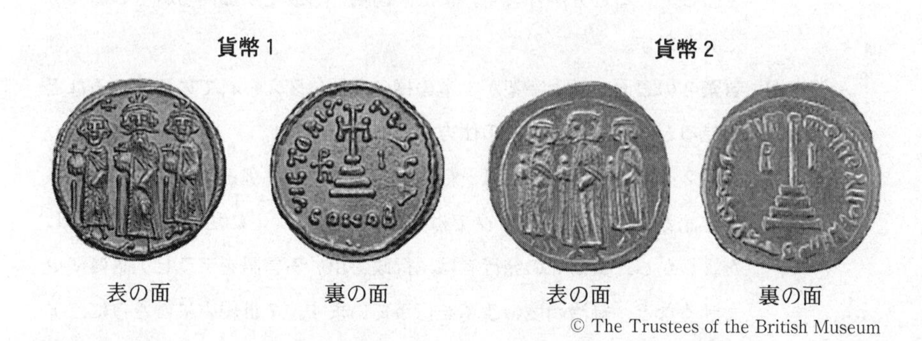

貨幣１　表の面　裏の面

貨幣２　表の面　裏の面

先　生：この２枚の歴史的な貨幣は，東地中海沿岸地域において造られたものです。**貨幣**１と**貨幣**２はとても似ていますが，図柄の細部が異なっています。皆さんが調べてきたことを報告してください。

広　田：**貨幣**１は７世紀前半に，発行国の首都であるコンスタンティノープルで造られた金貨です。ソリドゥスと呼ばれる形式の貨幣で，品質が高いことで知られていました。表の面には，発行当時の皇帝とその共同統治者が描かれ，裏面には，中央に十字架，周縁に皇帝の礼賛文が書かれています。

鈴　木：**貨幣**１と同様の形式の貨幣は，地中海世界において国や地域を超えて信用され，流通していました。西アジア地域では，以前から貨幣の使用が活発でしたので，ムアーウィヤが開いた王朝にも征服地で使用する貨幣の発行が求められたようです。

佐々木：**貨幣２**は，その王朝が**貨幣１**を模倣して，７世紀後半にシリア地域で発行した金貨です。**貨幣２**の表の面には人物像が残っていますが，裏面にはアラビア語の銘文が刻まれ，預言者ムハンマドの名前も見られます。このことから，この王朝の支配者がイスラーム教を信仰していることを主張していると分かります。また，図柄にも改変が加えられているように見えます。

鈴　木：**貨幣２**の裏面で，十字架が１本の棒の図柄に変えられているところなどを見ると，**貨幣２**の模倣の仕方が面白いですね。

先　生：**貨幣２**を発行した王朝では，行政において，シリアとエジプトではギリシア語が，イランとイラクではペルシア語が，主に用いられていました。しかし，**貨幣２**の発行者は，行政で用いる言語をアラビア語に変更させるなど，統治制度の改革を行っています。７世紀末にはさらに，アラビア文字のみが刻まれた独自の貨幣に改めましたが，これも行政で用いる言語の変更と同様の趣旨があると思います。

問１　**貨幣１**を発行した国，または**貨幣２**を発行した王朝について述べた文として最も適当なものを，次の①～④のうちから一つ選べ。 21

① **貨幣１**の発行国では，ゾロアスター教が国教とされた。

② **貨幣２**を発行した王朝は，パルティアを征服した。

③ **貨幣１**の発行国では，ローマ法の集大成が行われた。

④ **貨幣２**を発行した王朝は，バグダードに都を置いた。

問 2　授業の後，生徒たちは授業の内容を基にメモを作成した。前の文章を参考にしつつ，生徒たちがまとめた次の**メモ**の正誤について述べた文として最も適当なものを，後の①～④のうちから一つ選べ。　22

佐々木さんのメモ

貨幣 2 を発行した王朝は，各地で使われていた言語を行政において用いることを認めていたが，**貨幣 2** の発行者はそれをアラビア語に変更するなど，統治制度の改革を進めた。アラビア文字のみが刻まれた独自貨幣の発行も，そのような改革の一例であったと言える。

鈴木さんのメモ

貨幣 2 を発行した王朝は，**貨幣 1** を模倣しながらも，十字架の図柄を改変しコーラン(クルアーン)の言語で刻まれた銘文を採用して，王朝の支配者がイスラーム教を信仰していることも明確に打ち出した。

広田さんのメモ

ソリドゥス金貨は，ヴァンダル王国を滅ぼした皇帝によって発行が始められた。それが地中海世界において国や地域を超えて流通しており，その信用性を利用しようとしたことが，**貨幣 2** が**貨幣 1** を模倣して発行された理由の一つだった。

① 佐々木さんのみ正しい。
② 佐々木さんと鈴木さんの二人のみが正しい。
③ 鈴木さんと広田さんの二人のみが正しい。
④ 三人とも正しい。

B　あるクラスで，資料を用いた古代ギリシアについての授業が行われている。（引用文には，省略したり，改めたりしたところがある。）

先　生：陸上競技のマラソンという種目名が，マラトンの戦いに由来しているという話を聞いたことがある人もいるかもしれません。その話を伝えている次の**資料1・2**を読んで，何か気付いたことはありますか。

資料1

> ヘラクレイデスは，テルシッポスがマラトンの戦いについて知らせに戻ったと記している。しかし，今の多くの人々は，戦場から走ってきたのはエウクレスだと言っている。エウクレスは到着してすぐ，「喜べ，私たちが勝利した」とだけ言って，息絶えた。

資料2

> 言われているところでは，長距離走者のフィリッピデスがマラトンから走ってきて，勝敗についての知らせを待っていた役人に，「喜べ，私たちが勝利した」と言った後，息絶えた。

松　山：**資料1**と**資料2**では，使者の名前が違っています。なぜでしょうか。

先　生：明確な理由は分かりませんが，資料が書かれた時代が手掛かりになります。**資料1**を書いたのは『対比列伝』を著した人物で，**資料2**は別の文人によるものです。二人とも，五賢帝の時代を中心に活躍しました。

松　山：**資料1**と**資料2**は，いずれもマラトンの戦いからかなり後になって書かれたので，正確な情報が伝わっていなかったのかもしれませんね。

先　生：その可能性はあるでしょう。ただし，**資料1**で紹介されているヘラクレイデスはアリストテレスの下で学んでいた人物だと言われています。

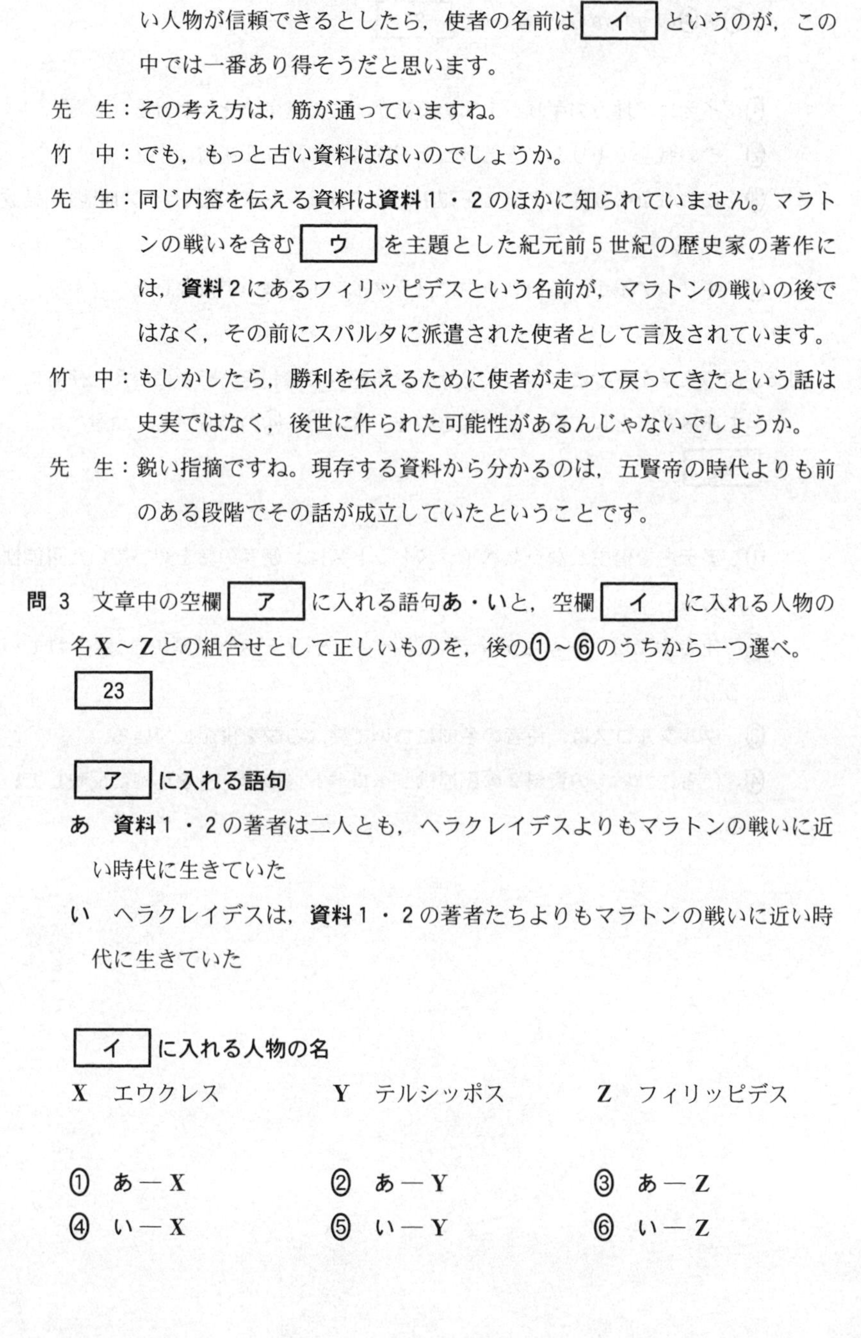

松　山：ということは，[ア]ことになりますね。マラトンの戦いに時代が近い人物が信頼できるとしたら，使者の名前は[イ]というのが，この中では一番あり得そうだと思います。

先　生：その考え方は，筋が通っていますね。

竹　中：でも，もっと古い資料はないのでしょうか。

先　生：同じ内容を伝える資料は**資料**1・2のほかに知られていません。マラトンの戦いを含む[ウ]を主題とした紀元前5世紀の歴史家の著作には，**資料**2にあるフィリッピデスという名前が，マラトンの戦いの後ではなく，その前にスパルタに派遣された使者として言及されています。

竹　中：もしかしたら，勝利を伝えるために使者が走って戻ってきたという話は史実ではなく，後世に作られた可能性があるんじゃないでしょうか。

先　生：鋭い指摘ですね。現存する資料から分かるのは，五賢帝の時代よりも前のある段階でその話が成立していたということです。

問3　文章中の空欄[ア]に入れる語句**あ**・**い**と，空欄[イ]に入れる人物の名**X**～**Z**との組合せとして正しいものを，後の①～⑥のうちから一つ選べ。[23]

[ア]に入れる語句

あ　**資料**1・2の著者は二人とも，ヘラクレイデスよりもマラトンの戦いに近い時代に生きていた

い　ヘラクレイデスは，**資料**1・2の著者たちよりもマラトンの戦いに近い時代に生きていた

[イ]に入れる人物の名

X　エウクレス　　**Y**　テルシッポス　　**Z**　フィリッピデス

①　あ ― X	②　あ ― Y	③　あ ― Z
④　い ― X	⑤　い ― Y	⑥　い ― Z

問４　文章中の空欄 ウ の戦争について述べた文として最も適当なものを，次の①～④のうちから一つ選べ。 24

① イオニア地方のギリシア人の反乱が，この戦争のきっかけとなった。

② この戦争でギリシア人と戦った王朝は，エフタルを滅ぼした。

③ この戦争の後に，アテネを盟主としてコリントス同盟(ヘラス同盟)が結成された。

④ ギリシア軍が，この戦争中にプラタイアイの戦いで敗北した。

問５　前の文章を参考にしつつ，マラトンの戦いの勝利をアテネに伝えた使者について述べた文として最も適当なものを，次の①～④のうちから一つ選べ。 25

① アテネで僭主となったペイシストラトスは，使者の話を知っていた可能性がある。

② 使者の話は，トゥキディデス(トゥキュディデス)の『歴史』に記されている。

③ プルタルコスは，使者の名前について異なる説を併記している。

④ 使者についての**資料２**の記述は，ヘロドトスの『歴史』を正確に反映している。

C　次の**資料**1～3は，ブリテン島の修道士であったベーダが，731年頃に執筆した著作の一部である。（引用文には，省略したり，改めたりしたところがある。）

資料1

マルキアヌス(注1)が即位した年，有力なゲルマンの三つの民が，三艘（そう）の船でブリテン島を訪れた。彼らはサクソン人，アングル人，そしてジュート人(ユート人)であった。

(注1)　カルケドン公会議を開いた皇帝。

資料2

私ことベーダが執筆している今のブリテン島には，五つの言語がある。すなわち，アングル人の言語，ブリトン人(注2)の言語，スコット人(注3)の言語，ピクト人(注4)の言語，そしてラテン語である。

(注2)　ここでは，ウェールズに住み，ケルト語派の言語を話した人々を指す。
(注3)　ここでは，アイルランドやスコットランドに住み，ケルト語派の言語を話した人々を指す。
(注4)　スコットランドに住み，ケルト語派の言語を話したとされる。

資料3

ある日ローマの市場において，若き日の教皇グレゴリウス1世は，色白で端正な顔立ちの，美しい髪をした少年たちが，売りに出されているのを見かけた。グレゴリウスが彼らはどこから連れてこられたのかと尋ねたところ，ブリテン島からであり，そこの住人は皆このような容姿をしているという。彼は再び尋ねた。その島の住人はキリスト教徒か，それとも異教徒なのかと。彼らは異教徒であるとの返事であった。彼らは何という民なのかと，グレゴリウスはさらに尋ねた。アングル人と呼ばれているということであった。これを聞いてグレゴリウスは言った。「ちょうど良い。彼らは天使の顔をしている。彼らのような人々は天にいる天使を継ぐ者であるべきだ。」(注5)

(注5)　発音の類似性から，「アングル人」と「エンジェル(天使)」が掛けられている。

資料１は［ エ ］と呼ばれる歴史的出来事に関する記述である。そこに登場する「ゲルマンの三つの民」は，出身地とされる北西ドイツとその周辺に由来する言語，すなわち英語(注６)を共通の言語としつつ，ブリテン島で多数の政治的共同体を形成した。それらの統合が進んだのは10世紀半ば，西サクソン人の王によってであった。**資料２**は，ブリテン島の言語集団についての説明である。ここで注目したいのが，**資料１**と**資料２**とでは，「アングル人」の意味する内容に違いがあることである。こうした違いの歴史的背景を教えてくれるのが，**資料３**である。そこでは若き日にグレゴリウス１世が，ローマで出会ったアングル人に天使を重ね合わせて，彼らへの布教を決意したとされている。ⓐもとの意味に「布教対象の民」という別の意味が加わった結果，「アングル人」は，ベーダの生きた時代には，教会に導かれるキリスト教徒の共同体であると同時に，英語を話す人々を包括的に表す際の用語ともなっていった。彼らの住む地域は，10世紀末には「アングル人の土地」，すなわちイングランドと呼ばれるようになる。

(注６) 1100年頃まで話されていた古英語のことを指す。

問６ 文章中の空欄［ エ ］に入れる語句と，**資料１**と**資料２**が示す「アングル人」について述べた文**あ**・**い**との組合せとして正しいものを，後の①～④のうちから一つ選べ。［ 26 ］

資料１と資料２が示す「アングル人」について述べた文

あ 大陸から渡来してきた民の一つで，サクソン人やジュート人(ユート人)と並置される集団のことである。

い サクソン人やジュート人(ユート人)をも含めた，共通の言語を話す集団の総称である。

	エ	資料１	資料２
①	東方植民	あ	い
②	東方植民	い	あ
③	ゲルマン人の大移動	あ	い
④	ゲルマン人の大移動	い	あ

問 7　資料１～３で記されている出来事や事柄の年代が，古いものから順に正しく配列されているものを，次の①～⑥のうちから一つ選べ。 27

① 資料１ → 資料２ → 資料３
② 資料１ → 資料３ → 資料２
③ 資料２ → 資料１ → 資料３
④ 資料２ → 資料３ → 資料１
⑤ 資料３ → 資料１ → 資料２
⑥ 資料３ → 資料２ → 資料１

問 8　下線部ⓐに関連して，キリスト教が社会に与えた影響について述べた文として最も適当なものを，次の①～④のうちから一つ選べ。 28

① クローヴィスの改宗によって，フランク王国は，先住のノルマン人の支持を得ることができた。
② 聖職者（司祭）のジョン＝ボールが，「アダムが耕しイヴが紡いだとき，だれが貴族（領主）であったか」と説教し，農民一揆を指導した。
③ コンスタンティヌス帝は，勢力を増したキリスト教徒を統治に取り込むために，統一法を発布した。
④ ボニファティウス８世の提唱した第１回十字軍に，ヨーロッパ各地の諸侯や騎士が参加した。

第5問　歴史統計は，各地の社会経済の構造やその変化を反映している。歴史統計について述べた次の文章**A**・**B**を読み，後の問い(**問**1～6)に答えよ。(配点　18)

A　あるクラスで，世界史の授業が行われている。

先　生：次の**表**は，1929年の東南アジアにおける4つの植民地の主要な輸出先とその比率を示しています。**表**中のインドネシアは，現在のインドネシアに当たる植民地を指します。マラヤ(マレー)には，海峡植民地が含まれています。ここからどのようなことが分かりますか。

表　1929年の東南アジア各地の輸出先とその比率(輸出額上位5地域)　(単位：%)

インドネシア		マラヤ		フィリピン		インドシナ	
マラヤ	28.1	ア	42.2	ア	75.7	香　港	32.1
オランダ	21.0	イギリス	14.3	日　本	4.3	フランス	22.1
ア	14.5	インドネシア	9.4	イギリス	4.3	マラヤ	10.8
インド	5.8	日　本	4.2	中　国	1.9	インドネシア	9.8
イギリス	5.6	フランス	4.1	フランス	1.4	中　国	7.2

(『岩波講座　東南アジア史6』より作成)

石　田：植民地は，宗主国としか貿易できないと思っていましたが，そうでもないですね。4地域の中で宗主国がトップなのは一つだけです。

先　生：そのとおりです。宗主国との貿易の比率が高い地域とそうでない地域があり，輸出品や宗主国によって事情が異なります。ⓐマラヤの宗主国が進めた自由貿易政策は東南アジア全体に影響を与えました。

佐　藤：マラヤは，ア への輸出の比率が高いですね。なぜですか。

先　生：マラヤの主要な輸出品はゴムでした。ⓑ統計が取られた時点で，ア において，ゴムの需要が高まっていたのです。

工　藤：インドシナも特徴的ですね。香港，中国といった東アジアの諸地域や，同じ東南アジアの植民地が上位に名を連ねています。

先　生：インドシナの主要な輸出品は米でした。アジア地域の開発による人口増加に伴い，食糧として米の需要が大きかったと考えられます。

石　田：この時期の東南アジアは植民地として政治的に分割されましたが，経済的には近隣の諸地域との関係が強かったのですね。他の地域でも同じことが言えるのでしょうか。

先　生：それはまた調べてみましょう。東南アジアにおいても，ちょうどこの年にニューヨークで起こった株価暴落を契機として，この構造は変化していくことになります。

問 1　下線部ⓐの歴史について述べた文として最も適当なものを，次の①～④のうちから一つ選べ。 29

① シンガポールを獲得して，東南アジアにおける交易の拠点とした。

② 19 世紀後半に，自国の東インド会社の貿易独占権を廃止した。

③ 清との間に，公行の廃止を定めた北京議定書を結んだ。

④ オタワ会議(オタワ連邦会議)により，スターリング＝ブロック(ポンド＝ブロック)を廃止した。

問 2　文章中の空欄 ア に入れる国の名**あ**・**い**と，下線部ⓑの背景として最も適当な文**X**・**Y**との組合せとして正しいものを，後の①～④のうちから一つ選べ。 30

ア に入れる国の名

あ　ドイツ　　　　**い**　アメリカ合衆国

下線部ⓑの背景として最も適当な文

X　大量生産方式により，自動車の普及が進んだ。

Y　アウトバーンの建設が進められた。

① **あ**－**X**　　② **あ**－**Y**　　③ **い**－**X**　　④ **い**－**Y**

問 3 前の文章を参考にしつつ，1929 年当時の東南アジア各地の経済と貿易について述べた文として最も適当なものを，次の①～④のうちから一つ選べ。 31

① コーヒー栽培が進められたインドネシアは，宗主国向けの輸出額の割合が 4 地域の中で最も低かった。

② ゴムプランテーション(ゴム園)の労働者として移民が流入したマラヤは，インドシナの輸出額上位 5 地域の中に入っていた。

③ フィリピンでは強制栽培制度による商品作物生産がなされており，アジア向けの輸出額は全体の 2 割以下であった。

④ インドシナの輸出額において最大であった地域は，インドシナと同じ宗主国の植民地であった。

B　世界史の授業で，先生と生徒たちが歴史統計を見ながら会話をしている。

先　生：今回の授業では，歴史統計から世界史上の出来事について考えてみましょう。取り上げるのは，産業革命です。ⓒ世界初の産業革命は，イギリスで起こりました。次の**表１・２**は1600年から1801年にかけてのイングランドの人口統計です。これらを見て，どのようなことに気付きましたか。

表１　イングランドの都市人口比率　　　（単位：1000人）

年	1600	1670	1700	1750	1801
イングランド総人口	4110	4980	5060	5770	8660
都市人口合計	335	680	850	1215	2380
都市人口比率(％)	8.25	13.50	17.00	21.00	27.50

（注）　都市人口比率の数値は，原典の数値及び算出方法による。

表２　イングランドの農村農業人口比率　　　（単位：1000人）

年	1600	1670	1700	1750	1801
イングランド総人口	4110	4980	5060	5770	8660
農村農業人口	2870	3010	2780	2640	3140
農村非農業人口	900	1290	1430	1910	3140
農村農業人口100人当たりの総人口(人)	143	165	182	219	276

（**表１・２**ともE. A. Wrigley, *People, Cities and Wealth*より作成）

高　橋：まず，**表１**を見ると，イングランドの総人口は，18世紀後半に急速に増加しています。そして，都市人口も増えています。この前の授業で，マンチェスターやリヴァプールなどの都市が発展したと学びました。

松　山：**表2**を見ると，都市人口だけではなく，農村に住んでいながら農業に従事していない人口も増えていますよね。

先　生：二人ともそのとおりです。**表1・2**の検討をさらに進めましょう。それでは，こうした変化の背景として，当時，何が起こっていたのだと考えられますか。

高　橋：18世紀後半の時期について，［　イ　］ことが読み取れます。それは，当時のイギリスにおいて，［　ウ　］ことで，食料の供給が安定していたためだと考えられないでしょうか。

先　生：そのとおりです。人口統計には，社会や経済の大きな変化が表れているのです。次に**グラフ**を見てください。これは，イギリスやアイルランドからアメリカ合衆国へ渡った移民の数をまとめたものです。

グラフ　イギリスとアイルランドからアメリカ合衆国への移民数

（単位：1000人）

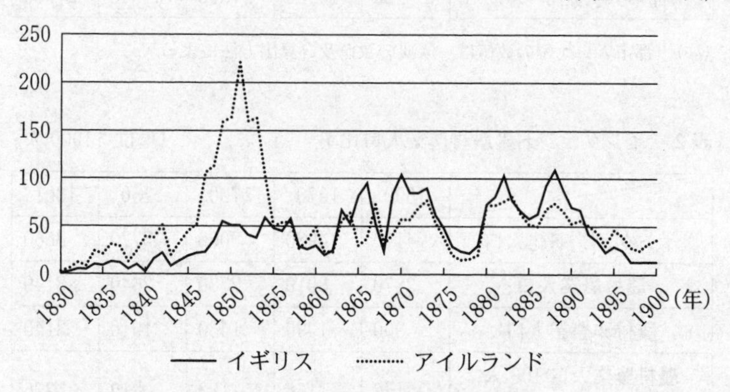

（**グラフ**はB. R. ミッチェル編『イギリス歴史統計』より作成）

松　山：移民の送り出し国や受け入れ国で起こった出来事が移民数の変動に影響しているようですね。グラフを見ると，［　エ　］と思うのですが。

先　生：よく勉強していますね。これらの歴史統計を見ると，産業革命の時期に社会が大きく変化するなかで，イギリスの国内外で人の移動が活発になっていたことがうかがえます。

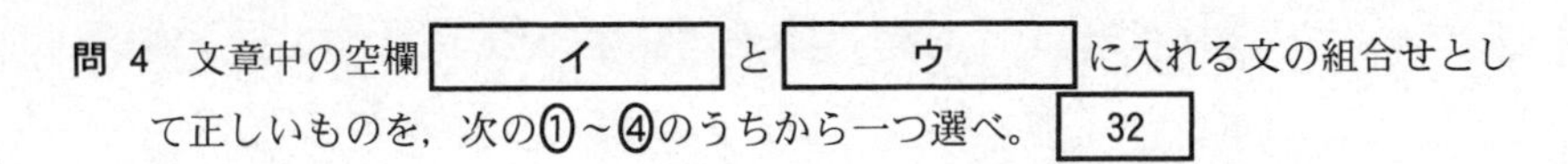

問 4 文章中の空欄 イ と ウ に入れる文の組合せとして正しいものを，次の①～④のうちから一つ選べ。 32

① イ ― 表1を見ると，都市人口比率が上昇している
　ウ ― 土地が囲い込まれ(第２次囲い込み)，新農法が導入された

② イ ― 表1を見ると，都市人口比率が減少している
　ウ ― 鉄道建設が進み，全国的に鉄道の輸送網が完成した

③ イ ― 表2を見ると，農村農業人口100人当たりの総人口が上昇している
　ウ ― 農業調整法(AAA)が制定され，農産物の生産量が調整された

④ イ ― 表2を見ると，農村農業人口100人当たりの総人口が減少している
　ウ ― 穀物法の廃止により，穀物輸入が自由化された

問 5 文章中の空欄 エ に入れる文として最も適当なものを，次の①～④のうちから一つ選べ。 33

① 1840年代中頃にアイルランドで大飢饉(ジャガイモ飢饉)が発生した後，1840年代後半にはアイルランドからの移民は増加している

② 1850年代中頃にアイルランドがクロムウェルにより征服され，土地没収が強行された後，1850年代後半にはアイルランドからの移民は減少している

③ 1870年代初めにアメリカ合衆国で南北戦争が始まった後，1875年のイギリスからの移民は，1870年よりも減少している

④ 1890年代初めにアメリカ合衆国でフロンティアの消滅が宣言された後，1895年のイギリスからの移民は，1890年よりも増加している

問 6 下線部ⓒについて述べた文として最も適当なものを，次の①～④のうちから一つ選べ。 34

① 大西洋の三角貿易を通じて，綿製品，茶，アヘンが取引された。

② ダービーによって開発された，コークスを使用する製鉄法が利用された。

③ 選挙権の拡大を目指して，ラダイト運動(機械打ちこわし運動)が発生した。

④ 1833年の工場法の制定によって，大気や水の汚染問題の改善が図られた。

2023

共通テスト
追試験

世界史B

解答時間 60 分
配点 100 点

世界史Ｂ

（解答番号 1 ～ 33 ）

第１問　世界史上の女性の権力者について述べた次の文章**Ａ**・**Ｂ**を読み，後の問い（問１～６）に答えよ。（配点　18）

Ａ　あるゼミで，大学生がヨーロッパの女性の活躍について発表している。

中　井：ヨーロッパでは主に16世紀以降，各国で女性君主が登場しますが，名誉革命を通じて夫と共同で王位に就いたイギリスの ア もその一人です。そこで私は，この時期のヨーロッパを女性が活躍した社会だと考えました。

横　山：待ってください。女性君主がいても，それが受け入れられていたとは限りません。例えば，ⓐオーストリア継承戦争があり，その後に七年戦争が起こっています。

中　井：でも，国によっては，女性に即位する権利があったことは確かです。

横　山：即位する権利があれば，その社会で女性が活躍しているという見方も検討が必要だと思います。

教　授：面白い論点が出てきましたね。では，女性の立場と権利との関係について，もう少し議論してみましょうか。

中　井：女性君主以外の事例としては，フランス革命初期に女性が活躍したと聞いたことがあります。なんだか，16世紀以降のヨーロッパで一般の女性がどう生きていたのか，興味が湧いてきました。

横　山：しかし，一般の女性について調べるのは難しくはありませんか。

教　授：ではまず，16世紀以降に活躍した，君主でもその配偶者でもない女性の名前を，高校世界史の教科書などから調べてみてください。一般の女性について調べるのは難しくても，著名な女性について知ることができるでしょう。せっかくなので，ここまでに挙がった点に注意しながら，もう一度，発表してみてください。

中　井：分かりました。それでは次回，これまでの議論やアドバイスに従って，女性の活躍の事例を発表してみたいと思います。

問 1　文章中の空欄 ア の人物の治世に起こった出来事について述べた文として最も適当なものを，次の①～④のうちから一つ選べ。 1

① ロンドンで，万国博覧会が開かれた。
② ホイッグ党のウォルポールが，首相に任命された。
③ フェリペ２世との結婚で，カトリックの復活が図られた。
④ 「権利の章典」が制定(承認)された。

問 2　下線部ⓐに関連する出来事について述べた文として最も適当なものを，次の①～④のうちから一つ選べ。 2

① オーストリア継承戦争の結果，ユトレヒト条約が結ばれた。
② プロイセンが，七年戦争でスペインの支援を受けた。
③ オーストリアとフランスとの同盟の締結は，外交革命と呼ばれた。
④ マリ＝アントワネットが，フリードリヒ２世の王妃となった。

問 3　ゼミでの議論を踏まえ，中井さんは後日，ゼミでもう一度発表した。前の文章を参考にしつつ，中井さんが選んだ題材として最も適当なものを，次の①～④のうちから一つ選べ。 3

① 戴冠式でナポレオンに冠を授けられた皇后ジョゼフィーヌ
② 『アンクル＝トムの小屋』を著し，奴隷制を擁護したストウ
③ スパルタクス団を指導したローザ＝ルクセンブルク
④ オルレアンを解放したジャンヌ＝ダルク

B　中国の西安周辺を観光している菅原さんが，現地のガイドと会話をしている。

ガイド：ここは華清池（かせいち）と言い，古くから知られている温泉保養地です。［イ］と，その寵愛（ちょうあい）を受けていた楊貴妃がたびたび訪れたことでも有名です。

菅　原：楊貴妃については，その一族が［イ］の晩年に政治の実権を握ったことを世界史の授業で学びました。

ガイド：世界史における有名な女性という点では，ⓑ西太后も清の同治帝時代以降に実権を握りましたね。実は彼女もかつてここに滞在したことがあるのですよ。

菅　原：そうですか。なぜ彼女は西安に来たのですか。

ガイド：外国との戦争の際に，一時的に西安に逃れたのです。およそ1年半後に首都に戻り，その後も以前と同様，1908年に亡くなるまで朝廷で実権を握り続けました。なお，その時期は，清朝において光緒新政と呼ばれる改革が実施された時期と重なります。

菅　原：西太后というと保守的なイメージを持っていたので，意外です。おや，あの建物には銃弾の跡がありますね。

ガイド：はい。1935年に中国共産党によってⓒある宣言が出されましたが，その後［ウ］の率いる部隊があの建物を襲い，そこに滞在していた蔣介石を捕らえました。銃弾の跡はその時のものです。

菅　原：共産党と国民党が接近するきっかけになったあの事件の舞台は，まさにここだったのですね。

問4　文章中の空欄［イ］の人物の治世に中国で起こった出来事について述べた文として最も適当なものを，次の①～④のうちから一つ選べ。［4］

① 府兵制に代わって募兵制が採用された。

② 塩の密売人の黄巣が反乱を起こした。

③ 焚書・坑儒が行われた。

④ 新法党と旧法党との対立が起こった。

問 5　下線部ⓑに関連して，西太后が実権を持ち始めて以降の時期に清朝が行った事柄について述べた文として最も適当なものを，次の①～④のうちから一つ選べ。［5］

① キャフタ条約を結んだ。
② 憲法大綱を発布した。
③ 軍機処を設置した。
④ 関税自主権の回復に成功した。

問 6　文章中の空欄［ウ］に入れる人物の名**あ**・**い**と，下線部ⓒの内容の一部を示す資料**X**・**Y**との組合せとして正しいものを，後の①～④のうちから一つ選べ。（引用文には，省略したり，改めたりしたところがある。）［6］

［ウ］に入れる人物の名

あ　張作霖　　　**い**　張学良

下線部ⓒの内容の一部を示す資料

X

> 中国人民政治協商会議の第１回全体会議は自らの任務を成功裏に完了した。今回の会議には民主党派(諸党派)なども参加し，全国人民の大団結を表現した。

Y

> 一切の国力(人力，物力，財力，武力など)を集中させて抗日救国の神聖な事業のために奮闘できるように，まずは内戦を停止させなければならない。

① **あ**－**X**　　② **あ**－**Y**
③ **い**－**X**　　④ **い**－**Y**

第２問 世界史上の諸地域における，君主を中心とする秩序のあり方について述べた次の文章**A**～**C**を読み，後の問い(**問１～９**)に答えよ。(配点 28)

A ⓐハンガリー王国の王冠は13世紀以降，「聖イシュトヴァーンの王冠」と呼ばれるようになり，ⓑ代々の国王に継承されてきた。16世紀には，オスマン帝国との戦争でハンガリー王が戦死したため，王の義理の兄に当たるハプスブルク家の人物が国王に即位した。しかし，その後，ハプスブルク家は，国のあり方をめぐり，貴族と度々対立することとなる。ハンガリーの王位の継承には，貴族など国内の有力者層が集まる議会の承認が必要であったため，ハプスブルク家は妥協することもあった。例えば，18世紀に，男子の継承者が見込めない状況で，マリア＝テレジアがハンガリー王に即位することができたのは，貴族に対して譲歩したからである。彼女の息子である［ア］も，統治に当たって，貴族の激しい抵抗に直面することとなった。

問１ 下線部ⓐの歴史について述べた文として最も適当なものを，次の①～④のうちから一つ選べ。［7］

① 1848年革命の際に，コシューシコの指導の下で独立政府が樹立された。
② 第一次世界大戦の講和条約として，ヌイイ条約が結ばれた。
③ ミュンヘン会談の結果，ズデーテン地方がドイツに割譲された。
④ 冷戦期に，ナジ＝イムレ(ナジ)の政権がソ連軍によって打倒された。

問 2　下線部ⓑに関連して，ヨーロッパにおける君主について述べた文として最も適当なものを，次の①～④のうちから一つ選べ。 8

① ルイ＝ナポレオンが，国民投票(人民投票)によって，フランス皇帝となった。

② カール＝マルテルの子であるピピンが，メロヴィング朝を開いた。

③ 神聖ローマ皇帝カール４世が金印勅書を発し，皇帝選挙の手続きを廃止した。

④ ザクセン選帝侯が，プロイセン＝フランス戦争(普仏戦争)によって成立したドイツ帝国の皇帝位を兼ねた。

問 3　前の文章から読み取れる内容**あ**・**い**と，空欄 ア に入れる人物について述べた文**X**・**Y**との組合せとして正しいものを，後の①～④のうちから一つ選べ。 9

文章から読み取れる内容

あ　18 世紀に「聖イシュトヴァーンの王冠」を女性が継承することがあった。

い　ハプスブルク家は，13 世紀に「聖イシュトヴァーンの王冠」を継承した。

空欄 ア に入れる人物について述べた文

X　この人物は，宗教寛容令を発した。

Y　この人物は，フランス王フランソワ１世と対立した。

① あ ― X　　② あ ― Y

③ い ― X　　④ い ― Y

B　ヒンドゥー教徒の王家が君臨したヴィジャヤナガル王国は，近隣の王国を従属させて広い地域を支配した。また，主に©インド洋の海路を通じて，他地域のムスリム君主やその支配下の社会と活発に交流した。ティムール朝の創始者の子で，ウルグ＝ベクの父であるシャー＝ルフが派遣した使節を，ヴィジャヤナガル王が都に迎え入れたことはよく知られている。

鄭和の遠征を経て交易拠点として発展した東南アジアの［　イ　］では，君主がイスラーム教に改宗したが，ヴィジャヤナガル王が改宗したことは確認できない。それでもヴィジャヤナガル王国では，ⓓイクター制に類似した制度が施行されたり，西アジアの衣服を模倣した装束が王国支配層の間で着用されたりした。歴代の王たちは，ムスリム中心の地域から文化や制度を選択的に取り入れ，独自のやり方で用いる方針を採っていたのである。

君主の称号には，君主の事績や政治的な方針，姿勢などが反映されている。ヴィジャヤナガル王の称号の一つに「ヒンドゥー王たちの中のスルタン」と訳せるものがある。上記のような方針を踏まえると，この称号はヴィジャヤナガル王が，［　ウ　］と推測できる。

問４　下線部©に関連して，次の文**あ**・**い**は，インド洋の海路を用いた人の移動や交流に関する事柄である。前の文章で言及されている**シャー＝ルフによる使節派遣**を含めて，これらが年代の古いものから順に正しく配列されているものを，後の①～⑥のうちから一つ選べ。［　10　］

あ　ヴァスコ＝ダ＝ガマが，カリカットに到達した。
い　チョーラ朝が，東南アジアに遠征した。

①　**あ → い → シャー＝ルフによる使節派遣**
②　**あ → シャー＝ルフによる使節派遣 → い**
③　**い → あ → シャー＝ルフによる使節派遣**
④　**い → シャー＝ルフによる使節派遣 → あ**
⑤　**シャー＝ルフによる使節派遣 → あ → い**
⑥　**シャー＝ルフによる使節派遣 → い → あ**

問 5　文章中の空欄［ イ ］に入れる王朝または国の名**う**・**え**と，下線部ⓓに関する説明として最も適当な文**X**・**Y**との組合せとして正しいものを，後の①～④のうちから一つ選べ。［ 11 ］

［ イ ］に入れる王朝または国の名

う　パガン朝

え　マラッカ王国

下線部ⓓに関する説明

X　軍人に対して一定地域の徴税権を与える。

Y　奴隷を用いて大規模な農場経営を行う。

① う ― **X**　　② う ― **Y**

③ え ― **X**　　④ え ― **Y**

問 6　文章中の空欄［ ウ ］に入れる語句として最も適当なものを，次の①～④のうちから一つ選べ。［ 12 ］

① 最後のデリー＝スルタン朝を滅ぼしたことを記念し，それを誇るためのもの

② インドの諸王の中での卓越した地位を，ムスリム君主の称号を利用して表現したもの

③ 交流があったバグダードのアッバース朝君主から与えられたもの

④ ヒンドゥー教の権威を借りて，王権を強化しようとするもの

C　次の**資料**は，1439 年にシャルル７世によって出された王令の一部である。(引用文には，省略したり，改めたりしたところがある。)

資　料

> 国王は，全ての者に対して，大逆罪をもって以下のことを禁じる。すなわち，国王の許可，同意，王令ではなかったり，国王の開封勅書によるのでなければ，いかなる身分の者であれ，何人(なんびと)も騎兵，弓兵，その他の兵士の部隊を敢えて召集，指揮，統率したり，迎え入れたりしてはならない。同様に，国王によって選任されたいずれかの隊長の下でなければ，そして彼に命じられた人数内でなければ，何人も武装したり，いずれかの隊長などの部隊に加わってはならない。
>
> 同じく，国王は次のことを禁じる。以後，いかなる身分，資格，条件の者であっても，たとえ国王によって彼に与えられたり，割り当てられたり，また国王が彼に負った負債のためであっても，国王の保護税と御用金の金銭を徴収，押収，保有してはならない。また，国王から与えられた権限や許可もなく，自分の所領に保護税を課してはならない。

堀越宏一　訳

この王令は，［　エ　］のさなかに出された。戦いの初期はイングランド軍が優勢であったが，最終的にはイングランド王の大陸所領はカレーのみとなる。この戦いを経験するなかで，フランスでは，国王と貴族との力関係に変化が生じた。王令では，軍事とそれを支える財政について取り扱われているが，この王令が出された後，シャルル７世は軍事改革を進め，それがⓔフランスでの絶対王政(絶対主義)を支える組織の発展につながっていくことになる。

問７　文章中の空欄 エ の戦争がフランスとイングランドとの間で起こった原因について述べた文として最も適当なものを，次の①～④のうちから一つ選べ。 13

① フランス東部にあったイングランド王家の所領をめぐって，両国は対立した。
② 毛織物の産地であるフランドル地方において，両国の利害が対立した。
③ ヴァロワ朝の断絶に伴い，イングランド王がフランス王位の継承を主張した。
④ 両国が掲げる重商主義政策が，争いのきっかけとなった。

問８　下線部ⓔの体制下で即位した国王たちの治世に起こった出来事について述べた文として最も適当なものを，次の①～④のうちから一つ選べ。 14

① トゥール・ポワティエ間の戦いが行われた。
② フランス王が，第３回十字軍に参加した。
③ フランスが，三十年戦争に介入した。
④ 総裁政府が倒れ，統領政府が建てられた。

問 9 前の文章を参考にしつつ，**資料**から読み取れる内容**あ・い**と，この**資料**の内容を受けて起こった出来事**X・Y**との組合せとして正しいものを，後の①～④のうちから一つ選べ。 15

資料から読み取れる内容

あ 国王によって選ばれた隊長の下でのみ，兵士は武装することができる。

い 諸侯は，自らの領土で自由に保護税を徴収することができる。

資料の内容を受けて起こった出来事

X 常備軍が創設された。

Y 初めて三部会(全国三部会)が招集された。

① あ — X
② あ — Y
③ い — X
④ い — Y

第３問　古来，人は果敢に移動することによって，互いに影響を与え合い，歴史が展開されてきた。そうした人の移動の歴史について述べた次の文章**Ａ**・**Ｂ**を読み，後の問い(**問**１～６)に答えよ。(配点　18)

Ａ　朝鮮王朝は，明に対して，１年に３回の定期的な朝貢使節を派遣するとともに，その他にも様々な名目で頻繁に使節を派遣した。その使節派遣の頻度は，ⓐ明の朝貢国の中でも群を抜いていたが，その理由の一つとして，朝鮮王朝の使節が陸路のみで明の都までたどり着くことができたことが挙げられる。朝鮮王朝の使節は，通例，自国の都を出発した後，鴨緑江を越え，遼陽を通り，山海関を抜け，明の都に至った。

しかし，1621年，後に清と国号を改めた［　ア　］という国によって遼陽が占領されたため，翌年，賀登極使(がとうきょくし)(注)に任じられた呉允謙(オユンギョム)は，自国の都を出発した後，鴨緑江を越えず，海路を使って山東半島に至り，そこから陸路で明の都を目指した。これ以後，海路を利用した朝鮮王朝の明への使節派遣は，1636年まで続けられた。

(注)　賀登極使―新たな皇帝の即位(登極)を祝賀するための使節。

図

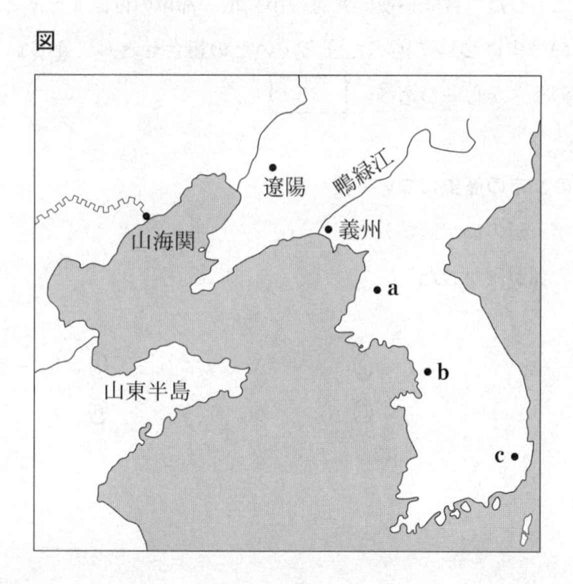

問１　文章中の空欄 ア の国の歴史について述べた文として，最も適当なものを，次の①～④のうちから一つ選べ。 16

① ヌルハチによって建てられた。
② 骨品制という身分制度を敷いた。
③ パスパ文字(パクパ文字)を作った。
④ 渤海を滅ぼした。

問２　下線部ⓐの歴史について述べた文として最も適当なものを，次の①～④のうちから一つ選べ。 17

① 琉球が，日本の薩摩藩の侵攻を受けた。
② シャイレンドラ朝が，ボロブドゥール寺院を建てた。
③ コンバウン朝が，イギリスとの戦争で滅亡した。
④ ベトナムの黎朝が，儒学を禁じた。

問３　図中に示した，賀登極使呉允謙の出発地の都市の位置 **a** ～ **c** と，その目的地の都市の歴史について述べた文**あ**・**い**との組合せとして正しいものを，後の①～⑥のうちから一つ選べ。 18

目的地の都市の歴史について述べた文
あ　太平天国の都が置かれた。
い　元の都が置かれた。

① **a** ― **あ**　② **a** ― **い**　③ **b** ― **あ**
④ **b** ― **い**　⑤ **c** ― **あ**　⑥ **c** ― **い**

B　あるクラスで，次の図を用いて世界史の授業が行われている。

図

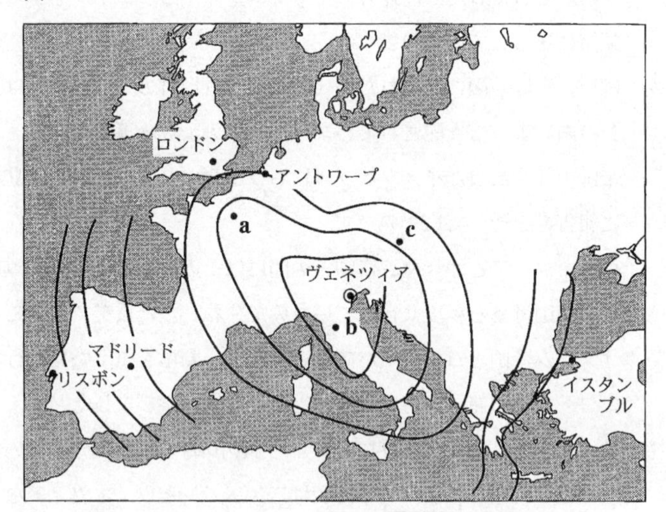

（フェルナン＝ブローデル（濱名優美訳）『地中海』より作成）

先　生：歴史家ブローデルは，国境によって分断されがちな各国史や，キリスト教対イスラーム教といった対立軸よりも，地理的環境を共有する「地中海世界」というまとまりを重視し，国を越える人やモノ，情報の流れの重要性を強調しました。実際，海と陸を通じて頻繁に書簡がやり取りされ，様々な情報が伝達されていました。

林　：以前の授業では，ⓑ北イタリアの諸都市の商人が，それぞれの都市を拠点に広く活動し，またムスリム商人も，地中海を含め，広範囲に活躍していたことを学びました。

先　生：そうでしたね。ブローデルは，彼の著書『地中海』で，北イタリアの都市の一つであるヴェネツィアを取り上げています。図を見てください。ⓒこの図は，15世紀末から16世紀前半までの時期を扱ったもので，図にある実線は，この時期に，各地からヴェネツィアに送られた書簡が，到着するまでに要した平均期間の１週間ごとの広がりを表したものです。

林　：図の右隅に「イスタンブル」と記されていますが，この時代，イスタンブルからヴェネツィアまでの所要期間は，平均で５週間余りというわけですね。それにしても，遠方のイスタンブルからヴェネツィアに，書簡が頻繁に送られていたのですか。

先　生：はい。実は，図に示された時代の「地中海世界」の多くの部分は，オスマン帝国によって支配されていました。そのような事情もあり，オスマン帝国の都であったイスタンブルにもヴェネツィアの領事が常駐し，頻繁に報告書を送っていたのです。

林　：ヴェネツィアとオスマン帝国との間にはそのような交流があったのですか。両国はある程度共存していたのですね。ただ授業では，この時代にオスマン帝国とヨーロッパ諸国との間で，覇権を争う戦いが行われ，時にヨーロッパ諸国が勝利したこともあったと学びました。

先　生：そうですね。例えば，ブローデルも『地中海』の後半部分において大きく取り上げている［　イ　］の海戦は，スペインとヴェネツィアなどからなるヨーロッパ諸国の連合艦隊がオスマン帝国の艦隊を打ち破った戦いとして知られています。［　　ウ　　］。

問４　下線部ⓑについて述べた文として最も適当なものを，次の①～④のうちから一つ選べ。［　19　］

① イタリアの諸都市は，東方貿易によって主に木材などの生活必需品を取引した。

② 第４回十字軍は，ジェノヴァ商人の要求により，コンスタンティノープルを攻撃した。

③ ザンベジ川流域のトンブクトゥは，交易都市として繁栄した。

④ アフリカ東岸のマリンディやザンジバルは，ムスリム商人によるインド洋交易の拠点となっていた。

問 5　下線部Ⓒに関連して，図で扱った時期において，図中の **a** ～ **c** のいずれかの都市で起こった出来事**あ・い**と，図から読み取れる，その都市からヴェネツィアに送られる書簡の到着に要する平均期間 **V** ～ **X** との組合せとして正しいものを，後の①～⑥のうちから一つ選べ。 [20]

起こった出来事

あ　『君主論』を著したマキャヴェリが，メディチ家の拠点であるこの都市を中心に活躍した。

い　この都市の支配者であったユーグ＝カペーが，王朝を開いた。

到着に要する平均期間

V　1週間未満　　**W**　1週間以上2週間未満　　**X**　2週間以上

① **あ** ― **V**　② **あ** ― **W**　③ **あ** ― **X**
④ **い** ― **V**　⑤ **い** ― **W**　⑥ **い** ― **X**

問 6　文章中の空欄 [イ] に入れる語**う**～**お**と，空欄 [ウ] に入れる文 **Y** ・ **Z** との組合せとして正しいものを，後の①～⑥のうちから一つ選べ。
[21]

[イ] に入れる語

う　アクティウム　　**え**　プレヴェザ　　**お**　レパント

[ウ] に入れる文

Y　そして，この戦いの結果として，ヨーロッパ諸国は地中海全域における制海権を完全に手中にすることになったのです

Z　ただし，この戦いの結果とは関係なく，この後もしばらくはヨーロッパ諸国とオスマン帝国との力関係に大きな変化はありませんでした

① **う** ― **Y**　② **う** ― **Z**　③ **え** ― **Y**
④ **え** ― **Z**　⑤ **お** ― **Y**　⑥ **お** ― **Z**

第4問　歴史を学ぶ際には，資料の内容だけでなく，作成者(書き手)が生きた時代やその立場も考慮する必要がある。そうした視点に立った次の文章**A**・**B**を読み，後の問い(**問**1～6)に答えよ。(配点　18)

A　次の**資料**は，後のインド総督カーゾンの著作(1889年)の一部である。(引用文には，省略したり，改めたりしたところがある。)

資　料

> アフガニスタンが，「東洋」の他の部分と同じくⓐ「ロシアのくびき」を欲していることを，ロシア人の側では，傲慢な自己満足とともに確信している。アフガン人は，自身の独立と部族組織の保持を自分たちの目的としているため，現在の状況はさておいても，二大帝国から得られる利益の違いはほとんどないと考えている。しかしながら，ロシアの進出が併合そのものを意味するのに対して，イギリスはアフガンの自由に干渉しようと望んでいないことをはっきり示してきたので，イギリスにとっての明白な強みがある。

19世紀のグレートゲームと呼ばれる大国の覇権争いのなかで，インドから北上するイギリスと，南下して中央アジアへの支配を進めるロシアとは，アフガニスタンをめぐって対抗していた。この**資料**は，14世紀にロシアが［　ア　］に支配されていた歴史を揶揄(やゆ)しつつ，1886年前後の状況を示していると考えられる。この時アフガニスタンはイギリスの保護国となっていたが，ロシアも引き続き介入を模索し，両国の緊張関係は東アジアにも及んでいった。なお，**資料**がイギリス本位の記述になっていることには注意を要する。例えば**資料**中の「ロシアの進出」について，ロシアが実際にアフガニスタンを併合しようとしていたとは考えにくいが，イギリス側が過度に警戒していたことがうかがえる。当事者であるアフガニスタン，またイギリスと対抗するロシアの立場からは，同じ出来事について異なった解釈があり得ることに留意しなければならない。

問 1　下線部ⓐについて，著者はなぜロシアの歴史を踏まえたこの表現を用いたのか。その背景を説明する文章中の空欄 ア に入れる語**あ・い**と，著者がこの表現を用いた意図として考えられる事柄**X・Y**との組合せとして正しいものを，後の①～④のうちから一つ選べ。 22

ア に入れる語

あ　ノルマン人

い　モンゴル

意図として考えられる事柄

X　ロシアの一方的なアフガニスタン進出政策について批判的に述べるため

Y　ロシアの一方的なアフガニスタン進出政策を容認するため

① **あ** ― **X**
② **あ** ― **Y**
③ **い** ― **X**
④ **い** ― **Y**

問 2　前の文章に見られる，イギリスのロシアに対する態度の背景になったと考えられる19世紀の出来事について述べた文として最も適当なものを，次の①～④のうちから一つ選べ。 23

①　ロシアが，日本に遼東半島返還を求めた。
②　ロシアが，コーカンド＝ハン国を併合した。
③　ロシアが，バルト海に進出し新首都を建設した。
④　ロシアが，クリミア半島をオスマン帝国から奪った。

問 3　アフガニスタンの歴史について述べた文として最も適当なものを，次の①～④のうちから一つ選べ。 24

① ガズナ朝が，セルジューク朝から自立(独立)した。

② バクトリアが，アケメネス朝から自立した。

③ トルコ＝イスラーム文化が，クシャーナ朝の時代に発展した。

④ 20 世紀に，ソ連軍の侵攻を受けた。

B　次の文章は，『ローマ人盛衰原因論』という著作の，古代ローマを扱った部分を論じたものである。

『ローマ人盛衰原因論』の著者は，ローマ人の歴史を合理的な因果関係によって説明しようとする。彼によれば，ローマ隆盛の最大の理由は強力な軍隊であった。当初，軍隊は土地など一定の財産を持つ市民から構成され，彼らは祖国の防衛に高い関心があったからである。そして著者は，共和政自体を高く評価する。元老院，市民，役人が相互に各権力の濫用を抑制する体制だったからである。この評価は，彼の後の著作『法の精神』に通じる。

ローマの衰退の原因もまた，軍隊の性質の変化に求められた。共和政末期には，土地を持たない貧しい市民も軍隊に動員されるようになった。また軍隊の活動の場がイタリア半島の外に移ると，軍隊は国家自体ではなく，給与や恩賞を与えてくれる一部の将軍を支持し，カエサルに代表される特定の人物に権力が集中した。著者は，各権力を抑制する体制の崩壊につながったこの変化が衰退の一因であったと考えている。

軍隊自体は，アウグストゥスに始まる帝政の下でも強大であったが，その規律は低下し，維持費も国家の負担となった。そのような軍隊が皇帝の地位をも左右する力を持つようになったことで，軍人皇帝時代の混乱が生じた。ディオクレティアヌス以降は，軍隊の維持費のために重税が課されたため，政治を担っていた富裕層が弱体化した。同時に，軍隊に異民族が利用されるようになり，軍隊自体が弱体化したと論じる。

以上のような軍隊の性質の変化が，ローマの繁栄を支えた軍隊の弱体化につながり，結果として西ローマ帝国は４世紀後半以降の異民族の侵入に対処できなくなって滅亡したと，著者は結論づけている。歴史を論理的に説明しようとする著者の姿勢は，彼が生きていた時代に隆盛した思想潮流を反映している。

問４　前の文章には，ローマで独裁官または皇帝となった複数の人物が出てくる。そのいずれかの人物の事績について述べた文として最も適当なものを，次の①～④のうちから一つ選べ。 25

① ガリアに遠征し，『ガリア戦記』を著した。
② セレウコス朝と結んだアントニウスに勝利した。
③ ローマ市民権を帝国内の全自由人に付与した。
④ ４人の正帝によって帝国を治める体制を敷いた。

問５　前の文章では，ローマの衰退の原因が複数言及されている。そのいずれかの背景として推測される歴史上の出来事について述べた文として最も適当なものを，次の①～④のうちから一つ選べ。 26

① ポンペイウス，カエサル，レピドゥスが，協力して政治の実権を握った。
② 軍艦の漕ぎ手として参加した下層市民（無産市民）の発言力が高まった。
③ 帝国各地の軍隊が，独自の皇帝を擁立した。
④ 軍隊の維持費のため，農村に重税が課された。

問６　前の文章を参考にしつつ，『ローマ人盛衰原因論』の著者について述べた文として最も適当なものを，次の①～④のうちから一つ選べ。 27

① この著者は，王権神授説を唱えた。
② この著者は，啓蒙思想家の一人に数えられている。
③ この著者は，「国際法の祖（国際法の父）」と呼ばれた。
④ この著者は，フランスの第三共和政を高く評価した。

第５問 世界史上の人権侵害や差別について述べた次の文章**Ａ・Ｂ**を読み，後の問い（問１～６）に答えよ。（配点　18）

Ａ　ヨーロッパ研修旅行で，ドイツ南部のダッハウ強制収容所跡の展示施設を訪れた学生二人と教授とが会話をしている。

教　授：ここダッハウ収容所は，ナチ政権の成立と同年に開設され，この政権が終わる年まで稼働しました。この博物館の展示を基に，歴史的思考の実践をしてみましょう。

平　沢：今まで，強制収容所と言えばアウシュヴィッツのイメージしかありませんでした。しかし，ナチ強制収容所の歴史には大きく三つの段階があり，「労働を通じた矯正」，「労働を通じた殺戮（さつりく）」，「ガス殺などを通じた絶滅」の段階があったと知りました。

教　授：一般に流布したイメージの刷新も歴史的思考の一つですね。「労働を通じた矯正」という初期の段階の背景には，［ア］という法の成立があります。この法の制定をきっかけに，他の政党が排除されていき，［イ］が確立しました。これがダッハウ収容所設立と結び付くのです。「労働を通じた殺戮」の段階は，1938年３月のナチス＝ドイツの領域拡大の時期と一致します。

秋　山：次の最終段階では，スターリングラードの戦いで知られる東部での戦争が開始されると，労働のために大量の収容者が必要とされながらも，「ガス殺などを通じた絶滅」が実行されました。この矛盾した状況を，展示から理解できました。

平　沢：展示を見て知ったのは，「強制労働」とは，ⓐ移動の自由や職業選択の自由などの人権が制限された労働だと定義されているということです。

教　授：歴史的思考には，歴史上で培われてきた価値を理解し，現代に応用することも含まれます。この「強制労働」の定義を，世界史上の出来事にも応用して考えてみましょう。

問１　文章中の空欄 ア と イ に入れる語の組合せとして正しいものを，次の①～④のうちから一つ選べ。 28

① ア ― 全権委任法　　イ ― 民主主義体制
② ア ― 全権委任法　　イ ― 独裁体制
③ ア ― 社会主義者鎮圧法　　イ ― 民主主義体制
④ ア ― 社会主義者鎮圧法　　イ ― 独裁体制

問２　下線部ⓐに関連して，移動の自由や職業選択の自由を含む人権の歴史について述べた文として**誤っているもの**を，次の①～④のうちから一つ選べ。 29

① 国際連盟に，国際労働機関が付置(付設)された。
② 日本で，基本的人権を尊重する憲法が公布された。
③ ドイツ民主共和国が建国された後，ベルリンの壁が構築された。
④ アパルトヘイト(人種隔離政策)が撤廃された後，南アフリカ共和国が成立した。

問 3　次の**グラフ**はナチ強制収容所に収容されていた人数を示したものである。研修旅行後に，学生が**グラフ**を基に**メモ**をまとめた。前の文章を参考にしつつ，**メモ**中の空欄［　ウ　］に入れる文として最も適当なものを，後の①～④のうちから一つ選べ。［30］

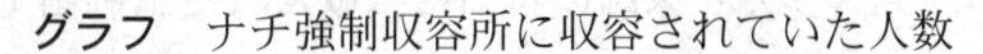
グラフ　ナチ強制収容所に収容されていた人数　　　　（単位：人）

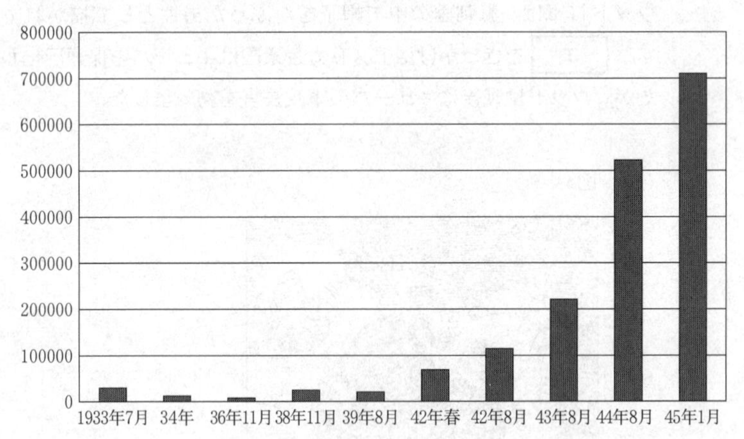

(Wolfgang Benz und Barbara Distel (Hg.), *Der Ort des Terrors* より作成)

メ　モ

「ガス殺などを通じた絶滅」の段階は，巨大な収容所が本格的に稼働した時期と一致し，大量死が生じた。この時期について**グラフ**から分かるのは，［　ウ　］ことである。**グラフ**上の数値の背後には多くの死があり，そこまで思考すれば，ホロコーストが激化した歴史をより深く理解できるだろう。

① オーストリア併合時，「絶滅」段階に至ったにもかかわらず，収容されていた人数は増加した
② オーストリア併合時，「絶滅」段階に至ったので，収容されていた人数は減少した
③ 独ソ戦の開戦後，「絶滅」段階に至ったにもかかわらず，収容されていた人数は増加した
④ 独ソ戦の開戦後，「絶滅」段階に至ったので，収容されていた人数は減少した

B　あるクラスで，次の**図**を用いてアメリカ合衆国の歴史についての授業が行われている。

先　生：この**図**は，「ウッド将軍がキューバで不人気だとしたら，その理由が分かる」という題の，アメリカ合衆国の新聞に掲載された風刺画です。ウッド将軍は，風刺画の中で帽子をかぶった男性として描かれています。［　エ　］をきっかけにアメリカ合衆国はキューバを保護国化しましたが，ウッドは戦後にキューバの軍政長官を務めました。

図

鈴　木：子どもの物らしい帽子にキューバとあるので，この子どもはキューバを象徴しているんですね。なぜ子どもを入浴させているのでしょうか。

先　生：入浴は，アメリカ合衆国の文明を象徴していると考えられます。ウッド将軍は，キューバに自分たちの文明を広げようとしているのです。海外に植民地を獲得する対外政策を採っていた［　オ　］の時期のヨーロッパ諸国にも，自分たちの生活習慣を植民地の人々に教育した例があります。当時の欧米諸国には，［　カ　］義務があるという考えがありました。

鈴　木：並んでいる薬品を見ると，人間を入浴させているというよりも，物を消毒か洗濯しているようですね。

佐々木：このような薬品を使ったのかどうかは分かりませんが，子どもが涙を流しているので，入浴を嫌がっているのですよね。なぜ嫌がっている子どもを入浴させているのでしょうか。

先　生：いいところに気が付きましたね。ウッドのように自分たちの文明を広げようとする人々は，しばしば受け取り手の人権を考慮せず，また彼らの反応にも無頓着でした。

鈴　木：では，この風刺画の作者は，キューバ人に同情してウッドを批判したのでしょうか。

先　生：必ずしもそうとは言えません。むしろこの風刺画は，ⓑ他の人種・民族には自分たちの文明を受容する能力がないと考え，キューバを文明化しようとするウッド将軍を嘲笑していたのです。

佐々木：自分たちの文明をキューバ人に押し付けようとしたウッドも，その努力を無駄なことと嘲笑した人たちも，人種差別的な考えを持っていたのですね。

問４　文章中の空欄 エ の戦争後の，ラテンアメリカにおけるアメリカ合衆国の影響拡大について述べた文として最も適当なものを，次の①～④のうちから一つ選べ。 31

① パナマに運河を開通させた。
② メキシコからカリフォルニアを獲得した。
③ プエルトリコを独立させた。
④ 相互の勢力圏を定める条約をポルトガルと締結した。

問５　文章中の空欄 オ に入れる語**あ・い**と，空欄 カ に入れる語句**X・Y**との組合せとして正しいものを，後の①～④のうちから一つ選べ。 32

オ に入れる語

あ　帝国主義　　　　**い**　孤立主義

カ に入れる語句

X　植民地を経済的に自立させる

Y　植民地を文明化する

①　**あ**―**X**　　　　②　**あ**―**Y**

③　**い**―**X**　　　　④　**い**―**Y**

問６　下線部ⓑに関連して，アメリカ合衆国における差別やその解消について述べた文として**誤っているもの**を，次の①～④のうちから一つ選べ。 33

①　19世紀後半に流入数が増加した東欧や南欧からの移民は，既にヨーロッパから移住していた人々からの差別に直面した。

②　19世紀後半に流入したアジア系移民に対し，移民の制限(排斥)を求める動きが広がった。

③　強制移住法により，先住民はミシシッピ川以西に追放された。

④　南北戦争後に奴隷制が廃止されたことにより，20世紀初頭には南部でも黒人は法的な平等を獲得した。

2022

共通テスト
本試験

世界史Ｂ

解答時間 60 分
配点 100 点

世　界　史　B

（解答番号 1 ～ 34）

第1問　世界史上の学者や知識人について述べた次の文章**A**～**C**を読み，後の問い（問１～９）に答えよ。（配点　27）

A　シーボルトは，1796年にドイツで生まれた。大学で医学に加え，ⓐ解剖学・植物学・薬学などを学んだ彼は，1822年にオランダ領東インド陸軍外科軍医少佐に任じられた。翌年には，東南アジアにおけるオランダの拠点だった ア に到着し，そこで出島商館の医官として日本での勤務を命じられた。シーボルトが医官として勤務しながら，日本について博物学的研究を進めたことはよく知られている。

1829年に日本を離れたシーボルトは，オランダやドイツを拠点に膨大な著述を残した。そのうち，『日本』は1832年から1851年にかけて20分冊が刊行された大著で，日本とその近隣国に対する総合的研究の成果である。

図

上の**図**は，同書に載せられた挿絵の一つで，日本に漂着した朝鮮人が囲碁に興ずる姿が描かれている。ⓑ朝鮮王朝（李朝）では，明に倣って自国民の海外渡航を禁じていたが，海難事故によって日本や中国，琉球などに朝鮮人が漂流，漂着することがしばしばあった。長崎経由で本国に送還される朝鮮漂流民たちに，シーボルトは会い，朝鮮に関する情報をも手に入れていたのである。

問１　下線部ⓐの学問のいずれかに対応する，中国における成果について述べた文として最も適当なものを，次の①～④のうちから一つ選べ。 1

① 李時珍が，『本草綱目』を著した。
② 司馬光が，『資治通鑑』を著した。
③ 宋応星が，『天工開物』を著した。
④ 梁の昭明太子が，『文選』を編纂（へんさん）した。

問２　次の図中に示した a ～ d のうち，前の文章中の空欄 ア の都市の位置として正しいものを，後の①～④のうちから一つ選べ。 2

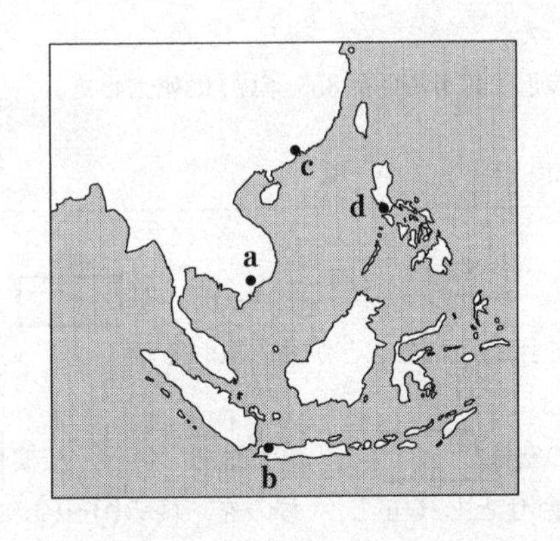

① a　② b　③ c　④ d

問３　下線部ⓑに関連して，中国と朝鮮との関係の歴史について述べた文として最も適当なものを，次の①～④のうちから一つ選べ。 3

① 唐が，朝鮮北部に楽浪郡を置いた。
② 隋が，高句麗に遠征軍を送った。
③ 清が，南京条約で朝鮮の独立を認めた。
④ 朝鮮が，明で創始された科挙を導入した。

B　次の**資料**は，9世紀にイラン北東部の都市ニーシャープールで生きた，ハサン＝ブン＝イーサーという人物の伝記記事の概略である。

資　料

> ハサン＝ブン＝イーサーは，ⓒキリスト教を信仰する裕福な旧家の出身であったが，イスラーム教に改宗した。そして，イスラーム諸学の知識を求めて旅をし，各地の師に会って学んだ。彼は，信心深く敬虔（けいけん）で，学識の確かな者であった。ニーシャープールの法学者やハディース学者は，彼を高く評価してきた。
>
> 彼は，ヒジュラ暦239年シャウワール月（西暦854年3月頃）に，「預言者ムハンマドが，『ナルド(注)で遊ぶ者は，神と神の使徒（預言者）に背いている』と言った」というハディースを講じた。彼のハディースの講義には，1万2千人が出席した。
>
> 彼はヒジュラ暦240年（西暦855年頃）に死去した。
>
> （注）　ナルド―ボードゲームの一種。

上の**資料**から，ハサン＝ブン＝イーサーが［ イ ］として活躍し，特に［ ウ ］の分野で評価されたことが読み取れる。

問4　前の文章中の空欄［ イ ］に入れる語**あ・い**と，空欄［ ウ ］に入れる語句**X・Y**との組合せとして正しいものを，後の①～④のうちから一つ選べ。［ 4 ］

［ イ ］に入れる語

あ　ウラマー　**い**　スーフィー

［ ウ ］に入れる語句

X　神との一体感を求める神秘主義の研究と教育

Y　預言者ムハンマドの言葉や行為に関する伝承の研究と教育

① **あ**―**X**　② **あ**―**Y**

③ **い**―**X**　④ **い**―**Y**

問 5　イランにおける下線部Ⓒの宗教の歴史について述べた文として最も適当なものを，次の①～④のうちから一つ選べ。 [5]

① サファヴィー朝の国教となった。
② ネストリウス派が伝わった。
③ カニシカ王が保護した。
④ イスラーム教と融合して，シク教となった。

問 6　ハサン＝ブン＝イーサーが生きた時代のイランでは，彼のように，イスラーム教に改宗する人が増加し，イスラーム教徒が人口の多数派を形成するようになっていった。その背景として，アッバース朝の下で起こった出来事の影響が考えられる。その出来事について述べた文として最も適当なものを，次の①～④のうちから一つ選べ。 [6]

① バーブ教徒の反乱が鎮圧された。
② ダレイオス１世によって，ペルセポリスの建設が始められた。
③ アフガーニーによって，パン＝イスラーム主義が唱えられた。
④ アラブ人の特権が廃止され，イスラーム教徒平等の原則が確立された。

C　次の**資料**は，近代中国の学者である王国維が著した論文の一部である。(引用文には，省略したり，改めたりしたところがある。)

資　料

およそ歴史を研究する際，ある民族の歴史を知るためには，別の民族によって書かれた記録に頼らないわけにはいかない。例えば，塞外(さいがい)(注)の民族である匈奴や鮮卑，西域の諸国については，中国の正史に記載があるほかには，信頼できる歴史記録はほとんどない。

その後，契丹と［ エ ］の文化が発展したが，彼ら独自の文字は既に使われなくなり，それぞれの民族について，漢語で編纂された『遼史』と『金史』があるほかには，やはり信頼できる歴史記録はほとんどない。

モンゴルについて言えば，今日でも広大な土地と独自の文字を有しているが，人々は<u>ⓓ宗教に夢中となり</u>，学問を重視しなかったため，古い時代の史書の原本は元のままでは残っておらず，むしろ漢語やペルシア語の文献によって伝わっている。

(注)　塞外―長城の外側。

モンゴルが学問を重視しなかったという説明は乱暴に過ぎるが，史料が様々な理由で失われうることは事実である。一方，残された史料の方も鵜呑(うの)みにしてよいとは限らない。王国維は上の文章に続けて，モンゴルについて記すある漢語史料の信頼性に問題があることを論じている。

問 7　前の**資料**中の空欄［ エ ］の民族の歴史について述べた文として最も適当なものを，次の①～④のうちから一つ選べ。［ 7 ］

① 猛安・謀克という軍事・社会制度を用いた。
② ソンツェン＝ガンポが，統一国家を建てた。
③ テムジンが，クリルタイでハンとなった。
④ 冒頓単于の下で強大化した。

問８　下線部ⓓのような王国維の理解は，モンゴル人がチベット仏教を篤(あつ)く信仰したことを踏まえたものと考えられる。チベット仏教の歴史について述べた文として最も適当なものを，次の①～④のうちから一つ選べ。　8

① ワッハーブ派が，改革運動を起こした。
② ガザン＝ハンが，黄帽派（ゲルク派）に改宗した。
③ ダライ＝ラマ14世が，インドに亡命した。
④ 北魏による手厚い保護を受けた。

問９　前の文章が述べるように，ある民族や集団について研究する際に，別の民族や集団が残した記録を史料とする例は少なくない。次の研究**あ**・**い**が，その例に当てはまるか当てはまらないかについて述べた文として最も適当なものを，後の①～④のうちから一つ選べ。　9

研　究

あ　『三国志』魏書東夷伝倭人条（魏志倭人伝）を用いた，邪馬台国についての研究

い　パスパ文字（パクパ文字）で書かれたフビライの命令文書を用いた，元朝についての研究

① **あ**のみ当てはまる。
② **い**のみ当てはまる。
③ 両方とも当てはまる。
④ 両方とも当てはまらない。

第2問　ある出来事の当事者の発言や観察者による記録は，歴史を考える際の重要な資料となる。こうした資料について述べた次の文章**A**・**B**を読み，後の問い(**問**1～5)に答えよ。(配点　15)

A　次の**資料**は，ウィンストン＝チャーチルの『偉大な同時代人たち』の一部である。(引用文には，省略したり，改めたりしたところがある。)

資　料

スペインが世界大戦で厳正な中立を守ったことは，驚くようなことでなかった。スペインと連合国との間の歴史的障壁は，乗り越えられないものであったからだ。ナポレオンの侵略がもたらした悲惨な苦難の記憶は，スペイン人の心にわだかまったままである。この苦難から100年経(た)った今も［ア］とスペインとの間に共感は芽生えようがない。［イ］にジブラルタルを奪われたことは，もはやスペイン人を激高させることは少ないものの，いまだにその意識に大きな影響をもたらしている。しかし，スペイン人が最も嫌悪している国はアメリカ合衆国である。スペインの最後の植民地がアメリカ合衆国に奪われたことは，誇り高き民族の胸を抉(えぐ)って，激痛を走らせた。

問 1　前の文章中の空欄 ア と イ に入れる国の名の組合せとして正しいものを，次の①～④のうちから一つ選べ。 10

① ア ― オランダ　　イ ― イギリス
② ア ― オランダ　　イ ― イタリア
③ ア ― フランス　　イ ― イギリス
④ ア ― フランス　　イ ― イタリア

問 2　次の図中に示した a ～ d のうち，前の文章中の「スペインの最後の植民地」に含まれる地域として最も適当なものを，後の①～④のうちから一つ選べ。 11

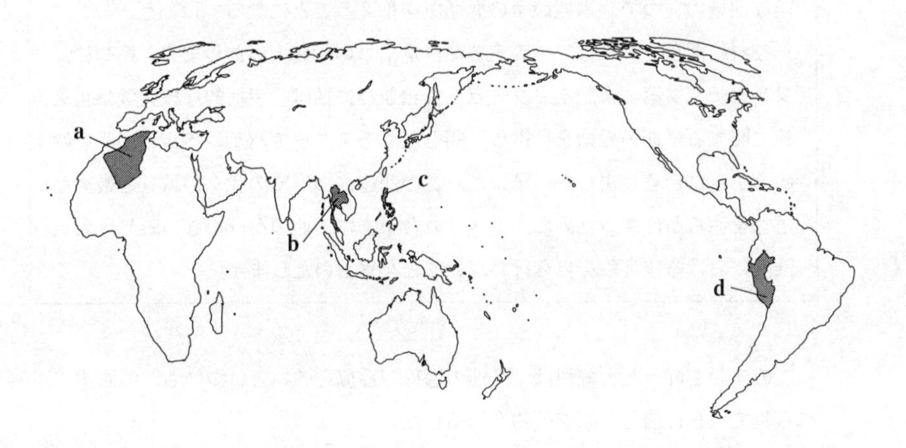

① a
② b
③ c
④ d

B　冷戦期，ⓐソ連は［ウ］にミサイル基地を建設しようとした。アメリカ合衆国は基地建設に反発して，［ウ］を海上封鎖し，米ソ間で一触即発の危機が発生した。米ソ首脳による交渉の結果，ソ連はミサイルの撤去に同意し，衝突が回避された。次の**資料**は，その出来事の翌年に，当時のアメリカ合衆国大統領が行った演説である。（引用文には，省略したり，改めたりしたところがある。）

資　料

> 我々はジュネーヴで，軍拡競争の緊張を緩和し，偶発的な戦争の危険を軽減する軍備管理の第一段階について，交渉を進めてきました。これらの交渉のなかで，終わりは見えながらも新たな始まりを大いに必要とする一つの重要な分野が，核実験を非合法化する条約の交渉でした。当該条約は，最も危険な地域の一つで，軍拡競争の悪循環を抑えることになるでしょう。
>
> これに関して，私は二つの重要な決定について発表いたします。第一に，フルシチョフ第一書記とマクミラン首相並びに私は，包括的な核実験禁止条約に関する早期の妥結を目指し，間もなくモスクワでハイレベルの議論を始めることに合意しました。第二に，この問題についての我々の誠意と厳粛な信念を明らかにするために，アメリカ合衆国は，他国が行わない限り，大気圏内における核実験を自ら行わないことを宣言いたします。

この演説を行った大統領は，交渉の過程で妥協を強いられつつも，演説中で述べられている首脳との間で条約を締結した。

問 3　前の文章中の空欄［ウ］の国の歴史について述べた文として最も適当なものを，次の①～④のうちから一つ選べ。［12］

① 北大西洋条約機構（NATO）に参加した。
② バティスタ政権が打倒された。
③ フランスから黒人共和国として独立した。
④ ナセルを指導者とする革命（クーデタ）が起こった。

問 4　前の文章を参考にしつつ，この演説中で述べられている交渉相手の首相の国あ・いと，締結した条約の内容**X**・**Y**との組合せとして正しいものを，後の①～④のうちから一つ選べ。 13

交渉相手の首相の国

あ　フランス

い　イギリス

締結した条約の内容

X　核実験の全面的な禁止

Y　核実験の部分的な禁止

① あ — **X**

② あ — **Y**

③ い — **X**

④ い — **Y**

問 5　下線部ⓐの国の歴史について述べた文として最も適当なものを，次の①～④のうちから一つ選べ。 14

① 中国との国境で，軍事衝突が起こった。

② サンフランシスコ講和会議で，平和条約に調印した。

③ クウェートに侵攻した。

④ アメリカ合衆国からアラスカを購入した。

第３問　世界史上の人々の交流や社会の変化について述べた次の文章Ａ～Ｃを読み，後の問い（**問１～８**）に答えよ。（配点　24）

Ａ　あるクラスで，明治期の政治小説に描かれた国際情勢についての授業が行われている。

先　生：明治期の日本では政治小説と呼ばれる新しい形式の文学が流行しました。その代表作である『佳人之奇遇（かじんのきぐう）』は，作者の東海散士こと柴四朗（しばしろう）の，当時としてまだ珍しかった海外経験が盛り込まれていました。

小　野：例えばどういう経験が反映されているのですか。

先　生：柴は1870年代末よりアメリカ合衆国に経済学を学ぶために留学していました。そこでの出会いや思い出が，ヨーロッパの貴族の令嬢や民族運動の女性闘士といったこの小説のヒロインの設定に活かされていると考えられています。

鈴　木：そのヒロインたちは実在するのですか。

先　生：実在したかどうかは分かっていません。ただヒロイン以外では，実際に会ったことが確認されている人物が登場します。例えば柴は1886年より，大臣秘書官として欧州視察に同行します。その途上で，［ア］と呼ばれる革命の時期に活躍したハンガリー出身のコシュートに会っています。また1881年にエジプトで民族運動を起こしたものの鎮圧され，セイロン島に流されていた［イ］にも面会しています。どうして柴は，こういう人たちに会いたかったのだと思いますか。

渡　辺：どちらもヨーロッパの大きな国と戦った人たちですね。1880年代というと，領事裁判権を含む，日本に有利な［ウ］を結んだ後の時期である一方，［エ］に向け，西洋列強と交渉が進められる時期ですね。柴は，ヨーロッパの大国に対抗した人々に共感し，その行動から何かを学びたかったのかもしれませんね。

先　生：恐らくそういうことだと思います。このように，明治期には国境を越えた人の移動や様々な人との交流が盛んになり，そこから得られた情報が日本の政治思想の形成に大きな影響を与えていくことになります。

問 1　前の文章中の空欄 ア の時期に起こった出来事について述べた文として最も適当なものを，次の①～④のうちから一つ選べ。 15

① ロシアで，立憲民主党を中心に臨時政府が樹立された。
② オスマン帝国で，青年トルコ革命が起こった。
③ ドイツで，フランクフルト国民議会が開催された。
④ オーストリアで，市民が蜂起し，ディズレーリが失脚した。

問 2　前の文章中の空欄 イ の人物について述べた文**あ**・**い**と，その人物が主導した民族運動を鎮圧した国**X**・**Y**との組合せとして正しいものを，後の①～④のうちから一つ選べ。 16

イ の人物について述べた文
あ　エジプト総督に就任した。
い　「エジプト人のためのエジプト」というスローガンを掲げた。

民族運動を鎮圧した国
X　イタリア　　**Y**　イギリス

① **あ**－**X**　　② **あ**－**Y**　　③ **い**－**X**　　④ **い**－**Y**

問 3　前の文章中の空欄 ウ に入れる条約名と，空欄 エ に入れる語句との組合せとして正しいものを，次の①～④のうちから一つ選べ。 17

① **ウ**－日朝修好条規　　**エ**－南樺太の領有
② **ウ**－日朝修好条規　　**エ**－不平等条約の改正
③ **ウ**－日清修好条規　　**エ**－南樺太の領有
④ **ウ**－日清修好条規　　**エ**－不平等条約の改正

B　あるクラスで，世界の人口の推移についての授業が行われている。

先　生：今日は，人口から歴史を考えてみましょう。次の**表**は，およそ400万km^2の面積がある，東南アジア，インド，中国本土，ヨーロッパの人口の推移を示しています。どのようなことが読み取れますか。

表

（括弧内は人口密度，単位：人/km^2）

	面　積	1700年	1800年	1850年	1900年
東南アジア	408万km^2	2,400万人 (6)	3,150万人 (8)	4,200万人 (10)	8,300万人 (20)
インド	422万km^2	16,000万人 (38)	18,500万人 (44)	22,500万人 (53)	28,000万人 (66)
中国本土	400万km^2	15,000万人 (38)	32,000万人 (80)	42,000万人 (105)	45,000万人 (113)
ヨーロッパ	422万km^2	9,225万人 (22)	13,575万人 (32)	19,050万人 (45)	27,100万人 (64)

（坪内良博『東南アジア人口民族誌』より作成）

西　田：どの地域も，人口が増加していますね。

先　生：そうですね。気候の安定や食糧生産の増大，医療の進歩など様々な理由によって，人口が増えたと考えられています。

東　山：ところで，現在の東南アジアは人口が多いのですが，この**表**の時期は他の地域に比べて，随分少ないですね。何か，特別な理由があるのでしょうか。

先　生：伝染病の流行や風土病，さらに食糧事情などが影響したと考えられています。日本と比較してみましょう。現在の日本の面積は約37.8万km^2で，東南アジアのおよそ11分の1なのですが，1700年の東南アジアの人口は2,400万人，日本は2,800万人強で，日本の方が少し多いくらいです。

北　野：面積は日本より広いのに，意外です。ところで，1850 年の日本の人口はどのくらいですか。

先　生：3,071 万人くらいと推定されています。東南アジアの人口が，日本を上回ります。この間の日本の人口増加は，緩やかです。

南　部：人口密度が高いか，低いかによって，社会の仕組みが違ってきますか。

先　生：19 世紀以前の東南アジアには，未開墾地が比較的多く存在し，権力者には，土地を領有するよりも，人を影響下に置く方がはるかに重要でした。人がいると，農業生産もはかどるし，交易も進展させることができます。東南アジアで領域支配が確立するのは，19 世紀後半以降，植民地体制が成立してからです。

問 4　前の**表**を参照して，各地域の人口の動きについて説明している文として最も適当なものを，次の①～④のうちから一つ選べ。 18

① マラッカ王国が繁栄していた 1850 年の東南アジアの人口は，1800 年よりも増加している。

② インドでは，ヴィクトリア女王がインド皇帝に即位した 19 世紀前半に人口増加が見られた。

③ 中国本土では，トウモロコシやサツマイモの栽培の普及が人口増加を支え，1800 年の人口が 1700 年の 2 倍を超えている。

④ 18 世紀後半以降のヨーロッパでは，産業革命の進展に伴って人口が増加し，1900 年のヨーロッパの人口は，同じ年のインドの人口を超えている。

問 5　前の文章から読み取れる事柄**あ**・**い**と，日本と東南アジアとの関係の歴史について述べた文**X**・**Y**との組合せとして正しいものを，後の①～④のうちから一つ選べ。 19

文章から読み取れる事柄

あ　1850 年の東南アジアの人口密度は，同じ時期の日本と比べて低い。

い　1850 年の東南アジアの人口密度は，同じ時期の日本と比べて高い。

日本と東南アジアとの関係の歴史について述べた文

X　第二次世界大戦中にドイツがフランスに侵攻する前に，日本軍がフランス領インドシナ北部に進駐した。

Y　朱印船が東南アジアに来航し，日本町(日本人町)ができた。

① あ ― **X**
② あ ― **Y**
③ い ― **X**
④ い ― **Y**

C　あるクラスで，オセアニアの先住民についての授業が行われている。

先　生：世界史の教科書に登場する先住民の名称を，覚えていますか。

小　野：オーストラリアに関する授業で，［ オ ］という先住民がいると習いました。

先　生：そうですね。その名称の由来について，考えてみましょう。［ オ ］は「土着のもの」を意味する英語に由来していて，オーストラリアへの入植者が，現地の先住民を指して用いるようになりました。つまり，先住民の言語に由来するのではなく，入植者が一方的に用いた呼称であり，人種差別的な意味合いで用いられることもありました。現在のオーストラリアでは，そうした過去の歴史を反省して，別の名称を用いることが望ましいとされています。

本　田：他の国では，先住民の言語に由来する名称が用いられているのですか。

先　生：ニュージーランドの先住民は，入植者との関係のなかで自称として用いられるようになった［ カ ］という名称で知られています。先住民は入植者を指して，「白人」を意味するパケハという呼称を用いました。現在のニュージーランドでも，パケハは入植者やその子孫の名称として取り入れられています。

小　野：先住民の名称には，教科書に書かれていないいろいろな歴史があるのですね。

先　生：では，これまでに学んできたことと合わせて，授業の内容を**メモ**にまとめてください。

問 6　前の文章中の空欄 オ と カ に入れる語の組合せとして正しいものを，次の①～⑥のうちから一つ選べ。 20

① オ ― ロ　マ　　カ ― アボリジニー
② オ ― ロ　マ　　カ ― マオリ
③ オ ― アボリジニー　　カ ― ロ　マ
④ オ ― アボリジニー　　カ ― マオリ
⑤ オ ― マオリ　　カ ― ロ　マ
⑥ オ ― マオリ　　カ ― アボリジニー

問 7　生徒たちがまとめた次のメモの正誤について述べた文として最も適当なものを，後の①～④のうちから一つ選べ。 21

小野さんのメモ

オーストラリアの先住民の名称は，「土着のもの」を意味する英語に由来する。その理由は，オーストラリアがイギリスの植民地であったからだと考えられる。

本田さんのメモ

パケハは，先住民が用いた「白人」を意味する呼称に由来する。この名称は，イギリス領であったニュージーランドへの入植者やその子孫を指すものとして，現在も用いられている。

① 小野さんのみ正しい。　② 本田さんのみ正しい。
③ 二人とも正しい。　④ 二人とも誤っている。

問 8　オセアニアの歴史について述べた文として最も適当なものを，次の①～④のうちから一つ選べ。 22

① オーストラリアは，第二次世界大戦以前に白豪主義を廃止した。

② カメハメハが王国を建てたハワイは，フランスに併合された。

③ 現在のオセアニアにあたる地域が，クックによって探検された。

④ ニュージーランドは，カナダよりも前に自治領となった。

第4問　歴史上の出来事や人物に対しては，異なる解釈や評価が生じることがある。歴史評価の多様性に関わる次の文章**A**・**B**を読み，後の問い（**問**1～6）に答えよ。（配点　17）

A　次の**資料**は，イギリス人作家ジョージ＝オーウェルがスペイン内戦に人民戦線側で従軍した体験に基づいて著し，内戦のさなかに出版した書物の一節である。（引用文には，省略したり，改めたりしたところがある。）

資　料

7月18日に戦闘が始まった時，ヨーロッパの反ファシストの人々は皆，希望に身震いしたことだろう。ついに，この地で民主主義がファシズムに対して，はっきりと立ち上がったからだ。この10年に満たない数年間，民主的といわれる国々は，ファシズムに負け続けるという歴史を歩んできた。例えば，ⓐ日本人の望むままの行動が容認されてしまった。ヒトラーは権力の座に上りつめ，あらゆる党派の政敵の虐殺に手を付け始めた。そして，ⓑ53ほどの国々が戦争の舞台裏で偽善的な言い合いをしている間に，ムッソリーニはアビシニア人を爆撃した。しかしスペインでは，穏健な左翼政府が転覆されかかった時，予想に違（たが）って，スペインの人々は立ち上がったのだ。それは潮の変わり目のように思えたし，恐らくはそうだった。

上の**資料**から窺（うかが）えるように，オーウェルは，ヒトラーやムッソリーニの政権と同様に，同じ時期の日本の政権をファシズム体制だとみなしていた。ⓒ世界史の教科書には，これと同様の見方をするものと，日本の戦時体制とファシズムとを区別する立場から書かれているものとがある。どちらの見方にも，相応の根拠があると考えられる。

問1　下線部ⓐは，オーウェルが，日本あるいは日本軍が関わった出来事を指して述べたものである。この出来事について述べた文として最も適当なものを，次の①～④のうちから一つ選べ。　23

① ノモンハン事件で，ソ連軍に勝利した。
② 満州国（満洲国）を建国した。
③ 台湾を獲得した。
④ 真珠湾を攻撃した。

問 2　前の**資料**中で，ヒトラーが「虐殺」しようとした「あらゆる党派の政敵」と表現されている組織の一つと，下線部ⓑに関連した出来事について述べた文との組合せとして正しいものを，次の①～④のうちから一つ選べ。 24

① 共産党 ― 国際連盟はイタリアの行為を非難したが，エチオピアに対する侵略を阻むことができなかった。

② 共産党 ― 九か国条約に基づいて，その締結国がイタリアを非難するにとどまり，エチオピアは植民地化された。

③ 第1インターナショナル ― 不戦条約(ケロッグ＝ブリアン条約)は，イタリアによるリビアの併合を阻むことができなかった。

④ 第1インターナショナル ― 国際連盟はイタリアに対して経済制裁を加えるにとどまり，リビアの併合を阻むことができなかった。

問 3　下線部ⓒについて議論する場合，異なる見方**あ**・**い**と，それぞれの根拠として最も適当な文**W**～**Z**との組合せとして正しいものを，後の①～⑥のうちから一つ選べ。 25

異なる見方

あ　スペイン内戦の時期から第二次世界大戦期にかけての日本の政権は，ファシズム体制だったと言える。

い　スペイン内戦の時期から第二次世界大戦期にかけての日本の政権は，ファシズムとは区別される体制だったと言える。

それぞれの根拠

W　ソ連を脅威とみなし，共産主義運動に対抗する陣営に加わった。

X　国民社会主義を標榜(ひょうぼう)し，経済活動を統制した。

Y　政党の指導者が，独裁者として国家権力を握ることがなかった。

Z　軍事力による支配圏拡大を行わなかった。

① あ ― W，い ― Y　　② あ ― X，い ― W

③ あ ― Y，い ― Z　　④ あ ― Z，い ― X

⑤ あ ― W，い ― Z　　⑥ あ ― X，い ― Y

B　あるクラスで，次の絵画を基に，先生と生徒たちが話し合っている。

先　生：これは，ロシアの君主［ア］とその皇子とを題材にした絵画です。

高　山：手前の男性の頭部から血が流れているように見えますが。

先　生：［ア］が怒りに我を忘れて息子を撲殺してしまった後，正気に戻り，後悔している情景を表しているそうです。

阿　部：怖い絵ですね。実際の出来事なんですか。

先　生：そのようです。こうした事件もあったため，彼はロシアで初めて正式にツァーリ(皇帝)を称したものの，その功績についてはロシアでも評価が割れています。また，強烈な個性から「雷帝」とも呼ばれています。

小　泉：同一人物へのそのような評価の違いは，他の地域でも見られるのですか。

先　生：有名なのは，［イ］でしょう。明を建国した彼については，対照的な肖像画が複数残されています。教科書や資料集にも載っていますね。

小　泉：確かに全く印象が違います。

先　生：ここで改めて［ア］の話に戻ると，彼については，ソ連の映画監督エイゼンシュテインが長編映画を製作し，賞賛を受けました。そのエイゼンシュテインは1938年，13世紀にドイツ騎士団を撃退したアレクサンドル＝ネフスキーをロシア史上の英雄として称(たた)える映画を完成させましたが，ⓓこの映画は1939年から41年までソ連で上映が禁止されることになりました。［ア］を扱った映画でも，その続編では［ア］の描き方の変化を理由に，エイゼンシュテインは時の指導者スターリンの逆鱗(げきりん)に触れました。そこには，ロシア史上の権力者に対する評価の違いが反映されていたのです。

問 4　前の文章中の空欄［ア］の人物の治世に，ロシアで起こった出来事について述べた文として最も適当なものを，次の①～④のうちから一つ選べ。［26］

① ステンカ＝ラージンの反乱が起こった。
② ギリシア正教が国教化された。
③ キプチャク＝ハン国に服属した。
④ イェルマークの協力により，シベリアに領土が広がった。

問 5 前の文章中の空欄 [イ] の人物が徴税のために始めた政策**あ・い**と，世界史上の税制の歴史について述べた文**X**～**Z**との組合せとして正しいものを，後の①～⑥のうちから一つ選べ。 [27]

徴税のために始めた政策

あ 一条鞭法の導入

い 賦役黄冊の作成

税制の歴史について述べた文

X イギリス東インド会社は，インドの農民から直接に徴税を行うザミンダーリー制を整備した。

Y 共和政ローマでは，騎士身分(騎士階層)が属州の徴税を請け負って，富を蓄積した。

Z イギリス政府は，北アメリカ植民地の抵抗にもかかわらず，印紙法を撤回しなかった。

① あ－X　② あ－Y　③ あ－Z
④ い－X　⑤ い－Y　⑥ い－Z

問 6 下線部ⓓの要因に関し，推測される仮説として最も適当なものを，次の①～④のうちから一つ選べ。 [28]

① 世界恐慌の影響で経済的打撃を受けたため，国民の生活を引き締めようとしたのだろう。

② 独ソ不可侵条約を締結したため，ドイツを刺激したくなかったのだろう。

③ ドイツをコメコンに加盟させるため，関係悪化を避けようとしたのだろう。

④ 十月革命後に反革命軍との内戦が続いていたため，映画を上映する余裕がなかったのだろう。

第5問　世界史上の墓や廟(びょう)について述べた次の文章**A**・**B**を読み，後の問い(問1～6)に答えよ。(配点　17)

A　800年にローマ皇帝として戴冠した[ア]は，その後の諸王朝で王権強化のシンボルとして利用されてきた。特にカペー朝は，[ア]との血統上の連続性を強めようとした。イングランド王ジョンと戦って大陸所領の大半を奪った[イ]は，カロリング家の血筋を引く母から生まれ，自身もカロリング家の末裔(まつえい)と結婚し，ルイ8世をもうけた。ルイ8世の息子ルイ9世の治世下で，王家の墓所であったサン＝ドニ大修道院付属聖堂内の墓棺群が再配置された。

次の図のように，南にはメロヴィング家とカロリング家の王・王妃の墓棺を2基1組としたものが4組並べられ，北にはカペー家の王・王妃の墓棺が同様の形で8基並べられた。この間にある2つの祭壇に挟まれた場所には，ⓐカロリング・カペー両家の血筋を引く[イ]からルイ9世までの3代の国王たちの墓碑が配置されることとなり，[ア]の血筋への回帰が参拝者に一目で分かるようになっている。

図　サン＝ドニ大修道院付属聖堂内の墓棺群の配置推定復元図

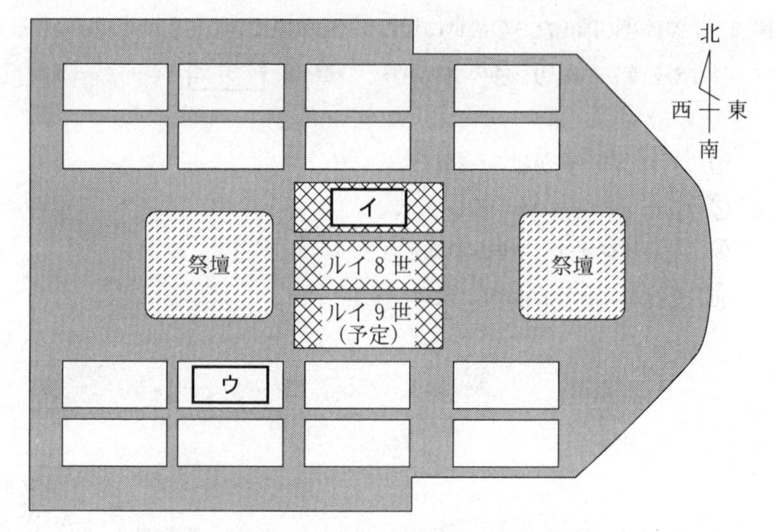

問 1　前の文章中の空欄 ア の人物の事績について述べた文として最も適当なものを，次の①～④のうちから一つ選べ。 29

① フン人を撃退した。
② イングランド王国を征服した。
③ アルクインらを集め，学芸を奨励した。
④ フランク国王として初めて，アタナシウス派キリスト教に改宗した。

問 2　前の図中の空欄 イ と ウ は，該当する人物の墓碑または墓棺の位置を示している。前の文章を参照して，空欄 イ と ウ に入れる人物の名の組合せとして正しいものを，次の①～④のうちから一つ選べ。 30

① イ ― フィリップ2世　　ウ ― ロ　ロ
② イ ― フィリップ2世　　ウ ― ピピン(小ピピン)
③ イ ― ユーグ＝カペー　　ウ ― ロ　ロ
④ イ ― ユーグ＝カペー　　ウ ― ピピン(小ピピン)

問 3　下線部ⓐの国王たちの治世に起こった出来事について述べた文として最も適当なものを，次の①～④のうちから一つ選べ。 31

① アナーニ事件が起こった。
② ジャックリーの乱が起こった。
③ アルビジョワ十字軍が組織された。
④ トリエント公会議が開催された。

B　あるクラスで，次の写真を基に，授業が行われている。

ユニフォトプレス提供

先　生：これは関帝といって，『三国志演義』の物語で活躍する関羽という武将が神様として祭られています。

高　橋：横浜の中華街にある関帝廟なら聞いたことがあります。でもどうして日本で祭られているのでしょうか。

先　生：それは，中国から日本に移り住んだ人々が建てたものです。日本では神戸や長崎などにもありますし，アジア各地にはたくさんあります。

杉　本：へえ，いろんな所にあるんですね。そんなに広がったのはなぜなんでしょうか。

先　生：古くから中国人は周辺地域に進出していましたが，19 世紀以降，世界中でⓑ中国人の移民が急増しました。横浜の関帝廟も明治維新前後に最初の廟が建てられました。

松　井：古代の人物がそんなに祭られているのが不思議ですが，どういう理由があるのでしょうか。

先　生：関羽は勇猛な武将として，まず軍神として祭られました。乾隆帝は［　エ　］を征服しましたが，ムスリムが多く住む［　エ　］の各地にも関帝廟を建てて，王朝の威光を示しました。その一方で，民衆の間では財神，つまり商売繁盛の神様として信仰を集めました。

高　橋：だから各地の中華街でも祭られているわけですね。なぜ商売繁盛の神様になったのでしょうか。

先　生：関羽の出身地とされる山西省の山西商人たちが祭り始めたためとも言われています。彼らが全国的な商業活動を展開した［オ］の時代から［カ］ことも関帝の信仰が各地に広がった背景にあるでしょう。

問 4　下線部ⓑの歴史について述べた文として最も適当なものを，次の①～④のうちから一つ選べ。［32］

① アメリカ合衆国で，19 世紀末に中国人移民の制限が撤廃された。
② 東京で，華僑を中心に興中会が結成された。
③ 福建・広東の人々が，清の禁令を犯して東南アジアに移り住んだ。
④ マラヤ連邦を中心に成立したマレーシアで，中国系住民を優遇する政策が採られた。

問 5　次の図中に示した **a** ～ **d** のうち，前の文章中の空欄［エ］の地域の位置として最も適当なものを，後の①～④のうちから一つ選べ。［33］

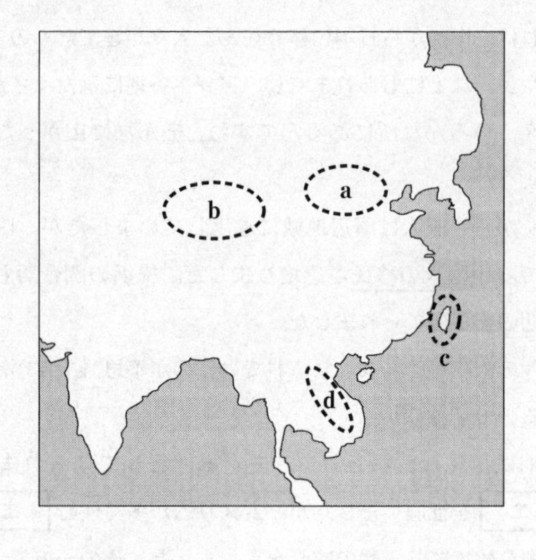

① **a**　　② **b**　　③ **c**　　④ **d**

問６　前の文章中の空欄［　オ　］に入れる語**あ**・**い**と，空欄［　カ　］に入れる文**X**・**Y**との組合せとして正しいものを，後の①～④のうちから一つ選べ。［34］

［　オ　］に入れる語

あ　唐

い　明

［　カ　］に入れる文

X　同業・同郷者の互助・親睦のために会館や公所が設けられた

Y　黄河と大運河とが交わる地点に都が置かれ，商業の中心となった

① あ ― X
② あ ― Y
③ い ― X
④ い ― Y

2022

共通テスト
追試験

世界史B

解答時間 60分
配点 100点

世界史Ｂ

（解答番号 1 ～ 33 ）

第１問

第１問　世界史を学ぶ上で，挿絵や風刺画は多くの示唆を与えてくれる。それらを取り上げた次の文章**Ａ**・**Ｂ**を読み，後の問い（問１～６）に答えよ。（配点　18）

Ａ　図書館に展示されている古い本を見ながら，先生と永井さん，鈴木さんが会話をしている。

先　生：これは，16 世紀末に中国の明で刊行された軍事技術書の挿絵です。

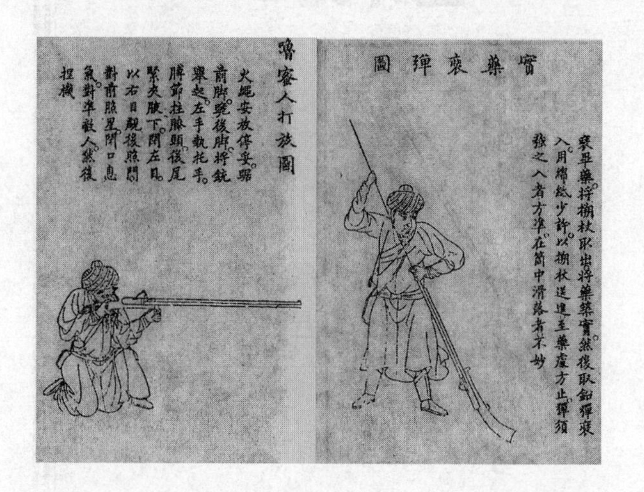

永　井：でも，ここに描かれている人物は，中国の人ではなさそうですね。彼が手にしているのは，銃でしょうか。

先　生：そうですね。ターバンを被(かぶ)ったこの人物が構えている銃は， ア の常備軍として知られるイェニチェリが用いていたものだと考えられています。

永　井：なぜ， ア の銃が，明の軍事技術書に描かれているのですか。

先　生：それは，この書籍が刊行された経緯に深く関わる問題です。この頃，明は［ イ ］。この本は，戦場で敵の火縄銃に苦戦していた明が，より高性能な銃を探し求めて，北京にあった様々な銃を調査した成果なのです。

鈴　本：実物の銃を見ながら研究がなされたわけですよね。しかし，どうして当時の北京に［ ア ］の銃が存在していたのでしょうか。

先　生：この銃は，中央アジアを経由して運ばれたと推定されています。この時，ティムール朝を滅ぼして西トルキスタンを拠点としていた［ ウ ］は，サファヴィー朝と対立していました。そして，［ ア ］も同じ時期にサファヴィー朝と争っていたために，［ ウ ］に対する軍事支援として300人のイェニチェリを銃とともに送っています。この銃の一部が，中央アジアからの朝貢使節とともに，はるばる北京にもたらされたと考えられているのです。

問１　前の文章中の空欄［ ア ］に入れる国・王朝の名**あ**～**う**と，文章中から読み取れる，銃が明にもたらされたルートについての仮説**X**・**Y**との組合せとして正しいものを，後の①～⑥のうちから一つ選べ。［ 1 ］

［ ア ］に入れる国・王朝の名

あ　オスマン帝国

い　ムガル帝国

う　マムルーク朝

銃が明にもたらされたルートについての仮説

X　［ ア ］から，主に海路によってもたらされたと考えられる。

Y　［ ア ］から，主に陸路によってもたらされたと考えられる。

① **あ** ― **X**　② **あ** ― **Y**　③ **い** ― **X**

④ **い** ― **Y**　⑤ **う** ― **X**　⑥ **う** ― **Y**

問２　前の文章中の空欄　イ　に入れる文として最も適当なものを，次の①～④のうちから一つ選べ。　2

① ベトナムに遠征し，その北部を一時併合していました
② 朝鮮半島に侵攻してきた，豊臣秀吉の軍勢と戦っていました
③ オランダを駆逐して，台湾を占拠していました
④ 四川を中心として起こった，白蓮教徒の乱を鎮圧しようとしていました

問３　前の文章中の空欄　ウ　について述べた文として最も適当なものを，次の①～④のうちから一つ選べ。　3

① ヒヴァ＝ハン国を建てた。
② コーカンド＝ハン国を併合した。
③ キルギスに滅ぼされた。
④ カラコルムに都を建設した。

B　あるクラスで，風刺画を基に，世界史の授業が行われている。

先　生：これは，フランスの雑誌『クリ＝ド＝パリ』の1898年1月23日号に掲載された風刺画です。当時のカフェのテラス席の様子が描かれているのですが，何か読み取れることはありますか。

近　藤：みんな新聞を広げています。

先　生：そうですね。この頃既にフランスには，100万部近い発行部数を誇る日刊紙が存在していました。これほど新聞が普及していた要因としては，［　エ　］が挙げられます。

前　田：カフェで新聞を広げる光景が，当たり前になっていたんですね。今の私たちなら，スマホを覗(のぞ)き込んでいるところです。それにしても，みんな熱心に新聞を読んでいるように見えます。

先　生：いい指摘です。実はこの絵は，大衆新聞の普及を背景として大きな注目を集め，フランス社会を揺るがせたある事件を風刺したものです。一番手前に描かれた新聞に，その手掛かりが書き込まれています。

前　田：「J'ACCU…」と見える新聞ですか。

先　生：そのとおりです。第一面に，［　オ　］という軍人のスパイ容疑に関する判決に憤慨したⓐ自然主義の作家ゾラによる告発状が掲載されています。ゾラは，「 オ が無罪であることの確かな証拠を持っていながら，それを公にしなかった軍の関係者たちを告発する。彼らは参謀部を擁護するために，人間性と正義に反するこの犯罪に加担した」と，痛烈に批判しています。

近　藤： オ 事件のことか！　風刺画は，ゾラの告発について各紙が様々な立場から意見を表明し，人々がそれらの議論に大きな関心を払っていた様子を描いているのですね。

先　生：そのとおりです。この事件の再審をめぐっては，当時の一般の家庭内でも口論が起こったと言われています。

問４　前の文章中の空欄 エ に入れる文として最も適当なものを，次の①～④のうちから一つ選べ。 4

① 印刷技術の向上により，価格の低下が促され，新聞がより大衆に身近なメディアとなっていたこと

② 新聞より先に一般家庭に定着していたラジオに代わって，文字で情報を確認できる新聞の人気が高まっていたこと

③ 制定されたばかりの政教分離法が注目を集め，政治と宗教の関係に対する人々の関心が高まっていたこと

④ インドシナ戦争の勃発など，フランスの植民地で起こっていた出来事に対する人々の関心が高まっていたこと

問 5　下線部ⓐの代表的な美術作品とその作者の名との組合せとして正しいものを，次の①～④のうちから一つ選べ。 5

① 「民衆を導く自由の女神」— ドラクロワ
② 「民衆を導く自由の女神」— ルノワール
③ 「落ち穂拾い」— ミレー
④ 「落ち穂拾い」— モ　ネ

問 6　前の文章中の オ 事件について述べた文として最も適当なものを，次の①～④のうちから一つ選べ。 6

① 対独復讐(ふくしゅう)を求める風潮を背景として起こった，クーデタ事件であった。
② 総裁政府が倒された，クーデタ事件であった。
③ 無政府主義者(アナーキスト)への弾圧として起こった，冤罪(えんざい)事件であった。
④ 反ユダヤ主義の風潮を背景として起こった，冤罪事件であった。

第２問　アメリカ大陸の歴史について述べた次の文章**Ａ・Ｂ**を読み，後の問い（問１～５）に答えよ。（配点　16）

Ａ　ラテンアメリカを旅行中の三浦さんが，現地の観光ガイドと会話している。

三　浦：今回初めてラテンアメリカ各地を巡りましたが，都市にしろ農村にしろ，キリスト教の教会が至る所に建てられていることに驚きました。そしていずれの教会でも聖像が祀(まつ)られており，ラテンアメリカではとりわけカトリックの信仰が深く根付いていることも驚きです。

ガイド：もともとは植民地支配の影響です。ラテンアメリカを征服した宗主国は支配を確立する目的で，自分たちが信仰している宗派の宗教施設を植民地の全域に建てたのです。そしてカトリック信者ではない人が植民地に渡ることは，原則できませんでした。

三　浦：ⓐブラジルの宗主国と他のラテンアメリカ諸国の宗主国とは異なっていましたが，植民地支配の状況はどうだったのですか。

ガイド：先住民に対して軍事的な制圧や経済的な搾取が行われるなど，共通する面がありました。メキシコやペルーでは，［ア］が導入され，先住民が過酷な労働を強いられました。植民地が独立を果たした後，［イ］であるクリオーリョが，指導者層を形成しました。

問 1　下線部ⓐの国の歴史について述べた文として最も適当なものを，次の①～④のうちから一つ選べ。 7

① アフガニスタンを保護国とした。

② アラゴン王国とカスティリャ王国の統合によって成立した。

③ エンリケ航海王子が，アフリカ探検を進めた。

④ 第一次世界大戦に，同盟国側で参戦した。

問 2　前の文章を参考にしつつ，ラテンアメリカにおける宗教の歴史について述べた文として最も適当なものを，次の①～④のうちから一つ選べ。 8

① インカ帝国の王は，太陽の子（太陽の化身）として崇（あが）められた。

② 聖職者イダルゴが，アルゼンチンで民衆蜂起を指導した。

③ いずれの宗主国の支配下においても，プロテスタントの宗教施設のみが全域に建てられた。

④ ピルグリム＝ファーザーズが入植した。

問 3　前の文章中の空欄 ア と イ に入れる語句の組合せとして正しいものを，次の①～④のうちから一つ選べ。 9

① **ア** ― エンコミエンダ　　**イ** ― 植民地生まれの白人

② **ア** ― エンコミエンダ　　**イ** ― 白人と先住民の混血

③ **ア** ― ラティフンディア　　**イ** ― 植民地生まれの白人

④ **ア** ― ラティフンディア　　**イ** ― 白人と先住民の混血

B　次の**資料**は，1831 年のアメリカ合衆国大統領による一般教書演説の一節である。（引用文には，省略したり，改めたりしたところがある。）

資　料

> 先住するインディアンの居住地が合衆国の州内に存在することは，合衆国の平和にとって危険であり，インディアン自身にとって有害である。以前の議会での私の提案に従って，複数の部族による合衆国の州外への移住を促すために，50 万ドルが支出された。前回の議会では，チカソー族とチョクトー族が政府の寛大な提案を受け入れ，ミシシッピ川を越えた移住に賛同したことを報告した。これによって，ミシシッピ州全域とアラバマ州西部からインディアンの居住地がなくなり，両州は文明化した住民に委ねられることになる。これらの部族との協定は実行の過程にあり，1832 年のうちに移住が完了する見込みである。

上の演説が示す政策が実行された結果，大統領が言及している人々を含む多くの先住民が古くからの居住地を失い，過酷な境遇に追いやられることになった。

問 4　前の演説の内容，もしくは演説が行われた時期のアメリカ合衆国について述べた文として最も適当なものを，次の①～④のうちから一つ選べ。 10

①　この大統領は，チカソー族とチョクトー族を，ミシシッピ川以東へ移住させることを提案している。

②　この大統領は，チカソー族とチョクトー族を，文明化した住民ではないと考えている。

③　チカソー族とチョクトー族の移住の際には，既に完成していた大陸横断鉄道による輸送が行われた。

④　チカソー族とチョクトー族の移住が完了すると見込まれていた年に，フロンティアの消滅が宣言された。

問 5　前の演説を行った大統領の時代のアメリカ合衆国では，白人男性の間で選挙権の拡大が見られた。イギリスでも男性の選挙権拡大は少しずつ進んだが，次の年表に示した **a** ～ **d** の時期のうち，イギリスで21歳以上の男性に選挙権が拡大された時期として正しいものを，後の①～④のうちから一つ選べ。　11

a
1832年　腐敗選挙区の再編
b
1870年　初等教育法の制定
c
1916年　徴兵制の導入
d

① **a**
② **b**
③ **c**
④ **d**

第3問　人の移動の歴史に関する，先生と生徒との会話を取り上げた次の文章**A**・**B**を読み，後の問い（**問**１～４）に答えよ。（配点　13）

A　先生と王さんが，日本に留学した中国人について話をしている。

先　生：今もそうですが，近代においても，多くの中国人が日本に留学していました。

王　　：留学先として日本が選ばれた理由は何ですか。

先　生：距離や言語の上で中国と日本が近いことが理由の一つに挙げられるでしょう。当時の清朝の官僚で，日本への留学を強く提唱した張之洞（ちょうしどう）は，自らの著書『勧学篇（かんがくへん）』のなかで，「留学する国に関して言えば，西洋よりも日本の方が良い」というふうに述べています。なお，張之洞は，中国の伝統的な学問や儒教倫理を根本としながら西洋の学問・技術を利用するという，［ア］の立場を当時とっていました。その点でも，儒教の影響が強い日本は，留学先として好まれたのでしょう。

王　　：歴史上有名な人では，どのような人が日本に留学しましたか。

先　生：たくさんいるので，とても挙げきれませんが，例えば，後に『狂人日記』や『阿Q正伝』を著した［イ］は日本留学経験者として有名です。

問１　前の文章中の空欄［ア］に入れる語と，空欄［イ］に入れる人物の名との組合せとして正しいものを，次の①～④のうちから一つ選べ。［12］

① ア―扶清滅洋　　イ―魯　迅
② ア―扶清滅洋　　イ―周恩来
③ ア―中体西用　　イ―魯　迅
④ ア―中体西用　　イ―周恩来

問 2　次の資料X～Zは，日本に留学していた中国人が書いた日記の記述の一部である。記述された事柄について年代の古いものから順に正しく配列されているものを，後の①～⑥のうちから一つ選べ。(引用文には，省略したり，改めたりしたところがある。)　13

資料X

朝，新聞を見ると，四川省の鉄道騒動のことが，載っている。満洲朝廷が兵を出して圧迫するので，人々はますます憤慨している。(後略)

(翌日の日記)朝，新聞を見ると，武昌に革命軍が起こり，省城を占領，各政府機関はすべて革命軍のものとなり，提督の張は降参した，という。これを読んで，気が狂うばかりに嬉(うれ)しくて，どうしてよいか分からず，部屋の中をぐるぐる歩き回るばかり。

『清国人日本留学日記』さねとうけいしゅう・佐藤三郎訳，東方書店

資料Y

ここ数日，続けて『新青年』第三巻を精読し，これまで国内で考えていたことがすべて非常にまちがっており，基準にできるものが一つもないことがやっと分かった。要するに，これまで考えてきたこと，やってきたこと，学んできたことは，すべて役立たずだったのだ。

資料Z

新聞によれば，清朝は(旧暦) 8月6日に詔勅を出して科挙をやめにした，とある。とても嬉しい。科挙をやめない以上，科学は決して発達しない。これから中国でも，科学に一脈の光がさすかもしれない。

『清国人日本留学日記』さねとうけいしゅう・佐藤三郎訳，東方書店

① X → Y → Z　② X → Z → Y
③ Y → X → Z　④ Y → Z → X
⑤ Z → X → Y　⑥ Z → Y → X

B　ナチス＝ドイツは，東欧の広い範囲に散らばって少数民族として居住していたドイツ系の人々を「民族ドイツ人」と呼び，戦争によって獲得した領土に移住させる政策を実行した。この移住を示した図について，先生と生徒が会話をしている。

図

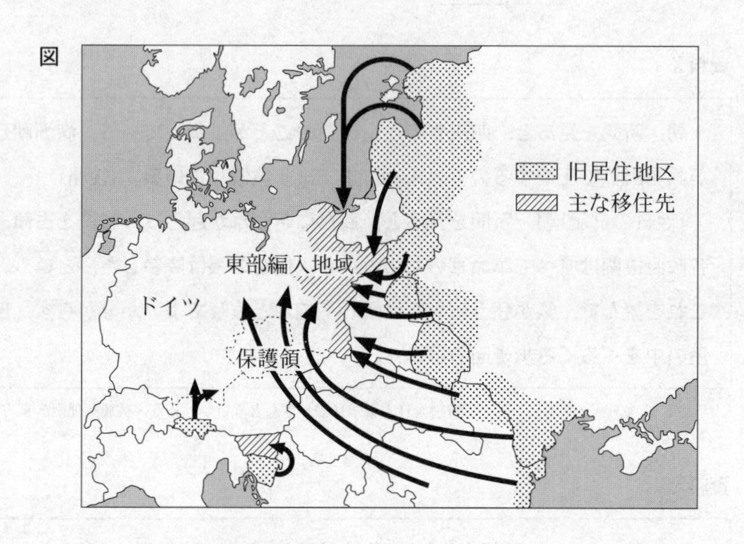

田　口：東欧の「民族ドイツ人」は，ほとんど「東部編入地域」に移住していますね。ここは［　ウ　］の西半分で，1939年にドイツが占領した地域ですね。

斉　藤：どうしてこの地域に「民族ドイツ人」を移住させようとしたんですか。

先　生：ヒトラーは，著書『わが闘争』の中で，1867年に成立した同君連合を非難し，19世紀以降に広まった［　エ　］という考え方にも触れています。この考えを口実として，ドイツに編入した領土に「民族ドイツ人」を移住させました。でもそのために，この地域のドイツ人以外の住民たちが追放され，彼らの家や財産が奪われたのです。

田　口：ドイツの敗戦後は，この地域の「民族ドイツ人」はどうなったんですか。

先　生：敗戦によってドイツの領土が変更されて，再び［　ウ　］が建てられた結果，今度は数百万人ものドイツ人が東方から強制追放されて，財産もほとんど持たずに，ドイツに移住させられました。

斉　藤：本当に多くの人々が戦争に翻弄されたんですね。

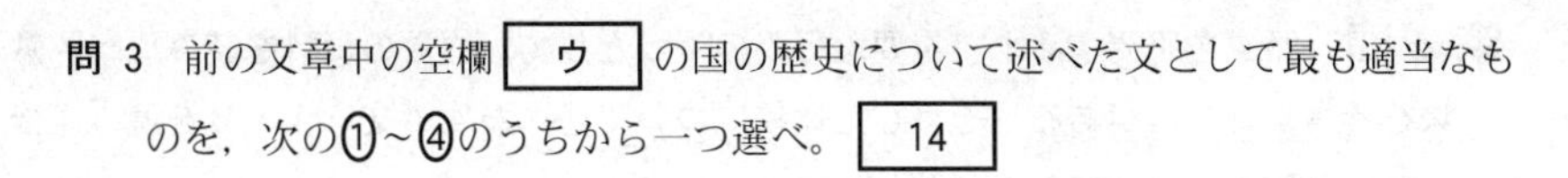
問３　前の文章中の空欄 ウ の国の歴史について述べた文として最も適当なものを，次の①～④のうちから一つ選べ。 14

① リトアニアと連合(合体)したヤゲウォ朝(ヤギェウォ朝)が成立した。

② 三十年戦争の結果，北ドイツ沿岸に領土を得て，バルト海の大国となった。

③ 第二次世界大戦におけるドイツの敗北後，ドイツ人を東方に追放した。

④ アデナウアー首相時代の西ドイツとの間で，国境が承認された。

問４　前の文章中の空欄 エ に入れる考え方**あ・い**と，それと同様の考え方が影響した出来事**X・Y**との組合せとして正しいものを，後の①～④のうちから一つ選べ。 15

エ に入れる考え方

あ　自国内の少数民族を保護すべきである

い　同一の民族が単一の国家を構成すべきである

それと同様の考え方が影響した出来事

X　イタリア統一戦争の結果，イタリア王国が成立した。

Y　オーストリア＝ハンガリー帝国が成立した。

① **あ** ― **X**

② **あ** ― **Y**

③ **い** ― **X**

④ **い** ― **Y**

第４問 歴史を研究する上で重要な行為の一つとして，複数の資料を読み比べ，意味を考察することがある。そうした比較について述べた次の文章**A**・**B**を読み，後の問い(**問１〜５**)に答えよ。(配点 15)

A 次の**資料１**は，あるトルコ系の国家［ア］について述べた中国の史書の一節である。(引用文には，省略したり，改めたりしたところがある。)また，**資料２**は，［ア］と東ローマ帝国との間で行われた交渉について，東ローマ帝国の歴史家が残した記録の概略である。なお，**資料１・２**は，どちらも同じ世紀に起こった事柄について述べている。

資料１

［ア］は富強となり，中国を軽んずるようになった。北周は［ア］と和親を結び，毎年，十万段もの絹を贈った。北斉もまた，［ア］からの侵略を恐れ，宮中の倉にある限りの財物を贈った。［ア］の君主は，配下の者たちにこの状況を例えて言った。「我々に南方の二人の孝行息子がいる限り，何の憂いもない。」

資料２

568年の初め，［ア］の使節たちがコンスタンティノープルに到着した。

この時，勢力が増大した［ア］に従属していたソグド人は，「ペルシアへ使節を派遣し，自分たちがペルシアで絹を売る許可を得て欲しい」と，［ア］の君主ディザブロスに請願した。彼はこれを承諾してソグド人を使節として派遣した。ところが，ペルシア王は，彼らが領内で絹を売ることを許可しなかった。

そこでソグド人の首領マニアクは，ディザブロスに次のように進言した。「東ローマと友好関係を築き，彼らに絹を売る方が良い。彼らほど多くの絹を使う人たちはいないからである。」ディザブロスはこの提案に賛成し，マニアクほか数名を使者としてコンスタンティノープルの皇帝のもとに派遣した。マニアクたちは皇帝への挨拶と，高価な生糸の贈り物と手紙を携えていった。この結果，東ローマと［ア］との間に攻守同盟が結成された。

問１　前の文章中の空欄 ア に入れる語**あ**～**う**と，**資料１・２**から読み取れるソグド人と中央アジアの遊牧国家との関係について述べた文**X**・**Y**との組合せとして正しいものを，後の①～⑥のうちから一つ選べ。 16

ア に入れる語

あ　突　厥

い　セルジューク朝

う　ウイグル

資料１・２から読み取れるソグド人と中央アジアの遊牧国家との関係について述べた文

X　ソグド人が，遊牧国家の外交を担っている。

Y　ソグド人が，遊牧国家を従属させて，勢力の拡大を図っている。

①　あ ― **X**

②　あ ― **Y**

③　い ― **X**

④　い ― **Y**

⑤　う ― **X**

⑥　う ― **Y**

問２　前の**資料２**の，ソグド人に領内で絹を売ることを許可しなかった王朝の歴史について述べた文として最も適当なものを，次の①～④のうちから一つ選べ。

17

①　『アヴェスター』が編纂（へんさん）された。

②　アルダシール１世に滅ぼされた。

③　パルティアに滅ぼされた。

④　サーマーン朝を滅ぼした。

B　次の**資料1**は，イギリスの ⓐ国王ヘンリ3世が成人となった年に，彼によって承認された文書の一部である。この文書は，その後の国王たちによって確認されることはあったものの，長らく政治の表舞台で用いられることはなかった。

しかし，17世紀に国王が専制的な政治を行うと，この状況に変化が生じる。**資料2**は，この時期，ⓑイギリスの議会が国王に提出した権利の請願の一部である。

資料1と**資料2**とを読み比べると，［　イ　］ことが分かる。議会は，国王たちによって認められてきた文書を利用して，専制的な政治を行っていた当時の国王に対抗しようとしたのである。この頃から，**資料1**は，王の支配から国民の権利を守るための文書として，新たな意義を与えられることになった。（引用文には，省略したり，改めたりしたところがある。）

資料1　ヘンリ3世によって承認された文書の一部

第29条　今後，いかなる自由人も，適法な判決又は国の法によらない限り，逮捕・監禁されてはならず，彼のいかなる自由保有地も諸特権も自由な慣習法上の諸権利も奪われてはならず，法の保護の外に置かれると宣告されたり，追放されたり，又は他の何らかの方法で侵害されたりしてはならない。（後略）

資料2　権利の請願の一部

第3項　また，大憲章と呼ばれる制定法によって，次のことが宣言され，定められた。いかなる自由人も，適法な判決又は国の法によらない限り，逮捕・監禁されてはならず，彼の自由保有地も諸特権も自由な慣習上の諸権利も奪われてはならず，法の保護の外に置かれると宣告されたり，追放されたり，又は何らかの方法で侵害されたりしてはならない。

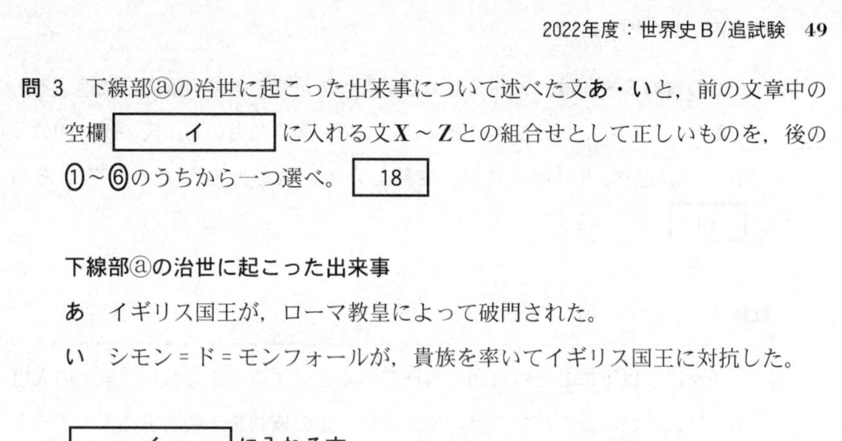

問 3　下線部ⓐの治世に起こった出来事について述べた文**あ・い**と，前の文章中の空欄［　イ　］に入れる文**X**～**Z**との組合せとして正しいものを，後の①～⑥のうちから一つ選べ。［ 18 ］

下線部ⓐの治世に起こった出来事

あ　イギリス国王が，ローマ教皇によって破門された。

い　シモン＝ド＝モンフォールが，貴族を率いてイギリス国王に対抗した。

［　イ　］に入れる文

X　**資料1**では，法に基づかない逮捕・監禁が認められているが，**資料2**では，法に基づかない逮捕・監禁が認められていない

Y　ジェームズ2世に提出された**資料2**では，**資料1**と同様に，法に基づかない逮捕・監禁が認められていない

Z　**資料2**では，ヘンリ3世やその後の国王たちによって認められてきた**資料1**と同様に，法に基づかない逮捕・監禁が認められていない

① あ ― X　　② あ ― Y　　③ あ ― Z

④ い ― X　　⑤ い ― Y　　⑥ い ― Z

問 4　下線部ⓑの歴史について述べた文として最も適当なものを，次の①～④のうちから一つ選べ。［ 19 ］

① 国王が，三部会を招集した。

② 議会法によって，下院優位の原則が確立された。

③ トーリ党のウォルポール首相の下で，責任内閣制の基盤が作られた。

④ 平民会の決議を元老院の承認なく国法とすることが定められた。

問 5　次の資料3・4は，人間の自由と平等の尊重や，信仰の抑圧に関連するものである。これらについて述べた文として最も適当なものを，後の①～④のうちから一つ選べ。(引用文には，省略したり，改めたりしたところがある。)
20

資料3

我々は，以下のことが自明の真理であると信ずる。すなわち，全ての人は平等に造られ，譲り渡すことのできない一定の権利を，創造主によって与えられている。その中には，生命，自由，そして幸福追求が含まれている。いかなる形態の政府であれ，これらの権利を損なうものとなった場合には，その政府を改変または廃止し，新たな政府を樹立することが人民の権利である。

資料4

今や余は，神のご加護に当然の感謝をしつつ，余が抱いてきた懸念が解消したと考える。なぜなら，改革派臣民の最良にして大部分の者たちが，カトリックを受け入れたからである。かくしてまた，ナントの王令と，改革派のためにこれまでに定められた全ての法令との施行は，無用となっているがゆえに，ナントの王令を完全に廃止するに越したことはないと余は判断した。

① 資料3は，パリ条約でアメリカ合衆国が独立を承認された後に宣言されたものである。
② 資料3には，革命権(抵抗権)を否定したロックの考えの影響が認められる。
③ 資料4は，ブルボン家のアンリ4世によって宣言されたものである。
④ 資料4が宣言された結果，フランスからユグノーが亡命した。

第５問　歴史の研究において，ある地域や国の歴史をどのような視点から捉えるかは重要である。それについて述べた次の文章**A**～**C**を読み，後の問い(**問**１～７)に答えよ。(配点　20)

A　中国史の講義を受けた大学１年生と教授とが会話をしている。

学　生：高校までの学習を振り返ると，日本やヨーロッパの歴史では，古代や中世などの時代について，それぞれの時代の特徴を捉えるように心掛けていました。一方，中国史では，古代や中世などのように，時代を明確にしないまま学んでいたように感じるのですが，そもそも中国史には，時代に関する決まった分け方があるのですか。

教　授：中国史の時代区分に関しては，日本でもかつて盛んに議論されたことがありました。次の**資料**１・２は，いずれも唐から宋への変化について述べた，日本の研究者による考察の概要です。中国王朝の時代区分について，異なる二通りの考え方があることが分かります。

資料１

　中世と近世とは，いかなる点において異なるかと言うと，政治上より言えば貴族政治が衰退して君主独裁政治が起こったことである。貴族衰退の結果，高い官職に就くのにも家柄としての特権がなくなり，皇帝の権力によって任命されることとなった。

資料２

　中世初期の支配的勢力は，新しいタイプの大地主層＝新官僚層であった。「佃戸」はこの大地主の土地に縛りつけられ，居住移転の自由を持たず，土地の処分に伴って土地の買い主へ引き渡されることさえある農奴であった。

学　生：なるほど。二つのうちの［ア］を根拠として宋を［イ］に区分していますね。

教　授：そのとおりです。

問１　前の文章中の空欄［ア］と［イ］に入れる語句の組合せとして正しいものを，次の①～⑧のうちから一つ選べ。**なお，正しいものは複数あるが，解答は一つでよい。**［21］

① ア―資料１では，支配階層や土地経営の変化　イ―中　世
② ア―資料１では，支配階層や土地経営の変化　イ―近　世
③ ア―資料１では，統治体制の変化　イ―中　世
④ ア―資料１では，統治体制の変化　イ―近　世
⑤ ア―資料２では，支配階層や土地経営の変化　イ―中　世
⑥ ア―資料２では，支配階層や土地経営の変化　イ―近　世
⑦ ア―資料２では，統治体制の変化　イ―中　世
⑧ ア―資料２では，統治体制の変化　イ―近　世

教　授：そして，次の**資料3・4**は，他の二人の研究者による考察の概要です。それぞれ，先ほどの**資料1・2**のいずれか一方と同様の時代区分をしていることが分かりますか。

資料3

> 中国における古代統一国家の形成時期は紀元前3世紀，中世の開始は9世紀頃である。これらは日本と比べてかなり早いが，近世の開始時期は中国と日本とでほとんど違いはなくなった。

資料4

> 朱子学の出現こそ中国思想界を中世より近世の段階にまで高めたものであって，それは訓詁学を克服した点から見て，中世の文化の否定と言うことができる。

学　生：はい。［ウ］は，私が先ほど選んだ資料と同様の時代区分をしていますね。

教　授：そのとおりです。

問2　**問1で選んだ解答に基づき**，前の文章中の空欄［ウ］に入れる語句として最も適当なものを，次の①～④のうちから一つ選べ。［22］

① 中国における古代統一国家の形成時期として，戦国時代を経て秦が統一した時期を想定していると思われる**資料3**

② 中国における古代統一国家の形成時期として，南北朝時代を経て隋が統一した時期を想定していると思われる**資料3**

③ 経典の字句解釈を重視した鄭玄らの学問に代わる，新たな儒学の登場について述べている**資料4**

④ 古典の実証的な研究を重視した顧炎武らを先駆とする学問に代わる，新たな儒学の登場について述べている**資料4**

B　ポリュビオス（ポリビオス）は，ローマの興隆を「史上かつてない大事件」と捉え，ポエニ戦争を出発点として『歴史』を著した。（引用文には，省略したり，改めたりしたところがある。）

その冒頭部分で彼は，ローマの権勢と比較すべき対象として，「これまでの歴史家たちが最大の精力を傾けて記録にとどめた過去の大国のうちでも，とりわけ史上に名高い国々」を，時系列に沿って三つ挙げている。一つ目の国は，ギリシアとの戦争がヘロドトスの史書の主題ともなった［エ］で，この国が「ある時期に広大な帝国と支配権を手に入れた。だが無謀にもアジアの境界を越え出ては，そのたびに帝国のみならず自身の生存さえも危険にさらした」と述べる。二つ目の国はスパルタであり，「長年にわたってギリシアの覇権をめぐる争いを続けた末に，ようやく勝利を得たものの，それを無事に保持していたのは僅かにすぎなかった」とする。

そのうえでポリュビオスは，三つ目の国として［オ］を挙げて，次のように述べる。

> ［オ］はまずヨーロッパ内の支配領域を広げたが，これはヨーロッパ全域のほんの一部分にすぎない。その後，［エ］を滅ぼしてアジアにも覇権を拡大した結果，史上最大の地域と人口を配下に従えたと称賛されるようになったけれども，なお世界には依然手の届かない地域が多く残されていた。

城江良和　訳

ポリュビオスとは異なる言語で史書を著したリウィウスも，ローマ興隆の契機をポエニ戦争とみなし，これまでの戦争の中で最も記憶すべきものと述べて史書の一部を割く。ただし，リウィウスは，ⓐローマ王政期を史書の出発点とし，イタリア中心の叙述をしている。同様の執筆姿勢は，タキトゥスらにも受け継がれていく。

問 3　前の文章中の空欄 エ に入れる語と，空欄 オ の国が支配下に**入れなかった**地域との組合せとして正しいものを，次の①～④のうちから一つ選べ。 23

	エ	オ の国が支配下に入れなかった地域
①	アッシリア	イベリア半島
②	アッシリア	エジプト
③	アケメネス朝	イベリア半島
④	アケメネス朝	エジプト

問 4　前の文章を参考にしつつ，ギリシア・ローマにおける歴史叙述について述べた文として最も適当なものを，次の①～④のうちから一つ選べ。 24

① ポリュビオスは，ラテン語で史書を著した。
② リウィウスは，ポリュビオスと異なり，ローマとカルタゴとの戦争の歴史的意義を高く評価する。
③ ポリュビオスは，トゥキディデス(トゥキュディデス)が史書で主題としたのと同じ戦争に言及している。
④ タキトゥスは，『世界史序説』(『歴史序説』)を著した。

問 5　下線部ⓐについて述べた文として最も適当なものを，次の①～④のうちから一つ選べ。 25

① 十二表法が公開された。
② コンスルが，政治を主導した。
③ コロッセウムが建設された。
④ 最後の王はエトルリア人であった。

C　次の**グラフ１・２**は，1914年から1939年までのアメリカ合衆国における経済情勢についての統計である。**グラフ１**は，国内労働者の失業者の割合を，百分率で示したものである。**グラフ２**は，年ごとの連邦政府の財政支出額を示したものである。これらの統計を見ると，この時代の出来事が，アメリカ合衆国の経済に様々な影響を与えていたことが分かる。さらに，経済情勢が悪化すると，国家は積極的に経済に介入するようになる。ⓑ<u>特に世界恐慌が発生すると，各国は様々な政策的対応を迫られた。</u>

グラフ１　国内の失業率

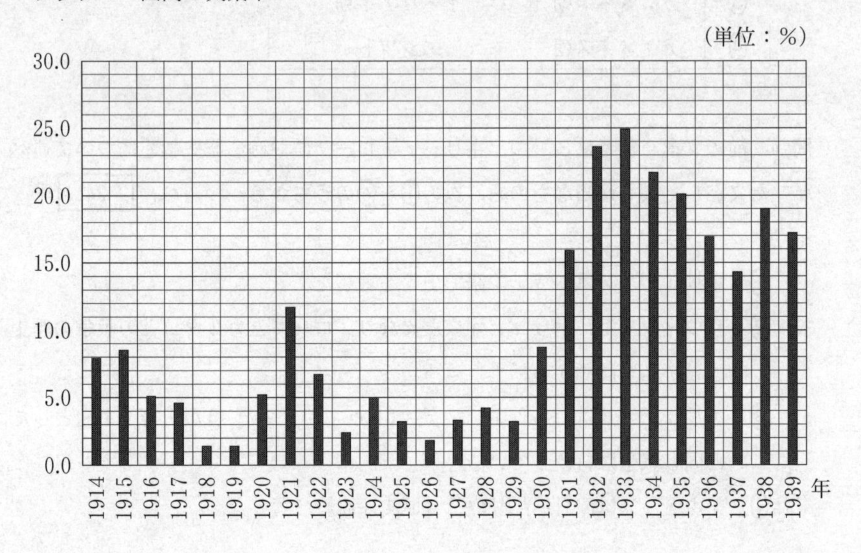

グラフ2　連邦政府の歳出総額

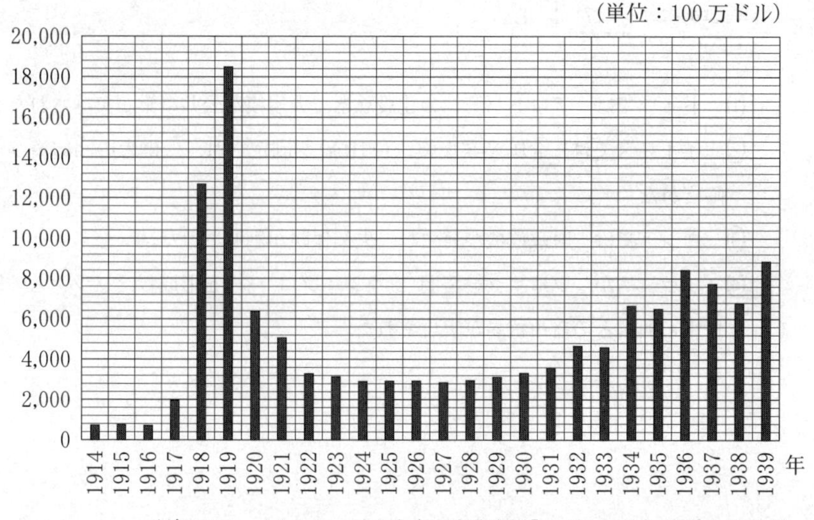

（**グラフ1・2**ともアメリカ合衆国商務省編『アメリカ歴史統計』より作成）

問6　前の**グラフ1・2**から読み取れる，1914年から1939年までに起こった事柄について述べた文として最も適当なものを，次の①～④のうちから一つ選べ。
26

① アメリカ合衆国が第一次世界大戦に参戦した年から翌年にかけては，アメリカ合衆国の国内の失業率は上昇した。

② ニューディール政策が実施された時期に，アメリカ合衆国の連邦政府の歳出総額は最大になった。

③ 「暗黒の木曜日」と呼ばれる，ニューヨークにおける株式相場の大暴落よりも後に，アメリカ合衆国の国内の失業率は最も高くなった。

④ ワシントン会議において国際的な軍縮が図られた時期に，アメリカ合衆国の連邦政府の歳出総額は最小になった。

問 7　下線部ⓑについて述べた文として最も適当なものを，次の①～④のうちから一つ選べ。 27

① ドイツでは，アウトバーンの建設など，大規模な公共事業が実施された。

② イギリスでは，全国産業復興法(NIRA)が制定され，労働者の団結権が保障された。

③ ロシアでは，財政危機が発生し，失業保険が削減された。

④ フランスが，ブロック経済圏(フラン＝ブロック)を形成し，フランスの植民地と他国との自由貿易が実現された。

第６問　世界史上の建築物について述べた次の文章**Ａ・Ｂ**を読み，後の問い（問１～６）に答えよ。（配点　18）

Ａ　次の**モスクＸ～Ｚ**は，もともとは異なる宗教の施設の一部であったとされる材料を用いて造られている。

モスクＸ

軍人であったアイバクの命により建設が開始された。アイバクは，その後，奴隷王朝を建てた。ヒンドゥー教やⓐジャイナ教の寺院の一部であった石柱が建材として用いられている。

モスクＹ

カリフであったワリード１世によって，彼が君主であった国家の首都に建設された。ワリード１世は西ゴート王国を滅ぼしたことが知られる。キリスト教の教会の一部を再利用して造られている。

モスクＺ

スルタンであったスレイマン１世によって建設された。スレイマン１世は彼が君主であった国家の最盛期を築いた。一部の石柱はレバノンの古代神殿跡などから運ばれたとされる。

ユニフォトプレス提供，Ｘ・Ｙは類似の写真と差し替えています。

問１　下線部ⓐについて述べた文として最も適当なものを，次の①～④のうちから一つ選べ。 28

① カビールによって創始された。

② 苦行と不殺生を説いている。

③ ボロブドゥールが建てられた。

④ 『リグ＝ヴェーダ』を含むヴェーダが聖典として編纂(へんさん)された。

問２　次の図中に示した**a**～**d**のうち，前の**モスクY**が建てられた都市の位置として正しいものを，後の①～④のうちから一つ選べ。 29

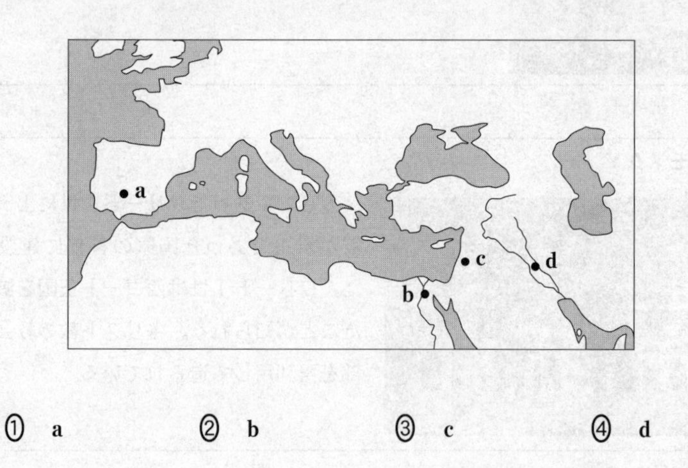

① **a**　　② **b**　　③ **c**　　④ **d**

問３　前の**モスクX～Z**が，モスクとして建設が開始された年代の古いものから順に正しく配列されているものを，次の①～⑥のうちから一つ選べ。 30

① **モスクX → モスクY → モスクZ**

② **モスクX → モスクZ → モスクY**

③ **モスクY → モスクX → モスクZ**

④ **モスクY → モスクZ → モスクX**

⑤ **モスクZ → モスクX → モスクY**

⑥ **モスクZ → モスクY → モスクX**

B　次の図は，ウィーンにある「　ア　＝ホーフ」と呼ばれる建物の写真を一部加工したものである。「ホーフ」は館や中庭を意味するドイツ語である。

図

ⓑ19 世紀以降，都市化が進展したヨーロッパでは，公衆衛生や福祉政策が整備された。ⓒハプスブルク家の拠点であったウィーンでも，人口が急増するなか，特に労働者の住環境が悪化した。

第一次世界大戦後，社会主義運動が高まりを見せていたウィーンでは，労働者を支持基盤とする社会民主党が市政を掌握した。社会民主党は，1920 年代から 30 年代にかけて，労働者の住環境改善を目指して，水道や電気，ガスの設備があり，家賃も安く抑えた市営住宅を建設した。「　ア　＝ホーフ」もそうした市営住宅の一つで，1930 年前後に建設され，21 世紀の現在も住宅として使われている。

問 4　前の文章中の空欄　ア　には，『資本論』を著し，社会主義運動に大きな影響を与えた人物の名が入る。この人物について述べた文として最も適当なものを，次の①～④のうちから一つ選べ。　31

①　『共産党宣言』の執筆に携わった。
②　無政府主義を唱えた。
③　『法の精神』を著した。
④　精神分析学の基礎を形成した。

問５　次の文**あ**・**い**は，下線部ⓑについて述べたものである。前の**図**の建物の建設時期を含めて，これらが年代の古いものから順に正しく配列されているものを，後の①～⑥のうちから一つ選べ。 32

あ　衛生状態の改善を目指して，ナポレオン３世の統治期にパリで都市改造が行われた。

い　イギリスでは，アトリー政権によって社会福祉政策が進められた。

① **あ** → **い** → **図**
② **あ** → **図** → **い**
③ **い** → **あ** → **図**
④ **い** → **図** → **あ**
⑤ **図** → **あ** → **い**
⑥ **図** → **い** → **あ**

問６　下線部ⓒについて述べた文として最も適当なものを，次の①～④のうちから一つ選べ。 33

① ポーランド分割に参加した。
② 七年戦争によって，シュレジエンを確保した。
③ イギリスとの同盟は，外交革命と呼ばれた。
④ タンジマートと呼ばれる改革を推進した。

2021

共通テスト

本試験
(第1日程)

世界史B

解答時間 60分
配点 100点

世界史Ｂ

（解答番号 1 ～ 34 ）

第１問　歴史研究には様々な資料を用いるが，資料もまた歴史の中で生み出されたものであり，それ自身が研究の対象である。資料と世界史上の出来事との関係について述べた次の文章**Ａ**・**Ｂ**を読み，下の問い(**問**１～５)に答えよ。(配点　15)

Ａ　次の文章は，『史記』に見える始皇帝死亡時の逸話について，その概要をまとめたものである。

> 領土を視察する旅の途中で，皇帝は病に倒れる。彼は死の直前，長男の扶蘇(ふそ)を跡継ぎにすると決め，扶蘇に遺言を残すが，それを預かった近臣は大臣の **ア** と謀り，遺言を偽造して胡亥(こがい)という別の子を立てる。(『史記』)

だが近年発見された竹簡には，全く異なる逸話が記されていた。

> 領土を視察する旅の途中で，皇帝は病に倒れる。死を悟った彼は，誰を跡継ぎにすべきか家臣に問う。 **ア** は胡亥を推薦し，皇帝はそれを承認する。(北京大学蔵西漢竹書「趙正書」)

『史記』は正史(正統なものと公認された紀伝体の歴史書)の祖とされるものの，そこに記された内容が，全て紛れもない事実だったとは限らない。司馬遷の時代，始皇帝の死をめぐっては幾つかの逸話が存在し，彼はその中の一つを「史実」として選択したのである。正史編纂(へんさん)の多くが国家事業だったのに対し，『史記』はあくまで司馬遷個人が著した書物であり，したがって ⓐ<u>素材となる資料の収集は司馬遷が独自に行ったもので，収集の範囲にはおのずと限界があった。</u>

だが個人の著述であるがゆえに，『史記』には司馬遷自身の見識が込められており，形式化した後代の正史とは一線を画している。例えば， ⓑ<u>中国では伝統的に商人が蔑視されるが，司馬遷は自由な経済活動を重んじ，著名な商人の列伝を『史記』の中に設けている。これは彼が生きた時代に行われていた政策への，司馬遷なりの批判の表明でもあった。</u>

問 1　上の文章中の空欄 ア に入れる人物の名**あ**～**う**と，その人物が統治のために重視したこと**X**～**Z**との組合せとして正しいものを，下の①～⑥のうちから一つ選べ。 1

ア に入れる人物の名

あ　孟　子　　**い**　張　儀　　**う**　李　斯

統治のために重視したこと

X　家族道徳を社会秩序の規範とすること

Y　血縁を越えて無差別に人を愛すること

Z　法律による秩序維持を通じて，人民を支配すること

① **あ**－**X**　　② **い**－**Y**　　③ **う**－**Z**

④ **あ**－**Z**　　⑤ **い**－**X**　　⑥ **う**－**Y**

問 2　下線部ⓐの背景として，司馬遷の時には長年の戦乱に加えて，思想統制によって多くの記録が失われていたことも挙げられる。世界史上の思想統制について述べた文として最も適当なものを，次の①～④のうちから一つ選べ。

2

① 始皇帝は，民間の書物を医薬・占い・農業関係のものも含めて焼き捨てるように命じた。

② エフェソス公会議で教皇の至上権が再確認され，禁書目録を定めて異端弾圧が強化された。

③ ナチス体制下では，ゲシュタポにより国民生活が厳しく統制され，言論の自由が奪われた。

④ 冷戦下のイギリスで，共産主義者を排除する運動が，マッカーシーによって盛んになった。

問 3　下線部ⓑの，司馬遷による批判の対象となったと考えられる政策について述べた文として最も適当なものを，次の①～④のうちから一つ選べ。 3

① 諸侯の権力を削減したため，それに抵抗する諸侯の反乱を招いた。

② 平準法を実施して，国家による物価の統制を図った。

③ 董仲舒の提言を受け入れて，儒教を官学化した。

④ 三長制を実施して，土地や農民の把握を図った。

B　次の文章は，歴史家マルク＝ブロックが著した『歴史のための弁明—歴史家の仕事』の一節である。ブロックは，自分の村の歴史を書きたいという研究者の訪問を受けた際，そのような研究者にいつもどのように助言するかを，次のように述べている。(引用文には，省略したり，改めたりしたところがある。)

農村共同体が文書資料を保有しているのは，珍しいことです。あったとしても，それは古い時代のものではありません。反対に領主所領は，比較的よく組織され継続性もありますから，概して文書資料を長く保存しています。それゆえ，1789年以前の，非常に古い時代に関して，あなたがその利用を期待できる主な文書資料は，領主所領からもたらされるでしょう。

とすれば，次にあなたがはっきりさせるべき肝心な最初の問題は，1789年当時，村の領主は何者であったか，ということになります。三つの可能性が考えられます。まず，領主の所領が教会に属していた場合。次に，革命下に亡命した俗人に属していた場合。そして，俗人だけれども，反対に決して亡命しなかった者に属していた場合です。

最も望ましいのは，第1の場合です。資料がより良い状態で，まとまって長く保管されている可能性が高いだけではありません。1790年以降，聖職者市民法の適用によって，一連の文書は領地と同様に，没収されたに違いないでしょう。その後どこかの公文書保管所に預けられた資料は，今日までほとんど手つかずのまま，研究者が利用できる形で保存されていることが合理的に期待できます。

亡命した者に属していたという第2の場合も，悪くありません。その場合もまた，資料は押収され，別の場所に保管されたに違いありません。せいぜい，嫌われた体制の遺物として，意図的に破壊されたことが危惧される程度でしょう。

残るは最後の可能性です。これは，極めて厄介です。実際，旧貴族たちはフランスを去らなかったし，公安委員会が定めた法によって咎(とが)められることもなかったので，彼らが財産を奪われることはなかったのです。恐らく領主の権利は失ったでしょう。それは普遍的に廃止されたのですから。しかし個人的な所有物の全部，したがって経済活動関連の書類については，彼らは保有し続けました。ただ，現在の保持者にはあなたにそれを見せる義務は全くないのです。

問4　上の文章中で，ブロックが，訪問した研究者に助言する際に，前提としたと思われる歴史上の出来事**あ**・**い**と，文書資料についてのブロックの説明**X**～**Z**との組合せとして正しいものを，下の①～⑥のうちから一つ選べ。 4

前提としたと思われる歴史上の出来事

あ　国民議会が，教会財産を没収(国有化)した。

い　総裁政府が共和政の成立を宣言し，国王が処刑された。

文書資料についてのブロックの説明

X　村の歴史を書くために利用できる主な資料は，村の領主の資料ではなく，農村共同体の資料である。

Y　資料がよりよく保管されている可能性があるのは，村を支配していた領主が教会である場合ではなく，俗人である場合である。

Z　研究者が利用できる形で資料が保管されている可能性がより高いのは，村を支配していた俗人領主が，亡命しなかった場合ではなく，亡命した場合である。

① あ－X　② あ－Y　③ あ－Z
④ い－X　⑤ い－Y　⑥ い－Z

問5　上の文章中で，ブロックが言う「嫌われた体制」の特徴について述べた文として最も適当なものを，次の①～④のうちから一つ選べ。 5

① 産業資本家の社会的地位が高かった。
② 征服された先住民が，ヘイロータイとされた。
③ 強制栽培制度が実施されていた。
④ 貴族が，第二身分とされていた。

第2問　キャッシュレス決済が普及しつつある今日だが，貨幣は経済の言わば血液として，これまで重要な役割を果たしてきた。世界史上の貨幣について述べた次の文章**A**・**B**を読み，下の問い(**問**1～6)に答えよ。(配点　18)

A　次の**グラフ**1は，1750年から1821年にかけてのイギリスにおける金貨鋳造量の推移を示したものである。

グラフ1　(単位：万ポンド)

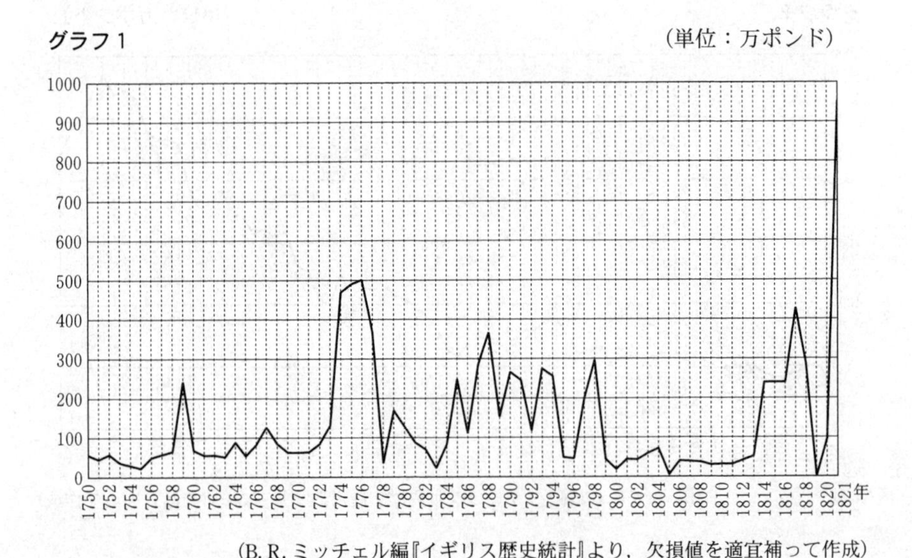

(B. R. ミッチェル編『イギリス歴史統計』より，欠損値を適宜補って作成)

問1　上の**グラフ**1を見て，金貨鋳造量が急増し，初めて500万ポンドに達する前に起こった出来事について述べた文として正しいものを，次の①～④のうちから一つ選べ。　6

① イダルゴの蜂起を経て，メキシコがスペインから独立した。
② 茶法制定への抗議として，ボストン茶会事件が起こった。
③ ロシアとカージャール朝との間で，トルコマンチャーイ条約が結ばれた。
④ アレクサンドル1世の提唱によって，神聖同盟が結成された。

問 2　次の**グラフ2**は，1750 年から 1821 年にかけてのイギリスにおける紙幣(イングランド銀行券)流通量の推移を示したものである。この**グラフ2**と**グラフ1**とを使って，金貨鋳造量が 10 年以上にわたって 100 万ポンドを下回った背景を考えると，下のような**仮説**を導き出すことができる。下の**仮説**中の空欄 [ア] と [イ] に入れる語句の組合せとして正しいものを，下の①～④のうちから一つ選べ。 [7]

グラフ2　(単位：万ポンド)

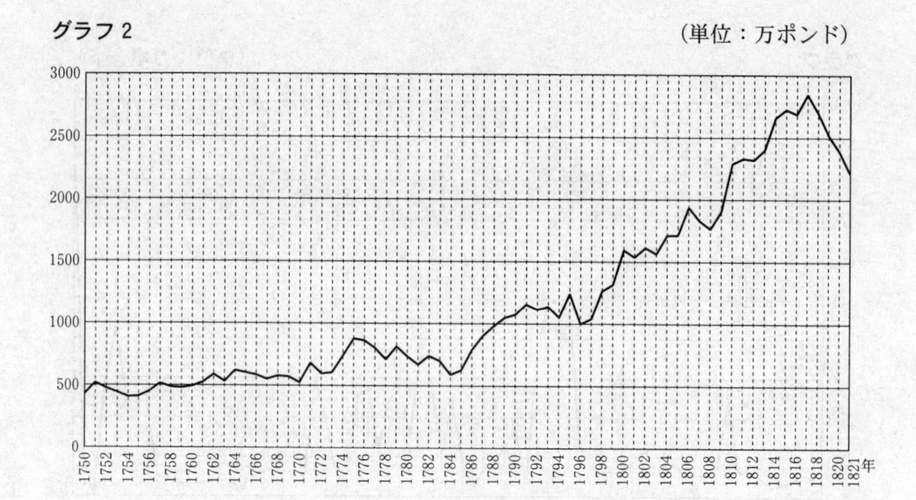

(B. R. ミッチェル編『マクミラン世界歴史統計』より，欠損値を適宜補って作成)

仮　説

> 金貨鋳造量が 10 年以上にわたって 100 万ポンドを下回り続けたのは，イギリスの [ア] に対する戦いのために [イ] 必要から，何らかの対策が採られたためであろう。

① ア ― ロシア　　　イ ― 紙幣を大量に発行する
② ア ― ロシア　　　イ ― 紙幣の発行を抑制する
③ ア ― フランス　　イ ― 紙幣を大量に発行する
④ ア ― フランス　　イ ― 紙幣の発行を抑制する

問 3　金貨鋳造量が急増した1821年頃から，イギリスは金本位制の整備を始めた。以降，イギリスでは，ソブリン金貨(鋳造時の君主の肖像を打刻した金貨)が，大量に発行されるようになった。次の**図**はそうした金貨の写真を一部加工したものである。**図**の金貨に肖像が打刻されている君主の事績について述べた文として正しいものを，下の①～④のうちから一つ選べ。 8

図　1852年鋳造のソブリン金貨

① インド皇帝に即位した。

② グレートブリテン王国(大ブリテン王国)を成立させた。

③ 統一法を制定した。

④ ハノーヴァー朝を開いた。

B　博物館に展示されたアジアの貨幣を見ながら，先生と小林さん，トルコから来たユルマズさんが会話をしている。

先　生：これは丁銀(ちょうぎん)というもので，読んで字のごとく，銀で作られています。銀は，様々な目的で，広く使われました。16世紀に，［　ウ　］ことは授業で習いましたね。

小　林：はい，覚えています。銀以外にも，いろいろな物がお金の材料になっていますよね。

先　生：そのとおりです。この半両銭の材料は［　エ　］です。［　オ　］が，このお金で全国の貨幣を統一しようとしたことも習ったと思います。

小　林：へえ，これが半両銭ですか。初めて本物を見ました。そう言えば，元代に使用された交鈔の材料は［　カ　］ですよね。

先　生：そのとおりです。ユルマズさんの国ではどんなお金が使われていますか。

ユルマズ：トルコ共和国の紙幣の多くには，「父なるトルコ人」や「トルコ人の父」と呼ばれている［　キ　］の肖像が印刷されてきました。

小　林：お金の材料やデザインは，時代や地域によっていろいろなんですね。

問4　上の会話文中の空欄［　ウ　］に入れる文として最も適当なものを，次の①～④のうちから一つ選べ。［　9　］

① 中国産の銀が，大量に日本に流入した

② 中国で，地丁銀制が導入された

③ 中国で，各種の税や徭役(ようえき)を銀に一本化して納入させるようになった

④ アヘンの密貿易によって，大量の銀が中国から流出した

問 5　上の会話文中の空欄 エ ～ カ に入れる語の組合せとして正しいものを，下の①～⑥のうちから一つ選べ。 10

	①	②	③	④	⑤	⑥
エ	金	青銅	青銅	金	青銅	青銅
オ	秦	宋	秦	宋	秦	宋
カ	紙	金	紙	紙	金	紙

問 6　上の会話文中の空欄 キ の人物の事績について述べた文として**誤っているもの**を，次の①～④のうちから一つ選べ。 11

① トルコ大国民議会を組織した。

② ギリシア軍を撃退した。

③ カリフ制を廃止した。

④ トルコ語の表記にアラビア文字を採用した。

第3問　文学者やジャーナリストの作品について述べた次の文章**A**～**C**を読み，下の問い(**問1**～**8**)に答えよ。(配点　24)

A　次の資料は，『デカメロン』の一部である。

> 時は主の御生誕1348年のことでございました。イタリアのいかなる都市に比べてもこよなく高貴な都市国家フィレンツェにあの［ア］が発生いたしました。(中略)オリエントでは，鼻から血を出す者はまちがいなく死んだ由でした。しかしフィレンツェでは徴候が違います。発病当初は男も女も股の付け根や腋(わき)の下に腫物ができました。そのぐりぐりのあるものは並みの林檎(りんご)くらいの大きさに，また中には鶏の卵ぐらいの大きさに腫れました。大小多少の違いはあるが，世間はそれをガヴォッチョロと呼びました。

平川 祐弘　訳

この作品は，［ア］の病から避難した人々が都市郊外に集まり，10日間で100話語る形で構成されている。ⓐ修道士や商人の話などがあり，当時の社会に皮肉を込めつつ，滑稽に描いている。

問1　上の作品の作者の名**あ**～**う**と，この作品で描かれた時代の文化の特徴**S**・**T**との組合せとして正しいものを，下の①～⑥のうちから一つ選べ。［12］

作者の名

あ　ペトラルカ　　**い**　ボッカチオ　　**う**　エラスムス

文化の特徴

S　ダーウィンの進化論の影響を受けている。

T　人文主義の思想が基調となっている。

①　あ－S	②　あ－T	③　い－S
④　い－T	⑤　う－S	⑥　う－T

問２　上の文章中の空欄 ア は当時のヨーロッパに流行した病である。この病の名称え・おと病に関する説明Ｘ～Ｚとの組合せとして正しいものを，下の①～⑥のうちから一つ選べ。 13

病の名称

え　コレラ

お　ペスト(黒死病)

病に関する説明

Ｘ　『デカメロン』によれば，この病で亡くなる徴候は，地域や性別を問わず同じ症状であった。

Ｙ　西ヨーロッパでは，この病が一因となり，農民の人口が激減したため，農民の地位向上につながった。

Ｚ　当時，アメリカ大陸からヨーロッパにもたらされた病である。

① え―Ｘ　② え―Ｙ　③ え―Ｚ
④ お―Ｘ　⑤ お―Ｙ　⑥ お―Ｚ

問３　下線部ⓐの活動の場となった修道院や修道会について述べた文として最も適当なものを，下の①～④のうちから一つ選べ。 14

① インノケンティウス３世は，モンテ＝カッシーノ(モンテ＝カシノ)に修道院を作った。

② シトー修道会(シトー派修道会，シトー会)は，森林の開墾に取り組んだ。

③ クローヴィスの下で，クリュニー修道院が中心となって改革運動が起こった。

④ ヘンリ３世は，修道院を解散し，その財産を没収した。

B　次の資料は，日本人ジャーナリスト大庭柯公(おおばかこう)が19世紀以降のロシアにおける革命運動の展開について1919年に論評した文章である。(引用文には，省略したり，改めたりしたところがある。)

「農民の覚醒」については，［イ］もこれに注意し，［ウ］もまたこれに留意した。則ち(すなわ)［イ］はこれが覚醒を促すに努め，［ウ］はこれが覚醒を防遏(ぼうあつ)(注)するに苦心した。そして歴代の露国［ウ］は，農民覚醒の防遏手段として，ⓑその手先に僧侶を使い，学校はなるべく建てずに，能(あた)う限り寺を建てた。村里の児童を訓(おし)えるのには小学教師によらず，僧官によって百姓の子供に祈禱(きとう)を教えた。しかもその間，独り［エ］があって，農奴解放を行ったことは，旧政治下の露国において，ともかくも驚異の事実であった。いわゆる農奴解放は，ほとんど声のみに了(おわ)ったかの観はあるが，しかし瞑々裡(めいめいり)に農民の理知に点火したことは確かであった。ⓒそこへ前世紀の半ば頃から盛んになった［イ］の事業は，ほとんど連続的に農民に対してその覚醒を促しつつあった。則ち［ウ］は僧侶の力を借りて他力本願によることを強い，［イ］は彼らに覚醒を促して，自力によることを訓えた。

(注)　防遏―防ぎとめること，防止。

問4　下線部ⓑに関連して，世界史における宗教と教育・政治との関係について述べた文として**誤っているもの**を，次の①～④のうちから一つ選べ。［15］

① フランスでは，20世紀初めに政教分離法が成立した。

② 中世ヨーロッパの学問では，神学が重視された。

③ イスラーム世界では，マドラサが重要な教育機関となった。

④ 隋や唐では，主に仏教の理解を問う科挙が整備された。

問５　上の資料中の空欄 イ と ウ に入れる語と，下線部ⓒの事業に際して用いられたスローガンとの組合せとして正しいものを，次の①～④のうちから一つ選べ。 16

	①	②	③	④
イ	官　僚	革命家	官　僚	革命家
ウ	革命家	官　僚	革命家	官　僚
スローガン	「ヴ＝ナロード（人民の中へ）」	「ヴ＝ナロード（人民の中へ）」	「無併合・無償金・民族自決」	「無併合・無償金・民族自決」

問６　上の資料中の空欄 エ に入れる人物の名**あ・い**と，その人物の事績について述べた文**X・Y**との組合せとして正しいものを，下の①～④のうちから一つ選べ。 17

エ に入れる人物の名

あ　エカチェリーナ２世

い　アレクサンドル２世

事績について述べた文

X　樺太・千島交換条約を締結した。

Y　クリミア半島を獲得した。

①　あ － X

②　あ － Y

③　い － X

④　い － Y

C　世界史の授業で，イギリス人作家ジョージ＝オーウェル(1903～1950年)の小説『1984年』を紹介し，討論をした。配付された資料と，生徒からの質問票とを次に示す。

作品の概要

世界大戦中に実用化された核兵器は，再び核戦争を引き起こすこととなり，その結果，世界は「オセアニア」，「ユーラシア」及び「イースタシア」の3大国に再編された。「オセアニア」では，社会が国家によって統制され，双方向のテレビ装置や隠しマイクによって，市民は常に監視されている。

ⓓ「オセアニア」の真理省に勤める主人公は，歴史記録を改ざんする仕事をしていた。文書や記録が改ざんされた結果，過去の歴史や「オセアニア」成立の過程についての自分の記憶と，公式の歴史とが一致しないことを，主人公は意識しながらも，何が正しい歴史であるのか分からない状態だった。

主人公は古い新聞記事や禁書とされた著述を読むことによって，「オセアニア」の体制に疑問を抱くようになり，同じ考えを持つ同志とつながりを持つようになった。ところが，主人公は密告によって逮捕され，愛情省で拷問を受けることになる。その結果，主人公は信念を打ち砕かれ，「オセアニア」を支配する「党」の思想を心から愛するようになる。

作家の経歴

オーウェルは，1937年，トロツキーの影響を受けた組織の一員としてスペイン内戦に従軍した。この組織は，ソ連からの援助を受けた共産党と対立し，弾圧された。作者晩年の作品である『1984年』には，オーウェル自身の生きた時代についての政治的アイロニー(皮肉)や歴史観が反映されている。

柿田さん質問票：社会主義のために戦った作者が，抑圧体制に対する批判を込めた作品を書いたのですね。その背景は何でしょうか。

栗林さん質問票：真理省が担当していたような歴史資料の改ざん(下線部ⓓ)は，実際に行われたことがあるのでしょうか。

問 7　上の**柿田さん質問票**に対する答えとして最も適当なものを，次の①～④のうちから一つ選べ。 18

① ソ連で，スターリンによる粛清が行われた。

② 中華人民共和国で，文化大革命が起こった。

③ 資本主義陣営の中に，「開発独裁」の国が出現した。

④ 朝鮮民主主義人民共和国で，最高指導者の地位が世襲された。

問 8　上の**栗林さん質問票**について，先生は次のような話をした。18 世紀の中国の朝廷は，大規模な図書編纂（へんさん）事業を行った。その際に，改ざんが組織的に行われた。対象となった書籍の一つに，遼（契丹）から宋への亡命者の手紙が載っていた。この手紙の一節について，改ざん前後の文章を下に示す。（引用文には，省略したり，改めたりしたところがある。）

この編纂された図書の名称と，この手紙の波線部を改ざんした意図について述べた文との組合せとして正しいものを，下の①～⑥のうちから一つ選べ。 19

改ざん前の文章

私の一族はもともと漢人で，祖先より以来，皆仕官して，皮衣（かわごろも）を着て禄（ろく）を食（は）み，家系をつないでおりますが，中国古代の堯（ぎょう）王の遺風をいささかも忘れておりません。左前の服を脱ぎたいと思うものの，その志を遂げずにいます。聖人たる皇帝の境域に帰順すれば，漢人の衣裳（いしょう）を着て，平素からの志を遂げることができましょう。

改ざん後の文章

私の一族はもともと漢人で，祖先より以来，皆仕官して，遼朝の禄を食み，家系をつないでおりますが，中国古代の堯王の遺風をいささかも忘れておりません。中国に身を投じたいと思うものの，その志を遂げずにいます。聖人たる皇帝の境域に帰順すれば，先祖の墳墓に参り，平素からの志を遂げることができましょう。

① 四庫全書 ― 中国が外国と盟約を結んでいたことを隠蔽するため

② 四庫全書 ― 漢人が異なる風俗を強制された事実を想起するのを避けるため

③ 永楽大典 ― 宋と遼との間で，習俗が違っていたことを隠蔽するため

④ 永楽大典 ― 漢人が異なる風俗を強制された事実を想起するのを避けるため

⑤ 資治通鑑 ― 中国が外国と盟約を結んでいたことを隠蔽するため

⑥ 資治通鑑 ― 宋と遼との間で，習俗が違っていたことを隠蔽するため

第4問　世界史上，国家やその官僚は様々な文書を残してきた。それについて述べた次の文章A～Cを読み，下の問い(問1～9)に答えよ。(配点　26)

A　次の資料は，19世紀にヨーロッパで締結された条約の内容の一部である。(引用文には，省略したり，改めたりしたところがある。)

資　料

> 第1条　［ア］は，スルタン陛下の主権のもとに貢税義務のある自治公国に組織される。それは，キリスト教の政府と国民軍を保持する。
>
> 第13条　バルカン半島南部に，東ルメリアと称し，行政的自治を条件として，スルタン陛下の直接の政治的，軍事的支配のもとにおかれる一州が形成される。それは，キリスト教徒の知事を保持する。
>
> 第43条　締約国は，ルーマニアの独立を承認する。
>
> 第44条　すべての国の国民は，商人であると否とにかかわらず，ルーマニアにおいては宗教の別なく完全に平等な取り扱いを受ける。

歴史学研究会編『世界史史料6』岩波書店

問1　上の**資料**は，ある戦争の結果として締結された条約を破棄して，新たに結ばれたものである。その戦争の名と破棄された条約名との組合せとして正しいものを，次の①～④のうちから一つ選べ。［20］

① 露土戦争(ロシア＝トルコ戦争)　―　パリ条約
② 露土戦争(ロシア＝トルコ戦争)　―　サン＝ステファノ条約
③ クリミア戦争　―　パリ条約
④ クリミア戦争　―　サン＝ステファノ条約

問2 次の図中の**a**～**d**のうち，上の**資料**中の空欄 ア に入れる地域の位置を示したものとして正しいものを，下の①～④のうちから一つ選べ。 21

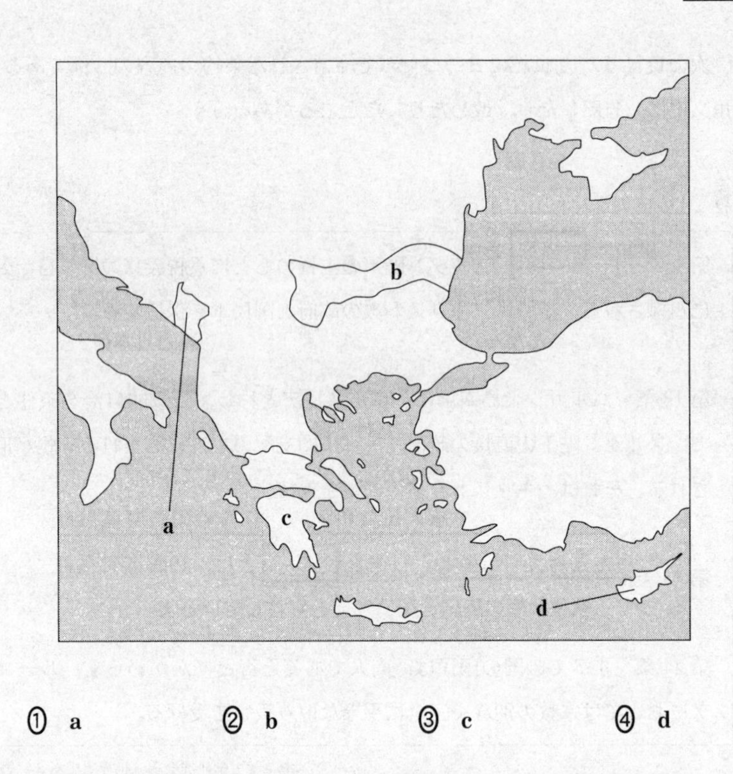

① a　　② b　　③ c　　④ d

問3 上の**資料**の条約の締結後に起こった出来事について述べた文**あ**と**い**の正誤の組合せとして正しいものを，下の①～④のうちから一つ選べ。 22

あ イタリアが，ボスニア・ヘルツェゴヴィナを併合した。

い オーストリア帝位継承者夫妻が，サライェヴォで暗殺された。

① あ－正　い－正　　② あ－正　い－誤
③ あ－誤　い－正　　④ あ－誤　い－誤

B　山田さんと川口さんが，上野動物園で話をしている。

山　田：あっ，パンダだ。そう言えば，この動物園は日本で初めてパンダを公開したと聞いているよ。

川　口：そうだね。1972年の共同声明による日中国交正常化を記念して中華人民共和国から贈られたんだ。

山　田：戦争が終わってから，随分たっての国交正常化のように思えるけど。

川　口：戦後，［　イ　］を中心とした連合国軍によって占領された日本は，サンフランシスコ講和会議で，［　イ　］をはじめとするかつての交戦国と平和条約を結んだんだ。この条約で戦争状態の終結と日本の主権の回復が確認されたんだけど，中華人民共和国はこの会議には招かれていなかったし，［　ウ　］は，参加したけど条約には署名しなかったんだよ。

山　田：中華人民共和国が招かれなかったのは，どうしてかな。

川　口：ⓐそれは，当時の中華人民共和国を取り巻く国際環境が理由の一つだったと考えられるね。日本と［　ウ　］とは，1956年に共同宣言を出して，戦争状態の終結と国交回復を宣言しているよ。

問 4　次の**資料X～Z**は，中華人民共和国と，［　イ　］，［　ウ　］及び日本との間の条約・共同声明の文言の一部である。**資料X～Z**を参考にしながら，会話文中及び資料中の空欄［　イ　］と［　ウ　］に入れる国名の組合せとして正しいものを，下の①～④のうちから一つ選べ。(引用文には，省略したり，改めたりしたところがある。)［　23　］

資料X 中華人民共和国と［イ］との共同声明

［イ］のリチャード＝ニクソン大統領は，中華人民共和国の周恩来総理の招きにより，中華人民共和国を訪問した。

［イ］側は，以下のように述べた。［イ］は，インドシナ各国の民族自決という目標に沿うような形で，最終的にすべての［イ］軍を同地域から撤退させることになるであろうことを強調した。中華人民共和国と［イ］の間には，その社会体制と対外政策に本質的な相違が存在する。しかし，双方は，各国が，社会体制のいかんにかかわらず，平和共存の原則にのっとって，関係を処理すべきであるという点で合意した。

資料Y 中華人民共和国と［ウ］との条約

中華人民共和国と［ウ］の間の友好と協力を強化し，日本帝国主義の再起，および日本の，あるいはいかなる形式にせよ侵略行為において日本と結託するその他の国家による新たな侵略を共同で防止する決意を持ち，極東と世界の恒久平和と普遍的安全を強固にしたいと念願し，あわせて中華人民共和国と［ウ］の間の親善なる国の交わりと友誼(ゆうぎ)を強固にすることは，両国人民の根本的利益に合致すると深く信じる。

資料Z 中華人民共和国と日本との共同声明

両国は，長い伝統的友好の歴史を有する。両国国民は，両国間にこれまで存在していた不正常な状態に終止符を打つことを切望している。戦争状態の終結と国交の正常化という両国国民の願望の実現は，両国関係の歴史に新たな一頁(ページ)を開くこととなろう。

資料X・Y・Z 歴史学研究会編『世界史史料11』岩波書店

① イ―アメリカ合衆国 ウ―ソ 連
② イ―アメリカ合衆国 ウ―インド
③ イ―フランス ウ―ソ 連
④ イ―フランス ウ―インド

問 5　上の**資料X～Z**が年代の古いものから順に正しく配列されているものを，次の①～⑥のうちから一つ選べ。 24

① **X → Y → Z**

② **X → Z → Y**

③ **Y → X → Z**

④ **Y → Z → X**

⑤ **Z → X → Y**

⑥ **Z → Y → X**

問 6　下線部ⓐ中の国際環境について述べた文として最も適当なものを，次の①～④のうちから一つ選べ。 25

① ソ連の支援を受けて，中国共産党と中国国民党との合作が行われた。

② アメリカ合衆国は，中華民国政府を中国の正式代表とする立場をとった。

③ 中華人民共和国は，大韓民国を支援して人民義勇軍を派遣し，アメリカ合衆国軍を中心とする国連軍と対立した。

④ 中華人民共和国政府が，民主化運動を武力弾圧したことに対し，国際的な批判が高まった。

C　次の資料は，英領インドの統治に関連する文書である。この資料を基に授業を行った。(引用文には，省略したり，改めたりしたところがある。)

資料　イギリス人植民地行政官マコーリーによる覚書

インドの住民が通常話す言語は文学的，科学的情報を伝える語彙をもたず，貧弱で粗野なため，いかなる貴重な作品もそれらの言語に翻訳するのは容易ではありません。より高度の学問を追求する手段をもつ階層の人々を知的に向上させる仕事が，現状では彼らの土着語でない別の言語によってのみ効果をもちうるという点は，すべての方が認められるだろうと思われます。

それではそうした言語とは何でしょうか。公共教育委員会の半数の委員は英語であるべきだと主張しています。残りの半数はアラビア語と［エ］語を推しています。私は，どの言語を知るのが最善かということに尽きると思います。

私には［エ］語，アラビア語いずれの知識もありません。しかし私はそれらの価値を正しく評価するために，インドとイギリス両国で，東洋の諸言語にすぐれて堪能な人々と話をしました。私は東洋の学問を，東洋学者自身の評価のままに受け取るつもりです。すぐれたヨーロッパの図書館のたったひと棚分の書物が，インドやアラビアの言語で書かれたすべての文献に相当することを否定する人を，私は彼らの中に一人として見出せませんでした。西洋の文献の本質的優越性は，東洋的教育方式を支持する委員諸氏によっても十分に容認されるところであります。

歴史学研究会編『世界史史料8』岩波書店

先　生：この資料は，「マコーリーの覚書」として知られています。英領インドで教育を受けるインド人が学ぶべき言語とその教育内容との決定に大きな影響を与え，結果として英語教育が導入されることになりました。

鈴　木：古代インドで多くの文学作品が書かれた［エ］語が学ぶべき言語の候補になるのは分かりますが，なぜアラビア語も候補になったのでしょうか。

先　生：当時の東洋学者は，インドのムスリムにとって，アラビア語が重要だと考えて，インドにおける言語使用の実際に大きな注意を払わずに候補に挙げたと推測されます。

佐々木：では，当時のインドではどんな言語が用いられていたのですか。

先　生：ⓑムガル帝国の公用語であったペルシア語や，資料で「土着語」と記されたインド諸語がイギリス統治以前の諸王朝で用いられていました。植民地支配下でも村や郡ではインド諸語で帳簿や命令書が作成され，書き言葉の様式も確立していました。

松　崎：インドでの言語の使用状況について，マコーリーや東洋学者の頭の中と，インドの実態は大きく異なっていたのですね。

先　生：マコーリーの見方は偏っていたと言えます。言語の優劣の問題は別にしても，植民地政府は英語も使えるインド人役人を必要としており，彼の主張に沿った教育政策が採られたのでしょうね。

問 7　上の**資料**及び会話文中の空欄 エ 語で書かれた文学作品の名**あ**・**い**と，**資料**から読み取れる事柄**W**・**X**との組合せとして正しいものを，下の①～④のうちから一つ選べ。 26

文学作品の名

あ　『シャクンタラー』　　**い**　『ルバイヤート』

資料から読み取れる事柄

W　アラビア語は，インド人教育に用いるのに効果的だと考えている公共教育委員がいる。

X　マコーリーが話をした東洋学者の中に，西洋の文献の優位性を否定する者がいる。

① **あ**－**W**　　② **あ**－**X**

③ **い**－**W**　　④ **い**－**X**

問 8 上の資料及び会話文から読み取れる英語教育導入の動機**う**・**え**と，インドにおけるイギリスの植民地政策の特徴**Y**・**Z**との組合せとして正しいものを，下の①～④のうちから一つ選べ。 27

資料及び会話文から読み取れる英語教育導入の動機

う ペルシア語とともに，イギリス統治以前の諸王朝で用いられていたため。

え 英語とインド諸語の両方を理解するインド人役人を育成するため。

インドにおけるイギリスの植民地政策の特徴

Y 藩王国を存続させ，一部の地域では間接統治を行った。

Z ムスリムと仏教徒とを対立させるため，ベンガル分割令を発布した。

① う ― Y　　② う ― Z

③ え ― Y　　④ え ― Z

問 9 下線部ⓑの時代のインドについて述べた文として正しいものを，次の①～④のうちから一つ選べ。 28

① ペルシア語を基に，タミル語が生まれた。

② シャー＝ジャハーンの時代に，タージ＝マハルが建設された。

③ 影絵人形劇(影絵芝居)のワヤンが発達した。

④ ウルグ＝ベクが，天文台を建設した。

第５問　我々は旅を通して，その地の歴史を学ぶことができる。旅と歴史について述べた次の文章**Ａ・Ｂ**を読み，下の問い(**問**１～６)に答えよ。(配点　17)

Ａ　春休みにヨーロッパ旅行をした秋山さんは，帰国後，訪れた地域の歴史を調べて，旅行記を書いてみた。以下は，秋山さんが訪れた**地域**１～３についての，旅行記からの抜き書きである。

地域１

この島はオレンジやレモンがおいしかった。オリーヴやワインも特産品だ。

この島はイタリア半島と北アフリカとの間にあるので，昔からいろいろな地域の人が交易や植民のためにやって来ている。また，島の支配者も外からやって来ることがたびたびあったことも歴史の本で知ることができた。今この島はイタリアに属している。ガリバルディという人がイタリア統一の過程でこの島を占領したそうで，彼の名前を島の様々な場所で目にした。

地域２

この都市は，ヨーロッパ大陸の近くにある島国の首都だ。この国は，**地域**１と同じく，いろいろな勢力に支配された歴史を持つとともに，大陸の王家とも関係が深く，なかでも［ア］の王位をめぐる戦争が有名である。14世紀に始まり15世紀まで続いたこの戦争では［イ］。

1851年に万国博覧会が開催され，世界的にも高名な博物館があるこの都市は，文化都市としても機能してきた。お土産として買った紅茶もおいしかった。

地域３

この都市の前身は，イオニア人のポリスで，オリエントの大国との戦争に勝利し，古代には民主政が発展していた。その時代に作られた遺跡が現在この国の観光の目玉になっている。全土より集められた古代文明の遺物がそろう国立考古学博物館など見所が多かった。また，近代オリンピックの第１回大会がこの都市で開かれたそうだ。

問 1 上の**地域 1** について述べた文として**誤っているもの**を，次の①～④のうちから一つ選べ。 29

① イスラームの影響下で，ラテン語からトルコ語への翻訳が盛んになった。
② ノルマン人が，この島と南イタリアとを支配した。
③ 連合軍による上陸作戦の成功が，ムッソリーニ失脚のきっかけとなった。
④ ギリシア人やフェニキア人が，植民市を建設した。

問 2 上の文章中の空欄 ア の国の歴史について述べた文**あ**・**い**と空欄 イ に入れる文**X**・**Y**との組合せとして正しいものを，下の①～④のうちから一つ選べ。 30

ア の国の歴史について述べた文
あ 第一次世界大戦後に，ベルギーと共同でルール工業地帯を占領した。
い カルマル同盟(カルマル連合)により，デンマークと合併した。

イ に入れる文
X 毛織物生産の盛んなフランドル地方をめぐる対立も，背景となっていた
Y 戦時中に，**地域 2** を含む国でノルマン朝が成立した

① **あ**－**X** ② **あ**－**Y** ③ **い**－**X** ④ **い**－**Y**

問 3 秋山さんは，上の**地域 1 ～ 3** のいずれにも，古代ローマに支配された時期があることに気付いた。**地域 1 ～ 3** が，古代ローマの支配下に入った順に正しく配列されているものを，次の①～⑥のうちから一つ選べ。 31

① **地域 1** → **地域 2** → **地域 3**
② **地域 1** → **地域 3** → **地域 2**
③ **地域 2** → **地域 1** → **地域 3**
④ **地域 2** → **地域 3** → **地域 1**
⑤ **地域 3** → **地域 1** → **地域 2**
⑥ **地域 3** → **地域 2** → **地域 1**

B　韓国を訪れた佐藤さんが，**写真**の石碑の前で観光ガイドに質問している。

写　真

佐　藤：この石碑には，何と書いてあるのですか。

ガイド：大きな文字で「洋夷が侵犯してくる時に，戦わないのは和であり，和を主張するのはすなわち売国である」と刻まれています。

佐　藤：最後の行の小さな文字は，どういう意味ですか。

ガイド：「丙寅作，辛未立」です。丙寅と辛未は共に干支です。つまり，1866年に作られ，1871年に立てられたことを表しています。実は，同じ石碑が各地に残っています。

佐　藤：1866年に何があったのですか。そう言えば，ⓐ<u>19世紀の朝鮮で起こった出来事の中には，干支を用いた呼び方をするものがほかにもありますね</u>。

ガイド：その年には，アメリカの武装商船が平壌に現れたり，フランス極東艦隊が江華島の一部を占領したりする事件が起こりました。

佐　藤：「洋夷」とは欧米列強のことですね。

ガイド：はい，そうです。この石碑を立てた［　ウ　］という人物は，幼かった国王に代わり，当時の実権を握っていました。石碑の3行目には，「万年にわたって子孫を戒めるものである」と小さく刻まれています。この内容から［　ウ　］が，［　エ　］を子孫代々にわたって伝える目的で，石碑を立てたと分かります。ちなみに，同じ時期には，朝鮮の知識人たちの間で「衛正斥邪」という思想が広がりました。衛るべき「正」とは［　オ　］のことであり，斥けるべき「邪」とはキリスト教とそれを信仰する欧米列強を指しています。

佐　藤：当時の知識人たちの考えは，［　ウ　］の主張に通じるところがありますね。

ガイド：そうですね。14世紀末の建国以来，朝鮮が重んじた［　オ　］を正しい教えとし，欧米列強が信仰するキリスト教を邪教と呼んだわけです。

問 4　上の会話文中の空欄 ウ に入れる人物の名**あ・い**と，空欄 エ に入れる文**X・Y**との組合せとして正しいものを，下の①～④のうちから一つ選べ。 32

ウ に入れる人物の名

あ　西太后

い　大院君

エ に入れる文

X　民間人の海上貿易を許さず，政府が管理すること

Y　欧米列強に対して徹底的に抗戦すること

① **あ**―**X**　　② **あ**―**Y**

③ **い**―**X**　　④ **い**―**Y**

問 5　上の会話文中の空欄 オ について述べた文として正しいものを，次の①～④のうちから一つ選べ。 33

① 寇謙之によって，教団が作られた。

② 王守仁によって批判された。

③ 義浄らが持ち帰った経典が，翻訳された。

④ 王重陽によって，革新が唱えられた。

問 6　下線部ⓐについて述べた次の文**う**～**お**が，年代の古いものから順に正しく配列されているものを，下の①～⑥のうちから一つ選べ。 34

う　壬午の年に，軍隊による反乱が起こった。

え　甲申の年に，急進改革派がクーデタを起こした。

お　甲午の年に，東学による農民戦争が起こった。

① う→え→お　② う→お→え　③ え→う→お

④ え→お→う　⑤ お→う→え　⑥ お→え→う

2021

共通テスト

本試験

(第2日程)

世界史B

解答時間 60 分
配点 100 点

世界史 B

(解答番号 1 ～ 33)

第１問

世界史上の植民地について述べた次の文章A～Cを読み，下の問い(問１～７)に答えよ。(配点　22)

A　世界史の授業で，あるアフリカの国の歴史について調べる課題が与えられた。生徒が持ち寄ったメモを集めながら，先生が説明を加えている。

先　生：皆さんが提出したメモの内容を要約すると，以下のようにまとめることができます。

要約１

1989年から2003年にかけて，断続的に内戦が起こった。

要約２

列強によるアフリカ進出の中で，独立を維持した。

要約３

アメリカ合衆国の解放奴隷が入植して，建国された。

要約４

支配層である解放奴隷と，先住民との間で，対立が続いた。

要約５

現在の総人口に占める解放奴隷の子孫の割合は，１割に満たない。

先　生：要約されている事柄の順番は年代順になっていませんが，それぞれの内容に間違いはありません。今回の授業では，この国の歴史にどのような特徴があるのかについて，考えてみましょう。

問１　次の図中に示した**a**～**d**のうち，上の要約１～５が指している国の位置として正しいものを，下の①～④のうちから一つ選べ。　1

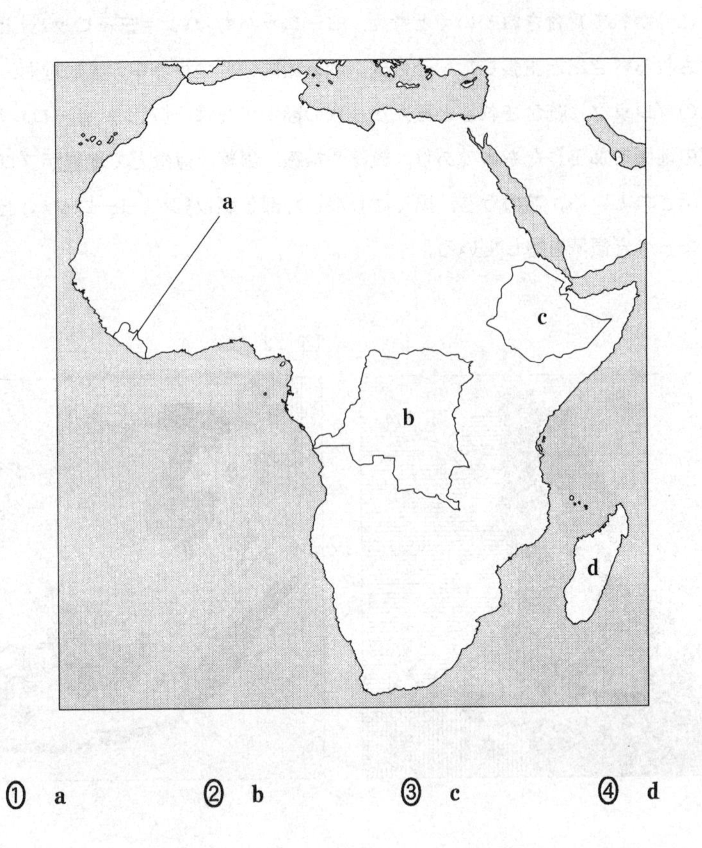

① **a**　　② **b**　　③ **c**　　④ **d**

問２　上の要約１～５が指している国の歴史には，南アフリカ共和国の歴史との共通性が見られる。その共通性について述べた文として最も適当なものを，次の①～④のうちから一つ選べ。　2

① 将校の指導によって王政が倒され，共和国が成立した。
② 人口において少数である入植者の子孫による支配が続いた。
③ 1990年代に民族対立による内戦が起こり，多くの犠牲が出た。
④ 白人による人種隔離政策が導入され，1990年代まで継続した。

B　オーストリアの貴族クーデンホーフ＝カレルギーは，1923年に『パン＝ヨーロッパ論』を著し，ヨーロッパ統合運動を展開した。彼は，世界が五つのブロックに分かれて統合されていくと考え，ヨーロッパも「パン＝ヨーロッパ」として統合されるべきだと主張した。その際，欧米諸国の持つ世界中の植民地も，それぞれのブロックに統合されると考えた。次の図1・2は，『パン＝ヨーロッパ論』所収の地図を加工したものであり，縦線や横線，斜線，点などで地域がブロック別に示されている。このうち，黒く塗り潰した部分が「パン＝ヨーロッパ」としてまとまるべき領域を指している。

図　1

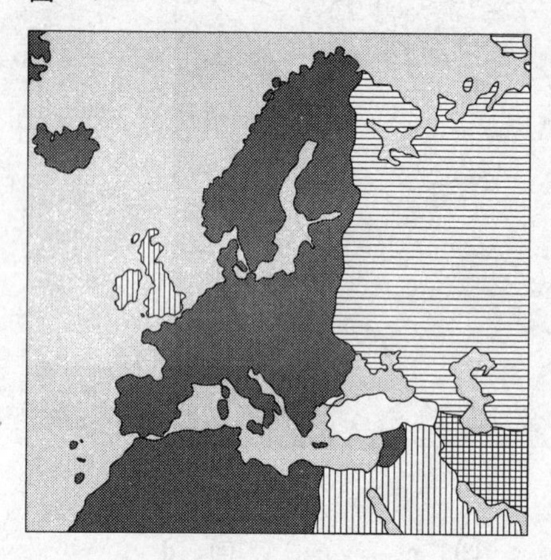

図　2

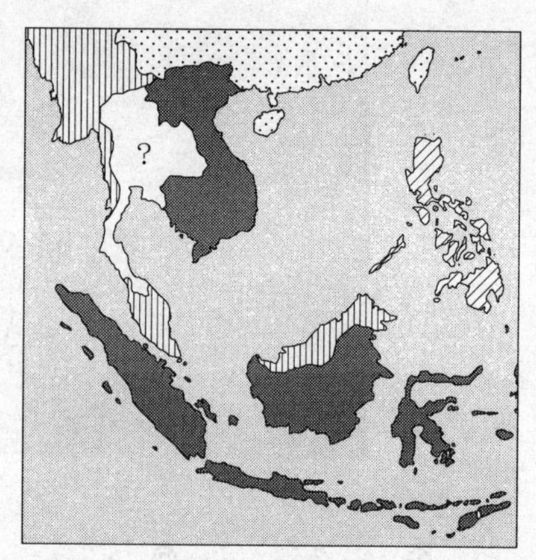

問 3　上の図1中のある国が「パン＝ヨーロッパ」に含まれていない理由を述べた文として最も適当なものを，次の①～④のうちから一つ選べ。 [3]

① コミンテルンを結成し，他のヨーロッパ諸国と対立していたため。

② 革命によって，イスラームを国家の原理とする共和国になったため。

③ ソ連との間にラパロ条約を結んでいたため。

④ 国際的に永世中立国として承認されていたため。

問 4　上の図2に含まれる地域や都市について述べた文として最も適当なものを，次の①～④のうちから一つ選べ。 4

① 日本領のビルマ(ミャンマー)は，「パン＝ヨーロッパ」に含まれない。

② フランスとオランダの植民地は，「パン＝ヨーロッパ」に含まれる。

③ クエスチョンマークが付けられている地域があるのは，その地域が宗主国からの10年後の独立を約束されたからである。

④ マラッカはイギリスの植民地なので，「パン＝ヨーロッパ」に含まれる。

問 5　クーデンホーフ＝カレルギーは，南アジアについてもブロック別に示している。そのブロックの分け方について述べた文として最も適当なものを，次の①～④のうちから一つ選べ。 5

① 現在のバングラデシュに当たる地域は縦線のブロック，現在のスリランカに当たる地域は「パン＝ヨーロッパ」に含まれる。

② 現在のバングラデシュに当たる地域は「パン＝ヨーロッパ」，現在のスリランカに当たる地域は縦線のブロックに含まれる。

③ 現在のバングラデシュとスリランカに当たる地域は，ともに「パン＝ヨーロッパ」に含まれる。

④ 現在のバングラデシュとスリランカに当たる地域は，ともに縦線のブロックに含まれる。

C　シンガポールは，イギリス人ラッフルズによって開港された。次の文章は，彼の書記アブドゥッラーが，シンガポールに運ばれた奴隷について1823年に述べたものである。(引用文には，省略したり，改めたりしたところがある。)

男の奴隷は，まるで猿のように腰のところを縛られ，一人一人の縄は船の舷にくくりつけられていた。これが当時シンガポールで奴隷を売っていたやり方で，それはまるで人が動物でも売るようであった。私は岸に戻って，翌日，その様子をラッフルズ氏に話した。彼は答えた。

「あのようなことは長く続くまい。イギリスは廃止しようとしている。沢山の人があのことについて英国議会に報告し，奴隷売買を禁止するよう要求しているのだ。」

ラッフルズ氏はさらにつけ加えた。「あのような邪悪な商売が行われているのは，ここだけではないのだ。イギリスにも，他の国々から人間が船で運ばれて来るのだ。」

『アブドゥッラー物語』中原道子　訳，平凡社問６　上の文章から読み取れるラッフルズの考えについて述べた文あ・いと，大西洋地域における奴隷制の拡大をもたらした出来事Ｘ・Ｙとの組合せとして正しいものを，下の①～④のうちから一つ選べ。　6

ラッフルズの考え

あ　奴隷売買を継続すべきだと考えている。

い　奴隷売買に否定的である。

奴隷制の拡大をもたらした出来事

Ｘ　クー＝クラックス＝クラン(KKK)が組織された。

Ｙ　アメリカ・ヨーロッパ・アフリカを結ぶ三角貿易が成立した。

①　あ ― Ｘ　　②　あ ― Ｙ
③　い ― Ｘ　　④　い ― Ｙ

問７　シンガポールの歴史について述べた文として最も適当なものを，次の①～④のうちから一つ選べ。　7

①　第二次世界大戦前に，マラヤ連邦に加わった。
②　新興工業経済地域(NIES)の一つに数えられるようになった。
③　インド系住民を中心として，マレーシアから独立した。
④　20世紀に，海峡植民地として成立した。

第２問　世界史上の工業・産業の変化に関する授業の様子を取り上げた次の文章Ａ・Ｂを読み，下の問い(問１～４)に答えよ。(配点　12)

Ａ　次の**グラフ**は，18 世紀半ばから 20 世紀前半にかけての世界の工業生産(手工業品を含む)における各地域のシェアをまとめたものである。この**グラフ**について，先生と生徒たちが議論している。

グラフ　工業生産のシェア

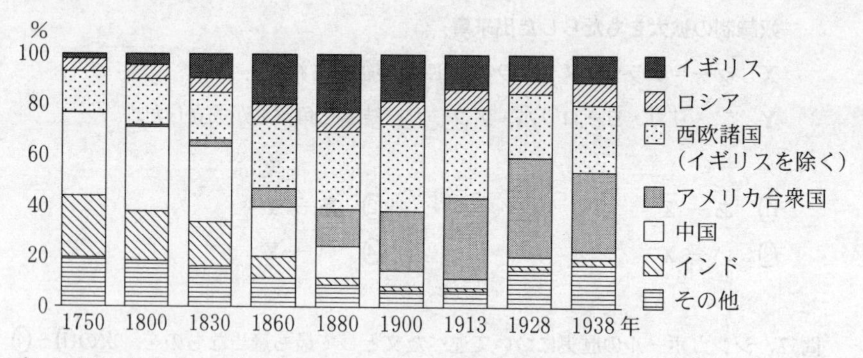

(Paul Biaroch, “Internal Industrialization Levels from 1750 to 1980” より作成)

先　生：この**グラフ**からどういうことが読み取れますか。

渡　辺：1830 年までは明らかにイギリスよりも［ ア ］の方が工業生産のシェアが高いです。でもその後，同じくらいになりますね。19 世紀半ば以降の［ ア ］は度重なる戦火を経験し，それが影響を与えたのだと思います。また，不平等条約が結ばれた結果，［ ア ］に海外から工業製品が入ってくるようになったのも理由の一つだと思います。

木　村：イギリスは 1880 年に最大のシェアを誇りますが，その後減少していきます。19 世紀後半から西欧諸国と［ イ ］のシェアが拡大します。

先　生：そうですね。西欧諸国や［ イ ］のシェアが拡大した理由は，ⓐ第２次産業革命に成功したからです。20 世紀になると［ イ ］のシェアは更に伸び，1928 年までには西欧諸国を超えていますね。

問 1　上の会話文中の空欄 [ア] に入れる国・地域名あ・いと，空欄 [イ] に入れる国・地域名X・Yとの組合せとして正しいものを，下の①～④のうちから一つ選べ。 [8]

[ア] に入れる国・地域名

あ　中　国　　い　インド

[イ] に入れる国・地域名

X　アメリカ合衆国　　Y　ロシア

① あ ― X　　② あ ― Y
③ い ― X　　④ い ― Y

問 2　下線部ⓐを象徴する図として最も適当なものを，次の①～④のうちから一つ選べ。 [9]

①

風力を利用した大型木造船

②

活版印刷術の改良

③

蒸気を動力とする工場

④

電気を光に変換する製品

①および④　写真提供：ユニフォトプレス

B　あるクラスで，鉄道の歴史に関する主題学習を行っている。

先　生：19 世紀の鉄道の歴史に関係する統計資料を用意しました。表を見て気付いたことを発表してください。

表　鉄道営業キロ数

(単位：km)

年	イギリス	フランス	ドイツ	ロシア	インド	アルジェリア
1830	157	31	0	0	0	0
1840	2,390	410	469	(注2)27	0	0
1850	9,797	2,915	5,856	501	(注3)32	0
1860	14,603	9,167	11,089	1,626	1,341	(注4)49
1870	(注1)21,558	15,544	18,876	10,731	7,634	265
1880	25,060	23,089	33,838	22,865	14,666	1,310
1890	27,827	33,280	42,869	30,596	26,208	3,042
1900	30,079	38,109	51,678	53,234	39,531	3,587

(B. R. ミッチェル編『マクミラン世界歴史統計』，T. Banerjee, *Internal Market of India, 1834–1900* より作成)

注記号を付けた数値については，(注1)1871 年，(注2)1838 年，(注3)1853 年，(注4)1862 年のデータを使用。なお，ドイツの鉄道には，オーストリアの鉄道を含まない。アルジェリアの鉄道には，チュニジアの鉄道を含む。

豊　田：ドイツとロシアの鉄道営業は，1830 年にはまだ始まっていません。

岡　田：やがてそのロシアの鉄道営業キロ数が，表中の他のどの国よりも大きくなります。ロシアは，その頃までに［　ウ　］います。

先　生：ドイツの鉄道建設は，ドイツ関税同盟の発足と同じ頃に始まります。当時のドイツには，［　エ　］という関税同盟と同様の役割を，鉄道に期待した人もいました。

では，表から言えることを，パネルにまとめてください。

問3　上の会話文中の空欄 ウ に入れる語句あ・いと，空欄 エ に入れる文X・Yとの組合せとして正しいものを，下の①～④のうちから一つ選べ。 10

ウ に入れる語句

あ　シベリア鉄道の建設を開始して

い　東清鉄道の一部の利権を日本から譲渡されて

エ に入れる文

X　諸邦の分立状態からの統一を促進する

Y　植民地などを含めた排他的な経済圏を作る

①　あ－X　　②　あ－Y　　③　い－X　　④　い－Y

問4　生徒たちがまとめた次のパネルの正誤について述べた文として最も適当なものを，下の①～④のうちから一つ選べ。 11

豊田さんのパネル

表中のイギリス植民地における鉄道営業キロ数が，1900年にはイギリス国内の鉄道営業キロ数を上回っていた。

岡田さんのパネル

七月王政下のフランスにおいて，鉄道営業キロ数がイギリスの3分の1以下，ドイツの2分の1以下の年が表中にある。

早瀬さんのパネル

オスマン帝国の支配下に入る前から，アルジェリアでは鉄道が建設されていた。

①　豊田さんのみ正しい。　　②　豊田さんと岡田さんの二人が正しい。

③　三人とも正しい。　　④　三人とも間違っている。

第3問　世界史におけるグローバルな接触や交流について述べた次の文章**A**・**B**を読み，下の問い(問1～5)に答えよ。(配点　15)

A　先生と生徒が，古代の文明について話をしている。

松　田：古代の文明の多くは大河のそばで誕生したと言われていますが，このような一般的な理解には当てはまらない例もありますね。

先　生：そうです。大きな河がないⓐメキシコ中央高原にも文明が誕生しました。

松　田：確かに。そして文明の誕生に欠かせない要因の一つは食糧の豊富さですよね。

先　生：そのとおり。例えば［ア］のように，今日の私たちに身近な農作物が実はアメリカ大陸原産であることは驚きです。

田　口：ジャガイモもその典型ですね。

先　生：アメリカ大陸からやって来たジャガイモのおかげで［イ］では，大幅に人口を増やすことになりました。しかし1840年代のジャガイモ飢饉が原因となり，大規模な移民を送り出すことになりました。その移民の多くがアメリカ大陸に渡ったのは，歴史の皮肉と言えましょうか。

問1　下線部ⓐについて述べた文として正しいものを，次の①～④のうちから一つ選べ。［12］

① 六十進法を生み出した。
② 太陽のピラミッドが建てられた。
③ 甲骨文字が使用された。
④ 遺体を「死者の書」とともに埋葬した。

問２　上の会話文中の空欄［ア］に入れることのできる語として**誤っているもの**を，次の①～④のうちから一つ選べ。［13］

① サトウキビ
② トマト
③ カカオ
④ トウガラシ

問３　上の会話文中の空欄［イ］には，かつて連合王国を形成していた国の名が入る。ジャガイモ飢饉以降の［イ］に関する出来事について述べた文として最も適当なものを，次の①～④のうちから一つ選べ。［14］

① カトリック教徒解放法が制定された。
② ワット＝タイラーが指導する農民反乱が起こった。
③ グラッドストンが，イギリス議会へ自治法案を提出した。
④ 共和主義を掲げるジロンド派が，政権を掌握した。

B　先生と生徒が，14 世紀末～15 世紀初頭のカスティリャ王エンリケ３世の事績について話をしている。

先　生：エンリケ３世は，カナリア諸島領有へ向けての基盤を築く傍ら，ティムール朝の都にクラビホたちを使節として派遣しています。

田　中：カナリア諸島はどこにあるのですか。

先　生：モロッコの沖合です。アメリカ貿易とインド貿易の接点に当たり，1470年代後半に，スペイン領として確定しました。コロンブスも，カナリア諸島経由でアメリカ大陸に到達します。その直後に，スペインとポルトガル両国が勢力範囲を定めた条約が［ウ］です。

村　田：エンリケ３世が，ティムール朝に使節団を派遣したのはなぜですか。

先　生：エンリケ３世の時代は，［エ］に当たります。スペイン南部の支配を安定させるためにも，地中海への進出を本格化させ，王権の財政基盤を拡充する必要がありました。クラビホたちの派遣も，それと関連していると見るべきでしょう。それに，15 世紀初頭にティムール朝は，東地中海世界へ大規模な軍事遠征を行っています。

中　村：エンリケ３世には，東地中海世界の情報も入っていたのでしょうか。

先　生：もちろんです。クラビホたちはティムール朝の都で，キリンを献上品として携えた，マムルーク朝の使節団とも同席しました。一方，宴席では当初，中国から来た［オ］朝の使節団の下座に座りました。しかし，クラビホによると，ティムールは，彼らが中国からの使節の下位に座らされようとしているのを目に留めて，カスティリャ王の使節たちこそ上座を占めるべきだと命じたそうです。クラビホたちが厚遇されたのは，ティムールが自らをモンゴル皇帝に連なる者だと自認し，それゆえに［オ］を敵視していたためでしょう。

問 4　上の会話文中の空欄 ウ に入れる語あ・いと，空欄 エ に入れる語句X・Yとの組合せとして正しいものを，下の①～④のうちから一つ選べ。 15

ウ に入れる語

あ　ユトレヒト条約

い　トルデシリャス条約

エ に入れる語句

X　プロノイア制が導入された時期

Y　レコンキスタが持続していた時期

① あ―X　　② あ―Y

③ い―X　　④ い―Y

問 5　上の会話文中の空欄 オ の王朝の歴史について述べた文として正しいものを，次の①～④のうちから一つ選べ。 16

① 理藩院を創設し，藩部を統轄した。

② 土木の変において，エセンに敗れた。

③ 長江中流域が穀倉地帯となり，「蘇湖(江浙)熟すれば天下足る」と言われた。

④ ブーヴェが，『皇輿全覧図』を作成した。

第4問　世界史上，指導者や君主は，自身の言葉によって人々の認識に影響を与えてきた。それについて述べた次の文章**A**～**C**を読み，下の問い(**問**1～9)に答えよ。(配点　27)

A　次の資料は，ある人物が1世紀前半，死去の直前に自身の功績を記したものである。(引用文には，省略したり，改めたりしたところがある。)

私は19歳の時，国家を自由へと解放した。私の父(養父)を殺害した者たちを追放し，法律に則(のっと)った裁きによって，復讐(ふくしゅう)した。

マルケルスとアルンティウスがコンスルの年，国民と元老院から独裁官職を提供されたが，私は受けなかった。

元老院とローマの民衆は，私を，法律と道徳についての，最高権限を持つ単独の監督者に選ぶことで一致した。しかし，先祖の慣習に反して提供された公職については，私は何も受けなかった。

我々の先祖は，ローマ国民の領土全体にわたり，陸と海において勝利により平和がもたらされた時はいつも，ヤヌス神殿の扉を閉じることを命じていた。この扉は，私の生まれる前では，ローマ創建以来2回だけ閉じられたと伝えられているが，私が元首である時に，元老院は3回閉じることを決議した。

11度目のコンスルであった時，私は自身の負担で食糧を買い，12回配給した。私の名前で3回，私の息子たちと孫たちの名前で5回，剣闘士試合を催した。

私の命令で，二つの軍がほぼ同時期に ⓐエチオピアとアラビア半島南部へ遠征した。

ローマ国民の領土にエジプトを付け加えた。私が元首となる前には，ローマ国民の軍隊が侵入したことのなかったパンノニアの人々を，ローマ国民の支配下に置き，イリュリクムの境界を［ア］川の岸辺まで延ばした。この川を越えてこちら側に侵入してきたダキア人の軍は敗れ，壊滅した。

内乱を終わらせた後に全ての人の同意で全権を握っていた私は，国家を，私の権限から元老院とローマ国民の指導の下に移した。以後，私は権威では全ての人に優(まさ)っても，権限では，公職の同僚である他のどの人を越えることもなかった。

問１　上の資料の著者の事績について述べた文として正しいものを，次の①～④のうちから一つ選べ。 17

① 帝国領の全自由民にローマ市民権を与えた。
② 独裁官として国政を掌握した。
③ 「パンとサーカス(見世物)」を提供した。
④ 帝国領をローマ史上最大とした。

問２　上の資料中の空欄 ア に入れる語あ・いと，資料引用部分において著者が業績として誇っている事柄**X**・**Y**との組合せとして正しいものを，下の①～④のうちから一つ選べ。 18

ア に入れる語
あ　ドナウ　　い　ユーフラテス

著者が業績として誇っている事柄
X　自分が政治を主導して，前よりも多く，平和な時期をもたらした。
Y　諸改革を行い，それまでのローマ人の慣習や組織を打破した。

① あ―**X**　　② あ―**Y**
③ い―**X**　　④ い―**Y**

問３　下線部ⓐで言及されている地域の当時の状況について述べた文として最も適当なものを，次の①～④のうちから一つ選べ。 19

① 絹織物が，この地域の特産品として交易に用いられていた。
② スワヒリ語が，共通語として用いられていた。
③ 季節風を利用した航海が行われていた。
④ アクスム王国が，キリスト教を受容した。

B　次の**資料1**は，1995年に当時のフランス大統領シラクが行った演説である。あるクラスで，この資料を基に授業が行われている。(引用文には，省略したり，改めたりしたところがある。)

資料1

> 一国の歴史には，記憶を傷つけ，その国について抱かれていた考えを傷つける瞬間があるものです。そうした瞬間を思い起こすことは，容易ではありません。なぜなら，悲劇を経験した人々の恐怖や苦しみを表現するのにふさわしい言葉が見つかるとは限らないからです。それら暗黒の時代が我々の歴史を永遠に汚し，我々の過去や伝統を侮辱しているからでもあります。そうです。フランス人が，フランス国が，占領者の狂気の犯罪に手を貸したのです。53年前の1942年7月16日，多数のフランスの警察官及び憲兵が上官の命令に従い，ナチスの要求に応えました。啓蒙と人権の祖国フランス，人々を迎え入れ保護してきた国フランスが，その日，取り返しのつかないことをしました。自らの言葉に背き，フランスは保護すべき人々を死刑執行人に引き渡してしまったのです。
>
> ⓑユダヤの人々の記憶を伝えること，その苦しみや収容所の記憶を語り継ぐこと。繰り返し証言すること。国家によってなされた過去の過ちを認めること。我々の歴史の暗黒の時代について，何も隠し立てしないこと。それはまさに，人間の思想を，その自由と尊厳を守ろうとすることなのです。

先　生：**資料1**から読み取れるように，第二次世界大戦中フランスはドイツ軍に占領されていました。独仏2国の歴史上の関係について，何か知っていることはありますか。

中　山：この2国を含む地域を分裂させ，それぞれの国を形成する出発点となった条約が，9世紀に結ばれています。

小　川：19世紀初頭には，フランス革命前の政治秩序への復帰が目指されて，この2国ではブルボン家による支配が復活しました。

平　井：第一次世界大戦でこの2国は交戦し，敗れたドイツは，両国国境地帯の二つの地方をフランスに割譲しました。

問 4　三人の生徒の発言の正誤について述べた文として最も適当なものを，次の①～④のうちから一つ選べ。 20

① 中山さんのみ正しい。

② 中山さんと平井さんの二人が正しい。

③ 三人とも正しい。

④ 三人とも間違っている。

問 5　下線部ⓑに関連して，君主・王朝による宗教の迫害や保護の歴史について述べた文として**誤っているもの**を，次の①～④のうちから一つ選べ。 21

① アショーカ王は，仏教を保護した。

② ディオクレティアヌス帝は，キリスト教徒の迫害を命じた。

③ ササン朝で，マニ教が弾圧された。

④ サファヴィー朝で，スンナ派が国教とされた。

問6　次の**資料2**は，**資料1**の続きの部分である。**資料2**の空欄 イ に入れる都市の名**あ**・**い**と，**資料1**・**2**で示されたシラクの演説の趣旨として考えられる説明**X**・**Y**との組合せとして正しいものを，下の①～④のうちから一つ選べ。 22

資料2

> 確かに過ちを犯しました。その過ちは複数の過ちであり，また一つの集団的な過ちだったとも言えます。しかし，自らの伝統や本質に忠実なフランスの姿があったことも確かです。そうしたフランスは決して イ にはありませんでした。長らく，パリにも存在していませんでした。それは，自由フランスが戦いを展開した場所にありました。一にして不可分のフランスは，それら「国民の中の義人たち」の心の中に存在していたのです。

イ に入れる都市の名

あ　ロンドン

い　ヴィシー

演説の趣旨として考えられる説明

X　自国の「過去の過ち」を認めると同時に，人権の祖国としての「自らの伝統」に忠実だった人々が当時も存在したことに注意を促し，フランス人としての誇りを守ろうとしている。

Y　フランスは「占領者の狂気の犯罪に手を貸した」だけなのだから，フランスの輝かしい未来のために，「我々の歴史の暗黒の時代」については早く忘却すべきだと主張している。

①　あ－X	②　あ－Y
③　い－X	④　い－Y

C　朝鮮王朝の第４代国王である世宗は，独自の文字である［ウ］を制定し，数年後，その解説を記した冊子を頒布した。冊子の序文には，次のように述べられている。(引用文には，省略したり，改めたりしたところがある。)

> 朝鮮国の言葉は©中国と異なるため，漢字と相通じない。それゆえに愚かな民衆たちは，言いたいことがあっても，ついにそのことを文字を用いて述べることができない者が多い。予はこれを憐(あわ)れに思い，新たに28個の字を制定した。これを使う人々にとって習いやすく，日々用いるのに便利であることを望むばかりである。

世宗が新たな文字を制定したことに対し，臣下からは激しい反発が起こった。当時の著名な知識人である崔万里は，世宗に対して次のように意見を述べた。

> 古(いにしえ)より九州(天下)の内で，風土が異なるからと言って，方言(その地域の言葉)に基づいて別の文字を作ったものは未(いま)だありません。ただ蒙古・［エ］・女真・日本・西蕃にはそれぞれ独自の文字がありますが，これらは皆，夷狄(いてき)ばかりであって，取るに足らないことです。(中略)いま別に粗雑な文字を作ることは，中国を捨てることであり，私たちは夷狄と同じになってしまいます。

このような激しい反対意見の中でも，世宗は［ウ］の普及を諦めなかった。今日，大韓民国と朝鮮民主主義人民共和国では，この文字を正式な国字に定めている。

問７　上の文章中の空欄　ウ　に入れる語あ・いと，上の文章から読み取れる事柄Ｘ・Ｙとの組合せとして正しいものを，下の①～④のうちから一つ選べ。　23

　ウ　に入れる語

あ　字喃(チュノム)

い　訓民正音(ハングル)

読み取れる事柄

Ｘ　世宗は，女真の文字を下敷きとして新しい文字を作った。

Ｙ　崔万里は，新しい文字を作ることは夷狄がすることだと主張した。

①　あ―Ｘ　　②　あ―Ｙ

③　い―Ｘ　　④　い―Ｙ

問８　下線部ⓒの文化について述べた文として最も適当なものを，次の①～④のうちから一つ選べ。　24

①　四六駢儷体の復興が，柳宗元によって主張された。

②　授時暦は，イエズス会士の指導によって作成された。

③　景徳鎮は，石炭の代表的な生産地であった。

④　陳独秀が，『新青年』を刊行し，儒教道徳を批判した。

問 9　次の図を見て，上の文章中の空欄 **エ** の国家について述べた文として正しいものを，下の①～④のうちから一つ選べ。 **25**

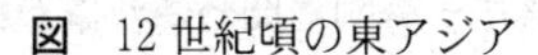

図　12世紀頃の東アジア

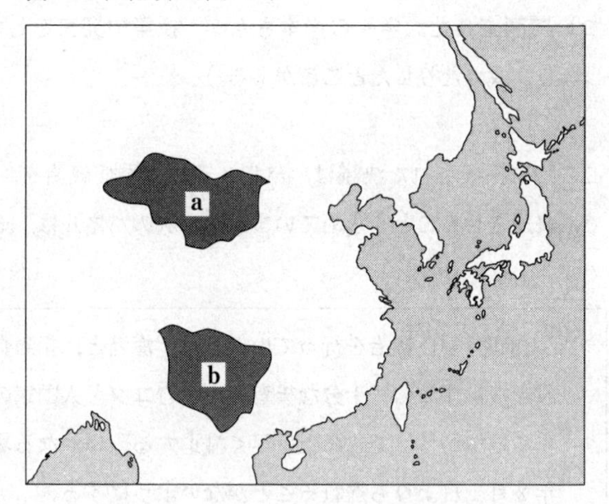

① チベット系のタングートが建国し，図中の **a** の地域を支配した。
② チベット系のタングートが建国し，図中の **b** の地域を支配した。
③ トルコ系のタングートが建国し，図中の **a** の地域を支配した。
④ トルコ系のタングートが建国し，図中の **b** の地域を支配した。

第５問　世界史上の国際関係に関する次の文章Ａ～Ｃを読み，下の問い(問１～８)に答えよ。(配点　24)

Ａ　1947年，国際連合の総会で，パレスチナ分割に関わる決議が採択された。この決議について調査した大学生の岸本さんが，授業で発表をした。(引用文には，省略したり，改めたりしたところがある。)

岸　本：この時に採択された決議は，パレスチナの委任統治を，1948年８月までに終結させることを求めていました。次のパネルは，その決議の一部です。

> 2. (前略)委任統治を行っている国は，海港と，相当数の移民に施設を提供するのに十分な後背地を含むユダヤ人国家の領土に位置する地域から，できるだけ早く撤退する。いかなる場合も，1948年２月１日よりも遅れることがないようにする。
> 3. 独立のアラブ人国家，ユダヤ人国家，および［ア］市のための特別国際管理体制は，委任統治を行っている国の軍隊の撤退が完了してから２か月で実現されるものとする。いかなる場合も，1948年10月１日よりも遅れることがないようにする。

先　生：この分割案は，そのとおりには実現されませんでしたね。なぜだと思いますか。

岸　本：この分割案には問題がありました。委任統治領の面積の約56％が，推計人口では33％にすぎないユダヤ人側に割り当てられたからです。また，ユダヤ教・キリスト教・イスラーム教の聖地である［ア］は，アラブ人側とユダヤ人側の双方が自分のものにしたかったのです。

先　生：そうですね。ユダヤ人側はこの決議を受け入れましたが，アラブ人側は受け入れることができず，対立が激化していくのです。

問１　この決議以降，中東地域では多くの戦争が繰り返されてきた。そのうちの三つについて述べた次の文あ～うが，年代の古いものから順に正しく配列されているものを，下の①～⑥のうちから一つ選べ。 26

あ　イスラエルとアラブ諸国の戦争に際して，石油危機が起こった。
い　スエズ運河国有化宣言をめぐる戦争に，イスラエルが参加した。
う　イスラエルが，シナイ半島・ヨルダン川西岸地区などを占領した。

① あ→い→う　② あ→う→い　③ い→あ→う
④ い→う→あ　⑤ う→あ→い　⑥ う→い→あ

問２　上の会話文中の空欄 ア の都市の歴史について述べた文として正しいものを，次の①～④のうちから一つ選べ。 27

① 後ウマイヤ朝が，首都を置いた。
② ファーティマ朝が，首都を置いた。
③ 岩のドームが建設された。
④ カーバ神殿が建設された。

B　次に列挙したのは，23年から27年にかけて，中国西北地域の居延県(きょえん)一帯で作成された木簡に見える年号である。

23年：地皇4年	26年：建世2年
24年：更始2年	→元始26年
25年：更始3年	27年：建武3年

「地皇」は，［イ］が樹立した政権の年号であるが，この政権が23年に崩壊すると，居延地域にはやがて半独立の勢力が形成された。その時まず用いられたのは，長安を占拠した諸勢力の年号である。例えば「建世」は，赤眉の勢力が擁立した皇帝の年号だった。だが26年のうちに「建世」は用いられなくなり，代わりに「元始」が使用された。これは前漢の平帝の年号だが，平帝自身は元始5年に他界していた。反乱勢力には服従しないが，自前の年号を立てることには踏み切れないなかでの，苦肉の策であった。ある支配者が定めた年号を用いるのは，その支配者の権威に服すことを意味したのである。

とりわけ年号の問題で頭を悩ませたのは，ⓐ中国によって冊封された近隣の国々だった。ⓑ中華思想の下では，中国と近隣国との関係は対等なものではあり得ず，冊封された国々は中国王朝の年号を用いるのが原則だったからである。それゆえに，中国に複数の王朝が存在する時や，中国からの自立を模索している時には，どのような年号を用いるのかは，近隣国にとって極めて政治的な問題であった。

問3　上の文章中の空欄［イ］の人物について述べた文として正しいものを，次の①～④のうちから一つ選べ。［28］

① 農民反乱を指導して前王朝を打ち倒し，皇帝の位に就いた。
② 前王朝では，皇后の親族として権力を握った。
③ 殷代の制度を理想とし，急激な改革を行った。
④ 九品中正(九品官人法)を制定し，有能な人材を登用した。

問 4　次の文章は，下線部ⓐのうちのある国について述べたものである。「ある国」の名と文章中の空欄 ウ に入れる文との組合せとして正しいものを，下の①～④のうちから一つ選べ。(引用文には，省略したり，改めたりしたところがある。) 29

中国の歴史書はこの国が冊封された経緯を次のように伝える。

「この国の創始者は勇敢で用兵が巧みだったので，靺鞨(まつかつ)の人々や高句麗の遺民が徐々にこれに帰属した。その領土は営州の東方２千里のところにあり，南は新羅と接していた。睿宗(えいそう)の先天２年，使者を派遣して彼を冊封した。これ以降，この国は毎年使者を送って朝貢するようになった。」

この国は積極的に中国文化を摂取し， ウ 。しかし年号は中国のものを用いず，自立の姿勢を維持した。

① 国　名―遼　　ウ―骨品制という身分制度を敷いた
② 国　名―遼　　ウ―碁盤目状の都城を造営した
③ 国　名―渤　海　　ウ―骨品制という身分制度を敷いた
④ 国　名―渤　海　　ウ―碁盤目状の都城を造営した

問５　次の風刺画中の楕円(だえん)で囲まれた人物は，下線部ⓑの原則を無視し，中国の皇帝の前で平伏することを拒否した。楕円で囲まれた人物の名**あ**～**う**と，彼の君主が中国の皇帝に要求した内容**Ｘ**・**Ｙ**との組合せとして正しいものを，下の①～⑥のうちから一つ選べ。 30

人物の名

あ　アマースト

い　マカートニー

う　ムラヴィヨフ

要求した内容

Ｘ　貿易上の規制の緩和

Ｙ　沿海州の割譲

① **あ**－**Ｘ**　② **あ**－**Ｙ**　③ **い**－**Ｘ**
④ **い**－**Ｙ**　⑤ **う**－**Ｘ**　⑥ **う**－**Ｙ**

C　あるクラスで，20 世紀の国際関係についての授業が行われている。

先　生：「欧州情勢は複雑怪奇」という言葉を聞いたことがありますか。この言葉は，独ソ不可侵条約が締結された時，日本の内閣が総辞職した際に出てきたものです。この条約は，世界中を驚かせました。なぜでしょうか。まずは，独ソ不可侵条約締結以前のヨーロッパで，どんなことが起こっていたかを考えてみましょう。

吉　川：はい。例えば，［　エ　］。

先　生：そのとおりです。この時代，ヨーロッパ情勢は大きく変化していました。そうしたなかで独ソ不可侵条約が締結されたことに，なぜ世界は驚いたのでしょうか。

吉　川：この条約は，それ以前に締結されていた日独伊三国防共協定と矛盾しているからだと思います。

先　生：そうですね。次の**略図**は，日独伊三国防共協定を示したものです。太線で描かれているのが，ユーラシア大陸です。

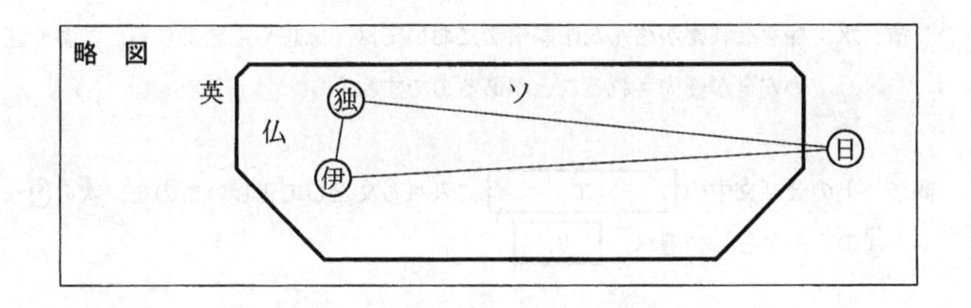

先　生：この状況で，なぜソ連はドイツとの条約締結を決断したのでしょう。ヒントは，次の挿絵です。

挿　絵

先　生：これは何の場面か分かりますか。はい，森口さん。

森　口：ドイツが，［オ］のズデーテン地方の割譲を要求したことを契機に開かれたミュンヘン会談の挿絵です。この会談では，ソ連抜きで話し合いが行われた上，［オ］に救いの手は差し伸べられませんでした。

先　生：そのとおりです。この前の授業で習いましたね。［カ］。

清　水：あ！　だからソ連は，イギリスやフランスが信用できなくなったんだ！

先　生：そう考えられますね。さらに，ⓒ対ソ干渉戦争を経験したソ連からすれば，英仏と○で囲んだ国々が手を結ぶ最悪の事態を避けたかったのでしょう。

清　水：様々な利害が絡んだ国際情勢においては，思想や主義よりも，国益や国の安全が優先されることがあるのですね。

問６　上の会話文中の［エ］に入れる文として正しいものを，次の①～④のうちから一つ選べ。［31］

① イタリアでは，独裁体制の下で，議会制民主主義が否定されていました

② イギリスは，上院の反対で，国際連盟に参加しませんでした

③ ドイツでは，ベルリンの壁が開放されました

④ フランスでは，ド＝ゴールが大統領に就任しました

問７　上の会話文中の空欄［　オ　］に入れる語あ～うと，空欄［　カ　］に入れる文Ｘ・Ｙとの組合せとして正しいものを，下の①～⑥のうちから一つ選べ。［32］

［　オ　］に入れる語

あ　ベルギー

い　チェコスロヴァキア

う　オーストリア

［　カ　］に入れる文

Ｘ　この時イギリスは，初めて「光栄ある孤立」政策を捨てたのです

Ｙ　この時のイギリスとフランスの姿勢は，宥和政策と呼ばれています

①　あ－Ｘ　　②　あ－Ｙ　　③　い－Ｘ

④　い－Ｙ　　⑤　う－Ｘ　　⑥　う－Ｙ

問８　下線部ⓒの戦争を乗り切るために，ソヴィエト政権が採った政策について述べた文として正しいものを，次の①～④のうちから一つ選べ。［33］

①　人民公社を解体した。

②　戦時共産主義を実施した。

③　第１次五か年計画を実施した。

④　親衛隊(SS)を組織した。

共通テスト

第２回 試行調査

世界史Ｂ

解答時間 60 分
配点 100 点

世　界　史　B

（解答番号 [1] ～ [34]）

第1問　現在の世界の諸地域は，長年にわたる地域間の接触と交流の中で形成されてきた。世界史における接触と交流について述べた次の文章A～Cを読み，下の問い(**問1～8**)に答えよ。(配点　24)

A　次の地図は，地中海とその周辺地域を表している。この地図中の矢印は，歴史上生じた大規模な人の移動の始点と終点並びに移動の方向を，大まかに描いたものである。矢印**a**と矢印**b**は，ヨーロッパと北アフリカとの間の南北方向の移動を，また，矢印**c**と矢印**d**は，ヨーロッパと西アジアとの間の東西方向の移動を，それぞれ指している。

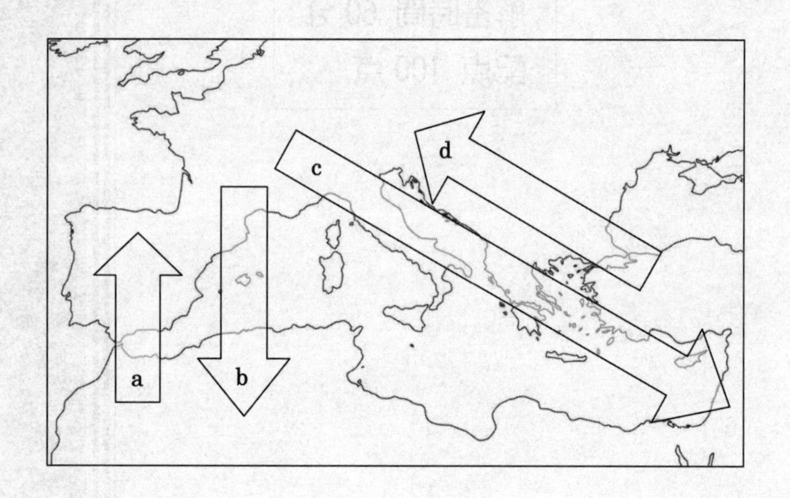

問１ 矢印aまたは矢印bが示す人の移動について述べた文として最も適当なものを，次の①～④のうちから一つ選べ。 1

① 矢印aは，ノルマン人によるシチリア王国の建国を表している。

② 矢印aは，ウマイヤ朝による西ゴート王国の征服を表している。

③ 矢印bは，ムッソリーニによるエチオピア侵攻を表している。

④ 矢印bは，ド＝ゴールによるアルジェリアの植民地化を表している。

問２ 矢印cまたは矢印dが示す人の移動の事例**あ**～**え**と，それについて説明した文**X**・**Y**との組合せとして正しいものを，下の①～④のうちから一つ選べ。
2

事　例

あ　矢印c ― 第１回十字軍

い　矢印c ― 東方植民

う　矢印d ― フン人の西進

え　矢印d ― ウィーン包囲

説　明

X　エルベ川以東で，ドイツ騎士団が中心となって行った。

Y　オスマン帝国のスレイマン１世が行った。

① あ ― X
② い ― Y
③ う ― X
④ え ― Y

問 3　上の地図で表された地域において接触した可能性がある勢力の組合せとして**誤っているもの**を，次の①〜④のうちから一つ選べ。 3

① 共和政ローマとカルタゴ

② メロヴィング朝とマムルーク朝

③ ビザンツ帝国(東ローマ帝国)とヴァンダル王国

④ スペイン王国とナスル朝

B　**地図1**は，朝鮮で作製された『混一疆理歴代国都之図』である。14世紀に中国で作られた2種類の地図を基に，朝鮮半島と日本列島の地図を合わせて，1402年に作製されたと伝えられている。**地図1**の左端には，**参考図**に示したように，不正確とはいえ，アラビア半島とアフリカ，それにヨーロッパが描かれている。アフリカの中に描かれている巨大な湖のようなものは，①当時サハラ貿易で栄えていたトンブクトゥのある，ニジェール川流域を描いたものとする説もある。**地図1**の基となった地図が作られた時代には，［　**ア**　］ことが知られているように東西交通が活発であり，これらは，そのような交流を通じてもたらされた知識の反映と考えられている。**地図2**は，**地図1**から200年後に中国で作製された『坤輿万国全図』である。**地図1**と比べると，描かれた大陸が実際の形に近づいただけでなく，**地図1**には描かれなかった大陸が増えていて，その間に［　**イ**　］ことなどを通して，地理的知識が拡大したことが読み取れる。

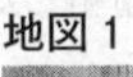

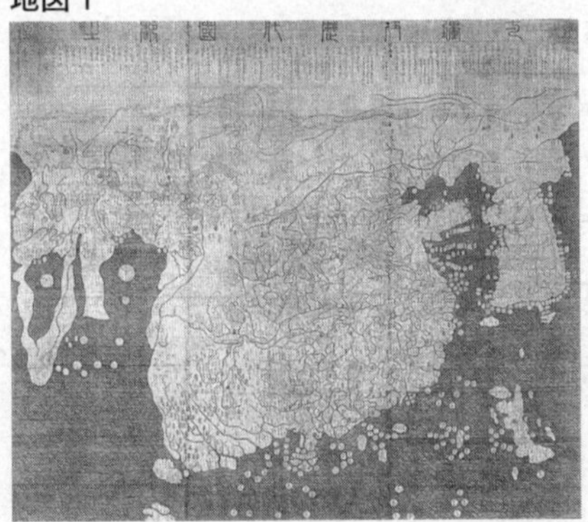

地図1参考図(部分)

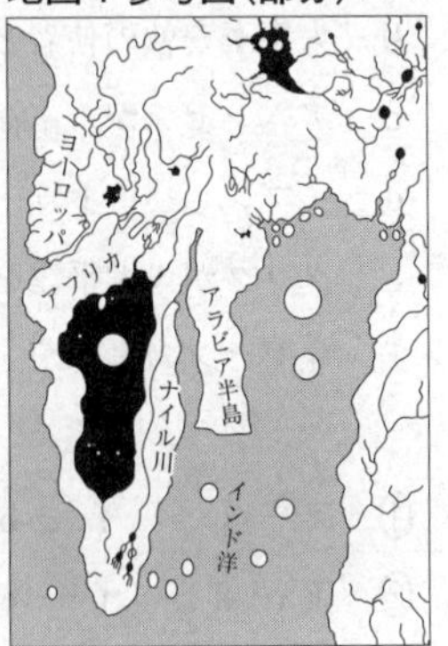

地図2

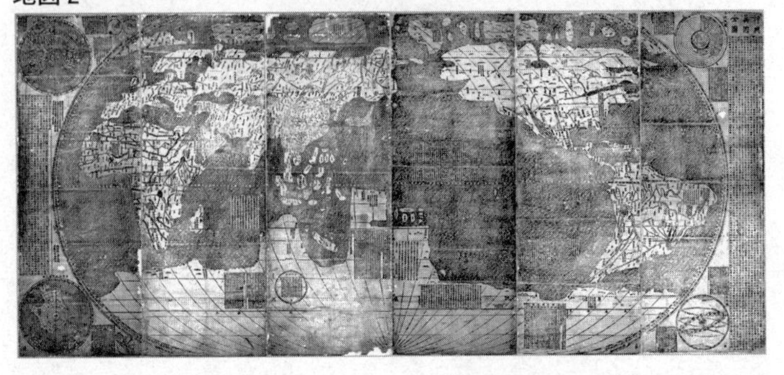

（この地図は，海岸線が明確になるよう，元の地図に加工を施している。）

問 4 下線部①について述べた文として最も適当なものを，次の①〜④のうちから一つ選べ。 4

① 生糸と銀の貿易で栄えた。

② 金と塩(岩塩)の貿易が行われた。

③ 毛皮と薬用人参が主な貿易品だった。

④ 香辛料を求めて，ヨーロッパ人が進出した。

問 5 文章中の空欄 ア と イ に入れる文a〜fの組合せとして正しいものを，下の①〜⑥のうちから一つ選べ。 5

a ヴァスコ＝ダ＝ガマが，ヨーロッパからのインド航路を開拓した

b 大秦王安敦の使者とされる者が，東南アジアに到来した

c アムンゼンが，南極点に到達した

d イブン＝バットゥータが，アフリカやユーラシアを旅行した

e クックが，太平洋を探検した

f マゼランの艦隊が，世界周航を行った

① ア―a イ―b
② ア―a イ―e
③ ア―c イ―b
④ ア―c イ―f
⑤ ア―d イ―e
⑥ ア―d イ―f

問６　地図１の作製時期と，朝鮮半島の歴史について述べた次の文 **a**～**c** とが，年代の古いものから順に正しく配列されているものを，下の①～⑥のうちから一つ選べ。［ 6 ］

a　甲午農民戦争が起こった。

b　楽浪郡が置かれた。

c　豊臣秀吉が送った軍勢の侵攻を受けた。

① 地図１ → a → b → c　　② a → 地図１ → b → c

③ b → 地図１ → c → a　　④ a → b → 地図１ → c

⑤ b → c → 地図１ → a　　⑥ b → c → a → 地図１

C　海外旅行の候補地としてカナダに興味を持った林さんは，カナダでは1969年に制定された公用語法によって，英語とフランス語を公用語とする二言語政策を採っていることを知った。この政策は，ヨーロッパ人による入植以降の北アメリカ大陸の歴史を反映したものであり，近年では外国からの移民の増加に伴って，英語・フランス語以外の言語を第一言語とする人々が増加の傾向にあるという。そこで，林さんは下調べのために図書館へ行き，カナダの言語事情に関する次の資料を見つけて，メモ作りを始めた。

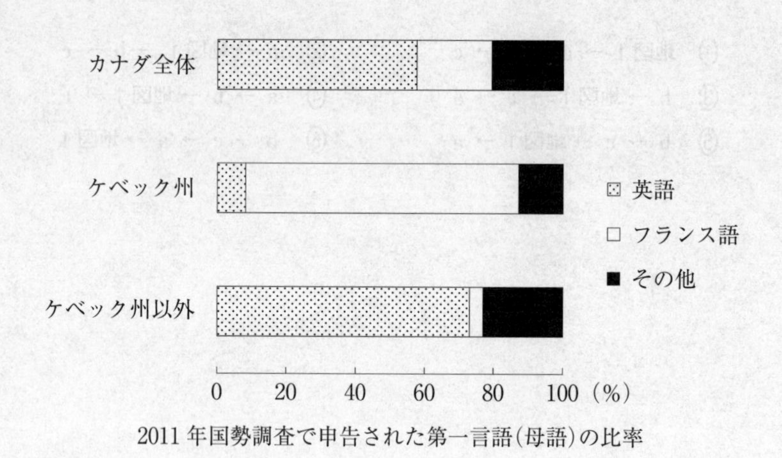

2011年国勢調査で申告された第一言語(母語)の比率

問７　林さんは，2011年国勢調査における第一言語の比率について，その歴史的な要因を考えて，次の**メモ１**を作った。**メモ１**中の空欄［ウ］と［エ］に入れる文**a**～**d**の組合せとして正しいものを，下の①～⑧のうちから一つ選べ。［7］

メモ１

- カナダ全体で，第一言語の比率が資料のようになっているのは，［ウ］ことが要因だと考えられる。
- ケベック州で，第一言語の比率が資料のようになっているのは，［エ］ことが要因だと考えられる。

歴史的な要因

a　史上初の黒人共和国になるまで，フランスの植民地であった
b　イギリス連邦の成立まで，イギリスに従属する植民地であった
c　ブルボン朝の時代に，フランスの植民地が建設された
d　プラッシーの戦いの結果，イギリスによる支配の基礎が築かれた

①　ウ－a　エ－b
②　ウ－a　エ－c
③　ウ－b　エ－c
④　ウ－b　エ－d
⑤　ウ－c　エ－d
⑥　ウ－c　エ－a
⑦　ウ－d　エ－a
⑧　ウ－d　エ－b

問 8　林さんは，上の国勢調査でその他の言語を第一言語として申告した人々には，アジア系の移民が多く含まれていることを知った。アジアから北アメリカ大陸への移民に関する次の**メモ2**中の空欄 **オ** と **カ** に入れる語句の組合せとして正しいものを，下の①～④のうちから一つ選べ。 **8**

メモ2

アジアからアメリカ合衆国への初期の移民の多くは中国人であり，1860年代の西部での **オ** のための労働力需要を支えた。中国人に続いて，日本人の移民も増加した。しかし，新たな移民に対する反感が強まり，1920年代には，人種偏見を背景として， **カ** 移民法が制定された。

① **オ**―大陸横断鉄道の建設　**カ**―アジア系の移民を禁止する
② **オ**―大陸横断鉄道の建設　**カ**―特定の居住地に強制移住させる
③ **オ**―パナマ運河の開削　**カ**―アジア系の移民を禁止する
④ **オ**―パナマ運河の開削　**カ**―特定の居住地に強制移住させる

第２問 世界史上の政治思想について述べた次の文章Ａ～Ｃを読み，下の問い（問１～８）に答えよ。（配点 23）

Ａ　ギリシア人ポリュビオスは，著書『歴史』の中で，ローマ共和政の国制（政治体制）を優れたものと評価している。彼によれば，その国制には，コンスルという王制的要素，元老院という［ ア ］制的要素，民衆という民主制的要素が存在しており，これら三者が互いに協調や牽制（けんせい）をしあって均衡しているというのである。ローマ人はこの政治体制を誇りとしており，それは，彼らが自らの国家を指して呼んだ「ローマの元老院と民衆」という名称からも読み取ることができる。共和政期末の内戦を勝ち抜いたかに見えた［ イ ］でさえも，この体制を壊そうとしているという疑いをかけられ，暗殺されてしまった。

こうしたローマ国制についての理解は，以後のローマ人著作家を経由して，近世以降のヨーロッパ知識人層にも受け継がれていった。その影響は，モンテスキューらが唱え，アメリカ合衆国憲法をはじめとする近代憲法にも定められている［ ウ ］という考え方にも見ることができる。

ポリュビオスはまた，ギリシアのポリスの国制についても詳しく述べている。ただし，アテネについては「幾度か繁栄のときを迎え，とくにテミストクレスの活躍と時を同じくして最高度の輝きを放ったけれども，その浮（うわ）ついた国民性のゆえにたちまち逆境の淵（ふち）に突き落とされた」と述べ，例外的な存在と位置づけている。

問１　文章中の空欄［ ア ］と［ イ ］に入れる語の組合せとして正しいものを，次の①～④のうちから一つ選べ。［ 9 ］

① ア ― 貴族　　イ ― カエサル
② ア ― 貴族　　イ ― オクタウィアヌス
③ ア ― 僭主　　イ ― カエサル
④ ア ― 僭主　　イ ― オクタウィアヌス

問 2　文章中の空欄 **ウ** に入れる語句として最も適当なものを，次の①～④のうちから一つ選べ。 **10**

① 最大多数の最大幸福
② 君主の権力は神によって授けられた
③ 立法・司法・行政をそれぞれ異なる機関に委ね，権力の均衡を図る
④ 王は君臨すれども統治せず

問 3　ポリュビオスが言う「最高度の輝きを放った」時期のアテネについて説明している文として最も適当なものを，次の①～④のうちから一つ選べ。 **11**

① 国を二分した内戦の中で，奴隷解放宣言が出された。
② 市民を債務奴隷にすることが禁じられるとともに，財産政治が導入された。
③ 戦車と鉄製の武器を用いて，オリエントを統一した。
④ 軍船の漕ぎ手として活躍した下層市民が，政治的発言力を強めた。

Ｂ　次の文章は，ある日本人の回想録の一節である。（引用文は原文を一部省略したり，改めたりしたところがある。）

当時，清国皇帝は，康有為の意見をいれて鋭意国政の改革をはかり，要路(注１)の旧守派(注２)はこれに反抗の色を示し，北京の政界ようやく不穏の形勢を現じ来たれる時なりしかば，余は先ず香港に至り，ひそかに興中会および三合会(さんごうかい)中の人に交(まじわ)りを結んでその形勢を視察し，またフィリピンの志士と交結するの機会を得たり。はじめてポンセ君(注３)と相い見(まみゆ)るや，彼，テーブルを拍(たた)いていわく，「君知らずや，さきに［ａ］の［ｂ］と釁(きん)を生ずるや(注４)，我らをして内応せしめて，事平(たいら)ぐに至らば自主独立を許すを誓う。我らはその言を信じて，命を賭(と)して戦えり，自主独立を希(こいねが)うが故(ゆえ)なり。しかして［ｃ］は敗走せり，皆おもえらく，自主独立の民たるを得ん，と。いずくんぞ知らん，［ｄ］のために①隷属を強いられんとは。自由のために［ｅ］と戦いし我らは，今また自由のために［ｆ］と戦わざるべからざるなり」と。（宮崎滔天(とうてん)『三十三年之夢』）

（注１）　要路 ―― 重要な地位
（注２）　旧守派 ―― 守旧派に同じ。保守派
（注３）　ポンセ君 ―― 文中に見える「フィリピンの志士」の一人
（注４）　釁を生ずる ―― 戦争を始める

問４　文章中の空欄［ａ］～［ｆ］は，二つの国名によって埋めることができる。その国名の組合せとして正しいものを，次の①～④のうちから一つ選べ。［12］

① ロシア　日本
② スペイン　清国
③ 日本　清国
④ アメリカ合衆国　スペイン

問 5　下線部①の「隷属を強いられんとは」という言葉によって，「ポンセ君」が言い表そうとした事態として最も適当なものを，次の①～④のうちから一つ選べ。 13

① 植民地として統治される。
② 不平等条約によって，関税自主権などを失う。
③ アパルトヘイトによって差別される。
④ 大国の委任統治領とされる。

問 6　上の文章から判断して，この回想録の著者である「余」はどのような活動に従事していたと考えられるか。考えられる活動として最も適当なものを，次の①～④のうちから一つ選べ。 14

① 文章中の「清国皇帝」に協力して，同国の政治改革を阻もうとする活動
② 中国や他のアジア諸地域における民族主義を支援する活動
③ コミンテルンの指導の下に，社会主義者を組織する活動
④ 文章中の「旧守派」と連携して，共和国の樹立を目指す活動

C　日本に留学しているスラメットさんが，友人の香織さんに，次の図を見せながら，母国のインドネシアについて説明している。

スラメット：この図は，1950年に制定された「パンチャシラ＝ガルーダ」と呼ばれるインドネシア共和国の国章です。

香　織　：ガルーダは，ヴィシュヌ神の乗り物とされる神鳥ですね。ガルーダが両足でつかんでいるリボンには，何が書かれているのですか。

スラメット：「多様性の中の統一」という意味で，インドネシアを象徴する言葉です。

香　織　：なぜ，国章にそのような言葉が使われているのですか。

スラメット：②現在のインドネシアは，多くの島々から構成されており，たどってきた歴史も多様です。20世紀になると，植民地支配からの独立運動が展開され，インドネシアとしての統合のため「多様性の中の統一」が共通のスローガンとして用いられるようになりました。

香　織　：ガルーダが身に付けている盾は何を意味しているのですか。

スラメット：パンチャシラという，インドネシアの建国五原則を図案化したものです。例えば，真ん中の星は唯一神への信仰を表しています。これは，イスラーム教を国教としているということではなく，キリスト教やヒンドゥー教，仏教も容認されており，国民それぞれが自分の宗教を持つことを勧めているのです。その他には，インドネシア民族主義，国際主義・人道主義，全員一致の原則，社会の福利があり，現在の憲法前文にも引き継がれています。

問7　下線部②について述べた文として正しいものを，次の①～④のうちから一つ選べ。 15

① 交易で海港都市が栄え，スワヒリ語が生まれた。

② 大乗仏教の寺院であるボロブドゥールが建設された。

③ ドンズー(東遊)運動が提唱され，日本への留学が奨励された。

④ ソ連のミサイル基地が建設され，アメリカ合衆国との間で緊張が高まった。

問8　会話文にあるパンチャシラ(建国五原則)の内容と国章の図柄とを参考に，インドネシアの建国の指導者の名**a**・**b**と，その人物が目指したと考えられる事柄について述べた文**あ**・**い**との組合せとして正しいものを，下の①～④のうちから一つ選べ。 16

インドネシアの建国の指導者の名

a　スカルノ　　　　**b**　ナセル

インドネシアの建国の指導者が目指したと考えられる事柄

あ　地域や宗教の違いを超えて，国民全体の統合を目指した。

い　国民の政治的な権利を抑圧しながら，国家主導の経済開発を目指した。

① **a**―**あ**　　② **a**―**い**

③ **b**―**あ**　　④ **b**―**い**

第3問 現在，世界各地の博物館や美術館には，かつて世界を結び付けてきた交易品や貨幣が収蔵されている。世界史上のモノについて述べた次の文章**A**・**B**を読み，下の問い(**問1～6**)に答えよ。(配点　18)

A　次の図1・2は，イスタンブルのトプカプ宮殿に収蔵されている中国製磁器である。

図1

※著作権の都合上，画像を省略

図2

※著作権の都合上，画像を省略

問1　図1の碗(わん)は，マラッカ(ムラカ)の総督であったPero de Fariaという人物が注文して，1541年に中国で作らせたものである。その名と製作年が，碗の縁に沿って記されている。この碗の来歴はどのようなものと推測できるか。考えられることとして最も適当なものを，次の①～④のうちから一つ選べ。 17

① この碗が作られた当時，マラッカを統治していたオスマン帝国の総督が，碗をイスタンブルのスルタンに献上したのだろう。

② この碗が作られた当時，碗は注文主の手によって，インド洋を横断し，スエズ運河を経由してイスタンブルにもたらされたのだろう。

③ この碗が作られた当時，カントン(広州)貿易はイギリスが支配していたので，碗を運んだのは東インド会社の船だったのだろう。

④ この碗が作られた当時，マラッカは東洋貿易の拠点であったので，碗は中国からまずマラッカに運ばれたのだろう。

問 2　図1の碗が作られた世紀には，中国で社会・経済にわたる変化が起こった。その変化について述べた文ア・イと，その変化について説明した文a～dとの組合せとして正しいものを，下の①～⑥のうちから一つ選べ。 18

中国で起こった変化

ア　海上貿易が活発化し，海禁政策が崩れた。

イ　銀の流通が拡大した。

その変化についての説明

a　これを一因として，新法と呼ばれる制度改革が実現した。

b　日本やアメリカ大陸からの流入の増大が，その一因であった。

c　これによって，公行を通した貿易の管理が廃止された。

d　これによって，日本との間で勘合貿易が始まった。

① ア―a　② ア―c　③ ア―d
④ イ―a　⑤ イ―b　⑥ イ―c

問 3　図2の器のように，顧客の注文によって中国で製作された磁器は，18世紀のヨーロッパにも輸入された。こうした磁器の輸入は，ヨーロッパにおいて，新しい飲食習慣が拡大したことと並行していた。このことについて述べた文として**誤っているもの**を，次の①～④のうちから一つ選べ。 19

① 茶を飲む習慣が広まった。

② 輸入された砂糖の消費が拡大した。

③ 穀物からパンが作られるようになった。

④ コーヒーハウスが流行した。

B　次の貨幣X～Zは，ロンドンの大英博物館に収蔵されている，南アジアの金貨である。なお，貨幣の写真は左が表側，右が裏側である。

貨幣X

裏側に描かれているのはインドの女神である。この貨幣を発行した王朝では，サンスクリット文学が栄え，それまで伝承されてきた法典や叙事詩が，現在に伝わるような形へと集大成された。仏教も盛んで，ナーランダー僧院などを通じて，①中国との交流も行われた。

貨幣Y

表側にはこの貨幣を発行した王朝の君主が描かれ，裏側にはブッダを意味する語がギリシア文字で刻まれている。この王朝の西に位置したパルティアも，初期には貨幣の銘文にギリシア文字を採用していた。だが，これらの地域ではギリシア文化の影響は次第に小さくなり，パルティアを滅ぼした国家では，［　ア　］など，イラン地方の伝統に回帰した。

貨幣Z

貨幣の表側にはアラビア文字が刻まれており，「アッラーの他に神はなく，ムハンマドは神の使徒である」と記されている。**貨幣Z**を発行した君主は，この銘文が表している宗教を信仰しながらも，人頭税(ジズヤ)を免除するなどしてインドの住民の信仰との融和を図り，北インドをほぼ支配下に収めることに成功した。

問 4　下線部①について述べた次の文**a**と**b**の正誤の組合せとして正しいものを，下の①～④のうちから一つ選べ。 20

a　鳩摩羅什が，中国から西域へ旅し，仏教を広めた。

b　法顕が，中国からインドへ旅し，『仏国記』を著した。

① **a**－正　**b**－正
② **a**－正　**b**－誤
③ **a**－誤　**b**－正
④ **a**－誤　**b**－誤

問5　文章中の空欄［　ア　］に入れる語句として正しいものを，次の①～④のうちから一つ選べ。［21］

① ゾロアスター教を国教とする
② ゴシック様式の建築が広まる
③ キープ(結縄)を用いる
④ 神聖文字を用いる

問6　貨幣X～Zが，発行年代の古いものから順に正しく配列されているものを，次の①～⑥のうちから一つ選べ。［22］

① X → Y → Z　　② X → Z → Y　　③ Y → X → Z
④ Y → Z → X　　⑤ Z → X → Y　　⑥ Z → Y → X

第4問　世界史上の国家間の関係について述べた次の文章A・Bを読み，下の問い（問1～5）に答えよ。（配点　17）

A　次の絵は，「王のケーキ」という題が付いている風刺画で，ポーランドの王と，ポーランドを分割する3国の君主たちが描かれている。君主たちの上方に描かれているのは，噂や名声を象徴する天使ペーメーで，ラッパでこの知らせを広めている。ポーランドは，この後，数回にわたって分割され，19世紀には独自の国家を持つことはなかった。①20世紀になって独立を回復したが，大国の狭間にあって，たびたび難しい舵取りを迫られた。

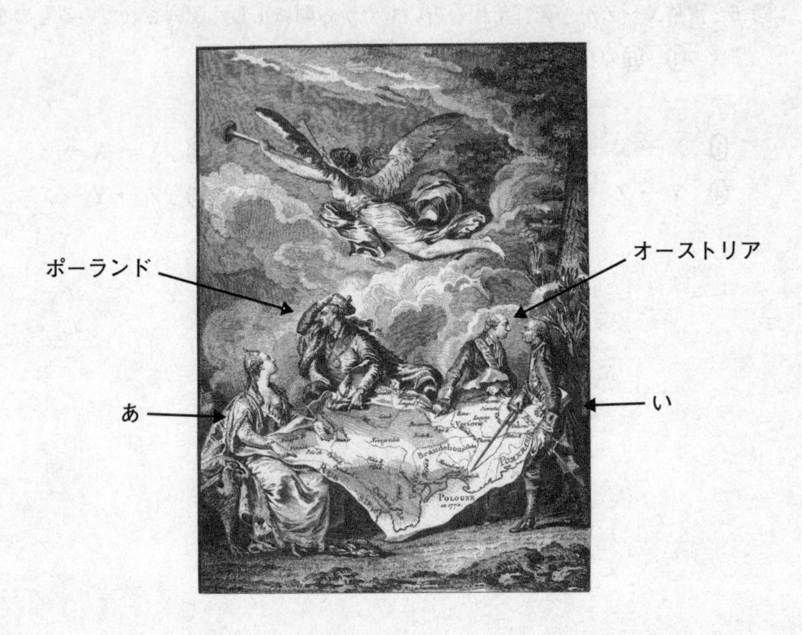

問1　下線部①に関連して，20世紀前半のヨーロッパにおける政治状況について述べた文として**誤っているもの**を，次の①～④のうちから一つ選べ。 23

① スペイン内戦で，フランコが勝利した。
② ユーゴスラヴィア連邦が解体した。
③ イギリスで，保守党と労働党が二大政党となった。
④ フランスとベルギーが，ルール地方を占領した。

問２

(1)　絵の中の**あ**と**い**について，それぞれが表している国とその君主の名の組合せとして正しいものを，次の①～⑥のうちから一つ選べ。**なお，正しいものは複数あるが，解答は一つでよい。** 24

① **あ**：ロシア ― エカチェリーナ２世
② **あ**：イギリス ― エリザベス１世
③ **あ**：フランス ― ルイ 14 世
④ **い**：ロシア ― ニコライ２世
⑤ **い**：プロイセン ― フリードリヒ２世
⑥ **い**：イタリア ― ヴィットーリオ＝エマヌエーレ２世

(2)　**(1)で選んだ答えについて**，その国や王朝の歴史について述べているものを，次の**a**～**h**から三つ選択し，それらを年代順に配列したものとして正しいものを，下の①～⑧のうちから一つ選べ。 25

a　シュレジエンを獲得した。
b　ウィーン会議に参加した。
c　ローマ教皇領を併合した。
d　ペテルブルクを築いて，都とした。
e　テューダー朝が開かれた。
f　ユトレヒト同盟を結成した。
g　ドイツ帝国を建国した。
h　三国協商を形成した。

① **a** → **b** → **g**　② **b** → **a** → **h**　③ **c** → **a** → **b**
④ **d** → **b** → **h**　⑤ **e** → **f** → **b**　⑥ **f** → **g** → **h**
⑦ **g** → **a** → **d**　⑧ **h** → **e** → **c**

B　次の**資料1・2**は，中国の王朝と近隣の国家との関係に関するものである。（引用文は原文を一部省略したり，改めたりしたところがある。）

資料1　トルコ語碑文「ビルゲ＝カガン碑文」(735年建立)

天神のごとき天から生まれた突厥のビルゲ＝カガンとして，この時，私は即位した。ウテュケン（モンゴル高原にある聖山）の山林より良いところはない。国を保つべき地はウテュケンの山林である。この地に住んで，我々は中国の民と和睦した。彼らは金・銀・酒・［ア］を限りなく与える。中国の民の言葉は甘く，その［ア］は柔らかい。甘いその言葉，柔らかいその［ア］に欺かれて，多くの突厥の民が死んだ。その地に行くと，お前たち突厥の民よ，死ぬぞ！　ウテュケンの地に住んで，隊商を送るのであれば，お前たちにいかなる憂苦もない。

資料2　モンゴル語年代記『アルタン＝ハーン伝』

アルタン＝ハーンが中国に出発して迫り，平等に大いなる政事を話し合うために駐営すると，中国の明皇帝は，モンゴルのアルタン＝ハーンに順義王という尊い称号を奉り，大いに金銀など諸々の財物と，莫大(ばくだい)な量のさまざまな［ア］の衣服を与えた。アルタン＝ハーンをはじめ数多くの王侯たちは，規約を定めて中国とモンゴルの政事を協議して定めて，莫大な賞賜と交易品の望んだものを取って，引き揚げた。

問 3 資料中の空欄 ア に当てはまる語 **a**・**b** と，**資料1**と**資料2**から読み取れる事柄**あ**・**い**との組合せとして正しいものを，下の①～④のうちから一つ選べ。 26

ア に当てはまる語

a 綿織物　　　**b** 絹織物

読み取れる事柄

あ 中国王朝は，遊牧国家の武力を警戒する一方で，遊牧社会から物産を入手しようとしている。

い 遊牧国家は，漢人社会の経済に組み込まれることを警戒しながらも，中国王朝から物産を入手しようとしている。

① **a** — **あ**　　　② **a** — **い**
③ **b** — **あ**　　　④ **b** — **い**

問 4 **資料1**は，630年に中国王朝に一度滅ぼされた後，復興した突厥で立てられた碑文の一部である。この中国王朝について述べた文として最も適当なものを，次の①～④のうちから一つ選べ。 27

① 現住地で所有している土地・財産に対して課税する税制が採用された。
② 天子の力が衰え，有力な諸侯が，天子に代わって諸国を束ねた。
③ 口語に近い文体で表現する，新しい文学運動が唱えられた。
④ 人材を九等で評価して推薦する官僚登用法が採用された。

問 5　**資料2**は，中国の王朝と自国との関係を，自国の優位ないし対等とする立場から述べた歴史書の記述である。これとは異なる立場に立って書かれたと考えられる資料を，次の①～④から一つ選べ。 **28**

① 隋に宛てた日本(倭)の国書

日出ずる処(ところ)の天子が，書を日没する処の天子に致す，恙(つつが)はないか。

② 明に送った琉球国王の国書

琉球国王の尚巴志(しょうはし)が謹んで申し上げる。我が国は，父祖が太祖皇帝(洪武帝)から暦を頂戴して臣属して以来，今に至るまで五十数年，厚い恩を受け，折にふれ朝貢している。

③ ベトナムの黎朝が出した布告

我が大越の国は文を重んじる国であり，国土は別々である上に，習俗もまた南北(ベトナムと中国)で異なっている。趙・丁・李・陳(ベトナムの諸王朝)が我が国を興して以来，漢・唐・宋・元とそれぞれ並び立つ帝国をつくってきた。

④ チベットのラサに立てられた「唐蕃会盟碑」

チベットと中国の両国は，現在支配している領域と境界を守り，その東方全ては大中国の領域，西方全てはまさしく大チベットの領域で，チベット人はチベットで安らかにし，中国人は中国で安らかにするという大いなる政事を結んで一つにした。

第5問 世界史に関わる経済・統計の資料に基づく授業を想定した，次の会話文Ａ・Ｂを読み，下の問い(**問1～6**)に答えよ。(配点 18)

Ａ　イギリスの綿工業に関する授業

先　生：今日は，産業革命をリードしたイギリスの綿工業について学びます。**表1**は，ワイシャツ生地の原料となる細い綿糸の価格の推移を表しています。原料綿花コストと生産コストの合計が綿糸価格です。

表1

年	1779	1784	1799	1812	1830	1860	1882
原料綿花コスト(x)	24	24	40	18	7.75	6.875	7.125
生産コスト(y)	168	107	50	12	6.75	4.625	3.375
綿糸価格(x＋y)	192	131	90	30	14.5	11.5	10.5

※単位：綿糸1ポンド(約454 g)当たりペンス

先　生：**表1**からは，綿糸価格が年とともに下落していくことが読み取れます。その理由を考えてみましょう。

生徒Ｐ：機械化によって大量生産が可能になったことが重要だと思います。

生徒Ｑ：機械の燃料となる石炭の輸送費が下がったのも理由ではないでしょうか。

生徒Ｒ：人件費が安くなったことも影響しているはずです。

先　生：なるほど。では，３人の考えはどのような事実に基づいていますか。

生徒Ｓ：例えば，**表1**の時期に，［ ア ］が挙げられます。

先　生：そうですね。

問1 生徒Ｓの発言中にある空欄［ ア ］に入れる文として**適当でないもの**を，次の①～④のうちから一つ選べ。［ 29 ］

① 蒸気機関が，工場の動力として導入されたこと

② 運河や鉄道などの交通網が整備されたこと

③ 保護貿易によって，輸入品の価格が下がったこと

④ 囲い込みの進展で，都市部に人口が流入したこと

生徒T：原料綿花の供給状況も，価格の下落に関係しているのではないでしょうか。

先　生：それも理由の一つですね。では，原料綿花の供給状況について見てみましょう。**グラフ1**は，イギリスで消費された綿花の生産地別の比率(帯グラフ)と，消費量の総量(折れ線グラフ)とを示すものです。

グラフ1

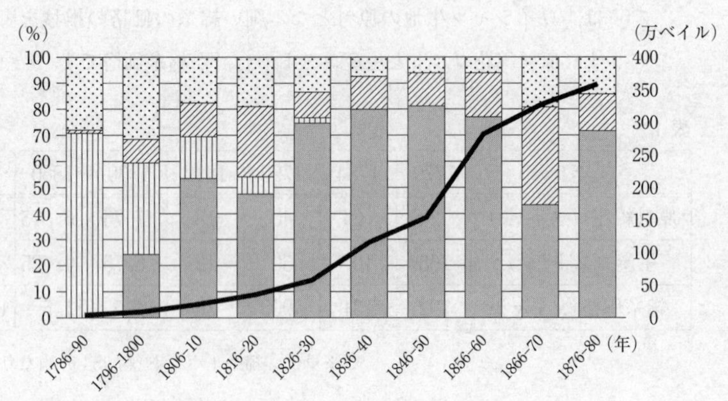

アメリカ合衆国　英領西インド　インド　その他　(左目盛)

総量　(右目盛　1ベイルは約227 kg)

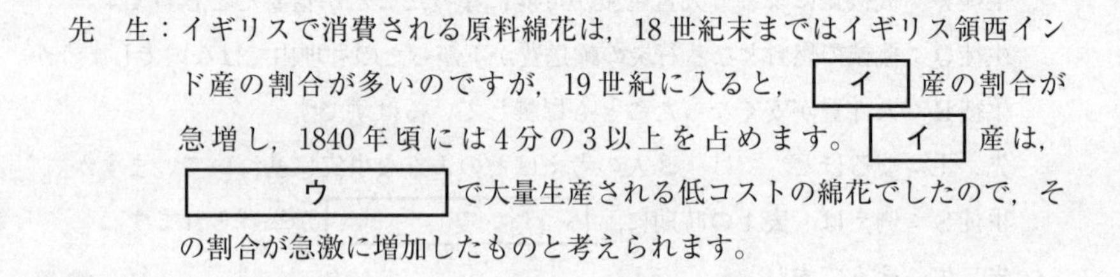

先　生：イギリスで消費される原料綿花は，18世紀末まではイギリス領西インド産の割合が多いのですが，19世紀に入ると，[イ]産の割合が急増し，1840年頃には4分の3以上を占めます。[イ]産は，[ウ]で大量生産される低コストの綿花でしたので，その割合が急激に増加したものと考えられます。

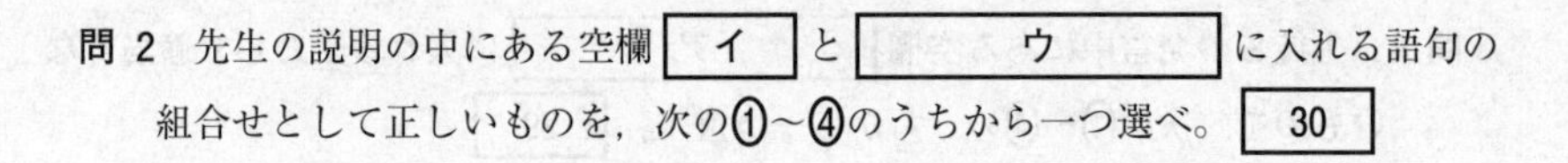

問2 先生の説明の中にある空欄[イ]と[ウ]に入れる語句の組合せとして正しいものを，次の①～④のうちから一つ選べ。[30]

① イ－インド　　　　ウ－農奴を領主直営地で働かせる制度
② イ－インド　　　　ウ－黒人奴隷を大農園で働かせる制度
③ イ－アメリカ合衆国　ウ－農奴を領主直営地で働かせる制度
④ イ－アメリカ合衆国　ウ－黒人奴隷を大農園で働かせる制度

先　生：最後に，東西間の綿布の流れを示す**グラフ2**と，これまでの**表1**や**グラフ1**を参考にして，イギリスの産業革命によって，当時の経済状況がどのように変化したのか，パネルにまとめてください。

グラフ2

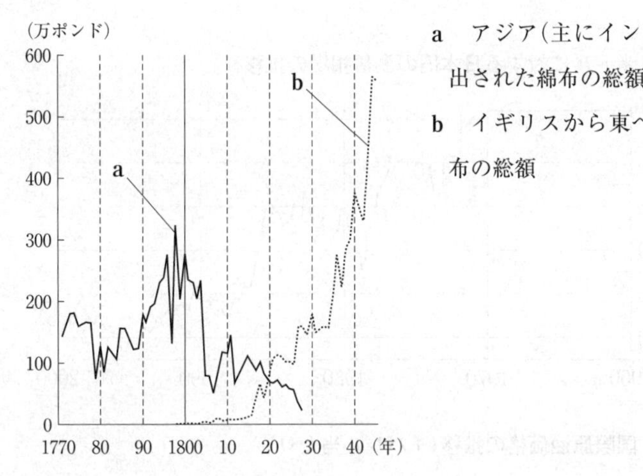

問3　先生の指示によって生徒たちが作った次のパネルのうち**適当でないもの**を，次の①～④のうちから一つ選べ。 31

①

1820年頃を境に，イギリス産綿布の東への輸出総額が，インド産綿布の西への輸出総額を上回りました。

②

産業革命期において，イギリスの綿糸価格が下落した最も大きな要因は，原料綿花コストが下がったことです。

③

19世紀半ばのイギリスは，アメリカ合衆国産の綿花を主な原料として綿布を生産し，インドなど東へ大量に輸出しました。

④

イギリスで産業革命が進展した時期には，イギリスからの綿布輸出と，イギリスへの原料綿花の輸入は共に増加傾向にあります。

B　為替相場と原油価格に関する授業

先　生：今日は，第二次世界大戦後の世界の動向を，経済資料から検証してみましょう。**グラフ3・4**に共通する特徴を挙げてください。

グラフ3　米ドルに対する日本円の為替相場の推移

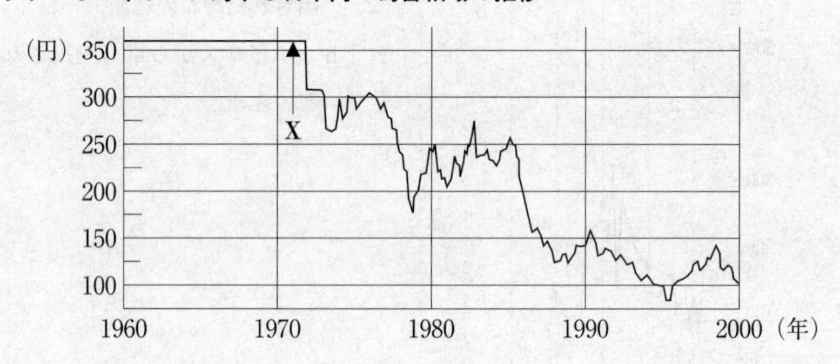

グラフ4　国際原油価格の推移（1バレル当たり）

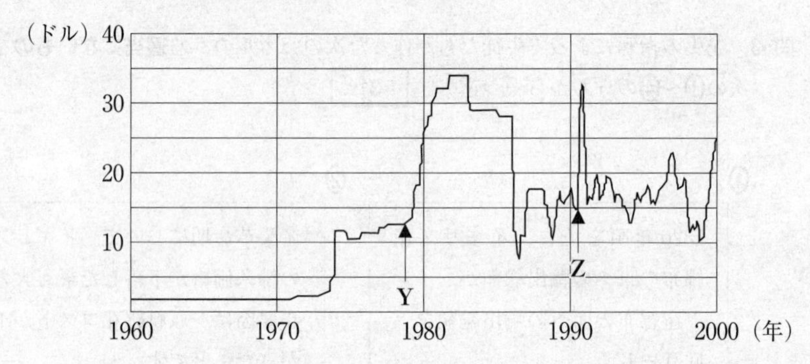

生　徒：両方とも，1970年頃までは値がほとんど動いていません。**グラフ3**については，［　エ　］ことが原因だと思います。**グラフ4**については，先進国の国際石油資本が原油価格の決定権を握っていたからだと思います。

先　生：その通りです。しかし，**グラフ3**については，①矢印Xの時期のアメリカ合衆国大統領がとった政策によって，状況が大きく変化しています。

生　徒：グラフ4でも，1970年から数年して，価格の変動が始まります。

先　生：よく気がつきましたね。②グラフ4の矢印Yと矢印Zの時期の価格変動は，中東地域の革命や戦争が関係しています。

問 4 生徒の発言中にある空欄 **エ** に入れる文として最も適当なものを，次の①～④のうちから一つ選べ。 **32**

① 世界貿易機関が，自由貿易のルールづくりを推進していた

② 米ドルに対する各国通貨の交換比率が固定されていた

③ アムステルダムが，国際金融の中心として機能していた

④ 大国が，植民地を囲い込む経済ブロックを形成していた

問 5 下線部①の人物の外交に関する事績として正しいものを，次の①～④のうちから一つ選べ。 **33**

① ヨーロッパ諸国とアメリカ大陸の相互不干渉を表明した。

② 国交のない中華人民共和国を訪問し，関係改善に踏み出した。

③ 共産主義陣営に対し，封じ込め政策を開始した。

④ ラテンアメリカ諸国に対し，善隣外交を展開した。

問6　下線部②に関連して，次の文章中の空欄 オ と カ に当てはまる国について，それぞれの位置を示す地図中のa～dの組合せとして正しいものを，下の①～④のうちから一つ選べ。 34

Yの時期には， オ で王政が倒れ，イスラーム共和国が成立した。
Zの時期には，隣国を侵略した カ に対し，多国籍軍が組織された。

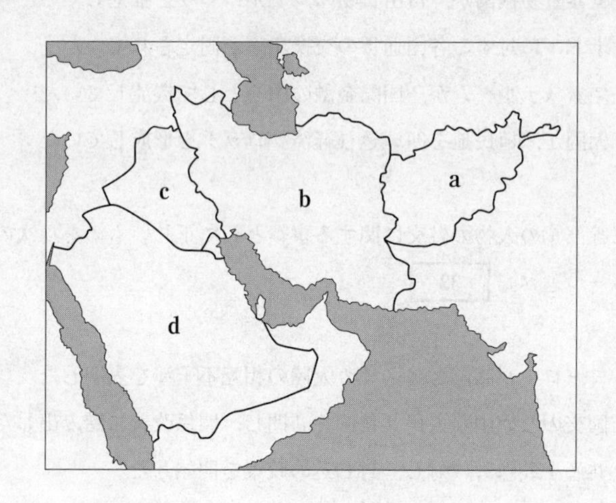

① オ－a　カ－c
② オ－a　カ－d
③ オ－b　カ－c
④ オ－b　カ－d

共通テスト

第1回 試行調査

世界史B

解答時間 60分
配点 100点

世　界　史　B

（解答番号 1 ～ 36 ）

第1問　私たちは，文献や遺物，遺跡などから過去の歴史を知ることができる。歴史資料に関する次の文章A・Bを読み，下の問い（問1～6）に答えよ。

A　エリさんは，1世紀に中国からもたらされた金印について，パネルを用意して発表した。

福岡市博物館所蔵
画像提供：福岡市博物館／DNPartcom

金印は，1784年に，現在の福岡市に属する志賀島の土中から発見された。
印文は「漢委奴国王」の5文字。
金印に関係する『後漢書』東夷伝の記事：

建武中元二年(57年)，倭奴国が貢ぎ物を奉じ，朝賀してきた。使者は大夫であると自称した。(その国は)倭国の極南の界にある。光武帝は印と綬(じゅ)*とを賜った。

*綬：印を身に帯びる際に用いた組みひも。

当時，倭には多くの国があり，それぞれ世襲の王がいた。①『後漢書』は楽浪郡からの距離や方角によって，倭人の居住地の位置を示している。「倭奴国が貢ぎ物を奉じ，朝賀してきた」という記述は，倭奴国が光武帝に対して朝貢したことを示している。また，「印と綬とを賜った」ことから，［ア］という関係があったことがわかる。漢王朝は，内陸部の諸国とも同様の関係を結ぶことがあった。

建　太：金印の印文は「漢委奴国王」ですが，『後漢書』の記事には「倭奴国」とありますね。「委」と「倭」と文字が違っているのはなぜですか？

エ　リ：「倭」の文字の省略形が「委」だとする説があります。『三国志』の倭人についての記述には「奴国」という国名が見えることから，『後漢書』の「倭の奴(な)国」が金印の「委奴国」と同一だと考えるわけです。この説は，『後漢書』のような中国の正史の記述が正しいとするのですが，現在見ることのできる『後漢書』は宋代以降に印刷されたものです。②出土した金印の文字そのままに読むべきだとする説では，この金印を授けられたのは，『三国志』に見える「伊都国」だと考えられているようです。

問1 下線部①は，金印がもたらされた当時の東アジアの状況を反映していると考えられる。その状況を述べた文として適当なものを，次の①〜④のうちから一つ選べ。［1］

① 当時，倭の諸国が中国に往来するには，朝鮮半島を経由することが多かった。

② 光武帝は，外交交渉を担当させる組織として楽浪郡を設置した。

③ 当時，倭国は，百済と結んで朝鮮半島に出兵するなどしていた。

④ 当時の朝鮮半島における倭人の活動が，「好太王碑」(「広開土王碑」)に記されている。

問 2　文章中の空欄 [ア] に入れる文として適当なものを，次の①～④のうちから一つ選べ。 [2]

① 貢ぎ物の代価として，金と絹とを支払う
② 皇帝が，外国の王を臣下として冊封する
③ 皇帝から，属州の総督に任命される
④ 郡国制の中に，倭の地域を取り込む

問 3　下線部②の説について，どのような根拠が想定できるか。想定できる根拠として**適当でないもの**を，次の①～④のうちから一つ選べ。 [3]

① 印刷が普及するまで書物は手書きで伝えられたため，その過程で文字が変わることがあった。
② 『後漢書』は当時の記録そのものではなく，編纂(へんさん)されたものであるため，編者が文字を改めることがあった。
③ 使者が口頭で伝えた国名が，中国では異なる漢字によって表記されることがあった。
④ 当時，倭国は卑弥呼によって統一されていたため，「倭の奴国」という国名はありえない。

Ｂ　次の文章は，６世紀のトゥール司教グレゴリウスが著した『歴史十巻』の中の一節である。(引用文は原文を一部省略したり，改めたりしたところがある。)

王妃クロティルドは，まことの神を認め偶像を放棄するよう，王クローヴィスを説得し続けた。しかし，ある時アラマン人との戦いが起こるまで，どうしても王の心を揺り動かしてその信仰へ向けることはできなかった。(中略)すなわち，次のようなことが起こったのである。双方の軍隊が衝突し，激しく戦闘が行われた。やがて，クローヴィスの軍隊は壊滅しかけた。彼はそれを見て，空をあおぎ，悔恨の念にかられ，涙にかきくれて言った。「イエス＝キリストよ。あなた

の助力という栄光を切実に懇願します。この敵に私を勝たせてくれるならば，(中略)私はあなたを信じ，あなたの名のもとに洗礼を受けます。というのも，私が助力を嘆願した神々は，私を助けてはくれませんでした。そのため，私の神々は従っている者たちを助けず，信奉者たちへ何の力も及ぼさないと思います」。彼がこのように言った時，アラマン人が背を向けて，逃走し始めた。そして，自分たちの王が殺されたのを見てとると，クローヴィスの権力に服した(中略)。

そこで王妃は，ランス市の司教である聖レミギウスを密(ひそ)かに呼び寄せ，王に救いの言葉を教え込むように懇願した。司教は王を密かに招き，天と地の創造者であるまことの神を信じ，王や他の者にとって無益な偶像を放棄するよう彼に説き始めた。(中略)最初に王が司教から洗礼を授かることを申し出て，(中略)新しい［イ］として洗礼所へ進み出た。洗礼を始める時，神の聖者は雄弁な口調で次のように彼に語りかけた。「シガムベル人*よ，静かに首(こうべ)を垂れなさい。あなたが燃やしたものを崇(あが)め，あなたが崇めていたものを燃やしなさい」。

*シガムベル人：フランク人の別名。

問4　この文章から読み取れる内容として適当なものを，次の①～④のうちから一つ選べ。［4］

①　クローヴィスは，ローマ教皇からローマ皇帝の帝冠を受けた。

②　クローヴィスは，王妃を説得して改宗させようとしたが，拒否され続けた。

③　クローヴィスは，神に対し，精神的な救いよりも現実的な力の強さを求めた。

④　クローヴィスは，レコンキスタの一環としてアラマン人と戦った。

問 5　この文章の主題を描いている図版として適当なものを，次の①～④のうちから一つ選べ。 5

①

②

③

④

問6 文章中の空欄 イ に入れる人の名として適当なものを，次の①～④のうちから一つ選べ。 6

① サラディン(サラーフ＝アッディーン)

② トマス＝アクィナス

③ コンスタンティヌス

④ ディオクレティアヌス

第２問　世界史における人の移動や人口の増減について述べた次の文章Ａ・Ｂを読み，下の問い(**問１～６**)に答えよ。

Ａ　あるクラスの世界史の授業で，人の移動や移住の歴史について班別学習を行った。

問１　久志君の班では，次の地図を見ながら，トルコ系諸王朝の活動についてカードに記入した。その記述として**誤っているもの**を，下の①～④のうちから一つ選べ。［ 7 ］

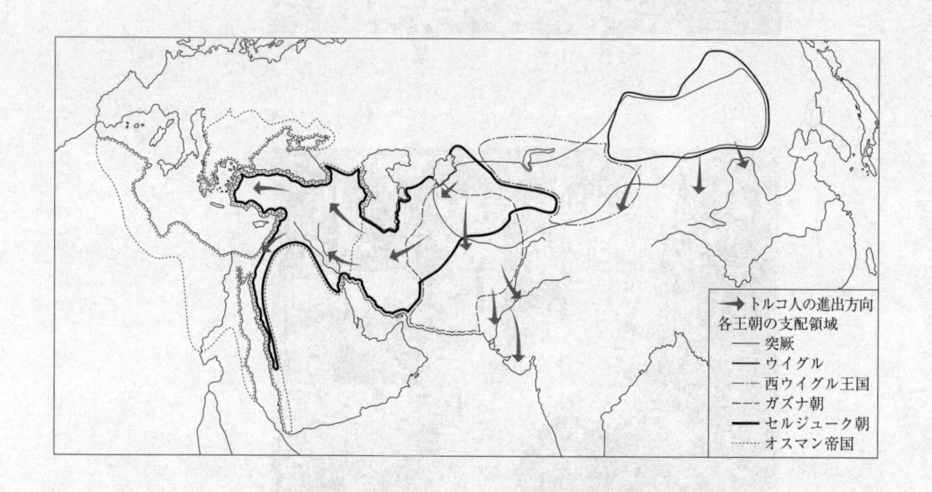

①　セルジューク朝の下で，カイロが繁栄した。

②　オスマン帝国は，ウィーン付近まで進攻した。

③　トルコ系の勢力は，モンゴル高原から西方に広がった。

④　トルコ系の勢力は，インドにも進出した。

問２　エレーナさんの班では，16 世紀から 20 世紀前半の人口移動に関心を持ち，その傾向を示した下の図を見ながら議論した。メンバーの発言の正誤について述べた文として適当なものを，下の①～④のうちから一つ選べ。 8

伸　之：インドからあちこちに移民が出ている。移民が増えたのは，19 世紀にイギリスで奴隷貿易が廃止された後の労働力として，需要が高まったからだよ。

エレーナ：東南アジアには，インドだけでなく，中国からも来ている。日本からも，17 世紀初期には移民が行っているわね。

ひとみ：インドからはアフリカにも行っているけど，インドとアフリカ東岸の交流は，ヴァスコ＝ダ＝ガマのインド航路開拓によって始まったのね。

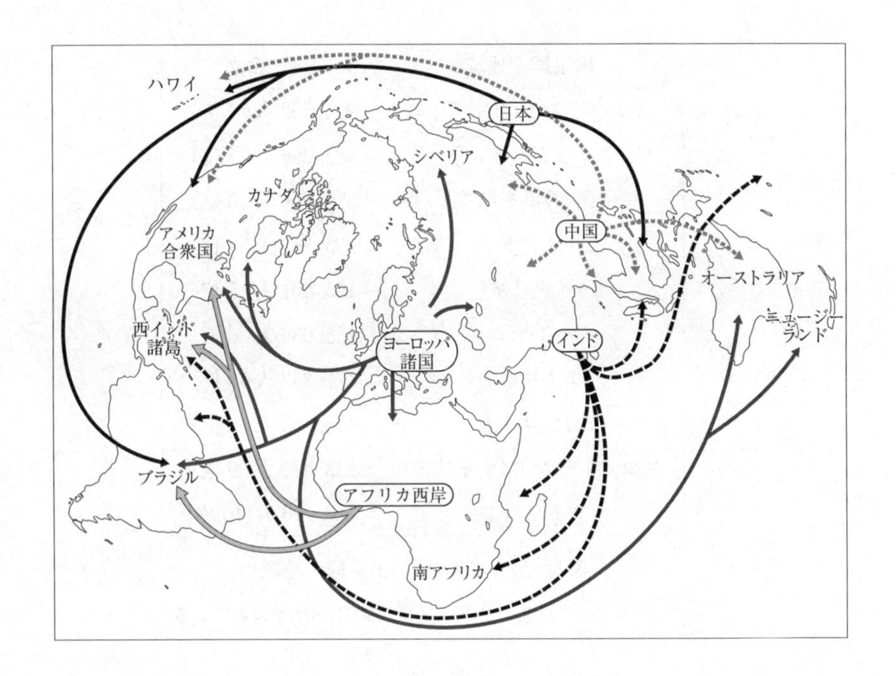

① 伸之が誤っている。　② エレーナが誤っている。

③ ひとみが誤っている。　④ 全員正しい。

問3 真央さんの班では，現代のオーストラリアへの移民について調べ，下の表について議論した。そこで話題になっている白豪主義の撤廃に至った要因について述べた文として適当なものを，下の①～④のうちから一つ選べ。 9

哲　也：オーストラリアは，以前は白人以外の移民を制限していたそうです。現在は，イギリスとその植民地だったところだけでなく，ずいぶんいろいろな国や地域から移民を受け入れているんですね。

真　央：白人以外の移民を制限した，いわゆる白豪主義は，1970年代に撤廃されたのね。

タ　ン：私はカンボジアの出身ですが，祖父母の世代には，インドシナ半島からオーストラリアに移住した人がたくさんいます。

出生国・地域	人数(順位)
イングランド(イギリス)	911,592人(1位)
ニュージーランド	483,396人(2位)
中国(香港を除く)	318,969人(3位)
インド	295,363人(4位)
イタリア	185,401人(5位)
ベトナム	185,039人(6位)
フィリピン	171,233人(7位)
南アフリカ	145,683人(8位)
スコットランド(イギリス)	133,432人(9位)
マレーシア	116,196人(10位)

移民(海外出生者)の出生国・地域

(オーストラリアの2011年国勢調査による)

① アジア太平洋経済協力会議(APEC)によって，アジア諸国との結びつきが強まった。

② 反植民地主義を掲げるアジア＝アフリカ会議を主催した。

③ 南アフリカでアパルトヘイトが撤廃された影響を受けた。

④ ベトナム戦争によって発生した大量の難民を受け入れた。

B　次の図は，前4世紀から20世紀末までの2300年余りにわたる中国の人口の推計値を，折れ線グラフにしたものである。このグラフに示されている人口動態は，歴代の王朝交替のたびに人口の増減を繰り返しながら，長期的には人口規模を拡大させてきた中国社会の特質を，よく映し出している。

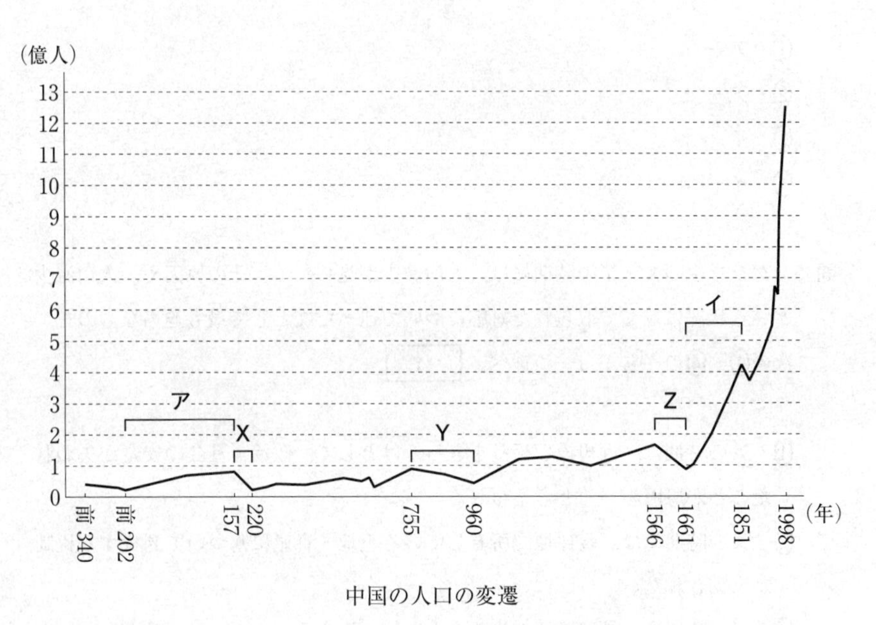

中国の人口の変遷

（路遇・滕沢之『中国人口通史』より作成）

問 4 グラフ中のア・イの時期と，その時代における人口増加の要因について述べた文との組合せとして正しいものを，下の①～④のうちから一つ選べ。 10

a 江南地方の開発の進展や米の新種の導入によって，穀倉地帯が形成された。

b 山地や砂地で栽培できるトウモロコシやサツマイモなどの外来作物が普及し，増加した人口を支える食料源となった。

c 農地の囲い込みが行われ，穀物栽培の効率が向上した。

d 王朝や豪族の主導の下，鉄製農具や牛耕農法の普及によって農地の開拓が進み，農業生産力が高まった。

① ア― a
② ア― c
③ イ― b
④ イ― d

問 5 グラフ中のX・Yの時期には，人口減少が見られる。その原因や，人口減少という状況に対して取られた対応について述べた文として最も適当なものを，次の①～④のうちから一つ選べ。 11

① Xの時期は，大規模な反乱をきっかけとして，政治・社会の安定が失われたことが原因の一つと考えられる。

② Xの時期には，現住地で所有している土地・資産に基づいて課税する税制が導入された。

③ Yの時期は，外国遠征の失敗や大運河の建設負担によって反乱が広がり，王朝が倒れたことが原因の一つと考えられる。

④ Yの時期には，戦争捕虜を奴隷として使役する大農場経営が行われた。

問６　グラフ中のＺの時期には，世界の他の地域でも人口減少が見られた。その時期に世界の他の地域で見られた人口減少と関連した社会不安の状況を調べるための資料として適当なものを，次の①～④のうちから一つ選べ。 12

① 強制栽培制度の行われた地域における飢饉（ききん）の発生数の統計

② ゲルマン人の移動経路を示した地図

③ ラダイト運動(機械打ちこわし運動)の発生件数の推移を示したグラフ

④ 三十年戦争におけるドイツの死者数の統計

第3問 世界史上の民衆反乱について述べた次の文章A・Bを読み，下の問い(問1～6)に答えよ。

A 18世紀後半，コサック出身のプガチョフは，自分を，死んだとされていた先帝であるロシア皇帝ピョートル3世であると名乗って，反乱を起こした。当時，①皇后がこの死に関わっていたという噂（うわさ）が広まっており，他方でピョートル3世は「良きツァーリ」と民衆に信じられていた。そのため，ピョートル3世を名乗る者が多く現れ，プガチョフもその一人であった。プガチョフは，「良きツァーリ」として，農奴の解放を宣言し，多くの民衆をひきつけ，大きな勢力を誇った。プガチョフの乱は政府によって鎮圧されるが，②民衆の力を見せつけることとなった。19世紀のロシアの③ロマン主義作家であるプーシキンは，その作品において，プガチョフを民衆の中から生まれた民衆の指導者として描いている。

問1 下線部①の人物は，ピョートル3世の後に即位し，皇帝となった。その人物の名と事績の組合せとして正しいものを，次の①～④のうちから一つ選べ。 13

① マリア＝テレジア　―クリミア戦争を戦った。
② マリア＝テレジア　―ポーランド分割に参加した。
③ エカチェリーナ2世―クリミア戦争を戦った。
④ エカチェリーナ2世―ポーランド分割に参加した。

問 2 下線部②に関連して，民衆の政治的な動きを描いた次の図版**a**～**c**が年代順に正しく配列されているものを，下の①～⑥のうちから一つ選べ。 **14**

a

圧政の象徴とされる牢獄を，民衆が襲撃した。

b

皇帝に対して和平と飢餓救済を請願する民衆に，軍隊が発砲した。

c

傭兵の反乱をきっかけとして，民衆が広く参加する大反乱に発展した。

① a → b → c
② a → c → b
③ b → a → c
④ b → c → a
⑤ c → a → b
⑥ c → b → a

問 3　下線部③について述べた文として適当なものを，次の①～④のうちから一つ選べ。 15

① 個性や感情を重視し，歴史や民族文化の伝統を尊重した。

② 古代ギリシア・ローマの文化を理想とし，調和を重んじた。

③ 適者生存を原理とし，人種差別を擁護するのに利用された。

④ 光と色彩を重視し，主観的な印象を描いた。

B　次の**資料１～３**は，19 世紀のアジア・アフリカで起こった民衆反乱やその指導者に関するものである。(引用文は原文を一部省略したり，改めたりしたところがある。)

資料１

我等(東学軍)が義を挙げてここに至ったその本意は，(中略)民衆を塗炭の苦しみから救うことにある。内には暴虐な官吏の首をはね，外には横暴な強敵の群を駆逐することにある。両班と富豪の前に苦痛にあえいでいる民衆と，地方官の下に屈辱をなめている小吏らは，(中略)少しもためらうことなく，ただちに立ち上がれ。

『東学史』呉知泳著・梶村秀樹訳注，平凡社

資料２

ファールス地方で，バーブと称するセイイド＝アリー＝ムハンマドが出現した。(中略)彼は，自らを千年もその出現を待望されたイマーム(イスラーム教の指導者)であると述べ，さらに進んで預言者であるとの主張を行った。(中略)彼は捕らえられて投獄された。(中略)知事が彼をシーラーズからイスファハーンに移し，そこに留めた。

歴史学研究会編『世界史史料８』岩波書店

資料３

愛する者よ，私と私の支援者たちとは，マフディーの位がこの卑しい身である私にもたらされる以前は，あなた(イスラーム教の一派サヌーシー派の指導者)が宗教を復興してくれるのを待望していた。(中略)この手紙があなたに届いたら，あなたの地方において(中略)ジハードを行うか，あるいはわれわれのもとに移住して来なさい。

歴史学研究会編『世界史史料８』岩波書店

問４ 資料１と資料２に関わる反乱が起こる直前のそれぞれの地域の状況について述べた次の文ａとｂの正誤の組合せとして正しいものを，下の①～④のうちから一つ選べ。 16

ａ 資料１：日本との協約によって，外交権を喪失していた。
ｂ 資料２：２度のイギリスとの戦争によって，その保護国となっていた。

① ａ－正 ｂ－正
② ａ－正 ｂ－誤
③ ａ－誤 ｂ－正
④ ａ－誤 ｂ－誤

問 5　資料3における「私」を指導者とする反乱が起こった地域の名と，その位置を示す次の地図上の a または b との組合せとして正しいものを，下の①～④のうちから一つ選べ。 **17**

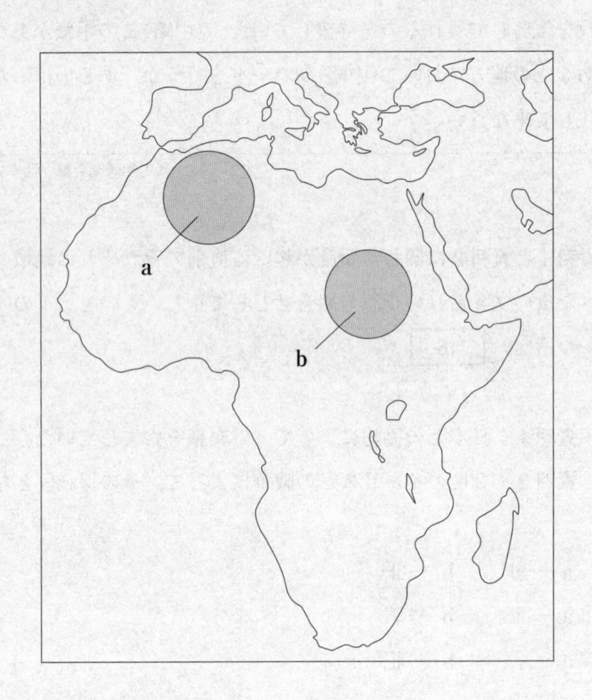

① スーダン　　— a
② スーダン　　— b
③ アルジェリア — a
④ アルジェリア — b

問6　資料1～3に関連して述べた次の文中の空欄 ア に入れる内容として適当なものを，下の①～④のうちから一つ選べ。 18

これらの反乱は，列強の政治的・経済的進出や国内の支配層の抑圧のために従来の生活習慣を破壊された民衆が， ア から起こったものであった。

① 既存の伝統的な宗教や文化によりどころを求めたこと
② ヨーロッパの政治思想を吸収して政治意識に目覚めたこと
③ 民族意識を覚醒させ，国民国家の建設を目指す運動を激化させたこと
④ 社会主義思想に基づく経済的・社会的平等の実現を目指したこと

第４問　世界史における家族や家庭について述べた次の文章Ａ・Ｂを読み，下の問い(**問１〜６**)に答えよ。

Ａ　あるクラスの班別学習で，前近代の君主や最高指導者の地位の継承について調べて**資料１〜４**の系図を作成し，気付いたことを話し合った。(資料中の丸囲み数字は即位順，＝は婚姻関係，片仮名と△は男性，平仮名と○は女性を示す。)

史　恵：君主や最高指導者の子孫でないと後継者にはなれないのかな。［ア］の例だと，先代の息子しか位についていませんね。

歴　彦：そうとも限らないよ。［イ］の例では，後継者は男性だけれど，初代と血のつながりのある子孫とは限りません。

史　恵：確かにそうですね。では，女性は君主になれなかったのかな。

歴　彦：①女性に継承権を認めていたり，女性を通じて継承権が子孫に伝えられるという考え方があります。だけど，国や民族によって考え方が違ったので，争いや混乱の元になることがありました。

資料１　正統カリフの継承図

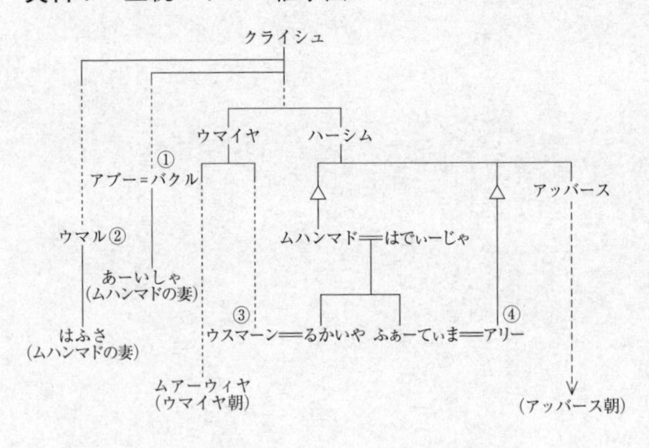

資料２　ローマ皇帝の系図

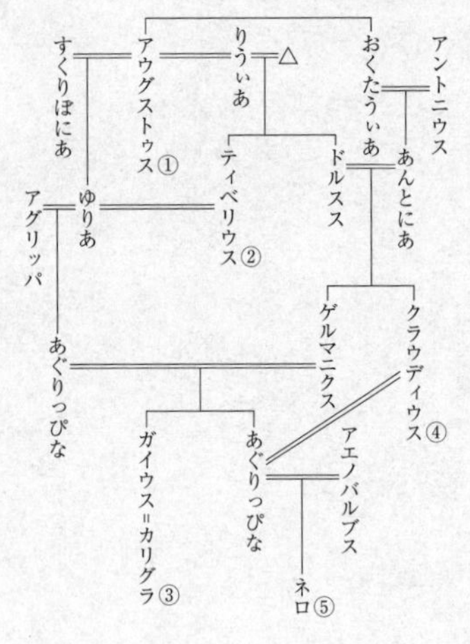

資料3　カペー朝の系図

①ユーグ＝カペー
②ロベール２世
③アンリ１世
④フィリップ１世
⑤ルイ６世
ヘンリ２世　ありえのーる＝だきてーぬ　⑥ルイ７世
リチャード１世　ジョン
⑦フィリップ２世
⑧ルイ８世
⑨ルイ９世

資料4　モンゴル帝国君主の系図

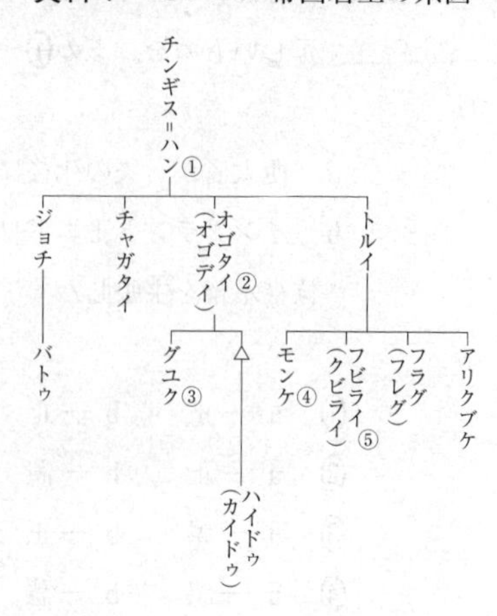

問1　会話文中の空欄 ア と イ に入れる語の組合せとして正しいものを，次の①～④のうちから一つ選べ。 19

① ア ― 資料1　　イ ― 資料2
② ア ― 資料1　　イ ― 資料4
③ ア ― 資料3　　イ ― 資料2
④ ア ― 資料3　　イ ― 資料4

問 2　下線部①に当てはまる事例について述べた次の文 **a** と **b** の正誤の組合せとして正しいものを，下の①～④のうちから一つ選べ。 20

a　西太后が，夫の死後に皇帝に即位して，国号を周と改めた。

b　イングランド王エドワード3世が，母方の血筋を理由として，フランス王位継承権を主張した。

① a ― 正　b ― 正
② a ― 正　b ― 誤
③ a ― 誤　b ― 正
④ a ― 誤　b ― 誤

問 3　カリフ位について**資料1**から読み取れる事柄 **a**・**b** と，イスラーム教の宗派について述べた文**あ**・**い**との組合せとして正しいものを，下の①～④のうちから一つ選べ。 21

カリフ位

a　正統カリフは，全て預言者ムハンマドと共通の祖先を持っている。

b　カリフ位が世襲になると，カリフは預言者ムハンマドの親族ではなくなった。

イスラーム教の宗派

あ　アリーの子孫のみが指導者であるべきだとする人々が，スンナ派と呼ばれた。

い　イランでは，サファヴィー朝がシーア派を国教とした。

① a ― あ　② a ― い
③ b ― あ　④ b ― い

B あるクラスの世界史の授業で，19世紀のイギリス家庭に関連した学習を行っている。以下は，授業中の先生と生徒の会話である。

先 生：この時期のイギリスは，労働者階級と中・上流階級の「二つの国民」が存在していると言われていました。まず，労働者の生活の状況について見てみましょう。労働者家庭の支出に占める食費の内訳（**資料5**）を見てみると，どのようなことが分かりますか？

花 子：南アメリカ原産の［ウ］が出ています。これは，16世紀ごろにヨーロッパに伝わったとされています。収入の多い綿加工熟練労働者よりも，収入の少ない未熟練労働者の方が支出に占める割合が高いですね。

太 郎：私は，紅茶と②砂糖があることに着目しました。以前，これらは嗜好（しこう）品だったので，収入の少ない人たちには手に入らなかったと勉強しましたが，19世紀になると，労働者階級でも消費することができたのですね。

先 生：そうですね。それでは，次の資料を見ましょう。この絵（**資料6**）は，1846年に描かれた，イギリスのヴィクトリア女王の家族の絵です。これは，③当時の社会の状況と中・上流階級の家族観を表しています。それは，どのようなものだと思いますか？

資料5　労働者家庭の総支出に対する食費の内訳(1840年ごろ，横線は計上なし)

項　目	綿加工熟練労働者	未熟練労働者
パンまたは小麦	23.7％	31.8％
ジャガイモ	4.7％	15.1％
オートミール*	2.0％	18.2％
バター	9.5％	—
ミルク	4.1％	16.7％
肉	13.0％	—
ベーコン	—	3.0％
紅茶	3.0％	—
砂糖(糖蜜含む)	10.1％	—
コーヒー	2.4％	—

*オートミール：主にえん麦を原料にした粥(かゆ)状の食べ物。

(長島伸一『世紀末までの大英帝国』より作成)

資料6

問 4　会話文中の空欄 ウ に当てはまる語について説明した文として適当なものを，次の①～④のうちから一つ選べ。 22

① アイルランドでは，この作物の不作から飢饉が起こり，大量の移民がアメリカなどに移住することになった。

② ヨーロッパでは，肉類の保存などのために珍重されており，その原産地と直接取引することが目指された。

③ インドでは，イギリスによる専売制度に反対する運動が行われた。

④ オスマン帝国を経由してヨーロッパに伝わり，それを提供する場が市民の社交場となった。

問 5　下線部②に関連して，次の地図は，イギリスへの輸入品のルートを示したものである。砂糖が入ってきた主なルートとして適当なものを，下の①～④のうちから一つ選べ。 23

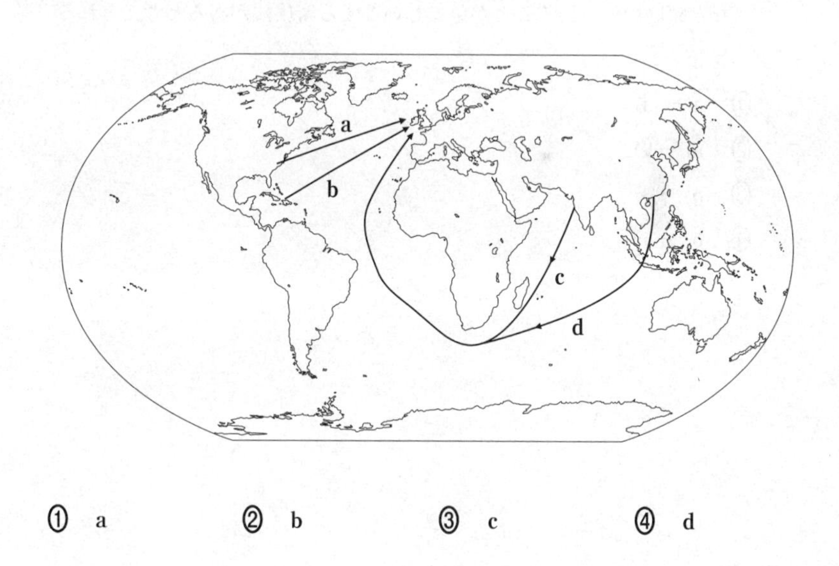

① a　　② b　　③ c　　④ d

問 6　下線部③に関連して，当時の社会の状況について述べた文**a**・**b**と，当時の家族観について述べた文**あ**・**い**との組合せとして正しいものを，下の①～④のうちから一つ選べ。 **24**

当時の社会の状況

a　国王は「君臨すれども統治せず」を原則とするイギリスでは，王室に，国民生活やイギリス社会の手本を示す役割が期待されていたと考えられる。

b　ドイツ皇帝が打ち出していた世界政策への対応を迫られていたイギリスでは，王室に，イギリスの強さを示す役割が期待されていたと考えられる。

当時の家族観

あ　この肖像画の背景には，女性が良き妻・母であることを理想とする家族観があると考えられる。

い　この肖像画の背景には，戦争による労働力不足を補うために，女性も工場など家庭の外で働くことが望ましいとする家族観があると考えられる。

① a ― あ

② a ― い

③ b ― あ

④ b ― い

第５問　第一次世界大戦について述べた次の文章Ａ・Ｂを読み，下の問い(問１～５)に答えよ。

Ａ　ベルリンに住む高校生のトビアスとニコラスは，歴史の授業で文書館を訪れた。そこで第一次世界大戦中のベルリンに関する展示を見て，会話を交わした。

資料１

諸君，余が王宮のバルコニーから国民に対し告げたことを諸君は読んだであろう。余は繰り返して述べよう。余はもはや党派なるものを知らぬ，ただドイツ人あるのみである。(嵐のようなブラボー！)そして，諸君が，党派の違い，地位や宗派の違いなく，苦楽を共にし，生死を共にすることによって，余のもとに団結することを固く決意していることの証(あかし)として，各政党の党首が前に進み出て，余と握手して誓約するよう命じる。

資料２　1915年６月　ベルリン警察長官の「世情報告」

マーガリンは，ますます品薄になり値上がりしています。野菜は，乾燥続きのため，また値上がりしました。その他の食料品は従来の高価格のままです。何らかの値下がりは期待できません。(中略)世間はこのような物価高に苦しんでいるでしょう。とりわけ，戦争の終結が予測できないためです。

資料３

11月４日月曜日，水兵蜂起についてのより正確な知らせがベルリンに届いた。キールでは，11月３日に，反乱した者の投獄から，水兵の暴動が起こり，水兵協議会が結成された。この知らせは，労働者の闘争心を高めるのに非常に有益だった。

トビアス：係の人の説明では，**資料1**は，1914年8月に，第一次世界大戦の始まりに際して皇帝が呼びかけた言葉みたいだけど，「余はもはや党派なるものを知らぬ」ってどういう意味だろう。

ニコラス：［ア］みたいだね。人々は開戦を熱狂的に支持したんだね。

トビアス：だけど，**資料2**も読むと，その熱狂も，戦争が長期化するとだんだんと冷めてきていることが分かるね。

ニコラス：それでも，その後3年も戦争が続くんだ。途中でアメリカ合衆国も参戦しているよね。**資料3**の反乱が全国に広がって，最終的には［イ］，①<u>戦争が終わる</u>んだね。

トビアス：②<u>この戦争で，それまで世界を支配してきたヨーロッパ諸国は大きな打撃を受けて，代わってアメリカ合衆国が発言力を増すようになったそうだね。</u>

問1 会話文中の空欄［ア］と［イ］に当てはまる文の組合せとして適当なものを，次の①〜④のうちから一つ選べ。［25］

① ア―ナチ党による一党独裁が行われること
　イ―ボリシェヴィキが権力を奪って

② ア―共産党による一党独裁が行われること
　イ―14か条を受け入れて

③ ア―どの政党・団体も戦争を支持すること
　イ―皇帝が亡命して

④ ア―政党というものが理解できないこと
　イ―ヴァイマル憲法が制定されて

問 2 下線部①に関連して，第一次世界大戦の結果として定まったヨーロッパの国境を表した地図として適当なものを，次の①～④のうちから一つ選べ。 26

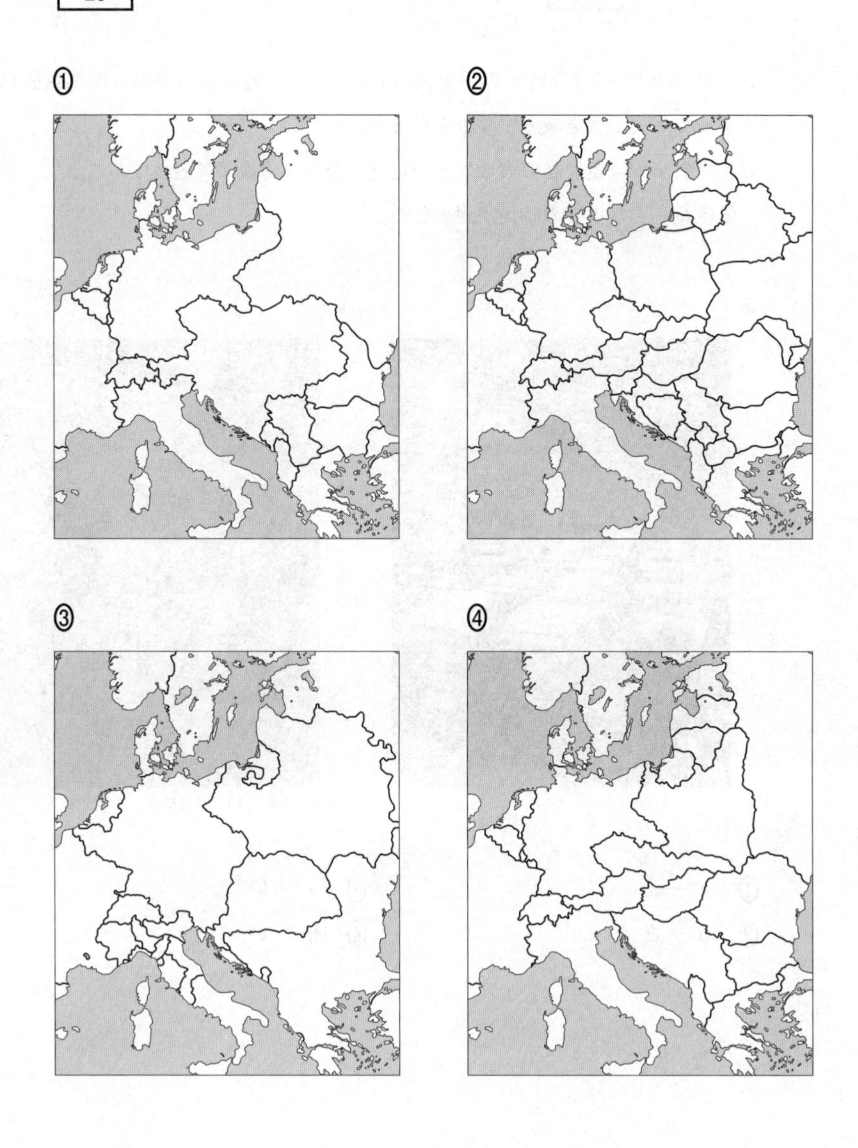

問3　下線部②に関連して，当時のアメリカ社会について述べた文**a**・**b**と，その様子を表した写真**あ**・**い**との組合せとして正しいものを，下の①～④のうちから一つ選べ。 27

a　アウトバーン(自動車専用道路)建設といった公共事業や軍需工業拡張によって，失業者を減らす政策を行った。

b　自動車や家電製品の大量生産が可能になり，労働者に普及することで，大量生産・大量消費の時代が到来した。

あ

い

あおよびい　写真提供：ユニフォトプレス

① a ― あ　　② a ― い

③ b ― あ　　④ b ― い

Ｂ　次の資料は，いずれも第一次世界大戦中の外交に関するものである。

資料４

1．イギリスは一定の修正を加えて，メッカのシャリーフによって要求されている範囲内すべての地域におけるアラブ人の独立を認め，それを支援する用意がある。

2．イギリスは外国からのすべての侵略に対して聖地を保全し，その不可侵性を承認する。

3．状況が許せば，イギリスはアラブに助言を与え，これらのさまざまな地域におけるもっとも適切と思われる統治形態を設立する援助を行う。

4．他方，アラブ側はイギリスだけの助言と指導を仰ぐことを決定し，健全なる統治形態の確立に必要なヨーロッパ人の顧問および官吏はイギリス人であることを承認する。

5．バグダードおよびバスラの両州に関しては，現地住民の福利の促進と相互の経済的利益を保護するために当該地域を外国の侵略から守るべく，イギリスの地位と利益の観点から特別の行政措置を必要としていることをアラブ側は承認する。（後略）

歴史学研究会編『世界史史料 10』岩波書店

資料５

「国王陛下の政府はパレスチナにおいて③ユダヤ人のため民族的郷土（ナショナルホーム）を設立することを好ましいと考えており，この目的の達成を円滑にするために最善の努力を行うつもりです。また，パレスチナに現存する非ユダヤ人諸コミュニティーの市民および信仰者としての諸権利，ならびに他のあらゆる国でユダヤ人が享受している諸権利および政治的地位が侵害されることは決してなされることはないと理解されています。」

貴下がこの宣言をシオニスト連盟にお知らせいただけましたならば光栄に存じます。

アーサー＝ジェームズ＝バルフォア

歴史学研究会編『世界史史料 10』岩波書店

問 4

(1) **資料 4 と資料 5 は，**相互に矛盾があるため，紛争の原因となったものである。**資料 4** または**資料 5** について述べた文として適当なものを，次の①〜⑥のうちから**一つ選べ**。**なお，適当なものは複数あるが，解答は一つでよい。** 28

① **資料 4 は，**イギリスとオスマン帝国の間の協定であり，トルコ人の保護を取り決めている。

② **資料 4 は，**イギリスとアラブ人勢力の間の協定であり，アラブ人国家の独立を認めている。

③ **資料 4 は，**イギリスとフランスが，戦後のオスマン帝国領の処理からロシアを排除しようとしたものである。

④ **資料 5 は，**イギリスとアメリカ合衆国が共同で発表した宣言である。

⑤ **資料 5 は，**フランス政府がユダヤ人に対して行った宣言である。

⑥ **資料 5 は，**イギリス政府がユダヤ人に対して行った宣言である。

(2) **(1)で選んだ答えと最も関連が深い事柄について述べた文を，**次の①〜⑥のうちから一つ選べ。 29

① イスラーム同盟(サレカット＝イスラム)が結成された。

② イスラエルが建国された。

③ マラヤ連邦が独立した。

④ スエズ運河の国有化を宣言した。

⑤ イラク王国が独立した。

⑥ レザー＝ハーンが，パフレヴィー朝を開いた。

問 5 下線部③に関連して，ユダヤ教について述べた文として適当なものを，次の①〜④のうちから一つ選べ。 30

① 火を尊び，善悪二元論を唱えた。

② 『旧約聖書』と『新約聖書』を聖典としている。

③ 輪廻転生の考え方に立ち，そこからの解脱を説いた。

④ 神によって選ばれた民として救済されるという，選民思想を持つ。

第６問　あるクラスの世界史の授業で，近代オリンピックについてまとめた次のグラフに従って班別学習が行われ，各班がオリンピックと世界史とのつながりを発表した。それぞれの班の発表に関連した下の問い（**問１**～**６**）に答えよ。

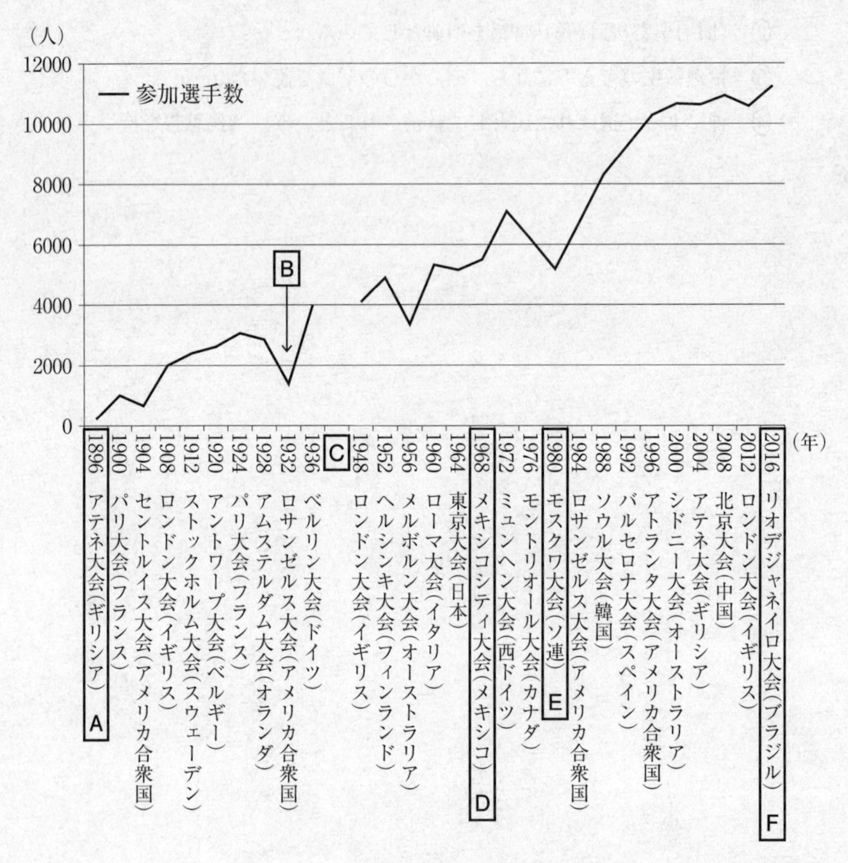

（国際オリンピック委員会（IOC）ホームページより作成）

問１　小笠原さんの班は，グラフ中のＡに注目し，近代オリンピックのモデルとなった，古代ギリシアのオリンピアの祭典について調べた。この祭典の説明として適当なものを，次の①～④のうちから一つ選べ。 31

① アメン＝ラー神が崇拝された。
② コロッセウムと称される円形闘技場で開催された。
③ バラモンが祭儀を司(つかさど)った。
④ デルフォイの神託と並んで重視された。

問２　石井さんの班は，グラフ中のＢのオリンピックの参加選手が少ない点に注目し，理由を考えた。考えられる理由について述べた文として適当なものを，次の①～⑥のうちから二つ選べ。 32

① カトリックとプロテスタントの対立から，戦争が起こったため。
② ヨーロッパ諸国の選手にとって，大陸間の移動が容易ではなかったため。
③ 同じ時期に，第１回万国博覧会が開催されていたため。
④ ビキニ環礁で行われた水爆実験に対し，反対運動が広がったため。
⑤ 世界恐慌の影響によって，多くの国が経済不況に陥ったため。
⑥ 環境問題が深刻化し，二酸化炭素の排出量が規制されたため。

問 3　伊藤さんの班は，グラフ中のCの期間にオリンピックが開催されなかった理由について，戦争が起こったためだと結論づけ，その戦争に関連する国際情勢を説明するために，資料を用意した。その資料として適当なものを，次の①～④のうちから一つ選べ。 33

①

「バルカン問題」

②

「できることなら，私は惑星をも併合したい」

③

「朝鮮という魚を狙う三国」

④

「ハネムーンはいつまで続くのか？」

問 4 鹿島さんの班は，グラフ中のDのオリンピックを調べるうちに，アフリカ系アメリカ人の選手が人種差別に抗議する姿勢をとった表彰式の写真を見つけた。アメリカ合衆国における人種問題について述べた次の文aとbの正誤の組合せとして正しいものを，下の①～④のうちから一つ選べ。 **34**

写真提供：ユニフォトプレス

a　リンカン大統領による奴隷解放宣言の結果，南北戦争が勃発した。

b　キング牧師が，黒人差別撤廃を求める公民権運動を指導した。

① a ― 正　b ― 正

② a ― 正　b ― 誤

③ a ― 誤　b ― 正

④ a ― 誤　b ― 誤

問 5　高山さんの班は，グラフ中のEのオリンピックの参加選手数が減少したのは，冷戦期のアフガニスタン侵攻が原因だと知った。冷戦について述べた文として適当なものを，次の①～④のうちから一つ選べ。 **35**

① イギリスのチャーチルは，東西陣営の境界を「鉄のカーテン」と呼んだ。

② ソ連は，アメリカ合衆国の拡大を阻止するため，「封じ込め政策」を採った。

③ チェコスロヴァキアの「プラハの春」による自由化は，ソ連に支持された。

④ フルシチョフがスターリン批判を行ったことで，東西関係が緊張した。

問 6　中田さんの班は，グラフ中のFのオリンピックの開会式で，ブラジルの先住民が登場する場面を見て，世界史上の先住民の歴史について興味を持ち，カードにまとめた。その記述として**誤っているもの**を，次の①～④のうちから一つ選べ。 **36**

①

アメリカ合衆国では，西部開拓にともなって，先住民が，ミシシッピ川以西へと強制移住させられた。

②

スペインに征服される以前のインカ帝国の先住民は，縄の結び方で情報の記録や伝達を行っていた。

③

ニュージーランドは19世紀に植民地化され，先住民のマオリが，イギリスの支配下におかれた。

④

フランス革命後のラテンアメリカでは，先住民の子孫であるメスティーソが，独立運動を主導した。

地理歴史・公民解答用紙

注意事項
1　訂正は，消しゴムできれいに消し，消しくずを残してはいけません。
2　所定欄以外にはマークしたり，記入したりしてはいけません。
3　汚したり，折りまげたりしてはいけません。

・1科目だけマークしなさい。
・解答科目欄が無マーク又は複数マークの場合は，0点となります。

科目	
地理総合，地理探究	◯
歴史総合，日本史探究	◯
歴史総合，世界史探究	◯
公共，倫理	◯
公共，政治・経済	◯

旧教育課程		
	旧世界史A	◯
	旧世界史B	◯
	旧日本史A	◯
	旧日本史B	◯
	旧地理A	◯
	旧地理B	◯
	旧現代社会	◯
	旧倫理	◯
	旧政治・経済	◯
	旧倫理，旧政治・経済	◯

解答番号	解答欄 1	2	3	4	5	6	7	8	9
1	①	②	③	④	⑤	⑥	⑦	⑧	⑨
2	①	②	③	④	⑤	⑥	⑦	⑧	⑨
3	①	②	③	④	⑤	⑥	⑦	⑧	⑨
4	①	②	③	④	⑤	⑥	⑦	⑧	⑨
5	①	②	③	④	⑤	⑥	⑦	⑧	⑨
6	①	②	③	④	⑤	⑥	⑦	⑧	⑨
7	①	②	③	④	⑤	⑥	⑦	⑧	⑨
8	①	②	③	④	⑤	⑥	⑦	⑧	⑨
9	①	②	③	④	⑤	⑥	⑦	⑧	⑨
10	①	②	③	④	⑤	⑥	⑦	⑧	⑨
11	①	②	③	④	⑤	⑥	⑦	⑧	⑨
12	①	②	③	④	⑤	⑥	⑦	⑧	⑨
13	①	②	③	④	⑤	⑥	⑦	⑧	⑨

解答番号	解答欄 1	2	3	4	5	6	7	8	9
14	①	②	③	④	⑤	⑥	⑦	⑧	⑨
15	①	②	③	④	⑤	⑥	⑦	⑧	⑨
16	①	②	③	④	⑤	⑥	⑦	⑧	⑨
17	①	②	③	④	⑤	⑥	⑦	⑧	⑨
18	①	②	③	④	⑤	⑥	⑦	⑧	⑨
19	①	②	③	④	⑤	⑥	⑦	⑧	⑨
20	①	②	③	④	⑤	⑥	⑦	⑧	⑨
21	①	②	③	④	⑤	⑥	⑦	⑧	⑨
22	①	②	③	④	⑤	⑥	⑦	⑧	⑨
23	①	②	③	④	⑤	⑥	⑦	⑧	⑨
24	①	②	③	④	⑤	⑥	⑦	⑧	⑨
25	①	②	③	④	⑤	⑥	⑦	⑧	⑨
26	①	②	③	④	⑤	⑥	⑦	⑧	⑨

解答番号	解答欄 1	2	3	4	5	6	7	8	9
27	①	②	③	④	⑤	⑥	⑦	⑧	⑨
28	①	②	③	④	⑤	⑥	⑦	⑧	⑨
29	①	②	③	④	⑤	⑥	⑦	⑧	⑨
30	①	②	③	④	⑤	⑥	⑦	⑧	⑨
31	①	②	③	④	⑤	⑥	⑦	⑧	⑨
32	①	②	③	④	⑤	⑥	⑦	⑧	⑨
33	①	②	③	④	⑤	⑥	⑦	⑧	⑨
34	①	②	③	④	⑤	⑥	⑦	⑧	⑨
35	①	②	③	④	⑤	⑥	⑦	⑧	⑨
36	①	②	③	④	⑤	⑥	⑦	⑧	⑨
37	①	②	③	④	⑤	⑥	⑦	⑧	⑨
38	①	②	③	④	⑤	⑥	⑦	⑧	⑨
39	①	②	③	④	⑤	⑥	⑦	⑧	⑨

地理歴史・公民解答用紙

注意事項
1　訂正は，消しゴムできれいに消し，消しくずを残してはいけません。
2　所定欄以外にはマークしたり，記入したりしてはいけません。
3　汚したり，折りまげたりしてはいけません。

・1科目だけマークしなさい。
・解答科目欄が無マーク又は複数マークの場合は，0点となります。

科目	
地理総合，地理探究	◯
歴史総合，日本史探究	◯
歴史総合，世界史探究	◯
公共，倫理	◯
公共，政治・経済	◯

旧教育課程	
旧世界史A	◯
旧世界史B	◯
旧日本史A	◯
旧日本史B	◯
旧地理A	◯
旧地理B	◯
旧現代社会	◯
旧倫理	◯
旧政治・経済	◯
旧倫理，旧政治・経済	◯

解答番号	解答欄								
	1	2	3	4	5	6	7	8	9
1	①	②	③	④	⑤	⑥	⑦	⑧	⑨
2	①	②	③	④	⑤	⑥	⑦	⑧	⑨
3	①	②	③	④	⑤	⑥	⑦	⑧	⑨
4	①	②	③	④	⑤	⑥	⑦	⑧	⑨
5	①	②	③	④	⑤	⑥	⑦	⑧	⑨
6	①	②	③	④	⑤	⑥	⑦	⑧	⑨
7	①	②	③	④	⑤	⑥	⑦	⑧	⑨
8	①	②	③	④	⑤	⑥	⑦	⑧	⑨
9	①	②	③	④	⑤	⑥	⑦	⑧	⑨
10	①	②	③	④	⑤	⑥	⑦	⑧	⑨
11	①	②	③	④	⑤	⑥	⑦	⑧	⑨
12	①	②	③	④	⑤	⑥	⑦	⑧	⑨
13	①	②	③	④	⑤	⑥	⑦	⑧	⑨

解答番号	解答欄								
	1	2	3	4	5	6	7	8	9
14	①	②	③	④	⑤	⑥	⑦	⑧	⑨
15	①	②	③	④	⑤	⑥	⑦	⑧	⑨
16	①	②	③	④	⑤	⑥	⑦	⑧	⑨
17	①	②	③	④	⑤	⑥	⑦	⑧	⑨
18	①	②	③	④	⑤	⑥	⑦	⑧	⑨
19	①	②	③	④	⑤	⑥	⑦	⑧	⑨
20	①	②	③	④	⑤	⑥	⑦	⑧	⑨
21	①	②	③	④	⑤	⑥	⑦	⑧	⑨
22	①	②	③	④	⑤	⑥	⑦	⑧	⑨
23	①	②	③	④	⑤	⑥	⑦	⑧	⑨
24	①	②	③	④	⑤	⑥	⑦	⑧	⑨
25	①	②	③	④	⑤	⑥	⑦	⑧	⑨
26	①	②	③	④	⑤	⑥	⑦	⑧	⑨

解答番号	解答欄								
	1	2	3	4	5	6	7	8	9
27	①	②	③	④	⑤	⑥	⑦	⑧	⑨
28	①	②	③	④	⑤	⑥	⑦	⑧	⑨
29	①	②	③	④	⑤	⑥	⑦	⑧	⑨
30	①	②	③	④	⑤	⑥	⑦	⑧	⑨
31	①	②	③	④	⑤	⑥	⑦	⑧	⑨
32	①	②	③	④	⑤	⑥	⑦	⑧	⑨
33	①	②	③	④	⑤	⑥	⑦	⑧	⑨
34	①	②	③	④	⑤	⑥	⑦	⑧	⑨
35	①	②	③	④	⑤	⑥	⑦	⑧	⑨
36	①	②	③	④	⑤	⑥	⑦	⑧	⑨
37	①	②	③	④	⑤	⑥	⑦	⑧	⑨
38	①	②	③	④	⑤	⑥	⑦	⑧	⑨
39	①	②	③	④	⑤	⑥	⑦	⑧	⑨

2025